2025
메가랜드 공인중개사

바빠서

⚡ **바**쁜 수험생을 위한 **빠**른 합격서

2차 공인중개사법령 및 중개실무

머리말

지혜와 지식의 값은 그 어떤 물질에 비해 귀할 것입니다. 공인중개사 자격시험을 준비하시는 많은 수험생 여러분은 아주 귀한 지혜와 지식을 동시에 얻어가고 있는 것입니다.

이제, 공인중개사자격은 '국민자격증'이 되었습니다. 그러나 이러한 '국민자격증'을 따기 위해서 막상 공부를 하다보면 정말로 어렵고 그 양이 방대하다는 것을 알게 됩니다. 그것을 극복하면서 합격이라는 성공의 열매를 갖는 것이 지혜를 얻는 것이고, 그 과정에서 습득하는 수없이 많은 지식들을 활용하여 전문가로서 대우받게 되는 것입니다.

강의를 하다보면 시험에 나오지도 않는 부분을 열심히 밑줄을 치고 외우고 계시거나, 이해 없이 단순히 내용만 암기하는 경우를 종종 보게 됩니다. 진심으로 안타까운 모습입니다.

그래서 공인중개사가 되려는 여러분에게 드리는 몇 가지 부탁의 말씀으로 서문을 대신합니다.

첫째, 객관식 시험에서의 성패는 '개념파악'입니다.
시험을 잘 보려면 '개념'과 '체계'를 잡는 데 주안점을 두어야 합니다. 개념과 체계는 책을 통해 얻어지는 경우와 강의를 반복적으로 수강하면서 잡히는 경우가 있으나, 양자 간 장·단점이 있습니다. 분명한 것은 효율적인 학습방법을 생각해보시라는 것입니다.

둘째, 기출문제를 통해 '유형파악'을 반드시 해야 합니다.
기본적인 개념과 체계가 잡히면, 이제는 '정확히' 아는 것에 주안점을 두어야 합니다. 여기에서 '정확히' 안다는 것은 문제를 해결할 능력이 있음을 의미합니다. 즉, 이해하여 알고 있는 내용이라도 정확하게 알고 있지 않으면 '득점'하지 못하게 됩니다. 문제는 기출문제를 기본적으로 풀고 난 후에 다양한 예상문제를 다루어 보는 것을 권해드립니다.

마지막으로 '정리'와 '반복'입니다.
산만한 지식은 오히려 문제를 해결하는 데 방해가 됩니다. 따라서 출제 가능한 범위의 내용을 완벽히 '정리'하는 것이 필요합니다. 그런 의미에서 본 교재는 '정리가 잘 된 책'이자 '반복하기 좋은 책'입니다. 사람의 기억이 영원할 수 없기 때문에 반복은 여러 번 자주 해야 장기기억으로 저장됩니다.

시험 준비를 하는 과정은 마라톤의 여정과 비슷합니다. 아주 힘든 고갯길도 나올 수 있고, 내리막도 나올 수 있다는 것입니다. 모쪼록 시험일까지 건강관리에 유의하여 긴 여정을 지혜롭고 슬기롭게 헤쳐나가시길 바라며, 좋은 결과가 있기를 기원합니다.

메가랜드 부동산교육연구소
편저자 일동

공인중개사 시험요강

공인중개사 자격시험 Licensed Real Estate Agent

국토교통부에서 소관하고 한국산업인력공단이 시행하는 공인중개사 자격시험은 부동산 중개업을 건전하게 지도·육성하고, 공정하고 투명한 부동산 거래질서를 확립함으로써 국민경제에 이바지함을 그 목적으로 합니다.

🏠 시험 일정

원서 접수	시험일	합격자발표
2025년 8월 4일~ 8월 8일 예정	2025년 10월 25일 예정	2025년 11월 26일 예정

* 2021년부터 원서 접수 기간 및 방식이 변경되었습니다(정기 접수 5일 및 빈자리 접수 2일).
* 정확한 시험 일정은 한국산업인력공단(www.q-net.or.kr) 홈페이지에서 확인 가능합니다.
* 원서 접수 기간 중에는 24시간 접수 가능하며(단, 마지막 날은 18시까지), 접수 기간 종료 후에는 응시원서 접수가 불가합니다.

🏠 응시 자격 제한 없음

* 단, ①「공인중개사법」제4조의3에 따라 시험 부정행위로 처분받은 날로부터 시험시행일 전일까지 5년이 경과되지 않은 자, ② 제6조에 따라 공인중개사 자격이 취소된 후 3년이 경과하지 않은 자, ③ 시행규칙 제2조에 따른 기자격취득자는 응시할 수 없음

🏠 시험과목 및 방법

구분	시험과목	문항 수	시험시간	시험방법
제1차 1교시 2과목	1. 부동산학개론(부동산감정평가론 포함) 2. 민법 및 민사특별법 중 부동산 중개에 관련되는 규정	과목당 40문항 1번~80번	100분 (09:30~11:10)	객관식 5지 선택형
제2차 1교시 2과목	1. 공인중개사의 업무 및 부동산 거래신고 등에 관한 법령 및 중개실무 2. 부동산공법 중 부동산 중개에 관련되는 규정	과목당 40문항 1번~80번	100분 (13:00~14:40)	
제2차 2교시 1과목	부동산공시에 관한 법령(부동산등기법, 공간정보의 구축 및 관리 등에 관한 법률) 및 부동산 관련 세법	40문항 1번~40번	50분 (15:30~16:20)	

🏠 합격 기준 **절대평가**

> 》 **1차 시험**: 매 과목 100점을 만점으로 하여 매 과목 40점 이상, 전 과목 평균 60점 이상 득점
> 》 **2차 시험**: 매 과목 100점을 만점으로 하여 매 과목 40점 이상, 전 과목 평균 60점 이상 득점

* 당해 연도 1차 시험 합격자는 다음 연도 1차 시험이 면제되며, 1·2차 시험 응시자 중 1차 시험에 불합격한 자의 2차 시험은 무효로 함(「공인중개사법 시행령」 제5조 제3항)

🏠 원서 접수 **PC Q-net(www.q-net.or.kr) 홈페이지 또는 모바일 Q-net(APP)을 통하여 접수**

> 》 공단 지역본부 및 지사에서 인터넷접수 도우미서비스를 제공받을 수 있습니다.
> 》 **내방시 준비물**: 신분증, 사진(3.5*4.5) 1매, 전자결제 수단(신용카드, 계좌이체, 가상계좌)
> 》 수험자는 응시원서에 반드시 본인 사진을 첨부하여야 하며, 타인의 사진 첨부 등으로 인하여 신분 확인이 불가능할 경우 시험에 응시할 수 없습니다.
> 》 응시수수료(제35회 시험 기준)

• 1·2차 시험 동시 응시자	28,000원
• 1차 시험 응시자	13,700원
• 2차 시험 응시자(전년도 1차 시험 합격자)	14,300원

자격증 교부는 응시원서 접수시 입력한 인터넷 회원정보 화면의 주민등록상 주소지의 시·도지사 명의로, 시·도지사가 교부합니다(회원가입시 등록한 최종 합격자의 사진 파일을 공단에서 시·도로 발송하여 자격증용 사진으로 활용).

* 시·도별로 준비물이 다를 수 있습니다.

출제경향 및 학습방법

편	장	제31회	제32회	제33회	제34회	제35회	합계	비율
공인중개사법령	총칙	1	1	2	2	0	6	64.0%
	공인중개사 시험제도 및 교육제도	2	1	2	2	2	9	
	중개업의 등록 및 결격사유	2	1	2	2	1	8	
	중개업의 경영	11	8	2	7	6	34	
	중개업무상의 의무	6	7	5	6	6	30	
	중개업의 보수	2	0	3	1	1	7	
	개업공인중개사 간의 상호협력	1	2	2	1	3	9	
	보칙(補則) 등	0	1	1	0	0	2	
	지도·감독 및 각종 규제	5	6	5	4	3	23	
	소계	30	27	24	25	22	128	
부동산 거래신고 등에 관한 법령	부동산거래신고제	2	4	3	4	4	17	18.5%
	토지거래허가제	2	3	4	3	2	14	
	외국인 등의 부동산취득 등에 관한 특례	1	1	2	1	1	6	
	소계	5	8	9	8	7	37	
중개실무	중개실무와 중개계약	0	0	0	0	0	0	17.5%
	중개대상물의 조사·확인·설명	0	1	1	2	4	8	
	영업활동과 거래계약의 체결	0	0	0	0	0	0	
	중개실무 관련 법령	3	3	4	3	5	18	
	경매·공매 관련 실무	2	1	2	2	2	9	
	소계	5	5	7	7	11	35	
총계		40	40	40	40	40	200	100.0%

🏠 제35회 총평

제35회 시험에서 공인중개사법령 및 중개실무 과목은 역대급으로 출제되었습니다. 역대급이라는 표현은 단순히 난이도가 상당히 올라간 수준이라는 의미가 아닙니다. 이번 시험은 이 과목의 새로운 출제패턴을 제시하였다는 측면을 강조한 것입니다.

구체적으로 보면 분류하기에 따라 1차 과목인 민법의 문제라고 볼 수 있는 문제를 최소 4문제에서 최대 9문제까지 출제하였습니다. 동차생들에게 상당히 유리하고 2차생들에게는 상당히 불리한 출제인 것입니다. 그러다 보니 작년 제34회 시험보다 쉬웠다는 수험생들도 있을 것이고, 역대급으로 어려웠다는 수험생들도 있을 것입니다.

그나마 다행인 것은 공인중개사법령이나 부동산 거래신고 등에 관한 법령 파트 문제를 비교적 쉽게 출제하였습니다. 따라서 열심히 공부한 수험생들은 60점에서 70점대는 득점할 수 있는 정도이나 85점 이상 고득점하기는 쉽지 않았을 것이라고 총평할 수 있습니다.

세부사항

1. 전체 40문제 중 공인중개사법령 22문제, 부동산 거래신고 등에 관한 법령 7문제, 중개실무 11문제를 출제하여 중개실무에서는 전년 대비 4문제를 더 출제하였습니다.
2. 최근의 출제 경향인 BOX형(정답조합형) 문제가 11문제 출제되어 난이도를 상승시키는 효과가 있었습니다.
3. 난이도 상에 해당하는 문제가 11문제, 중 난이도 21문제, 하 난이도 8문제 정도를 출제하였습니다. 중과 하 난이도 문제만으로 70점대 득점은 가능하나, 상 난이도에 해당하는 문제는 총평에서 언급한 것처럼 2차생들에게는 상당히 까다로운 문제였을 것으로 보입니다.
4. 기존의 출제범위를 벗어난 소위 킬러문제도 있었습니다. 민사집행법을 전문적으로 공부한 사람이 아니면 절대로 풀 수 없는 문제도 출제되었습니다.
5. 중개실무에 관한 문제는 대부분 사례형으로 출제하여 지문이 상당히 길어 문제를 풀어내는 시간도 부족하였을 것으로 보입니다.
6. 마지막으로 제34회 시험에 이어서 이번 시험에서도 단순 암기형 문제는 1문제밖에 출제하지 않았다는 것입니다. 이 부분은 제36회 시험을 준비하는 수험생들에게 시사하는 바가 정말 큽니다. 암기코드만 강조하는 강의는 이제 요즘 시험 경향에 적합하지 않습니다. 이러한 현상은 모든 자격시험에 공통적으로 부합합니다.

🏠 학습방법

1. 시험이 일정한 패턴을 보입니다. 즉, 유행하는 출제 경향이 있습니다. 전통적으로 중요한 부분을 계속해서 집중적으로 출제하고 있기는 하지만, 큰 흐름으로 보면 과거시험과 상당히 달라졌습니다. 1차는 무난하게 합격생이 많이 나오지만, 2차는 상당히 까다롭게 출제하여 합격생을 걸러내는 패턴이 바로 그것입니다. 따라서 수험준비는 이런 패턴에 맞게 대비하여야 합니다.
2. 공인중개사법령 및 중개실무 과목은 어려워지는 추세이기는 하나 그럼에도 불구하고 언제나 80점 이상 고득점을 하여야 할 필요가 있습니다. 제35회 시험에서도 확인하였듯 공법과 공시·세법 과목이 결코 쉬운 과목이 아니기 때문입니다.
3. 공인중개사법령 및 중개실무 과목의 고득점을 위한 전략으로 가장 중요한 것은 법령에 집중하여야 한다는 점입니다. **전체 40문제 중 공인중개사법령과 부동산 거래신고 등에 관한 법령에서 30개 내외의 문제가 출제**되기 때문에 이 부분을 제외하고는 고득점을 결코 기대할 수 없습니다. 따라서 법령 부분은 법률, 시행령, 시행규칙, 심지어 별지 서식 중에서 중요 서식(중개계약서, 확인·설명서와 부동산거래신고서 등)이나 별표의 세부 기준까지 어느 하나도 빠짐없이 여러 번 반복 학습하여야 할 것입니다.
4. 중개실무 부분의 출제비중이 높아지고 있습니다. 특히「주택임대차보호법」,「상가건물 임대차보호법」,「부동산 실권리자명의 등기에 관한 법률」, 분묘기지권 등은 중개실무에서 꼭 출제되는 부분이라는 점을 기억해두어야 합니다.
5. 제35회 시험에서 시도된 출제경향이지만 1차 과목인 민법 문제를 상당수 출제하고 있습니다.「집합건물의 소유 및 관리에 관한 법률」이나 공유(共有) 등 동차생들은 따로 공부할 필요가 없는 파트이지만, 2차생들은 별도로 준비해야 합니다.

이 책의 구성 및 특징

테마별 학습

방대한 출제범위 가운데 핵심이론만 테마별로 선별한 구성으로, 수험생의 학습효율은 높이고 학습부담은 줄였습니다.

간결한 구성과 학습 팁

시험에 반드시 출제되는 이론을 간결하고 일목요연하게 정리하였으며, 이론의 주요 부분을 학습 팁으로 반복·보충 설명하여 수험생의 이해를 돕고자 하였습니다.

다양한 학습요소

참고·핵심·심화 등의 다양한 학습요소들을 알차고 짜임새 있게 구성하여, 다채로운 학습이 가능하게 하였습니다.

Theme 11 일반소득세

▶ 국세

1 소득세 개요

(1) 소득세란 개인이 과세기간(1/1 ~ 12/31) 동안 벌어들인 소득에 대하여 그 과세기간의 다음 연도 5월 1일부터 5월 31일까지 납세지 관할 세무서장에게 신고납부하는 국세이다.

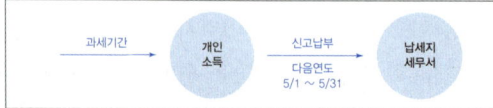

(2) 소득 구분
① 종합소득: 이자소득, 배당소득, 사업소득, 근로소득, 연금소득, 기타소득
② 분류소득: 양도소득, 퇴직소득

> **Tip** ▶ 양도소득은 사업성이 없기 때문에 사업성이 있는 종합소득과 분류한다.

2 납세의무자

(1) 거주자(속인주의)
① 의의: 거주자란 국내에 주소를 두거나 183일 이상 거소를 둔 개인을 말한다.

> **핵심** 주택(부수 토지 포함)을 대여하고 받은 보증금에 대한 총수익금액 계산의 특례
>
> 1. 일반적인 경우 제34회
>   총수입금액에 산입할 금액 = [해당 과세기간의 보증금 등 - 3억원(보증금 등을 받은 주택이 2주택 이상인 경우에는 보증금 등의 적수가 가장 큰 주택의 보증금등부터 순서대로 뺀다)]의 적수 × 60/100 × 1/365(윤년의 경우에는 366) × 정기예금이자율 - 해당 과세기간의 해당 임대사업부분에서 발생한 수입이자와 할인료 및 배당금의 합계액
> 2. 추계신고하거나 추계조사결정하는 경우
>   총수입금액에 산입할 금액 = [해당 과세기간의 보증금 등 - 3억원(보증금 등을 받은 주택이 2주택 이상인 경우에는 보증금 등의 적수가 가장 큰 주택의 보증금 등부터 순서대로 뺀다)]의 적수 × 60/100 × 1/365(윤년의 경우에는 366) × 정기예금이자율

철저한 기출문제 분석

기출문제를 철저히 분석하여 꼭 필요한 문제만 수록하였고, 최신 기출문제를 통해 출제경향을 파악하고 이에 대비할 수 있도록 하였습니다.

상세한 해설

틀린 지문과 관련 이론에 관한 명확한 설명으로 빠른 이해와 학습을 도울 수 있게 하였습니다.

PART 02 기출문제

1 조세의 개념 및 납세의무 성립·확정 및 소멸

01 조세의 납부방법으로 물납과 분할납부가 둘 다 가능한 것을 모두 고른 것은? (단, 물납과 분할납부의 법정요건은 전부 충족한 것으로 가정함) 제25회

㉠ 부동산임대업에서 발생한 사업소득에 대한 종합소득세
㉡ 종합부동산세
㉢ 취득세
㉣ 재산세 도시지역분
㉤ 소방분에 대한 지역자원시설세

① ㉠, ㉡
② ㉠, ㉢
③ ㉡, ㉢
④ ㉣, ㉤
⑤ ㉣, ㉤

해설 ④ 세목별 물납과 분할납부가 가능한 경우는 다음과 같다.

구분		재산세	종합부동산세	양도소득세
물납	요건	납부할 세액 1,000만원 초과	불가능	불가능
	재산	관할 내의 부동산		
분할납부	요건	납부할 세액 250만원 초과: 3개월 이내	납부할 세액 250만원 초과: 6개월 이내	납부할 세액 1,000만원 초과: 2개월 이내
	방법	• 500만원 이하: 250만원 초과액 • 500만원 초과: 그 세액의 100분의 50 이하 금액	• 500만원 이하: 250만원 초과액 • 500만원 초과: 그 세액의 100분의 50 이하 금액	• 2,000만원 이하: 1,000만원 초과액 • 2,000만원 초과: 그 세액의 100분의 50 이하 금액

참고 재산세 물납 종합 정리
1. 물납요건: 납부할 세액(도시지역분 재산세 포함)이 1,000만원 초과
2. 물납재산: 관할 내의 부동산
3. 물납신청: 납부기한 10일 전까지
4. 허가 통지: 신청을 받은 날로부터 5일 이내
5. 재신청: 불허가 통지를 받은 날로부터 10일 이내
6. 물납재산 평가: 과세기준일(6/1) 현재의 시가

정답 01 ④

차례

PART 1 테마이론

01	총칙(용어의 정의)	14
02	총칙(중개대상물)	17
03	공인중개사 자격제도	20
04	개업공인중개사 등의 교육	24
05	중개업의 등록 및 결격사유	27
06	중개사무소	31
07	개업공인중개사의 업무범위	35
08	개업공인중개사의 고용인	37
09	인장의 등록	40
10	중개대상물 표시·광고	42
11	휴·폐업신고	45
12	중개계약	47
13	중개대상물 확인·설명	54
14	거래계약서의 작성	71
15	계약금 등의 반환채무 이행의 보장	73
16	손해배상책임의 보장	75
17	금지행위	78
18	중개보수 등	84
19	부동산거래정보망	89
20	공인중개사협회	92
21	포상금(공인중개사법상)	96
22	행정처분	99
23	가중처벌과 승계제도	105
24	행정형벌과 과태료(행정질서벌)	108
25	부동산거래신고제 개관 및 신고사항	113
26	부동산거래신고서 작성방법 등	120
27	주택임대차계약신고제	127
28	토지거래허가제 上	132
29	토지거래허가제 下	136

30	외국인 등의 부동산취득 특례	143
31	포상금제도(부동산 거래신고 등에 관한 법률상)	146
32	벌칙(행정형벌 및 과태료)	149
33	분묘기지권	153
34	장사 등에 관한 법률	156
35	농지법	159
36	전자계약 체결	162
37	임대차보호제도	164
38	부동산 실권리자명의 등기에 관한 법률	171
39	부동산 경매제도	174
40	매수신청대리제도	179

PART 2 기출문제

01	공인중개사법령	186
02	부동산 거래신고 등에 관한 법령	270
03	중개실무	295

PART 1

www.megaland.co.kr

테마이론

공인중개사 시험에 합격하기 위해 반드시 학습해야 하는 '핵심 이론'만 엄선해 필수 테마로 구성하였습니다. 또한, 이론을 반복·보충 설명하면서 수험생의 이해를 돕고, 다양한 학습 요소로 알차게 구성함으로써 효율은 높이고 부담은 줄였습니다.

Theme 01 총칙(용어의 정의)

▶ 공인중개사법령

1 서장

(1) 중개(仲介)의 연혁

① 최초의 개업공인중개사: 객주(가거간·집주름) ⇨ 복덕방 ⇨ 중개업자 ⇨ 개업공인중개사

② 중개제도의 규율: 자유영업제 ⇨ 인가제 ⇨ 허가제 ⇨ 신고제 ⇨ 허가제 ⇨ 등록제

(2) 공인중개사법령의 구성 및 성격

① 구성: 법률, 시행령(대통령령), 시행규칙(국토교통부령), 매수신청대리인 규칙(대법원규칙)

② 성격: 중간법·혼합법, 특별법, 일반법(기본법), 국내법

> **핵심 기출지문분석**
>
> 1. 「공인중개사법」은 「민법」의 특별법이다. 제15회 추가
> 2. 「공인중개사법」은 부동산중개에 관한 기본법적 성격을 갖는다. 제15회 추가

2 공인중개사법의 제정목적

	제정목적인 것	제정목적이 아닌 것
궁극 목적(제3차)	국민경제에 이바지함	재산권, 소유권 보호 (×)
간접 목적(제2차)	전문성 제고와 부동산중개업의 건전한 육성	공신력, 신뢰성, 중개업무 (×)
직접 목적(제1차)	공인중개사의 업무 등에 관한 사항을 정함	개업공인중개사 등 (×)

「부동산 거래신고 등에 관한 법률」의 제정목적: 이 법은 부동산 거래 등의 신고 및 허가에 관한 사항을 정하여 건전하고 투명한 부동산 거래질서를 확립하고 국민경제에 이바지함을 목적으로 한다.

> **핵심 기출지문분석**
>
> 1. 이 법은 공인중개사의 업무 등에 관한 사항을 정하여 그 전문성을 제고하고 부동산중개업을 건전하게 육성하여 국민경제에 이바지함을 목적으로 한다. 제20회, 제21회
> 2. 부동산중개업의 적절한 규율, 개업공인중개사의 적절한 규율 등은 「공인중개사법」의 제정목적에 해당하지 않는다. 제20회

3 공인중개사법령상 용어의 정의

(1) **중개**: 법정중개대상물에 대하여 거래당사자 간의 매매 · 교환 · 임대차, 그 밖의 권리의 득실변경에 관한 행위를 알선하는 것

> 1. 중개행위는 매매 등 법률행위가 성립할 수 있도록 조력하고 주선하는 사실행위이다(判).
> 2. 부동산중개업무는 기본적 상행위에 해당하고, 상인이 영업을 위하여 하는 행위는 상행위이다(判).
> 3. 일방중개(한쪽 의뢰) ⇔ 쌍방중개(양쪽 의뢰)
> 4. 그 밖의 권리에는 저당권 등 담보물권도 포함된다(判).

(2) **공인중개사**: 이 법에 의한 공인중개사자격을 취득한 자

(3) **중개업**: 다른 사람의 의뢰에 의하여 일정한 보수를 받고 중개를 업으로 행하는 것

> 업(業): 한쪽 의뢰 (○), 보수의 약속 · 요구 (×), 우연히 단 1회 (×), 계속적 · 반복적 (○), 무상 (×), 컨설팅 행위에 부수 (○), 무등록 중개업 (○)

(4) **개업공인중개사**: 이 법에 의하여 중개사무소의 개설등록을 한 자

(5) **소속공인중개사**: 개업공인중개사에 소속된 공인중개사(개업공인중개사인 법인의 사원 또는 임원으로서 공인중개사인 자를 포함)로서 중개업무를 수행하거나 개업공인중개사의 중개업무를 보조하는 자

> 사원: 무한책임사원을 의미하며, 임원: 회사나 협동조합의 이사 및 감사 등 법률상 임원으로서 정해져 있는 자를 의미한다.

(6) **중개보조원**: 공인중개사가 아닌 자로서 개업공인중개사에 소속되어 중개대상물에 대한 현장 안내 및 일반서무 등 개업공인중개사의 중개업무와 관련된 단순한 업무를 보조하는 자

(7) **고용인**: 소속공인중개사 + 중개보조원

(8) **개업공인중개사 등**: 개업공인중개사, 소속공인중개사, 중개보조원, 법인인 개업공인중개사의 사원 · 임원

4 기본확인사항

(1) 「공인중개사법」은 부동산중개에 관한 일반법이자, 「민법」과 「상법」에 대한 특별법이다. (○)

(2) 공인중개사와 개업공인중개사는 서로 동일한 개념이다. (×)

(3) 무등록중개는 처벌대상이 아니며, 무등록중개업은 처벌대상이다. (○)

(4) 중개보조원은 중개업무를 수행할 수 없다. (○)

(5) 개업공인중개사에는 자연인만 있는 것이 아니라 법인형태도 있다. (○)

> **핵심** 기출지문분석

1. 중개라 함은 중개대상물에 대하여 거래당사자 간의 매매·교환·임대차, 그 밖의 권리의 득실변경에 관한 행위를 알선하는 것을 말한다. 제29회, 제33회
2. 법정지상권을 양도하는 행위를 알선하는 것은 중개에 해당한다. 제26회
3. 중개업이라 함은 다른 사람의 의뢰에 의하여 일정한 보수를 받고 중개를 업으로 행하는 것을 말한다. 제29회, 제33회
4. 우연한 기회에 단 1회 임대차계약의 중개를 하고 보수를 받은 사실만으로는 중개를 업으로 한 것이라고 볼 수 없다. 제27회
5. 반복, 계속성이나 영업성 없이 단 1회 건물매매계약의 중개를 하고 보수를 받은 경우 중개를 업으로 한 것으로 볼 수 없다. 제25회, 제26회
6. 컨설팅업자가 일정한 보수를 받고 부동산 중개행위를 부동산 컨설팅행위에 부수하여 업으로 하는 경우, 중개업에 해당한다. 제24회, 제25회
7. 중개사무소의 개설등록을 하지 않은 자가 일정한 보수를 받고 중개를 업으로 행한 경우, 중개업에 해당한다. 제25회
8. 타인의 의뢰에 의하여 일정한 보수를 받고 부동산에 대한 저당권설정행위의 알선을 업으로 하는 경우, 그 행위의 알선이 금전소비대차의 알선에 부수하여 이루어졌다 하더라도 중개업에 해당한다. 제25회
9. 보수를 받고 오로지 토지만의 중개를 업으로 하는 경우, 중개업에 해당한다. 제25회
10. 공인중개사라 함은 공인중개사자격을 취득한 자를 말한다. 제29회
11. 외국의 법에 따라 공인중개사자격을 취득한 자는 「공인중개사법」에서 정의하는 공인중개사가 아니다. 제26회
12. 개업공인중개사란 「공인중개사법」에 의하여 중개사무소의 개설등록을 한 자이다. 제27회, 제33회
13. 소속공인중개사라 함은 개업공인중개사에 소속된 공인중개사(개업공인중개사인 법인의 사원 또는 임원으로서 공인중개사인 자 포함)로서 중개업무를 수행하거나 개업공인중개사의 중개업무를 보조하는 자를 말한다. 제29회
14. 소속공인중개사에는 개업공인중개사인 법인의 사원 또는 임원으로서 중개업무를 수행하는 공인중개사인 자가 포함된다. 제27회, 제33회, 제34회
15. 공인중개사로서 개업공인중개사에 고용되어 그의 중개업무를 보조하는 자도 소속공인중개사이다. 제27회
16. 중개보조원은 공인중개사가 아닌 자로서 개업공인중개사에 소속되어 개업공인중개사의 중개업무와 관련된 단순한 업무를 보조하는 자를 말한다. 제33회
17. 중개대상물을 거래당사자 간에 교환하는 행위는 '중개'에 해당하지 않는다. 제34회
18. 공인중개사자격을 취득한 자는 중개사무소의 개설등록 여부와 관계없이 '공인중개사'에 해당한다. 제34회
19. 다른 사람의 의뢰에 의하여 중개를 하는 경우라도 그에 대한 보수를 받지 않았다면 '중개업'에 해당하지 않는다. 제34회

▶ 공인중개사법령

Theme 02 총칙(중개대상물)

1 중개대상물의 판단기준

(1) 사적 거래가 가능할 것(cf: 국·공유재산 중 행정재산 등)
(2) 법령상의 규정이 있을 것(cf: 어업재단, 선박, 무체재산권, 무형의 재산적 가치, 금전채권 등)
(3) 중개행위 개입 가능성이 있을 것(cf: 일신전속적 권리, 특수한 법률관계 등)

2 중개대상물 구분

구분		중개대상물인 것	중개대상물이 아닌 것
법	토지	① 사유인 하천 ② 사인(私人)이 공유수면 매립준공인가를 받은 토지 ③ 일필 일부의 임대차 등 ④ 사도(私道)	① 국·공유지인 하천 ② 바닷가(= 빈지), 간석지 ③ 일필 일부의 매매·교환·저당권 설정 등 ④ 공도(公道) ⑤ 대토권
	건축물	① '지붕과 벽, 그리고 기둥' 있는 공작물 ② 분양권, 입주권(입주자로 선정된 지위)	① 비정착(비닐하우스, 판잣집), 이동·해체가 용이한 세차장구조물 등 ② 당첨권, 입주자로 선정될 수 있는 지위 ③ 권리금
	그 밖의 정착물	명인방법을 갖춘 수목의 집단	① 수목, 농작물, 미분리 과실 ② 종물 및 부합물인 정착물
시행령	입목	일체로 거래시	분리하여 거래시
	공장재단	① 일체로 거래시 ② 공장만의 임대차(저당권자 동의 필요)	분리하여 거래시
	광업재단	일체로 거래시	분리하여 거래시

📝 1. 명인방법: 예컨대, 오동나무 산에 새끼줄을 두르고 푯말을 세워 일부를 매수하였음을 공시하는 방법을 말한다.
2. 입목: 토지에 부착된 수목의 집단으로서 그 소유자가 「입목에 관한 법률」에 따라 소유권보존등기를 한 것을 말한다.
3. 공장재단: 공장에 속하는 일정한 기업용 재산으로 구성되는 일단(一團)의 기업재산으로서 등기된 것을 말한다.
4. 광업재단: 광물을 채굴·취득하기 위한 각종 설비 및 이에 부속하는 사업의 설비로 구성되는 일단의 기업재산으로서 등기된 것을 말한다.

3 특수한 중개대상물

구분	입목	공장재단 및 광업재단
구성물	① 수목의 집단: 1필 전부 / 일부 ② 수종의 제한은 없음	① 재산의 전부·일부로써 구성 ② 반드시 소유권만으로 구성할 필요는 없음
권리목적	소유권·저당권의 목적이 됨	
공시	① 입목등록원부 ② 입목등기부: 표, 갑, 을 ③ 토지등기부 표제부에 입목의 등기번호 기재	① 공장·광업재단등기부: 표, 갑, 을 ② 등기가 있는 것은 당해 부동산등기부 해당구 '사항란'에 공장·광업재단에 속하였다는 취지를 기재함

4 중개대상권리

구분	득실	변경(이전)	비고
소유권	○	○	원시취득 제외
점유권	×	×	
저당권·담보가등기	○	○	
유치권	×	○	점유와 채권을 일체로 이전
질권	×	×	
전세권	○	○	농지에 대한 전세권설정 불가
지상권	○	○	
지역권	○	○	요역지와 분리한 지역권 양도 불가
등기된 환매권	○	○	환매권에 기한 재매매는 개입 불가
부동산임차권	○	○	
법정지상권 / 법정저당권	×	○	
분묘기지권	×	×	
금전채권	×	×	

5 기본확인사항

(1) 모든 부동산이 중개대상물이 되는 것은 아니나, 모든 중개대상물은 부동산이다. (○)
(2) '금전채권'은 법정중개대상물에 해당한다. (×)
(3) 모든 하천은 중개대상물이다. (×)

(4) 사적 소유인 하천은 모든 사적 거래가 가능하고 중개대상물이 된다. (×)
(5) 공인중개사법령상 중개대상물은 원칙적으로 개업공인중개사만이 중개대상물로 삼아 중개업을 주된 업으로 영위할 수 있다. (○)
(6) **환매권**: 성립 (○), 이전 (○), 재매매·행사 (×)
(7) **유치권**: 성립 (×), 이전 (○)

핵심 기출지문분석

1. 토지로부터 분리된 수목은 중개대상물이 될 수 없다. 제32회
2. 지목(地目)이 양어장인 토지는 중개대상물이다. 제32회
3. 가압류된 토지는 중개대상물에 해당한다. 제31회
4. 동·호수가 특정되어 분양계약이 체결된 아파트 분양권은 중개대상물이다. 제28회, 제33회, 제34회
5. 기둥과 지붕, 그리고 주벽이 갖추어진 신축 중인 미등기상태의 건물은 중개대상물이다. 제33회
6. 아파트 추첨기일에 신청하여 당첨되면 아파트의 분양예정자로 선정될 수 있는 지위인 입주권은 중개대상물이 아니다. 제24회, 제33회
7. 주택이 철거될 경우 일정한 요건하에 택지개발지구 내에 이주자택지를 공급받을 지위인 대토권은 중개대상물이 아니다. 제25회, 제26회, 제28회, 제32회, 제33회
8. 영업상 노하우 등 무형의 재산적 가치인 권리금은 중개대상물이 아니다. 제25회, 제28회, 제31회, 제32회, 제34회
9. 미채굴광물, 온천수, 금전채권, 점유 등은 중개대상물에 해당하지 않는다. 제30회
10. 유치권이 행사되고 있는 건물도 중개대상물이 될 수 있다. 제27회
11. 중개대상물인 '건축물'에는 기존의 건축물뿐만 아니라 장차 건축될 특정의 건물도 포함될 수 있다. 제26회
12. 공용폐지가 되지 아니한 행정재산인 토지는 중개대상물에 해당하지 않는다. 제26회
13. 「입목에 관한 법률」에 따라 등기된 입목은 중개대상물에 해당한다. 제26회
14. 선박은 톤(t)수를 불문하고 중개대상물에 해당하지 않는다. 제25회
15. 콘크리트 지반 위에 쉽게 분리·철거가 가능한 볼트조립방식으로 철제 파이프 기둥을 세우고 지붕을 덮은 다음, 3면에 천막을 설치한 세차장구조물은 중개대상물에 해당하지 않는다. 제25회
16. 거래당사자 사이에 부동산에 관한 환매계약이 성립하도록 알선하는 행위도 중개에 해당한다. 제24회
17. 근저당권이 설정되어 있는 피담보채권은 중개대상물에 해당하지 않는다. 제34회

Theme 03 공인중개사 자격제도

1 자격시험

(1) **시험시행기관장**: 원칙 – 시·도지사, 예외 – 국토교통부장관
(2) **응시자격**: 국적, 연령 등의 제한 없음

응시 가능자	① 미성년자, 외국인 등 ② 등록의 결격사유자(단, 자격취소 후 3년 미경과자 제외)
응시 부적격자	① 공인중개사 자격취소 후 3년 미경과자 ② 부정행위 무효처분일부터 5년 미경과자 ③ 기 취득자

2 자격시험 합격자 결정

차수		합격자 결정기준	비고
1차		매 과목 40점 이상, 전 과목 평균 60점 이상	절대평가
2차	원칙	매 과목 40점 이상, 전 과목 평균 60점 이상	절대평가
	예외	① 선발예정인원 공고	상대평가
		② 최소선발인원 공고 / 최소선발비율 공고	절대평가 + 상대평가

3 자격증 교부

시·도지사(교부, 재교부, 취소, 반납 등)

4 자격증 관련 주요사항

구분	시기 및 사유	해당 관청
신규교부	합격자 공고일로부터 1개월 이내	시·도지사
취소	이 법을 위반하여 징역형 선고를 받는 등	자격증 교부한 시·도지사
반납	취소처분을 받은 날부터 7일 이내	자격증 교부한 시·도지사
재교부	분실·훼손(~할 수 있다)	자격증 교부한 시·도지사

5 자격 관련 의무

내용	대상자	위반시 제재	
		행정형벌	행정처분
자격증 양도·대여금지	공인중개사	1년⇩ / 1천⇩	자격취소
자격증 양수·대여받는 행위금지	누구든지	1년⇩ / 1천⇩	
양도·대여, 양수·대여받는 행위의 알선금지	누구든지	1년⇩ / 1천⇩	
동일명칭·유사명칭 사용금지	공인중개사 아닌 자	1년⇩ / 1천⇩	

6 공인중개사 정책심의위원회(국토교통부 내 임의설치기구)

(1) **설치목적**: 다음의 공인중개사 업무에 관한 심의·의결

　① 공인중개사의 시험 등 공인중개사의 자격취득에 관한 사항
　② 부동산중개업의 육성에 관한 사항
　③ 중개보수 변경에 관한 사항
　④ 손해배상책임의 보장 등에 관한 사항

(2) **구성**: 위원장 1명 포함 7명 이상 11명 이내의 위원

(3) **위원장**: 국토교통부 제1차관

(4) **부위원장**: 없음(위원장이 부득이한 사유로 직무를 수행할 수 없을 때에는 위원장이 미리 지명한 위원이 그 직무를 대행)

(5) **위원**

　① 임명방법: 국토교통부장관이 임명하거나 위촉
　② 위원의 임기: 2년(연임제한 규정 없음)

(6) **간사**

　① 임명방법: 위원장이 국토교통부 소속 공무원 중에서 지명
　② 업무: 위원회의 사무처리

(7) **서기**: 없음

7 기본확인사항

(1) 공인중개사 자격시험의 원칙적인 시행권자는 국토교통부장관이고 예외적인 시행권자는 시·도지사이다. (×)

(2) 공인중개사 정책심의위원회에서 공인중개사 시험 등 공인중개사의 자격취득에 관한 사항을 심의·의결한 경우 시·도지사는 이에 따라야 한다. (○) 제34회

(3) 공인중개사 자격증 양도·대여행위는 형사상 처벌의 대상이고, 그 행위를 알선하는 행위 또한 처벌의 대상이다. (○)

(4) '부동산뉴스 대표'라는 명칭은 오인의 위험성이 있으므로 유사명칭에 해당한다. (○)

핵심 기출지문분석

1. 시험시행기관장은 시험에서 부정한 행위를 한 응시자에 대하여는 그 시험을 무효로 하고, 그 처분이 있는 날부터 5년간 시험 응시자격을 정지한다. 제30회

2. 공인중개사의 자격이 취소된 후 3년이 지나지 아니한 자는 공인중개사가 될 수 없다. 제27회

3. 시·도지사는 공인중개사자격 시험합격자의 결정 공고일부터 1개월 이내에 시험합격자에게 공인중개사 자격증을 교부해야 한다. 제27회, 제30회, 제33회

4. 공인중개사 자격증의 재교부를 신청하는 자는 재교부신청서를 자격증을 교부한 시·도지사에게 제출해야 한다. 제27회, 제30회, 제33회

5. 공인중개사는 유·무상 여부를 불문하고 자기의 공인중개사 자격증을 양도해서는 아니 된다. 제26회, 제33회

6. 공인중개사가 아닌 자로서 공인중개사 명칭을 사용한 자는 1년 이하의 징역 또는 1천만원 이하의 벌금에 처한다. 제33회

7. 무자격자가 자신의 명함에 '부동산뉴스 대표'라는 명칭을 기재하여 사용하였다면 공인중개사와 유사한 명칭을 사용한 것에 해당한다. 제26회, 제32회

8. 국토교통부장관이 직접 시험을 시행하려는 경우에는 미리 공인중개사 정책심의위원회의 의결을 거쳐야 한다. 제30회, 제35회

9. 정책심의위원회는 위원장 1명을 포함하여 7명 이상 11명 이내의 위원으로 구성한다. 제27회, 제32회, 제34회

10. 중개보수 변경에 관한 사항은 공인중개사 정책심의위원회의 공인중개사 업무에 관한 심의사항에 해당한다. 제32회, 제33회, 제34회

11. 정책심의위원회 위원장은 국토교통부 제1차관이 된다. 제27회, 제32회

12. 정책심의위원회 위원장이 부득이한 사유로 직무를 수행할 수 없을 때에는 위원장이 미리 지명한 위원이 그 직무를 대행한다. 제27회, 제32회
13. 공인중개사협회의 설립인가에 관한 의결은 정책심의위원회의 소관사항이 아니다. 제28회
14. 위원회에서 심의한 사항 중 공인중개사의 자격취득에 관한 사항의 경우 시·도지사는 이에 따라야 한다. 제34회
15. 위원이 속한 법인이 해당 안건의 당사자의 대리인이었던 경우 그 위원은 위원회의 심의·의결에서 제척된다. 제34회

Theme 04 개업공인중개사 등의 교육

▶ 공인중개사법령

1 교육제도 비교

구분	실무교육	직무교육	연수교육	거래사고 예방교육
시기	① 등록신청일(설치신고일) 전 1년 이내 ② 고용신고일 전 1년 이내	고용신고일 전 1년 이내	실무교육 또는 연수교육을 받은 후 2년마다	필요시
대상	① 개설등록 신청자 (사원·임원·책임자) ② 소속공인중개사가 되려는 자	중개보조원이 되려는 자	① 개업공인중개사 ② 소속공인중개사	개업공인중개사 등
면제	① 폐업신고 후 1년 이내에 재등록신청 / 소·공으로서 고용신고하려는 자 ② 소·공으로서 고용관계 종료신고 후 1년 이내에 등록신청 / 다시 고용신고하려는 자	중개보조원으로서 고용관계 종료신고 후 1년 이내에 고용신고를 다시 하려는 자		
내용	개업공인중개사 및 소속공인중개사의 직무수행에 필요한 법률지식, 부동산중개 및 경영실무, 직업윤리 등	중개보조원의 직무수행에 필요한 직업윤리 등	부동산중개 관련 법·제도의 변경사항, 부동산중개 및 경영실무, 직업윤리 등	부동산거래질서를 확립하고, 부동산거래사고로 인한 피해 방지
시간	28~32시간	3~4시간	12~16시간	
위반시 제재			500만원 이하 과태료	
비용지원				지원 가능

통지			2개월 전	10일 전
실시권자	시 · 도지사	시 · 도지사 또는 등록관청	시 · 도지사	국토교통부장관, 시 · 도지사, 등록관청

2 교육수료증 첨부 여부

구분	교육수료증 사본 첨부	비고
개설등록 신청	실무교육수료증 사본 ○	기관 ⇨ 전자확인조치 ⇨ 제외
분사무소 설치신고	실무교육수료증 사본 ○	
고용신고	–	관청에서 수료 여부 확인
대리업 등록신청	실무교육수료증 사본 ○	

3 기본확인사항

(1) 소속공인중개사가 되려는 자는 소속이나 직급에 무관하게 실무교육을 이수하여야 한다. (○)

(2) 실무교육 이수대상자는 등록신청이나 설치신고일, 고용신고일 기준 직전 1년 이내 실시한 교육을 이수하여야 한다. (○)

(3) 실무교육은 경우에 따라 여러 번 받을 수도 있다. (○)

(4) 직무교육을 받지 않은 자를 중개보조원으로 고용신고할 수 없다. (○)

(5) 실무교육과 직무교육은 면제제도가 있으나, 연수교육은 면제제도가 없다. (○)

(6) 거래사고 예방교육은 임의교육에 해당되기 때문에 이수하지 않아도 제재는 없다. (○)

핵심 기출지문분석

1. 국토교통부장관, 시 · 도지사 및 등록관청은 필요하다고 인정하면 개업공인중개사 등의 부동산거래사고 예방을 위한 교육을 실시할 수 있다. 제28회, 제31회

2. 개업공인중개사는 중개보조원을 고용한 경우, 등록관청에 고용신고 전에 시 · 도지사 또는 등록관청이 실시하는 직무교육을 받도록 해야 한다. 제32회

3. 폐업신고 후 1년 이내에 중개사무소의 개설등록을 다시 신청하려는 공인중개사는 실무교육을 받지 않아도 된다. 제27회, 제29회, 제34회, 제35회

4. 고용관계 종료신고 후 1년 이내에 다시 중개보조원으로 고용신고의 대상이 된 자는 시 · 도지사 또는 등록관청이 실시하는 직무교육을 받지 않아도 된다. 제25회, 제26회

5. 실무교육을 받은 개업공인중개사 및 소속공인중개사는 그 실무교육을 받은 후 2년마다 연수교육을 받아야 한다. 제28회, 제31회, 제35회
6. 합명회사가 개설등록을 하려면 사원 전원이 실무교육을 받아야 한다. 제31회
7. 분사무소의 책임자인 공인중개사는 시·도지사가 실시하는 실무교육을 받아야 한다. 제31회
8. 개업공인중개사가 폐업신고를 한 후 1년 이내에 소속공인중개사로 고용신고되는 경우, 그 소속공인중개사는 실무교육을 받지 않아도 된다. 제31회, 제35회
9. 중개사무소 개설등록을 신청하려는 법인의 공인중개사가 아닌 사원도 실무교육대상이다. 제31회
10. 개업공인중개사가 되려는 자의 실무교육시간은 28시간 이상 32시간 이하이다. 제31회, 제34회
11. 개업공인중개사와 소속공인중개사가 받는 연수교육에는 부동산중개 관련 법·제도의 변경사항이 포함된다. 제31회
12. 국토교통부장관, 시·도지사, 등록관청은 개업공인중개사 등에 대한 부동산거래사고 예방 등의 교육을 위하여 교육 관련 연구에 필요한 비용을 지원할 수 있다. 제31회
13. 실무교육을 받는 것은 중개사무소 개설등록의 기준에 해당한다. 제29회
14. 연수교육의 교육시간은 12시간 이상 16시간 이하이다. 제29회
15. 연수교육을 정당한 사유 없이 받지 않으면 500만원 이하의 과태료를 부과한다. 제29회

▶ 공인중개사법령

Theme 05 중개업의 등록 및 결격사유

1 개설등록

1. 등록의 성질
(1) 일신전속성
(2) 대인적 처분, 영속성, 기속적 처분, 적법요건

2. 중개사무소 개설등록 절차

등록신청	등록통지	보증설정	등록증 교부	게시물 게시	업무개시
시·군·구	7일 이내	(신고)			3개월 이내

⇐ 인장등록 가능 기간 ⇒

⇐ 무등록 ⇒	⇐ 개업공인중개사 ⇒

⇐ 무등록 ⇒ (3년 이하 징역 3천만원 이하 벌금)	⇐ 부적법 중개업 ⇒			⇒ 적법 중개업
	상대적 등록취소	업무정지	100만원 이하 과태료	

⇧ 개업공인중개사가 되는 시점   ⇧ 업무개시 가능 시점

3. 등록기준(= 등록요건)

(1) 공인중개사인 개업공인중개사
  ① 실무교육을 받았을 것
  ② 건축물대장(가설건축물대장은 제외)에 기재된 건축물에 중개사무소를 확보할 것

(2) 법인인 개업공인중개사
  ① 법인에 대한 등록기준을 갖출 것
    ㉠ 자본금 5천만원 이상의 「상법」상 회사 또는 「협동조합 기본법」상 협동조합일 것
       (단, 사회적 협동조합은 제외)
    ㉡ 법 제14조 규정 업무만을 영위할 목적으로 설립된 법인일 것
    ㉢ 대표자가 공인중개사일 것
    ㉣ 대표자를 제외한 사원 또는 임원의 3분의 1 이상이 공인중개사일 것
  ② 대표자, 사원·임원 및 분사무소 책임자가 실무교육을 받았을 것

③ 건축물대장(가설건축물대장은 제외)에 기재된 건축물에 중개사무소를 확보할 것

> 📝 사용승인 등이 된 건축물의 경우 대장에 기재가 지연되는 사유서를 첨부하면 예외적으로 등록할 수 있다.

2 기본확인사항

(1) 무등록 중개업 영위자의 중개를 통한 거래계약의 효력은 유효이다. (O)

(2) 절대적 등록취소사유에 해당하는 경우라도 그 즉시 등록의 효력이 실효되는 것은 아니다. (O)

(3) 반드시 건축물대장에 기재된 건축물이어야 중개업 개설등록이 될 수 있다. (×)

(4) 특수법인인 지역농업협동조합의 대표자는 공인중개사가 아니어도 된다. (O)

(5) 법인인 개업공인중개사에 속한 모든 공인중개사는 업무개시 전에 실무교육을 이수하여야 한다. (×)

(6) 개업공인중개사가 되는 시점은 개설등록증을 교부받은 때이다. (×)

(7) 실무교육의 이수는 개업공인중개사의 업무개시요건에 해당한다. (×)

3 등록의 결격사유 등

구분	내용				해소사유
제한능력자	① 미성년자				만 19세에 도달
	② 피성년후견인, 피한정후견인				종료심판시
금고 이상 (징역·금고)	③ 파산선고를 받고 복권되지 않은 자				복권판결 / 법정복권
	④ 실형선고	집행종료	만기석방(만기출소)		+ 3년 경과시
		집행종료 간주	가석방	유기수 + 잔형기	
				무기수 + 10년	
		집행면제	특별사면: 잔여 형기 면제		
			일반사면: 형의 선고 효과 소멸		즉시복권
	⑤ 형의 집행유예(≠ 선고유예) 선고받은 자				유예기간 + 2년 경과시
이 법 위반으로	⑥ 자격취소				+ 3년 경과시
	⑦ 자격정지기간 중인 자				정지기간 경과시
	⑧ 등록취소(단, 사망·해산, 결격사유, 등록기준 미달은 제외)				+ 3년 경과시
	⑨ 업무정지처분 후 폐업한 자				정지기간 경과시
	⑩ 법인의 업무정지 사유 발생 당시 사원 또는 임원이었던 자				정지기간 경과시
	⑪ 300만원 이상의 벌금형 선고(≠ 선고유예)				+ 3년 경과시
법인	⑫ 결격사유에 해당되는 사원 또는 임원이 있는 법인				2개월 이내 해소시

4 등록에 관한 원칙 - 1자격·1등록·1사무소·1소속

금지유형	개념	금지대상	위반시 제재			
			행정형벌	행정처분		
이중등록	등록 + 등록	개업공인중개사	1년 / 1천	절대적 등록취소		
이중소속	소속 + 소속	개업공인 중개사 등		개업공인중개사		절대적 등록취소
				소속 공인중개사	평시	자격정지
					자격정지 중	자격취소
				중개보조원		-
이중 사무소	사무소 + 사무소	개업공인중개사		상대적 등록취소		

5 기본확인사항

(1) 개업공인중개사가 직접 등록의 결격사유에 해당하는 경우 반드시 등록은 취소된다. (○)

(2) 모든 결격사유는 등록취소사유에 해당한다. (×)

(3) 중개사무소 개설등록이 취소되는 경우 항상 3년간 결격사유에 해당한다. (×)

(4) 다른 법률 위반이거나, 300만원 미만·양벌규정에 따른 벌금형은 결격사유가 아니다. (○)

(5) 다른 법률 위반으로 금고형을 선고받은 경우에도 결격사유에 해당한다. (○)

(6) 무등록과 이중등록, 부정등록은 각각 서로 다른 개념이다. (○)

(7) 둘 이상의 중개사무소를 설치한 경우에는 이중사무소에 해당한다. (○)

(8) 둘 이상의 중개사무소 개설등록을 한 경우에는 이중등록에 해당한다. (○)

(9) 이중사무소에 해당하는 사무소는 반드시 건축물대장에 기재된 건축물만 해당한다. (×)

(10) 소속공인중개사가 둘 이상의 사무소에 소속된 경우 자격취소사유이다. (×)

> **핵심 기출지문분석**
>
> 1. 등록관청은 중개사무소 등록증을 교부하기 전에 개설등록을 한 자가 손해배상책임을 보장하기 위한 조치(보증)를 하였는지 여부를 확인하여야 한다. 제28회
>
> 2. 법인인 개업공인중개사로 등록하기 위하여서는 자본금 5천만원 이상의 「상법」상 회사 또는 「협동조합 기본법」상 협동조합(사회적 협동조합 제외)이어야 한다. 제25회, 제27회, 제28회, 제31회, 제32회, 제33회, 제34회
>
> 3. 법인인 개업공인중개사의 대표자는 공인중개사이어야 하며, 대표자를 제외한 사원 또는 임원의 3분의 1 이상이 공인중개사이어야 한다. 제26회, 제27회, 제28회, 제31회, 제33회, 제34회

4. 소속공인중개사는 자신의 중개사무소 개설등록을 신청할 수 없다. 제28회, 제32회, 제33회
5. 공인중개사법령상 법인이 중개사무소를 개설하려는 경우 그 법인의 대표자가 공인중개사이어야 한다. 제28회, 제33회, 제34회
6. 건축물대장(「건축법」에 따른 가설건축물대장은 제외)에 기재된 건물에 전세로 중개사무소를 확보한 경우라면 개설등록의 기준에 부합한 것이다. 제33회
7. 법인이 중개사무소를 등록·설치하려는 경우 그 법인이 중개업 및 겸업제한에 위배되지 않는 업무만을 영위할 목적으로 설립되었을 것을 요건으로 한다. 제28회
8. 대표자, 임원 또는 사원(합명회사 또는 합자회사의 무한책임사원을 말함) 전원이 실무교육을 받았어야 법인인 개업공인중개사로 개설등록이 가능하다. 제34회
9. 개설등록의 신청을 받은 등록관청은 개업공인중개사의 종별에 따라 구분하여 개설등록을 하고, 개설등록 신청을 받은 날부터 7일 이내에 등록신청인에게 서면으로 통지하여야 한다. 제35회
10. 외국에 주된 영업소를 둔 법인의 경우에는 「상법」상 외국회사 규정에 따른 영업소의 등기를 증명할 수 있는 서류를 제출하여야 한다. 제35회
11. 개업공인중개사가 등록의 결격사유에 해당하는 경우 그의 등록은 취소된다. 제23회, 제24회, 제26회, 제28회, 제30회
12. 피특정후견인은 중개사무소의 등록을 할 수 없는 결격사유에 해당하지 않는다. 제32회
13. 금고 이상의 형의 집행유예를 받고 그 유예기간이 만료된 날부터 2년이 지나지 아니한 자는 개설등록을 할 수 없다. 제32회, 제33회, 제35회
14. 공인중개사의 직무와 관련없는 사기죄로 징역 2년형을 선고받고 그 형의 집행이 3년간 유예된 경우, 그 유예기간이 종료되고 다시 2년이 경과된 공인중개사는 중개사무소의 개설등록을 할 수 있다. 제27회
15. 공인중개사의 직무와 관련없는 배임죄로 징역 2년의 실형을 선고받고 그 집행이 종료된 날부터 2년이 경과된 공인중개사는 중개사무소의 개설등록을 할 수 없다. 제27회
16. 업무정지처분을 받고 부동산중개업 폐업신고를 한 개업공인중개사는 업무정지기간이 지나지 아니하면 중개사무소 개설등록을 할 수 없다. 제34회
17. 이중소속의 금지에 위반한 경우 1년 이하의 징역 또는 1천만원 이하의 벌금형에 처한다. 제27회
18. 등록관청은 이중으로 등록된 중개사무소의 개설등록을 취소하여야 한다. 제27회
19. 등록관청은 중개사무소 등록증을 교부한 경우, 그 등록에 관한 사항을 다음 달 10일까지 공인중개사협회에 통보하여야 한다. 제27회, 제35회
20. 공인중개사인 개업공인중개사가 법인인 개업공인중개사로 업무를 하고자 개설등록신청서를 다시 제출하는 경우 종전의 등록증은 이를 반납하여야 한다. 제35회

Theme 06 중개사무소

1 중개사무소의 유형

사무소 명칭	설치기준·유형	설치대상	설치방법	설치 여부
주된 사무소	1등록 1사무소	개업공인중개사	개설등록	의무
분사무소	1등록 多사무소	법인인 개업공인중개사 (특수법인 포함)	설치신고 (주사무소 관할 등록관청)	임의
공동중개사무소	多등록 1사무소	개업공인중개사	개설등록 / 이전신고	임의

2 중개사무소 설치절차

(1) **주사무소**: 개설등록 신청 ⇨ 등록기준 검토 ⇨ 등록·통지 ⇨ 보증설정 및 신고 ⇨ 등록증 교부 ⇨ 업무개시

(2) **분사무소**: 보증설정 ⇨ 설치신고(주사무소 관할 등록관청) ⇨ 설치기준 검토 ⇨ 설치신고확인서 교부 ⇨ 통보(주사무소 ⇨ 설치 예정지 관할 시·군·구)

(3) **공동사무소**: 개설등록 또는 이전신고의 방법으로 설치한다(단, 기존의 개업공인중개사가 업무정지기간 중인 경우 개설등록 또는 이전신고에 대한 승낙 불가).

3 사무소 명칭 관련 의무

구분		대상	관련 의무	위반시 제재
작위	개업공인중개사	사무소 명칭	문자사용 ① 8자(공인중개사 사무소) ② 5자(부동산중개)	100만원 이하 과태료
		간판	개업공인중개사의 성명표기(인식 가능 크기)	
부작위	부칙상의 개업공인중개사	사무소 명칭	문자사용 금지: 공인중개사 사무소	
	개업공인중개사가 아닌 자	여타 명칭	문자사용 금지: 동일·유사명칭	1년⇩ / 1천⇩

4 사무소 이전신고

구분		개업공인중개사			등록관청		
등록 관청	內	이전	신고	적격검토	원칙: 등록증 재교부		
					예외: 등록증 교부(기재사항 변경 후)		
	外	이전	신고 (이전 후)	서류송부 요청	서류송부(지체 없이)	적격 검토	등록증 재교부
				이전 후 ⇨ 이전 전	이전 전 ⇨ 이전 후		

5 기본확인사항

(1) 주된 사무소는 모든 개업공인중개사가 반드시 두어야 한다. (○)

(2) 공동사무소는 설치일부터 10일 이내에 각각의 개업공인중개사가 설치신고를 하여야 한다. (×)

(3) 다른 법률에 의해 중개업을 할 수 있는 법인도 분사무소를 설치할 수 있다. (○)

(4) 업무정지처분을 받은 개업공인중개사로서 다른 개업공인중개사의 개설등록이나 이전신고를 위하여 중개사무소공동사용승낙서를 작성할 수 있다. (×) 제34회

(5) 업무정지기간 중에 업무정지기간 중이 아닌 다른 개업공인중개사의 사무소로 이전할 수 있다. (×)

(6) 분사무소는 주사무소 등록관청 소재지를 제외한 시·군·구별로 1개 소를 설치할 수 있으며, 설치신고는 주사무소 등록관청에 하여야 한다. (○) 제34회

(7) 개업공인중개사는 모든 옥외광고물에 개업공인중개사의 성명을 표기하여야 한다. (×)

(8) 이순신공인중개사사무소 (○), 삼성부동산 (×), 반포공인중개사 (×), 한국부동산중개협동조합 (○)

(9) 중개사무소 이전신고는 사후 10일 이내에 이전 후 등록관청에 하여야 한다. (○) 제34회

(10) 분사무소 이전신고는 주사무소 등록관청에 사후 10일 내에 설치신고확인서를 첨부하여야 한다. (○) 제34회

(11) 중개사무소 이전신고시 항상 등록관청이 변경되고, 행정수수료를 납부하여야 한다. (×)

(12) 개업공인중개사는 이전신고, 폐업신고, 취소처분을 받은 경우 지체 없이 사무소 간판을 철거하여야 한다. (○) 제34회

핵심 기출지문분석

1. 개업공인중개사는 그 등록관청의 관할구역 안에 중개사무소를 두되, 1개의 중개사무소만을 둘 수 있다. 제30회, 제31회, 제32회, 제34회

2. 분사무소는 주된 사무소의 소재지가 속한 시·군·구를 제외한 시·군·구별로 설치하되, 시·군·구별로 1개 소를 초과할 수 없다. 제30회, 제31회, 제32회, 제34회

3. 개업공인중개사는 그 업무의 효율적인 수행을 위하여 다른 개업공인중개사와 중개사무소를 공동으로 사용할 수 있다. 제22회, 제23회

4. 법인인 개업공인중개사도 다른 개업공인중개사와 중개사무소를 공동으로 사용할 수 있다. 제21회

5. 법인인 개업공인중개사가 등록관청의 관할구역 외의 지역에 분사무소를 두기 위해서는 등록관청에 신고를 하여야 한다. 제31회, 제33회, 제34회

6. 다른 법률의 규정에 따라 중개업을 할 수 있는 법인의 분사무소에는 공인중개사를 책임자로 두지 않아도 된다. 제31회, 제32회

7. 법인인 개업공인중개사가 분사무소를 두려는 경우 소유·전세·임대차 또는 사용대차 등의 방법으로 사용권을 확보해야 한다. 제32회

8. 개업공인중개사가 중개사무소를 공동으로 사용하려면 중개사무소의 개설등록 또는 이전신고를 할 때 그 중개사무소를 사용할 권리가 있는 다른 개업공인중개사의 승낙서를 첨부해야 한다. 제32회

9. 개업공인중개사는 중개사무소를 이전한 때에는 이전한 날부터 10일 이내에 국토교통부령으로 정하는 바에 따라 등록관청에 이전사실을 신고해야 한다. 제31회, 제32회, 제33회

10. 등록관청 관할지역 내에서의 이전신고를 받은 등록관청은 중개사무소 등록증에 변경사항만을 적어 교부하거나 등록증을 재교부해야 한다. 제31회, 제32회

11. 이전신고를 할 때에는 중개사무소 등록증을 제출하여야 한다. 제29회, 제32회

12. 건축물대장에 기재되지 않은 건물로 이전신고를 하는 경우, 건축물대장 기재가 지연되는 사유를 적은 서류도 제출해야 한다. 제31회, 제32회

13. 등록관청은 분사무소의 이전신고를 받은 때에는 지체 없이 그 분사무소의 이전 전 및 이전 후의 소재지를 관할하는 시장·군수 또는 구청장에게 이를 통보하여야 한다. 제28회, 제29회, 제31회

14. 분사무소를 이전한 때에는 주된 사무소의 소재지를 관할하는 등록관청에 이전신고를 해야 한다. 제28회, 제34회

15. 중개사무소를 등록관청의 관할지역 외의 지역으로 이전한 경우, 그 이전신고 전에 발생한 사유로 인한 개업공인중개사에 대한 행정처분은 이전 후 등록관청이 행한다. 제26회, 제28회, 제29회

16. 개업공인중개사가 아닌 자가 '부동산중개'라는 명칭을 사용한 경우, 1년 이하의 징역 또는 1천만원 이하의 벌금에 처한다. 제32회

17. 공인중개사인 개업공인중개사는 그 사무소의 명칭에 '공인중개사 사무소' 또는 '부동산중개'라는 문자를 사용하여야 한다. 제31회

18. 공인중개사가 중개사무소의 개설등록을 하지 않은 경우, 그 사무소에 '공인중개사 사무소'라는 명칭과 '부동산중개'라는 명칭은 사용할 수 없다. 제29회, 제31회

19. 공인중개사인 개업공인중개사가 관련 법령에 따른 옥외광고물을 설치하는 경우, 중개사무소등록증에 표기된 개업공인중개사의 성명을 표기해야 한다. 제29회, 제31회

20. 중개사무소 개설등록을 하지 않은 공인중개사가 '부동산중개'라는 명칭을 사용한 경우, 등록관청은 그 명칭이 사용된 간판 등의 철거를 명할 수 있다. 제27회, 제29회, 제31회

▶ 공인중개사법령

Theme 07 개업공인중개사의 업무범위

1 개업공인중개사의 업무범위

	가능범위	불가범위
부·개	겸업제한 없음	경·공매 부동산에 대한 4EA 업무
공·개	겸업제한 없음	
중개법인	중개업 + 겸업업무(6EA)	겸업업무 이외의 업무(= 겸업제한)
특수법인	고유업무 + 중개업	

📝 부·개: 부칙상의 개업공인중개사, 공·개: 공인중개사인 개업공인중개사

2 법인인 개업공인중개사의 겸업업무

가능업무	불가업무
① 상업용 건축물, 주택의 임대관리 등 부동산 관리대행 ② 부동산의 이용·개발 및 거래에 관한 상담 ③ 개업공인중개사 대상의 경영기법 및 경영정보의 제공 ④ 주택 및 상업용 건축물의 분양대행 ⑤ 주거이전에 부수되는 용역의 알선 ⑥ 경매·공매 부동산 업무	① 임대업, 300세대 이상 공동주택 관리대행 ② 부동산개발업 ③ 공인중개사를 대상으로 한 경영기법 및 경영정보의 제공 ④ 토지 분양대행 ⑤ 용역업 ⑥ 매수신청대리인 등록 없는 경매 관련 대리업무

📝 경매·공매업무
 1. 취득의 알선
 2. 권리분석
 3. 입찰신청의 대리(경매의 경우 매수신청대리인 등록 요함)
 4. 매수신청의 대리(경매의 경우 매수신청대리인 등록 요함)

3 기본확인사항

(1) 종별에 따른 중개대상물의 차이는 없다. (○)

(2) 종별에 따른 취급업무의 차이는 없다. (×)

(3) 종별에 따른 지역적 범위의 차이는 없다. (×)

(4) 부칙상의 개업공인중개사가 거래정보망에 가입하고 이를 이용하여 중개하는 경우 거래정보망에 공개된 물건에 한하여 관할구역 외의 물건도 중개할 수 있다. (○)

(5) 분양대행 수수료는 금품초과수수 규정이 적용되지 아니한다. (○)

(6) 법인인 개업공인중개사가 겸업업무 이외의 업무를 취급하는 경우 등록을 취소하여야 한다. (×)

(7) 법인의 겸업업무 모두를 공인중개사인 개업공인중개사도 취급할 수 있다. (○)

핵심 기출지문분석

1. 공인중개사인 개업공인중개사는 공인중개사법령 및 다른 법령에서 제한하지 않는 업무를 겸업할 수 있다. 제20회
2. 법인인 개업공인중개사가 겸업제한을 위반할 경우 중개사무소 개설등록을 취소할 수 있다. 제20회
3. 공인중개사인 개업공인중개사는 이사업체를 소개할 수 있다. 제20회
4. 공인중개사인 개업공인중개사는 「주택법」상 사업계획승인대상이 아닌 주택의 분양대행을 할 수 있다. 제20회, 제31회, 제32회
5. 주상복합 건물의 분양 및 관리의 대행업무는 법인인 개업공인중개사가 겸업할 수 있다. 제30회, 제31회, 제35회
6. 중개의뢰인의 의뢰에 따른 도배·이사업체의 소개 등 주거이전에 부수되는 용역의 알선업무는 법인인 개업공인중개사가 겸업할 수 있다. 제26회, 제28회, 제30회, 제32회, 제35회
7. 중개의뢰인의 의뢰에 따른 주거이전에 부수되는 용역의 제공은 법인인 개업공인중개사가 겸업할 수 없다. 제29회
8. 개업공인중개사를 대상으로 한 중개업의 경영기법의 제공은 법인인 개업공인중개사가 겸업할 수 있다. 제26회, 제35회
9. 「국세징수법」상 공매대상 부동산에 대한 취득의 알선은 법인인 개업공인중개사가 겸업할 수 있다. 제32회
10. 부동산의 이용·개발에 관한 상담은 법인인 개업공인중개사가 겸업할 수 있다. 제26회, 제29회, 제35회
11. 법인인 개인공인중개사가 중개업과 함께 주택의 분양대행을 할 수 있다. 제34회
12. 주택의 임대업은 법인인 개업공인중개사가 겸업할 수 없다. 제35회

Theme 08 개업공인중개사의 고용인

1 고용인 비교

구분		소속공인중개사	중개보조원
공통점	고용 및 고용관계종료 신고의무	있음	
	비밀준수의무	있음(업무를 떠난 후까지)	
	행정형벌 및 과태료 대상	해당됨	
	업무에 대한 책임	고용인 본인 + 그를 고용한 개업공인중개사	
차이점	공인중개사 자격 유무	자격 있음 (자격증 게시의무: 개·공에게)	자격 없음
	업무내용	중개업무 수행 + 중개업무 보조	단순업무 보조
	고용 숫자의 제한	없음	개·공과 소·공 합한 수의 5배 초과금지
	행정처분	자격취소·자격정지	없음
	교육이수의무	실무교육 (고용신고 직전 1년 이내)	직무교육 (고용신고 직전 1년 이내)
	연수교육이수의무	있음(2년마다)	없음
	고지의무	없음	있음(위반시 500⇩ 과태료)
	인장등록의무	있음	없음
	서명 및 날인 의무	있음 (확인·설명서, 거래계약서)	없음

2 고용인 고용에 따른 개업공인중개사의 책임

고용인		개업공인중개사의 책임	비고
민사책임(손해배상책임)		민사책임(손해배상책임)	연대책임
형사책임(징역형·벌금형)		해당 조에 규정된 벌금형	양벌규정
소속공인중개사	행정상 책임 ○	행정상 책임(등록취소, 업무정지)	
중개보조원	행정상 책임 ×	행정상 책임(등록취소, 업무정지)	

3 기본확인사항

(1) 소속공인중개사 또는 중개보조원의 업무상 행위는 그를 고용한 개업공인중개사의 행위로 본다. (○) 제34회

(2) 개업공인중개사는 소속공인중개사 또는 중개보조원을 고용하거나 고용관계가 종료된 때에 고용신고(전자문서에 의한 신고를 포함한다)는 업무개시 전까지, 고용관계종료신고는 고용관계 종료일부터 10일 이내에 등록관청에 신고하여야 한다. (○) 제34회

(3) 개업공인중개사는 고용인에게 고의·과실이 없더라도 무과실 책임을 부담한다. (×)

(4) 고용인으로 인하여 개업공인중개사의 자격이 취소되는 경우는 없다. (○)

(5) 고용인으로 인하여 개업공인중개사의 등록이 취소되는 경우는 없다. (×)

(6) 고용인으로 인하여 개업공인중개사에게 징역형이 선고되는 경우는 없다. (○)

(7) 고용인으로 인하여 개업공인중개사에게 벌금형이 선고되는 경우는 없다. (×)

(8) 고용인에게 행정형벌이 선고되는 경우 개업공인중개사에게는 언제나 벌금형이 선고된다. (×)

(9) 양벌규정으로 개업공인중개사가 300만원 이상 벌금형을 선고받아도 결격사유에 해당하지 않는다. (○)

핵심 기출지문분석

1. 중개보조원뿐만 아니라 소속공인중개사의 업무상 행위는 그를 고용한 개업공인중개사의 행위로 본다. 제26회, 제27회, 제30회, 제32회, 제34회

2. 개업공인중개사가 소속공인중개사를 고용한 경우 업무개시 전에 등록관청에 신고하여야 한다. 제26회, 제27회, 제34회

3. 소속공인중개사에 대한 고용신고는 전자문서에 의하여도 할 수 있다. 제28회, 제30회

4. 소속공인중개사의 고용신고를 받은 등록관청은 공인중개사 자격증을 발급한 시·도지사에게 그 소속공인중개사의 공인중개사자격 확인을 요청해야 한다. 제26회, 제28회, 제32회, 제35회

5. 개업공인중개사는 중개보조원과 고용관계가 종료된 경우 그 종료일부터 10일 이내에 등록관청에 신고해야 한다. 제27회, 제28회, 제30회, 제32회, 제34회, 제35회

6. 중개보조원의 고용신고나 고용관계종료신고를 받은 등록관청은 그 사실을 공인중개사협회에 통보해야 한다. 제32회, 제35회

7. 외국인을 소속공인중개사로 고용신고하는 경우에도 그의 공인중개사자격을 증명하는 서류를 첨부할 필요 없다. 제28회

8. 중개행위를 한 소속공인중개사가 거래계약서를 작성하는 경우, 그 소속공인중개사와 개업공인중개사가 함께 거래계약서에 서명 및 날인하여야 한다. 제29회, 제33회

9. 분사무소의 소속공인중개사가 중개행위를 한 경우 그 소속공인중개사와 분사무소의 책임자가 함께 거래계약서에 서명 및 날인하여야 한다. 제27회

10. 중개보조원이 중개업무와 관련된 행위를 함에 있어서 과실로 거래당사자에게 손해를 입힌 경우, 그를 고용한 개업공인중개사뿐만 아니라 중개보조원도 손해배상책임이 있다. 제26회, 제30회

11. 중개보조원은 부동산거래신고를 하거나 개업공인중개사의 신고를 대리할 수 없다. 제30회

12. 중개보조원은 인장등록의무와 중개대상물에 관한 확인·설명의무가 없다. 제27회, 제30회, 제31회

13. 개업공인중개사가 소속공인중개사를 고용한 경우에는 개업공인중개사 및 소속공인중개사의 공인중개사 자격증 원본을 중개사무소에 게시하여야 한다. 제30회, 제32회

14. 고용인이 업무상 징역 또는 벌금형을 선고받은 경우 개업공인중개사는 고용인의 위반행위 방지를 위한 상당한 주의·감독을 게을리하지 않았다면 벌금형으로 처벌받지 않는다. 제29회

15. 등록의 결격사유 중 '이 법을 위반하여 300만원 이상의 벌금형의 선고를 받고 3년이 경과되지 아니한 자'에는 개업공인중개사가 사용주로서 양벌규정으로 처벌받는 경우는 포함되지 않는다. 제26회

16. 개업공인중개사가 고용할 수 있는 중개보조원의 수는 개업공인중개사와 소속공인중개사를 합한 수의 5배를 초과하여서는 아니 된다. 제35회

Theme 09 인장의 등록

▶ 공인중개사법령

1 인장 관련 의무

의무	내용		대상자	위반시 제재
등록의무	업무개시 전		① 개업공인중개사 ② 소속공인중개사	업무정지 또는 자격정지
사용의무	서명 및 날인	확인·설명서 및 거래계약서		
	서명·날인 / 서명 또는 날인	그 외 서류		
변경등록의무	변경일부터 7일 이내			

2 종별에 따른 등록인장 비교

구분		등록인장	의무 여부	등록
법인인 개업공인중개사	주된 사무소	「상업등기규칙」에 의하여 신고한 법인의 인장	의무사항	주사무소 등록관청
	분사무소	① 법인의 인장 ② 법인의 대표자가 보증하는 인장	선택사항	주사무소 등록관청
개인인 개업공인중개사 / 소속공인중개사		가족관계등록부 또는 주민등록표 상의 성명이 나타난 인장(7~30mm)	의무사항	등록관청

3 기본확인사항

(1) 인장등록은 업무개시 요건에 해당한다. (○)

(2) 개인의 인장등록은 인감증명서 제출로 갈음할 수 있다. (×)

(3) 인장 분실시 7일 이내에 등록관청에 변경등록하여야 한다. (○)

(4) 분사무소의 인장은 법인이 보증하는 인장을 주사무소 관할 등록관청에 등록하여야 한다. (×) 제34회

핵심 기출지문분석

1. 개업공인중개사는 업무를 개시하기 전에 중개행위에 사용할 인장을 등록관청에 등록하여야 한다. 제27회, 제34회

2. 개업공인중개사의 인장등록은 중개사무소 개설등록 신청과 같이 할 수 있다. 제28회, 제30회

3. 소속공인중개사는 업무개시 전에 중개행위에 사용할 인장을 등록관청에 등록하여야 한다. 제29회

4. 소속공인중개사의 인장등록은 소속공인중개사에 대한 고용신고와 같이 할 수 있다. 제30회, 제34회

5. 법인인 개업공인중개사의 인장등록은 「상업등기규칙」에 따른 인감증명서의 제출로 갈음한다. 제25회, 제27회, 제28회, 제29회, 제30회, 제31회

6. 분사무소에서 사용할 인장으로는 「상업등기규칙」에 따라 법인의 대표자가 보증하는 인장을 등록할 수 있다. 제17회, 제25회, 제27회, 제29회, 제31회, 제34회

7. 개업공인중개사가 등록한 인장을 변경한 경우 변경일부터 7일 이내에 그 변경된 인장을 등록관청에 등록해야 한다. 제27회, 제28회, 제29회, 제30회, 제31회, 제33회, 제34회

8. 소속공인중개사의 인장의 크기는 가로·세로 각각 7mm 이상 30mm 이내이어야 한다. 제27회, 제34회

9. 분사무소에서 사용할 인장은 주사무소 소재지 시장·군수 또는 구청장에게 등록해야 한다. 제29회, 제31회

10. 소속공인중개사가 업무를 수행하는 기간 동안 등록하지 않은 인장을 사용하여 중개행위를 한 경우 자격정지처분을 받을 수 있다. 제30회, 제31회, 제32회

11. 인장등록을 하지 아니한 경우 개업공인중개사의 업무정지사유이면서 소속공인중개사의 자격정지사유에 해당한다. 제29회

Theme 10 중개대상물 표시·광고

1 중개대상물 표시·광고 관련 의무

구분	관련 의무	위반시 제재
개업공인중개사	공통적 명시의무: 사무소 명칭·소재지·연락처, 개업공인중개사의 성명, 등록번호(단, 중개보조원 명시 금지)	100만원 이하 과태료
	인터넷광고시 추가명시의무: 물건별로 따로 정함	
	부당한(허위, 과장 등) 표시·광고 금지	500만원 이하 과태료
개업공인중개사가 아닌 자	표시·광고 자체 금지	1년⇩ / 1천⇩

2 부당한 표시·광고 유형

(1) 중개대상물이 존재하지 않아서 실제로 거래를 할 수 없는 광고(허위광고)

(2) 중개대상물의 내용을 거짓 또는 과장되게 하는 광고(과장광고)

(3) 중개대상물이 존재하지만 실제로 중개의 대상이 될 수 없는 광고(기만광고)

(4) 중개대상물이 존재하지만 실제로 중개할 의사가 없는 광고(기만광고)

(5) 중개대상물 선택에 중요한 영향을 미칠 수 있는 사실을 속이는 광고(기만광고)

3 기본확인사항

(1) 개업공인중개사가 중개대상물 표시·광고를 하는 경우 중개보조원에 관한 사항을 명시할 수 있다. (×)

(2) 개업공인중개사의 중개대상물 표시·광고 매체에 따라 명시하여야 할 사항이 다르다. (○)

(3) 개업공인중개사가 중개대상물 표시·광고를 부당하게 하는 경우 등록을 취소할 수 있다. (×)

(4) 인터넷 표시·광고시 추가명시사항: 소재지, 면적, 가격, 중개대상물의 종류, 거래 형태, 건축물인 경우 총 층수, 사용승인·사용검사·준공검사 등을 받은 날, 건축물의 방향, 방의 개수, 욕실의 개수, 입주가능일, 주차대수 및 관리비

4 인터넷 표시·광고 모니터링

(1) 국토교통부장관: 국토교통부장관은 인터넷을 이용한 중개대상물에 대한 표시·광고가 법률규정을 준수하는지 여부를 모니터링할 수 있다.

(2) 정보통신서비스 제공자: 국토교통부장관으로부터 자료의 제출을 요구받거나 필요한 조치를 요구받은 경우 정당한 사유가 없으면 따라야 한다.

> 불응하는 경우 500만원 이하 과태료

(3) 업무위탁
① 공공기관
② 정부출연연구기관
③ 「민법」 제32조에 따라 설립된 비영리법인으로서 관련된 업무를 수행하는 법인
④ 국토교통부장관이 인정하는 기관 또는 단체

(4) 모니터링 유형
① 기본 모니터링: 분기별로 실시
② 수시 모니터링: 국토교통부장관이 필요하다고 판단하여 실시

(5) 결과 보고(국토교통부장관에게)
① 기본 모니터링 업무: 매 분기의 마지막 날부터 30일 이내
② 수시 모니터링 업무: 업무를 완료한 날부터 15일 이내

(6) 조사·조치
① 국토교통부장관은 모니터링 결과보고서를 시·도지사 및 등록관청에 통보하고 필요한 조사 및 조치를 요구할 수 있다.
② 시·도지사 및 등록관청은 요구를 받으면 신속하게 조사 및 조치를 완료하고, 완료한 날부터 10일 이내에 그 결과를 국토교통부장관에게 통보해야 한다.

핵심 기출지문분석

1. 개업공인중개사가 아닌 자는 중개대상물에 대한 표시·광고를 해서는 안 된다. 제27회, 제28회, 제34회
2. 개업공인중개사는 중개대상물의 가격 등 내용을 과장되게 하는 부당한 표시·광고를 해서는 안 된다. 제32회
3. 개업공인중개사는 의뢰받은 중개대상물에 대한 표시·광고에 중개보조원에 관한 사항을 명시해서는 아니 된다. 제31회, 제33회
4. 개업공인중개사는 중개대상물이 존재하지 않아서 실제로 거래를 할 수 없는 중개대상물에 대한 광고와 같은 부당한 표시·광고를 해서는 안 된다. 제32회

5. 개업공인중개사가 의뢰받은 중개대상물에 대하여 표시·광고를 하려는 경우, 중개사무소의 명칭도 명시하여야 한다. 제31회

6. 법인인 개업공인중개사가 의뢰받은 중개대상물에 대하여 법령에 따른 표시·광고를 하는 경우 대표자의 성명을 명시하여야 한다. 제29회

7. 개업공인중개사가 아닌 자로서 중개업을 하기 위하여 중개대상물에 대한 표시·광고를 한 자는 1년 이하의 징역 또는 1천만원 이하의 벌금에 해당한다. 제28회, 제29회

8. 인터넷을 이용하여 중개대상물에 대한 표시·광고를 하면서 중개대상물의 종류별로 가격 및 거래형태를 명시하지 않은 경우 과태료처분 대상이다. 제32회

9. 인터넷을 이용하여 표시·광고를 하는 경우에도 중개사무소에 관한 사항은 명시하여야 한다. 제31회

10. 인터넷을 이용한 중개대상물의 표시·광고 모니터링 업무 수탁기관은 기본계획서에 따라 3개월마다 기본 모니터링 업무를 수행한다. 제31회

11. 국토교통부장관은 인터넷 표시·광고 모니터링 업무수행에 필요한 전문인력과 전담조직을 갖추었다고 국토교통부장관이 인정하는 단체에게 인터넷 표시·광고 모니터링 업무를 위탁할 수 있다. 제32회

12. 국토교통부장관은 인터넷을 이용한 중개대상물에 대한 표시·광고의 규정준수 여부에 관하여 기본 모니터링과 수시 모니터링을 할 수 있다. 제32회

13. 중개대상물에 대한 표시·광고를 위하여 대통령령으로 정해진 사항의 구체적인 표시·광고방법은 국토교통부장관이 정하여 고시한다. 제31회

14. 중개대상물의 내용을 사실과 다르게 거짓으로 표시·광고한 자를 신고하여도 포상금 지급대상에 해당하지 않는다. 제31회

15. 중개사무소의 명칭을 명시하지 아니하고 중개대상물의 표시·광고를 한 자를 신고한 자는 포상금 지급대상에 해당하지 않는다. 제28회

Theme 11 휴·폐업신고

▶ 공인중개사법령

1 휴·폐업신고 비교

구분	휴업신고	폐업신고
신고의무	3개월 초과시	폐업시
신고기간	6개월 초과 금지(원칙)	기간제한 없음
신고의 성격	사전신고	사전신고
신고방법	등록증 첨부하여 방문신고	등록증 첨부하여 방문신고
등록의 효력	유지	소멸

📝 개업공인중개사는 등록관청에 하는 휴·폐업신고와 관할 세무서에 하는 휴·폐업신고를 어느 한 관청에 일괄로 할 수 있다.

2 기본확인사항

(1) 개업공인중개사는 3개월을 초과하는 휴업을 하고자 하는 때에는 사전에 신고를 하여야 한다. (○)

(2) 개업공인중개사가 휴업을 하고자 하는 때에는 항상 신고를 하여야 한다. (×)

(3) 휴업 중 업무 재개시 항상 등록관청에 재개신고를 하여야 한다. (×)

(4) 휴업기간은 개업공인중개사가 임의로 정할 수 있으며, 그 기간에는 제한이 없다. (×)

(5) 휴업기간을 연장할 수 있는 부득이한 사유로는 질병으로 인한 요양, 징집으로 인한 입영, 취학, 임신 또는 출산, 그 밖에 이에 준하는 부득이한 사유로서 국토교통부장관이 정하여 고시하는 사유가 있다. (×)

(6) 개업공인중개사는 등록관청에 하는 휴·폐업신고와 관할 세무서에 하는 휴·폐업신고를 어느 한 관청에 일괄로 할 수 있다. (○)

(7) 분사무소는 주사무소와 별도로 휴·폐업신고를 할 수 있고, 신고는 주사무소 등록관청에 한다. (○) 제34회

핵심 기출지문분석

1. 개업공인중개사는 3개월을 초과하는 휴업을 하고자 하는 경우 미리 등록관청에 신고하여야 한다. 제26회, 제29회

2. 개업공인중개사가 휴업신고를 하고자 하는 때에는 국토교통부령이 정하는 신고서에 중개사무소 등록증을 첨부하여야 한다. 제26회

3. 개업공인중개사가 2개월의 휴업을 하려는 경우 등록관청에 신고할 필요는 없다. 제27회, 제32회

4. 개업공인중개사가 6개월을 초과하여 휴업을 할 수 있는 사유는 취학, 질병으로 인한 요양, 징집으로 인한 입영, 임신 또는 출산이나 이에 준하는 부득이한 사유가 있는 경우이다. 제27회, 제29회, 제32회, 제34회

5. 분사무소는 주된 사무소와 별도로 휴업할 수 있다. 제29회, 제31회

6. 중개사무소의 개설등록 후 업무를 개시하지 않은 개업공인중개사라도 3개월을 초과하는 휴업을 하고자 하는 때에는 휴업신고서에 중개사무소 등록증을 첨부하여 등록관청에 미리 신고하여야 한다. 제29회, 제30회

7. 재개신고는 휴업기간 변경신고와 같이 전자문서에 의한 신고를 할 수 있다. 제27회, 제32회

8. 개업공인중개사가 취학을 하는 경우 6개월을 초과하여 휴업을 할 수 있다. 제30회

9. 개업공인중개사가 휴업기간 변경신고를 하려면 중개사무소 등록증 없이 휴업기간변경신고서만 제출하면 된다. 제29회, 제32회, 제35회

10. 재개신고를 받은 등록관청은 반납을 받은 중개사무소 등록증을 즉시 반환해야 한다. 제27회, 제32회, 제35회

11. 휴업기간 중에 있는 개업공인중개사는 다른 개업공인중개사인 법인의 임원이 될 수 없다. 제26회, 제27회

12. 중개업의 폐업신고는 수수료 납부사항이 아니다. 제31회

13. 개업공인중개사가 폐업신고서를 작성하는 경우에는 폐업일, 휴업신고서를 작성하는 경우에는 휴업기간을 기재하여야 한다. 제30회

14. 개업공인중개사가 등록관청에 폐업사실을 신고한 경우에는 지체 없이 사무소의 간판을 철거하여야 한다. 제26회, 제27회, 제30회

15. 3개월을 초과하는 중개사무소 휴업신고와 중개사무소 폐업신고의 경우 개업공인중개사의 중개사무소 등록증 원본이 첨부되어야 한다. 제31회

16. 분사무소의 폐업신고를 하는 경우 분사무소설치 신고확인서를 첨부해야 한다. 제34회

17. 법인인 개업공인중개사가 4개월간 분사무소의 휴업을 하려는 경우 휴업신고서에 그 분사무소설치 신고확인서를 첨부하여 분사무소의 휴업신고를 해야 한다. 제35회

18. 관할 세무서장이 「부가가치세법 시행령」에 따라 공인중개사법령상의 휴업신고서를 함께 받아 이를 해당 등록관청에 송부한 경우에는 휴업신고서가 제출된 것으로 본다. 제35회

19. 등록관청은 개업공인중개사가 부득이한 사유가 없음에도 계속하여 6개월을 초과하여 휴업한 경우 중개사무소의 개설등록을 취소할 수 있다. 제35회

Theme 12 중개계약

1 중개계약 비교

구분	일반중개계약	전속중개계약
공통점	명문 인정 중개계약	
체결형태	중개의뢰인 ⇔ 개업공인중개사 (불특정 다수)	중개의뢰인 ⇔ 개업공인중개사 (특정 1인)
성격	비독점 중개계약	독점 중개계약
실무	多	少
체결방식	구두·서면 체결 가능	서면 체결만 가능
표준계약서	사용의무 없음	사용의무 있음
계약서	보존의무 없음	3년, 원본 보존의무
정보공개의무	없음(의무는 없으나 공개 가능)	있음(체결 후 7일 이내 '망·신문')
통지의무	없음	있음
위약금	없음	있음
소요비용 정산	없음	있음

2 기본확인사항

(1) 일반중개계약과 전속중개계약은 공통적으로 명문 인정 계약에 해당한다. (○)

(2) 일반중개계약서는 보존의 의무가 없으나, 전속중개계약서는 일정한 기간 동안 보존하여야 한다. (○)

(3) 일반중개계약에서도 중개대상물에 대한 정보공개가 가능은 하나 의무는 아니다. (○)

(4) 일반중개계약은 구두 체결이 가능하나, 전속중개계약은 반드시 서면으로 작성하여야 한다. (○)

(5) 전속중개계약도 부동산전자계약시스템을 통해 체결 가능하다. (×)

(6) 전속중개계약 체결시 7일 이내 문서로써 그 사실을 등록관청에 신고하여야 한다. (×)

(7) 일반중개계약서는 국토교통부장관이 실제로 권장하고 있다. (○) 제34회

(8) 전속중개계약의 체결 여부는 임의적 사항이다. (○)

3 전속중개계약 체결시 당사자 의무 비교

1. 개업공인중개사

(1) 표준계약서 사용의 의무

(2) **정보공개의무**: 체결 후 7일 이내 / **비공개의무**: 의뢰인이 비공개를 요청한 때

(3) **정보공개사실 통지**: 지체 없이(문서)

(4) **업무처리상황 통지**: 체결 후 2주에 1회 이상(문서)

(5) 확인·설명의무의 성실이행의무

(6) **전속중개계약서 보존의무**: 3년

2. 중개의뢰인

(1) **위약금 지불의무**: 중개보수의 100%
   ① 기간 내 다른 개업공인중개사의 중개로 거래 성립
   ② 기간 내 전속 개업공인중개사의 소개로 알게 된 상대방과 전속 개업공인중개사를 배제한 거래 성립

(2) **소요비용 지불의무**: 중개보수의 50%의 범위 내, 기간 내 스스로 발견한 상대방과 거래 성립

(3) 확인·설명의무 이행시 협조의무

핵심 기출지문분석

1. 부동산중개계약은 「민법」상 위임계약과 유사하다. 제29회
2. 중개의뢰인은 중개의뢰내용을 명확하게 하기 위하여 개업공인중개사에게 거래예정가격 등을 기재한 일반중개계약서의 작성을 요청할 수 있다. 제25회, 제28회, 제29회, 제35회
3. 일반중개계약서는 국토교통부장관이 정한 표준이 되는 서식의 사용의무가 없다. 제28회, 제34회, 제35회
4. 중개의뢰인은 동일한 내용의 일반중개계약을 다수의 개업공인중개사와 체결할 수 있다. 제28회
5. 개업공인중개사가 일반중개계약을 체결한 때에는 부동산거래정보망에 중개대상물에 관한 정보를 공개해야 할 의무는 없다. 제28회
6. 전속중개계약은 중개의뢰인이 중개대상물의 중개를 의뢰하기 위해 특정한 개업공인중개사를 정하여 그 개업공인중개사에 한정하여 중개대상물을 중개하도록 하는 계약을 말한다. 제27회, 제33회
7. 개업공인중개사가 전속중개계약을 체결한 때에는 중개의뢰인이 비공개를 요청하지 않은 경우, 전속중개계약 체결 후 7일 이내 부동산거래정보망 또는 일간신문에 해당 중개대상물에 관한 정보를 공개해야 한다. 제28회, 제33회

8. 개업공인중개사가 전속중개계약을 체결한 때에는 중개의뢰인에게 2주일에 1회 이상 중개업무 처리상황을 문서로 통지해야 한다. 제26회, 제27회, 제29회, 제33회

9. 개업공인중개사는 전속중개계약을 체결한 때에는 해당 계약서를 3년간 보존하여야 한다.
제22회, 제23회, 제24회, 제25회, 제26회, 제28회, 제33회

10. 당사자 간에 다른 약정이 없는 한 전속중개계약의 유효기간은 3개월로 한다.
제22회, 제23회, 제24회, 제25회, 제26회, 제27회, 제28회, 제29회, 제33회, 제34회, 제35회

11. 개업공인중개사가 국토교통부령으로 정하는 전속중개계약서에 의하지 아니하고 전속중개계약을 체결한 행위는 업무정지사유에 해당한다. 제26회, 제28회, 제33회

12. 전속중개계약을 체결한 개업공인중개사가 중개대상물의 정보를 공개할 경우에는 각 권리자의 주소·성명 등 인적사항에 관한 정보를 공개하여서는 아니 되며, 거래계약이 임대차인 경우에는 공시지가를 공개하지 아니할 수 있다. 제17회, 제25회, 제29회, 제33회, 제35회

13. 전속중개계약의 유효기간 내에 의뢰인이 스스로 발견한 상대방과 거래한 경우, 의뢰인은 개업공인중개사에게 지급해야 할 중개보수의 50%의 범위 내에서 개업공인중개사의 소요된 비용을 지급하여야 한다. 제33회, 제34회

14. 개업공인중개사의 중개업무 처리상황에 대한 통지의무는 일반중개계약서와 전속중개계약서의 서식에 공통으로 기재되는 사항이 아니다. 제31회

15. 표준서식인 일반중개계약서와 전속중개계약서에는 개업공인중개사가 중개보수를 과다수령시 그 차액의 환급을 공통적으로 규정하고 있다. 제33회

16. 전속중개계약은 법령이 정하는 계약서에 의하여야 하며, 중개의뢰인과 개업공인중개사가 모두 서명 또는 날인한다. 제29회, 제34회

17. 전속중개계약의 유효기간 내에 다른 개업공인중개사에게 해당 중개대상물의 중개를 의뢰하여 거래한 중개의뢰인은 전속중개계약을 체결한 개업공인중개사에게 위약금 지불의무를 진다. 제27회

18. 전속중개계약을 체결한 개업공인중개사는 중개의뢰인이 비공개를 요청한 경우 중개대상물에 관한 정보를 공개하여서는 아니 된다. 제26회

19. 전속중개계약에 정하지 않은 사항에 대하여는 중개의뢰인과 개업공인중개사가 합의하여 별도로 정할 수 있다. 제26회

20. 전속중개계약 체결 후 개업공인중개사가 공개해야 할 중개대상물에 관한 정보에는 도로 및 대중교통수단과의 연계성이 포함된다. 제28회

■ 「공인중개사법 시행규칙」 [별지 제14호 서식] 〈개정 2014.7.29.〉　　　　　　　　　　　　　　　(앞쪽)

일반중개계약서

([ ] 매도　[ ] 매수　[ ] 임대　[ ] 임차　[ ] 그 밖의 계약(　　　))

※ 해당하는 곳의 [　]란에 ✓표를 하시기 바랍니다.

중개의뢰인(갑)은 이 계약서에 의하여 뒤쪽에 표시한 중개대상물의 중개를 개업공인중개사(을)에게 의뢰하고 을은 이를 승낙한다.

1. 을의 의무사항

　　을은 중개대상물의 거래가 조속히 이루어지도록 성실히 노력하여야 한다.

2. 갑의 권리·의무 사항

　1) 갑은 이 계약에도 불구하고 중개대상물의 거래에 관한 중개를 다른 개업공인중개사에게도 의뢰할 수 있다.

　2) 갑은 을이 「공인중개사법」(이하 "법"이라 한다) 제25조에 따른 중개대상물의 확인·설명의무를 이행하는 데 협조하여야 한다.

3. 유효기간

　　이 계약의 유효기간은　　　년　　　월　　　일까지로 한다.

　　※ 유효기간은 3개월을 원칙으로 하되, 갑과 을이 합의하여 별도로 정한 경우에는 그 기간에 따른다.

4. 중개보수

　　중개대상물에 대한 거래계약이 성립한 경우 갑은 거래가액의 (　　　)%(또는　　　원)을 중개보수로 을에게 지급한다.

　　※ 뒤쪽 별표의 요율을 넘지 않아야 하며, 실비는 별도로 지급한다.

5. 을의 손해배상책임

　　을이 다음의 행위를 한 경우에는 갑에게 그 손해를 배상하여야 한다.

　1) 중개보수 또는 실비의 과다수령: 차액 환급

　2) 중개대상물의 확인·설명을 소홀히 하여 재산상의 피해를 발생하게 한 경우: 손해액 배상

6. 그 밖의 사항

　　이 계약에 정하지 않은 사항에 대하여는 갑과 을이 합의하여 별도로 정할 수 있다.

　이 계약을 확인하기 위하여 계약서 2통을 작성하여 계약당사자 간에 이의가 없음을 확인하고 각자 서명 또는 날인한 후 쌍방이 1통씩 보관한다.　　　　　　　　　　　　　년　　　월　　　일

계약자

중개의뢰인 (갑)	주소(체류지)		성명	(서명 또는 인)
	생년월일		전화번호	
개업 공인중개사 (을)	주소(체류지)		성명(대표자)	(서명 또는 인)
	상호(명칭)		등록번호	
	생년월일		전화번호	

210mm×297mm[일반용지 60g/m² (재활용품)]

(뒤쪽)

※ 중개대상물의 거래내용이 권리를 이전(매도·임대 등)하려는 경우에는 「Ⅰ. 권리이전용(매도·임대 등)」에 적고, 권리를 취득(매수·임차 등)하려는 경우에는 「Ⅱ. 권리취득용(매수·임차 등)」에 적습니다.

Ⅰ. 권리이전용(매도·임대 등)

구분	[ ] 매도 [ ] 임대 [ ] 그 밖의 사항( )				
소유자 및 등기명의인	성명			생년월일	
	주소				
중개대상물의 표시	건축물	소재지			건축연도
		면적 m^2	구조		용도
	토지	소재지			지목
		면적 m^2	지역·지구 등		현재 용도
	은행융자·권리금·제세공과금 등(또는 월임대료·보증금·관리비 등)				
권리관계					
거래규제 및 공법상 제한사항					
중개의뢰 금액					
그 밖의 사항					

Ⅱ. 권리취득용(매수·임차 등)

구분	[ ] 매수 [ ] 임차 [ ] 그 밖의 사항( )	
항목	내용	세부내용
희망물건의 종류		
취득 희망가격		
희망지역		
그 밖의 희망조건		
첨부서류	중개보수 요율표(「공인중개사법」 제32조 제4항 및 같은 법 시행규칙 제20조에 따른 요율표를 수록합니다) ※ 해당 내용을 요약하여 수록하거나, 별지로 첨부합니다.	

유의사항

[개업공인중개사 위법행위 신고안내]
개업공인중개사가 중개보수 과다수령 등 위법행위시 시·군·구 부동산중개업 담당 부서에 신고할 수 있으며, 시·군·구에서는 신고사실을 조사한 후 적정한 조치를 취하게 됩니다.

■ 「공인중개사법 시행규칙」 [별지 제15호 서식] 〈개정 2021.8.27.〉

전속중개계약서

([ ] 매도 [ ] 매수 [ ] 임대 [ ] 임차 [ ] 그 밖의 계약(   ))

※ 해당하는 곳의 [ ]란에 ✓표를 하시기 바랍니다.   (앞쪽)

중개의뢰인(갑)은 이 계약서에 의하여 뒤쪽에 표시한 중개대상물의 중개를 개업공인중개사(을)에게 의뢰하고 을은 이를 승낙한다.

1. 을의 의무사항
   ① 을은 갑에게 계약 체결 후 2주일에 1회 이상 중개업무 처리상황을 문서로 통지하여야 한다.
   ② 을은 이 전속중개계약 체결 후 7일 이내 「공인중개사법」(이하 "법"이라 한다) 제24조에 따른 부동산거래정보망 또는 일간신문에 중개대상물에 관한 정보를 공개하여야 하며, 중개대상물을 공개한 때에는 지체 없이 갑에게 그 내용을 문서로 통지하여야 한다. 다만, 갑이 비공개를 요청한 경우에는 이를 공개하지 아니한다. (공개 또는 비공개 여부:)
   ③ 법 제25조 및 같은 법 시행령 제21조에 따라 중개대상물에 관한 확인·설명의무를 성실하게 이행하여야 한다.

2. 갑의 권리·의무 사항
   ① 다음 각 호의 어느 하나에 해당하는 경우에는 갑은 그가 지급해야 할 중개보수에 해당하는 금액을 을에게 위약금으로 지급해야 한다. 다만, 제3호의 경우에는 중개보수의 50퍼센트에 해당하는 금액의 범위에서 을이 중개행위를 할 때 소요된 비용(사회통념에 비추어 상당하다고 인정되는 비용을 말한다)을 지급한다.
      1. 전속중개계약의 유효기간 내에 을 외의 다른 개업공인중개사에게 중개를 의뢰하여 거래한 경우
      2. 전속중개계약의 유효기간 내에 을의 소개에 의하여 알게 된 상대방과 을을 배제하고 거래당사자 간에 직접 거래한 경우
      3. 전속중개계약의 유효기간 내에 갑이 스스로 발견한 상대방과 거래한 경우
   ② 갑은 을이 법 제25조에 따른 중개대상물 확인·설명의무를 이행하는 데 협조하여야 한다.

3. 유효기간
   이 계약의 유효기간은   년   월   일까지로 한다.
   ※ 유효기간은 3개월을 원칙으로 하되, 갑과 을이 합의하여 별도로 정한 경우에는 그 기간에 따른다.

4. 중개보수
   중개대상물에 대한 거래계약이 성립한 경우 갑은 거래가액의 (   )%(또는   원)을 중개보수로 을에게 지급한다.
   ※ 뒤쪽 별표의 요율을 넘지 않아야 하며, 실비는 별도로 지급한다.

5. 을의 손해배상책임
   을이 다음의 행위를 한 경우에는 갑에게 그 손해를 배상하여야 한다.
   1) 중개보수 또는 실비의 과다수령: 차액 환급
   2) 중개대상물의 확인·설명을 소홀히 하여 재산상의 피해를 발생하게 한 경우: 손해액 배상

6. 그 밖의 사항
   이 계약에 정하지 않은 사항에 대하여는 갑과 을이 합의하여 별도로 정할 수 있다.

이 계약을 확인하기 위하여 계약서 2통을 작성하여 계약당사자 간에 이의가 없음을 확인하고 각자 서명 또는 날인한 후 쌍방이 1통씩 보관한다.

년   월   일

계약자

중개의뢰인 (갑)	주소(체류지)		성명		(서명 또는 인)
	생년월일		전화번호		
개업 공인중개사 (을)	주소(체류지)		성명(대표자)		(서명 또는 인)
	상호(명칭)		등록번호		
	생년월일		전화번호		

210mm×297mm[일반용지 60g/㎡(재활용품)]

(뒤쪽)

※ 중개대상물의 거래내용이 권리를 이전(매도·임대 등)하려는 경우에는 「Ⅰ. 권리이전용(매도·임대 등)」에 적고, 권리를 취득(매수·임차 등)하려는 경우에는 「Ⅱ. 권리취득용(매수·임차 등)」에 적습니다.

Ⅰ. 권리이전용(매도·임대 등)

구분	[ ] 매도 [ ] 임대 [ ] 그 밖의 사항( )			
소유자 및 등기명의인	성명		생년월일	
	주소			
중개대상물의 표시	건축물	소재지		건축연도
		면적 m²	구조	용도
	토지	소재지		지목
		면적 m²	지역·지구 등	현재 용도
	은행융자·권리금·제세공과금 등(또는 월임대료·보증금·관리비 등)			
권리관계				
거래규제 및 공법상 제한사항				
중개의뢰 금액	원			
그 밖의 사항				

Ⅱ. 권리취득용(매수·임차 등)

구분	[ ] 매수 [ ] 임차 [ ] 그 밖의 사항( )	
항목	내용	세부내용
희망물건의 종류		
취득 희망가격		
희망지역		
그 밖의 희망조건		
첨부서류	중개보수 요율표(「공인중개사법」 제32조 제4항 및 같은 법 시행규칙 제20조에 따른 요율표를 수록합니다) ※ 해당 내용을 요약하여 수록하거나, 별지로 첨부합니다.	

유의사항

[개업공인중개사 위법행위 신고안내]
　개업공인중개사가 중개보수 과다수령 등 위법행위시 시·군·구 부동산중개업 담당 부서에 신고할 수 있으며, 시·군·구에서는 신고사실을 조사한 후 적정한 조치를 취하게 됩니다.

Theme 13 중개대상물 확인·설명

▶ 공인중개사법령

1 확인·설명의 절차

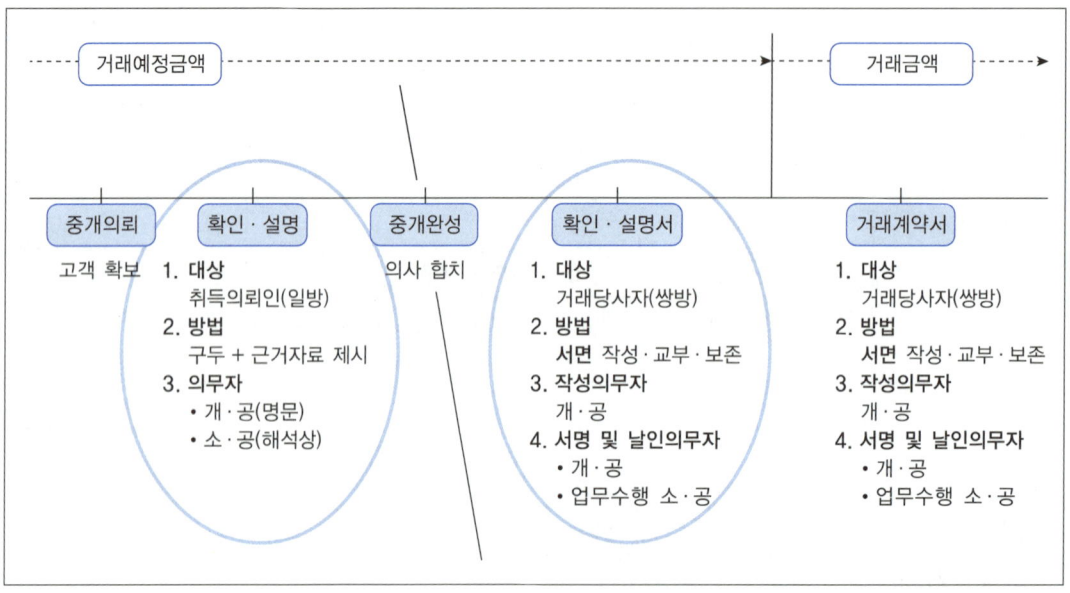

2 확인·설명의무와 확인·설명서 작성의무 비교

구분	확인·설명	확인·설명서 작성
시기	중개를 의뢰받은 때 중개완성 전까지	중개가 완성되어 거래계약서를 작성하는 때
대상	권리취득의뢰인(일방)	거래당사자(쌍방)
방법	성실·정확한 설명 + 근거자료 제시	서면 작성·교부·보존 (전자계약시스템을 통해 작성·교부·보존 가능)
의무자	개업공인중개사, 소속공인중개사	개업공인중개사
위반시 제재	500만원 이하 과태료, 자격정지	업무정지

3 확인·설명서 서식 비교

구분	I (주거용)	II (비주거용)	III (토지)	IV (입목/재단용)
I. 개업공인중개사 기본 확인사항				
① **대상**물건의 표시	○(내진)	○(내진)	○	○
② **권리**관계	○	○	○	○
③ 토지이용계획, 공법상 이용제한 및 거래규제	○	○	○	
④ 임대차확인사항(서명 또는 날인란)	○			
⑤ 입지조건(도로·교통·주차장·교육시설)	○	○ 교육시설 ×	○ 주차, 교육 ×	
⑥ 관리에 관한 사항	○ 관리비 포함	○		
⑦ 비선호시설(1km 이내)	○		○	
⑧ 거래예정**금**액 등(공시지가 포함)	○	○	○	○
⑨ 취득시 부담할 조**세**의 종류 및 세율	○	○	○	○
⑩ 재단목록 또는 입목의 생육상태				○
⑪ 그 밖의 참고사항				○
II. 개업공인중개사 세부 확인사항				
⑫ **실**제 권리관계 또는 공시되지 않은 물건의 권리사항	○	○	○	○
⑬ 내부·외부 시설물의 상태(건축물)	○ 단독경보형 감지기	○		
⑭ 벽면·바닥면 및 도배상태	○	○ 도배 ×		
⑮ 환경조건(일조량·소음·진동)	○			
⑯ 현장안내(현장안내자 체크)	○			
III. 중개보수 등에 관한 사항				
⑰ **중개보수** 및 실비의 금액과 산출내역(지급시기 포함)	○	○	○	○

1. 공통적 기재사항:
2. 주거용 오피스텔의 경우 '확인·설명서 I서식'에 비주거용 오피스텔의 경우 '확인·설명서 II서식'에 기재한다.
3. 건축물의 방향은 주거용은 주실(主室), 비주거용은 출입구를 기준으로 한다.
4. 토지에 대한 '건폐율 상한 및 용적률 상한'은 시·군의 조례에 따라 기재한다.
5. 단독경보형 감지기는 개업공인중개사의 '세부확인사항'이며, 아파트를 제외한 주택의 경우만 기재한다.

4 기본확인사항

(1) 소속공인중개사의 경우 해당 중개행위를 수행한 경우라도 확인·설명서를 작성하지 않아도 된다. (○)

(2) 개업공인중개사는 확인·설명서를 전자계약시스템을 통해 작성할 수 있다. (○)

(3) 소속공인중개사의 경우 해당 중개행위를 수행한 경우라도 확인·설명서에 서명 및 날인하지 않아도 되나, 개업공인중개사는 반드시 서명 및 날인하여야 한다. (×) 제34회

(4) 건축물의 방향은 주택은 주실을, 그 밖의 건축물은 출입구를 기준으로 한다. (○)

(5) 토지에 대한 '건폐율 상한 및 용적률 상한'은 시·군의 조례에 따라 기재한다. (○)

(6) 모든 확인·설명서의 '권리관계'란에는 공통적으로 '계약갱신요구권 행사 여부'를 확인하도록 서식화되어 있다. (×)

(7) 중개대상물과 확인·설명서 서식의 연결이 옳은 것은? ③
  ① 자동차 정비공장의 매매 - 확인·설명서[Ⅳ]
  ② 주거용 200m²와 상업용 200m²로 면적이 동일한 주상복합건물의 매매 - 확인·설명서[Ⅱ]
  ③ 주거용 오피스텔(전용 85m² 이하의 부엌과 화장실, 목욕시설을 갖춘)의 임대차 - 확인·설명서[Ⅰ]
  ④ 공장재단에 대한 저당권 설정 - 확인·설명서[Ⅱ]
  ⑤ 「주택법」상 사업계획승인을 얻어 공급하는 주택의 입주자로 선정된 지위에 대한 매매 - 확인·설명서[Ⅲ]

핵심 기출지문분석

1. 개업공인중개사는 중개가 완성되기 전에 중개대상물에 대한 일정한 사항을, 권리를 취득하고자 하는 중개의뢰인에게 성실·정확하게 설명하고 부동산종합증명서 등 설명의 근거자료를 제시하여야 한다. 제26회

2. 개업공인중개사는 중개가 완성되어 거래계약서를 작성하는 때에는 중개대상물 확인·설명사항을 확인·설명서로 작성하여 이를 거래당사자 쌍방에게 교부하고 원본, 사본 또는 전자문서를 3년 동안 보존하여야 한다. 제17회, 제20회, 제28회, 제29회, 제34회

3. 개업공인중개사는 권리를 이전할 의뢰인이 중개대상물의 상태에 관한 자료요구에 불응한 경우 그 사실을 중개대상물 확인·설명서에 기재할 의무가 있다. 제29회

4. 해당 중개행위를 한 소속공인중개사가 있는 경우, 확인·설명서에는 개업공인중개사와 그 소속공인중개사가 함께 서명 및 날인해야 한다. 제28회, 제31회

5. 개업공인중개사는 중개보수 및 실비의 금액과 그 산출내역을 확인·설명하여야 한다. 제29회
6. 중개보조원은 중개대상물에 관한 확인·설명의무가 없다. 제31회
7. 중개대상 물건에 근저당권이 설정된 경우 개업공인중개사는 그 채권최고액을 조사·확인하여 의뢰인에게 설명하면 족한 것이고, 실제의 피담보채무액까지 조사·확인하여 설명하여야 할 의무는 없다는 것이 판례의 입장이다. 제24회, 제34회
8. 개업공인중개사가 성실·정확하게 중개대상물의 확인·설명을 하지 않은 경우 과태료처분사유이다. 제31회, 제34회
9. 중개업무를 수행하는 소속공인중개사가 성실·정확하게 중개대상물의 확인·설명을 하지 않은 것은 소속공인중개사의 자격정지사유에 해당한다. 제28회
10. 비선호시설(1km 이내)의 유무에 관한 사항은 비주거용 건축물 확인·설명서상 개업공인중개사의 기본확인사항에 해당하지 않는다. 제33회
11. 개업공인중개사 기본확인사항은 개업공인중개사가 확인한 사항을 적어야 한다. 제28회
12. 시장·학교와의 근접성 등 중개대상물의 입지조건은 개업공인중개사가 확인·설명해야 하는 사항에 해당한다. 제28회
13. 주거용 건축물 확인·설명서의 건축물의 내진설계 적용 여부와 내진능력은 개업공인중개사 기본확인사항이다. 제28회
14. 주거용 건축물 확인·설명서의 벽면·바닥면 및 도배상태는 매도(임대)의뢰인에게 자료를 요구하여 확인한 사항을 적는다. 제28회
15. 개업공인중개사는 중개대상물의 범위 외의 물건이나 권리 또는 지위를 중개하는 경우에도 선량한 관리자의 주의로 권리관계 등을 조사·확인하여 설명할 의무가 있다. 제34회
16. 개업공인중개사는 자기가 조사·확인하여 설명할 의무가 없는 사항이라도 중개의뢰인이 계약을 맺을지를 결정하는 데 중요한 것이라면 그에 관해 그릇된 정보를 제공해서는 안 된다. 제34회
17. 관리비는 중개대상물 확인·설명서[Ⅱ](비주거용 건축물)에서 개업공인중개사의 기본확인사항에 해당하지 않는다. 제35회

■ 「공인중개사법 시행규칙」 [별지 제20호 서식] 〈개정 2024.7.2.〉 (6쪽 중 제1쪽)

중개대상물 확인·설명서[Ⅰ] (주거용 건축물)

(주택 유형: [ ] 단독주택   [ ] 공동주택   [ ] 주거용 오피스텔)
(거래 형태: [ ] 매매·교환   [ ] 임대)

확인·설명 자료	확인·설명 근거자료 등	[ ] 등기권리증 [ ] 등기사항증명서 [ ] 토지대장 [ ] 건축물대장 [ ] 지적도 [ ] 임야도 [ ] 토지이용계획확인서 [ ] 확정일자 부여현황 [ ] 전입세대확인서 [ ] 국세납세증명서 [ ] 지방세납세증명서 [ ] 그 밖의 자료( )
	대상물건의 상태에 관한 자료요구 사항	

유의사항

개업공인중개사의 확인·설명의무	개업공인중개사는 중개대상물에 관한 권리를 취득하려는 중개의뢰인에게 성실·정확하게 설명하고, 토지대장 등본, 등기사항증명서 등 설명의 근거자료를 제시해야 합니다.
실제 거래가격 신고	「부동산 거래신고 등에 관한 법률」 제3조 및 같은 법 시행령 별표 1 제1호 마목에 따른 실제 거래가격은 매수인이 매수한 부동산을 양도하는 경우 「소득세법」 제97조 제1항 및 제7항과 같은 법 시행령 제163조 제11항 제2호에 따라 취득 당시의 실제 거래가액으로 보아 양도차익이 계산될 수 있음을 유의하시기 바랍니다.

Ⅰ. 개업공인중개사 기본 확인사항

① 대상물건의 표시	토지	소재지			
		면적(m²)		지목	공부상 지목
					실제 이용 상태
	건축물	전용면적(m²)			대지지분(m²)
		준공년도 (증개축년도)		용도	건축물대장상 용도
					실제 용도
		구조		방향	(기준:)
		내진설계 적용 여부		내진능력	
		건축물대장상 위반건축물 여부	[ ] 위반 [ ] 적법	위반내용	

② 권리관계	등기부 기재사항	소유권에 관한 사항	소유권 외의 권리사항
		토지	토지
		건축물	건축물

③ 토지이용계획, 공법상 이용 제한 및 거래 규제에 관한 사항(토지)	지역·지구	용도지역		건폐율 상한	용적률 상한
		용도지구		%	%
		용도구역			
	도시·군 계획시설		허가·신고 구역 여부	[ ] 토지거래허가구역	
			투기지역 여부	[ ] 토지투기지역 [ ] 주택투기지역 [ ] 투기과열지구	
	지구단위계획구역, 그 밖의 도시·군관리계획		그 밖의 이용제한 및 거래규제사항		

④ 임대차 확인사항	확정일자 부여현황 정보	[ ] 임대인 자료 제출 [ ] 열람 동의		[ ] 임차인 권리 설명
	국세 및 지방세 체납정보	[ ] 임대인 자료 제출 [ ] 열람 동의		[ ] 임차인 권리 설명
	전입세대 확인서	[ ] 확인(확인서류 첨부) [ ] 미확인(열람·교부 신청방법 설명) [ ] 해당 없음		
	최우선변제금	소액임차인범위: 만원 이하 최우선변제금액: 만원 이하		
	민간임대 등록 여부	등록	[ ] 장기일반민간임대주택 [ ] 공공지원민간임대주택 [ ] 그 밖의 유형( )	[ ] 임대보증금 보증 설명
			임대의무기간 임대개시일	
		미등록 [ ]		
	계약갱신 요구권 행사 여부	[ ] 확인(확인서류 첨부) [ ] 미확인 [ ] 해당 없음		

개업공인중개사가 "④ 임대차 확인사항"을 임대인 및 임차인에게 설명하였음을 확인함	임대인	(서명 또는 날인)
	임차인	(서명 또는 날인)
	개업공인중개사	(서명 또는 날인)
	개업공인중개사	(서명 또는 날인)

※ 민간임대주택의 임대사업자는 「민간임대주택에 관한 특별법」 제49조에 따라 임대보증금에 대한 보증에 가입해야 합니다.
※ 임차인은 주택도시보증공사(HUG) 등이 운영하는 전세보증금반환보증에 가입할 것을 권고합니다.
※ 임대차 계약 후「부동산 거래신고 등에 관한 법률」제6조의2에 따라 30일 이내 신고해야 합니다(신고시 확정일자 자동부여).
※ 최우선변제금은 근저당권 등 선순위 담보물권 설정 당시의 소액임차인범위 및 최우선변제금액을 기준으로 합니다.

⑤ 입지조건	도로와의 관계	(m × m)도로에 접함 [ ] 포장 [ ] 비포장	접근성	[ ] 용이함 [ ] 불편함
	대중교통	버스	( ) 정류장, 소요시간: ([ ] 도보 [ ] 차량) 약 분	
		지하철	( ) 역, 소요시간: ([ ] 도보 [ ] 차량) 약 분	
	주차장	[ ] 없음 [ ] 전용주차시설 [ ] 공동주차시설 [ ] 그 밖의 주차시설( )		
	교육시설	초등학교	( ) 학교, 소요시간: ([ ] 도보 [ ] 차량) 약 분	
		중학교	( ) 학교, 소요시간: ([ ] 도보 [ ] 차량) 약 분	
		고등학교	( ) 학교, 소요시간: ([ ] 도보 [ ] 차량) 약 분	

⑥ 관리에 관한 사항	경비실	[ ] 있음 [ ] 없음	관리주체	[ ] 위탁관리 [ ] 자체관리 [ ] 그 밖의 유형	
	관리비	관리비 금액: 총 원			
		관리비 포함 비목: [ ] 전기료 [ ] 수도료 [ ] 가스사용료 [ ] 난방비 [ ] 인터넷 사용료 [ ] TV 수신료 [ ] 그 밖의 비목( )			
		관리비 부과방식: [ ] 임대인이 직접 부과 [ ] 관리규약에 따라 부과 [ ] 그 밖의 부과 방식( )			

⑦ 비선호시설(1km 이내)	[ ] 없음 [ ] 있음(종류 및 위치:)

⑧ 거래예정금액 등	거래예정금액		
	개별공시지가(m²당)		건물(주택) 공시가격

⑨ 취득시 부담할 조세의 종류 및 세율	취득세	%	농어촌특별세	%	지방교육세	%
	※ 재산세와 종합부동산세는 6월 1일 기준으로 대상물건 소유자가 납세의무를 부담합니다.					

(6쪽 중 제3쪽)

Ⅱ. 개업공인중개사 세부 확인사항

⑩ 실제 권리관계 또는 공시되지 않은 물건의 권리사항

⑪ 내부·외부 시설물의 상태(건축물)	수도	파손 여부	[ ] 없음	[ ] 있음(위치:)
		용수량	[ ] 정상	[ ] 부족함(위치:)
	전기	공급상태	[ ] 정상	[ ] 교체 필요(교체할 부분:)
	가스(취사용)	공급방식	[ ] 도시가스	[ ] 그 밖의 방식( )
	소방	단독경보형 감지기	[ ] 없음 [ ] 있음(수량: 개)	※「소방시설 설치 및 관리에 관한 법률」제10조 및 같은 법 시행령 제10조에 따른 주택용 소방시설로서 아파트(주택으로 사용하는 층수가 5개층 이상인 주택을 말한다)를 제외한 주택의 경우만 적습니다.
	난방방식 및 연료공급	공급방식	[ ] 중앙공급 [ ] 개별공급 [ ] 지역난방	시설작동 [ ] 정상 [ ] 수선 필요( ) ※ 개별 공급인 경우 사용연한( ) [ ] 확인불가
		종류	[ ] 도시가스 [ ] 기름 [ ] 프로판가스 [ ] 연탄 [ ] 그 밖의 종류( )	
	승강기		[ ] 있음([ ] 양호 [ ] 불량) [ ] 없음	
	배수		[ ] 정상 [ ] 수선 필요( )	
	그 밖의 시설물			
⑫ 벽면·바닥면 및 도배 상태	벽면	균열	[ ] 없음	[ ] 있음(위치:)
		누수	[ ] 없음	[ ] 있음(위치:)
	바닥면		[ ] 깨끗함 [ ] 보통임 [ ] 수리 필요(위치:)	
	도배		[ ] 깨끗함 [ ] 보통임 [ ] 도배 필요	
⑬ 환경조건	일조량		[ ] 풍부함 [ ] 보통임 [ ] 불충분 (이유:)	
	소음		[ ] 아주 작음 [ ] 보통임 [ ] 심한 편임	진동 [ ] 아주 작음 [ ] 보통임 [ ] 심한 편임
⑭ 현장안내	현장안내자		[ ] 개업공인중개사 [ ] 소속공인중개사 [ ] 중개보조원(신분고지 여부: [ ] 예 [ ] 아니오) [ ] 해당 없음	

※ "중개보조원"이란 공인중개사가 아닌 사람으로서 개업공인중개사에 소속되어 중개대상물에 대한 현장안내 및 일반서무 등 개업공인중개사의 중개업무와 관련된 단순한 업무를 보조하는 사람을 말합니다.
※ 중개보조원은 「공인중개사법」제18조의4에 따라 현장안내 등 중개업무를 보조하는 경우 중개의뢰인에게 본인이 중개보조원이라는 사실을 미리 알려야 합니다.

Ⅲ. 중개보수 등에 관한 사항

⑮ 중개보수 및 실비의 금액과 산출내역	중개보수		〈산출내역〉 중개보수: 실비: ※ 중개보수는 시·도 조례로 정한 요율한도에서 중개의뢰인과 개업공인중개사가 서로 협의하여 결정하며 부가가치세는 별도로 부과될 수 있습니다.
	실비		
	계		
	지급시기		

「공인중개사법」제25조 제3항 및 제30조 제5항에 따라 거래당사자는 개업공인중개사로부터 위 중개대상물에 관한 확인·설명 및 손해배상책임의 보장에 관한 설명을 듣고, 같은 법 시행령 제21조 제3항에 따른 본 확인·설명서와 같은 법 시행령 제24조 제2항에 따른 손해배상책임 보장 증명서류(사본 또는 전자문서)를 수령합니다.

년   월   일

매도인 (임대인)	주소	성명	(서명 또는 날인)
	생년월일	전화번호	
매수인 (임차인)	주소	성명	(서명 또는 날인)
	생년월일	전화번호	
개업 공인중개사	등록번호	성명(대표자)	(서명 및 날인)
	사무소 명칭	소속공인중개사	(서명 및 날인)
	사무소 소재지	전화번호	
개업 공인중개사	등록번호	성명(대표자)	(서명 및 날인)
	사무소 명칭	소속공인중개사	(서명 및 날인)
	사무소 소재지	전화번호	

작성방법(주거용 건축물)

〈작성일반〉

1. "[ ]" 있는 항목은 해당하는 "[ ]" 안에 ✔로 표시합니다.
2. 세부항목 작성시 해당 내용을 작성란에 모두 작성할 수 없는 경우에는 별지로 작성하여 첨부하고, 해당란에는 "별지 참고"라고 적습니다.

〈세부항목〉

1. 「확인·설명자료」 항목의 "확인·설명 근거자료 등"에는 개업공인중개사가 확인·설명 과정에서 제시한 자료를 적으며, "대상물건의 상태에 관한 자료요구 사항"에는 매도(임대)의뢰인에게 요구한 사항 및 그 관련 자료의 제출 여부와 ⑩ 실제 권리관계 또는 공시되지 않은 물건의 권리사항부터 ⑬ 환경조건까지의 항목을 확인하기 위한 자료의 요구 및 그 불응 여부를 적습니다.

2. ① 대상물건의 표시부터 ⑨ 취득시 부담할 조세의 종류 및 세율까지는 개업공인중개사가 확인한 사항을 적어야 합니다.

3. ① 대상물건의 표시는 토지대장 및 건축물대장 등을 확인하여 적고, 건축물의 방향은 주택의 경우 거실이나 안방 등 주실(主室)의 방향을, 그 밖의 건축물은 주된 출입구의 방향을 기준으로 남향, 북향 등 방향을 적고 방향의 기준이 불분명한 경우 기준(예: 남동향 - 거실 앞 발코니 기준)을 표시하여 적습니다.

4. ② 권리관계의 "등기부 기재사항"은 등기사항증명서를 확인하여 적습니다.

   가. 대상물건에 신탁등기가 되어 있는 경우에는 수탁자 및 신탁물건(신탁원부 번호)임을 적고, 신탁원부 약정사항에 명시된 대상물건에 대한 임대차계약의 요건(수탁자 및 수익자의 동의 또는 승낙, 임대차계약 체결의 당사자, 그 밖의 요건 등)을 확인하여 그 요건에 따라 유효한 임대차계약을 체결할 수 있음을 설명(신탁원부 교부 또는 ⑩ 실제 권리관계 또는 공시되지 않은 물건의 권리사항에 주요 내용을 작성)해야 합니다.

   나. 대상물건에 공동담보가 설정되어 있는 경우에는 공동담보 목록 등을 확인하여 공동담보의 채권최고액 등 해당 중개물건의 권리관계를 명확히 적고 설명해야 합니다.

   ※ 예를 들어, 다세대주택 건물 전체에 설정된 근저당권 현황을 확인·제시하지 않으면서, 계약대상 물건이 포함된 일부 호실의 공동담보 채권최고액이 마치 건물 전체에 설정된 근저당권의 채권최고액인 것처럼 중개의뢰인을 속이는 경우에는 「공인중개사법」 위반으로 형사처벌 대상이 될 수 있습니다.

5. ③ 토지이용계획, 공법상 이용제한 및 거래규제에 관한 사항(토지)의 "건폐율 상한 및 용적률 상한"은 시·군의 조례에 따라 적고, "도시·군계획시설", "지구단위계획구역, 그 밖의 도시·군관리계획"은 개업공인중개사가 확인하여 적으며, "그 밖의 이용제한 및 거래규제사항"은 토지이용계획확인서의 내용을 확인하고, 공부에서 확인할 수 없는 사항은 부동산종합공부시스템 등에서 확인하여 적습니다(임대차의 경우에는 생략할 수 있습니다).

6. ④ 임대차 확인사항은 다음 각 목의 구분에 따라 적습니다.

   가. 「주택임대차보호법」 제3조의7에 따라 임대인이 확정일자 부여일, 차임 및 보증금 등 정보(확정일자 부여 현황 정보) 및 국세 및 지방세 납세증명서(국세 및 지방세 체납 정보)의 제출 또는 열람 동의로 갈음했는지 구분하여 표시하고, 「공인중개사법」 제25조의3에 따른 임차인의 권리에 관한 설명 여부를 표시합니다.

   나. 임대인이 제출한 전입세대 확인서류가 있는 경우에는 확인에 ✔로 표시를 한 후 설명하고, 없는 경우에는 미확인에 ✔로 표시한 후 「주민등록법」 제29조의2에 따른 전입세대확인서의 열람·교부 방법에 대해 설명합니다(임대인이 거주하는 경우이거나 확정일자 부여현황을 통해 선순위의 모든 세대가 확인되는 경우 등에는 '해당 없음'에 ✔로 표시합니다).

   다. 최우선변제금은 「주택임대차보호법 시행령」 제10조(보증금 중 일정액의 범위 등) 및 제11조(우선변제를 받을 임차인의 범위)를 확인하여 각각 적되, 근저당권 등 선순위 담보물권이 설정되어 있는 경우 선순위 담보물권 설정 당시의 소액임차인범위 및 최우선변제금액을 기준으로 적어야 합니다.

   라. "민간임대 등록 여부"는 대상물건이 「민간임대주택에 관한 특별법」에 따라 등록된 민간임대주택인지 여부를 같은 법 제60조에 따른 임대주택정보체계에 접속하여 확인하거나 임대인에게 확인하여 "[ ]" 안에 ✔로 표시하고, 민간임대주택인 경우 같은 법에 따른 권리·의무사항을 임대인 및 임차인에게 설명해야 합니다.

※ 민간임대주택은 「민간임대주택에 관한 특별법」 제5조에 따른 임대사업자가 등록한 주택으로서, 임대인과 임차인 간 임대차계약(재계약 포함)시에는 다음의 사항이 적용됩니다.
- 「민간임대주택에 관한 특별법」 제44조에 따라 임대의무기간 중 임대료 증액청구는 5퍼센트의 범위에서 주거비 물가지수, 인근 지역의 임대료 변동률 등을 고려하여 같은 법 시행령으로 정하는 증액비율을 초과하여 청구할 수 없으며, 임대차계약 또는 임대료 증액이 있은 후 1년 이내에는 그 임대료를 증액할 수 없습니다.
- 「민간임대주택에 관한 특별법」 제45조에 따라 임대사업자는 임차인이 의무를 위반하거나 임대차를 계속하기 어려운 경우 등에 해당하지 않으면 임대의무기간 동안 임차인과의 계약을 해제·해지하거나 재계약을 거절할 수 없습니다.

마. "계약갱신요구권 행사 여부"는 대상물건이 「주택임대차보호법」의 적용을 받는 주택으로서 임차인이 있는 경우 매도인(임대인)으로부터 계약갱신요구권 행사 여부에 관한 사항을 확인할 수 있는 서류를 받으면 "확인"에 ✔로 표시하여 해당 서류를 첨부하고, 서류를 받지 못한 경우 "미확인"에 ✔로 표시하며, 임차인이 없는 경우에는 "해당 없음"에 ✔로 표시합니다. 이 경우 개업공인중개사는 「주택임대차보호법」에 따른 임대인과 임차인의 권리·의무사항을 매수인에게 설명해야 합니다.

7. ⑥ 관리비는 직전 1년간 월평균 관리비 등을 기초로 산출한 총 금액을 적되, 관리비에 포함되는 비목들에 대해서는 해당하는 곳에 ✔로 표시하며, 그 밖의 비목에 대해서는 ✔로 표시한 후 비목 내역을 적습니다. 관리비 부과방식은 해당하는 곳에 ✔로 표시하고, 그 밖의 부과방식을 선택한 경우에는 그 부과방식에 대해서 작성해야 합니다. 이 경우 세대별 사용량을 계량하여 부과하는 전기료, 수도료 등 비목은 실제 사용량에 따라 금액이 달라질 수 있고, 이에 따라 총 관리비가 변동될 수 있음을 설명해야 합니다.

8. ⑦ 비선호시설(1km 이내)의 "종류 및 위치"는 대상물건으로부터 1km 이내에 사회통념상 기피 시설인 화장장·봉안당·공동묘지·쓰레기처리장·쓰레기소각장·분뇨처리장·하수종말처리장 등의 시설이 있는 경우, 그 시설의 종류 및 위치를 적습니다.

9. ⑧ 거래예정금액 등의 "거래예정금액"은 중개가 완성되기 전 거래예정금액을, "개별공시지가(m^2당)" 및 "건물(주택)공시가격"은 중개가 완성되기 전 공시된 공시지가 또는 공시가격을 적습니다[임대차의 경우에는 "개별공시지가(m^2당)" 및 "건물(주택)공시가격"을 생략할 수 있습니다].

10. ⑨ 취득시 부담할 조세의 종류 및 세율은 중개가 완성되기 전 「지방세법」의 내용을 확인하여 적습니다(임대차의 경우에는 제외합니다).

11. ⑩ 실제 권리관계 또는 공시되지 않은 물건의 권리 사항은 매도(임대)의뢰인이 고지한 사항(법정지상권, 유치권, 「주택임대차보호법」에 따른 임대차, 토지에 부착된 조각물 및 정원수, 계약 전 소유권 변동 여부, 도로의 점용허가 여부 및 권리·의무 승계 대상 여부 등)을 적습니다. 「건축법 시행령」 별표 1 제2호에 따른 공동주택(기숙사는 제외합니다) 중 분양을 목적으로 건축되었으나 분양되지 않아 보존등기만 마쳐진 상태인 공동주택에 대해 임대차계약을 알선하는 경우에는 이를 임차인에게 설명해야 합니다.

※ 임대차계약의 경우 현재 존속 중인 임대차의 임대보증금, 월 단위의 차임액, 계약기간 및 임대차 계약의 장기수선충당금의 처리 등을 확인하여 적습니다. 그 밖에 경매 및 공매 등의 특이사항이 있는 경우 이를 확인하여 적습니다.

12. ⑪ 내부·외부 시설물의 상태(건축물), ⑫ 벽면·바닥면 및 도배 상태와 ⑬ 환경조건은 중개대상물에 대해 개업공인중개사가 매도(임대)의뢰인에게 자료를 요구하여 확인한 사항을 적고, ⑪ 내부·외부 시설물의 상태(건축물)의 "그 밖의 시설물"은 가정자동화 시설(Home Automation 등 IT 관련 시설)의 설치 여부를 적습니다.

13. ⑮ 중개보수 및 실비는 개업공인중개사와 중개의뢰인이 협의하여 결정한 금액을 적되 "중개보수"는 거래예정금액을 기준으로 계산하고, "산출내역(중개보수)"은 "거래예정금액(임대차의 경우에는 임대보증금 + 월 단위의 차임액 × 100) × 중개보수 요율"과 같이 적습니다. 다만, 임대차로서 거래예정금액이 5천만원 미만인 경우에는 "임대보증금 + 월 단위의 차임액 × 70"을 거래예정금액으로 합니다.

14. 공동중개시 참여한 개업공인중개사(소속공인중개사를 포함합니다)는 모두 서명·날인해야 하며, 2명을 넘는 경우에는 별지로 작성하여 첨부합니다.

■ 「공인중개사법 시행규칙」[별지 제20호의2 서식] 〈개정 2021.12.31.〉 (4쪽 중 제1쪽)

중개대상물 확인·설명서[Ⅱ] (비주거용 건축물)

([ ] 업무용 [ ] 상업용 [ ] 공업용 [ ] 매매·교환 [ ] 임대 [ ] 그 밖의 경우)

확인·설명 자료	확인·설명 근거자료 등	[ ] 등기권리증 [ ] 등기사항증명서 [ ] 토지대장 [ ] 건축물대장 [ ] 지적도 [ ] 임야도 [ ] 토지이용계획확인서 [ ] 그 밖의 자료( )
	대상물건의 상태에 관한 자료요구 사항	

유의사항	
개업공인중개사의 확인·설명의무	개업공인중개사는 중개대상물에 관한 권리를 취득하려는 중개의뢰인에게 성실·정확하게 설명하고, 토지대장 등본, 등기사항증명서 등 설명의 근거자료를 제시해야 합니다.
실제 거래가격 신고	「부동산 거래신고 등에 관한 법률」 제3조 및 같은 법 시행령 별표 1 제1호 마목에 따른 실제 거래가격은 매수인이 매수한 부동산을 양도하는 경우 「소득세법」 제97조 제1항 및 제7항과 같은 법 시행령 제163조 제11항 제2호에 따라 취득 당시의 실제 거래가액으로 보아 양도차익이 계산될 수 있음을 유의하시기 바랍니다.

Ⅰ. 개업공인중개사 기본 확인사항

① 대상물건의 표시	토지	소재지				
		면적(m²)		지목	공부상 지목	
					실제이용 상태	
	건축물	전용면적(m²)			대지지분(m²)	
		준공년도 (증개축년도)		용도	건축물대장상 용도	
					실제 용도	
		구조		방향		(기준:)
		내진설계 적용 여부		내진능력		
		건축물대장상 위반건축물 여부	[ ] 위반 [ ] 적법	위반내용		

② 권리관계	등기부 기재사항		소유권에 관한 사항	소유권 외의 권리사항	
		토지		토지	
		건축물		건축물	
	민간임대 등록 여부	등록	[ ] 장기일반민간임대주택 [ ] 공공지원민간임대주택 [ ] 그 밖의 유형( )		
			임대의무기간	임대개시일	
		미등록	[ ] 해당사항 없음		
	계약갱신요구권 행사 여부		[ ] 확인(확인서류 첨부) [ ] 미확인 [ ] 해당 없음		

③ 토지이용계획, 공법상 이용 제한 및 거래 규제에 관한 사항(토지)	지역·지구	용도지역		건폐율 상한	용적률 상한
		용도지구		%	%
		용도구역			
	도시·군 계획시설	허가·신고 구역 여부	[ ] 토지거래허가구역		
		투기지역 여부	[ ] 토지투기지역 [ ] 주택투기지역 [ ] 투기과열지구		
	지구단위계획구역, 그 밖의 도시·군관리계획		그 밖의 이용제한 및 거래규제사항		

210mm × 297mm[백상지(80g/m²) 또는 중질지(80g/m²)]

④ 입지조건	도로와의 관계	(m × m)도로에 접함		[ ] 포장 [ ] 비포장		접근성	[ ] 용이함 [ ] 불편함	
	대중교통	버스	( ) 정류장,		소요시간: ([ ] 도보 [ ] 차량) 약 분			
		지하철	( ) 역,		소요시간: ([ ] 도보 [ ] 차량) 약 분			
	주차장	[ ] 없음 [ ] 전용주차시설 [ ] 공동주차시설 [ ] 그 밖의 주차시설 ( )						
⑤ 관리에 관한 사항	경비실	[ ] 있음 [ ] 없음		관리주체	[ ] 위탁관리 [ ] 자체관리 [ ] 그 밖의 유형			
⑥ 거래예정금액 등	거래예정금액							
	개별공시지가(m²당)					건물(주택)공시가격		
⑦ 취득시 부담할 조세의 종류 및 세율	취득세	%	농어촌특별세		%	지방교육세		%
	※ 재산세와 종합부동산세는 6월 1일 기준 대상물건 소유자가 납세의무를 부담							

Ⅱ. 개업공인중개사 세부 확인사항

⑧ 실제 권리관계 또는 공시되지 않은 물건의 권리사항

⑨ 내부·외부 시설물의 상태(건축물)	수도	파손 여부	[ ] 없음	[ ] 있음(위치:)
		용수량	[ ] 정상	[ ] 부족함(위치:)
	전기	공급상태	[ ] 정상	[ ] 교체 필요(교체할 부분:)
	가스(취사용)	공급방식	[ ] 도시가스	[ ] 그 밖의 방식( )
	소방	소화전	[ ] 없음	[ ] 있음(위치:)
		비상벨	[ ] 없음	[ ] 있음(위치:)
	난방방식 및 연료공급	공급방식	[ ] 중앙공급 [ ] 개별공급	시설작동 [ ] 정상 [ ] 수선 필요( ) ※ 개별공급인 경우 사용연한( ) [ ] 확인 불가
		종류	[ ] 도시가스 [ ] 기름 [ ] 프로판가스 [ ] 연탄 [ ] 그 밖의 종류( )	
	승강기	[ ] 있음([ ] 양호 [ ] 불량 [ ] 없음)		
	배수	[ ] 정상 [ ] 수선 필요( )		
	그 밖의 시설물			
⑩ 벽면 및 바닥면	벽면	균열	[ ] 없음	[ ] 있음(위치:)
		누수	[ ] 없음	[ ] 있음(위치:)
	바닥면	[ ] 깨끗함 [ ] 보통임 [ ] 수리 필요(위치:)		

(4쪽 중 제3쪽)

Ⅲ. 중개보수 등에 관한 사항

⑪ 중개보수 및 실비의 금액과 산출내역	중개보수		〈산출내역〉 중개보수: 실비:
	실비		
	계		
	지급시기		

「공인중개사법」 제25조 제3항 및 제30조 제5항에 따라 거래당사자는 개업공인중개사로부터 위 중개대상물에 관한 확인·설명 및 손해배상책임의 보장에 관한 설명을 듣고, 같은 법 시행령 제21조 제3항에 따른 본 확인·설명서와 같은 법 시행령 제24조 제2항에 따른 손해배상책임 보장 증명서류(사본 또는 전자문서)를 수령합니다.

년   월   일

매도인 (임대인)	주소		성명	(서명 또는 날인)
	생년월일		전화번호	
매수인 (임차인)	주소		성명	(서명 또는 날인)
	생년월일		전화번호	
개업 공인중개사	등록번호		성명 (대표자)	(서명 및 날인)
	사무소 명칭		소속 공인중개사	(서명 및 날인)
	사무소 소재지		전화번호	
개업 공인중개사	등록번호		성명 (대표자)	(서명 및 날인)
	사무소 명칭		소속 공인중개사	(서명 및 날인)
	사무소 소재지		전화번호	

■ 「공인중개사법 시행규칙」 [별지 제20호의3 서식] 〈개정 2020.10.27.〉　　　　　　　　　　(3쪽 중 제1쪽)

중개대상물 확인·설명서[Ⅲ] (토지)

([ ] 매매·교환　　[ ] 임대)

확인·설명 자료	확인·설명 근거자료 등	[ ] 등기권리증　[ ] 등기사항증명서　[ ] 토지대장　[ ] 건축물대장　[ ] 지적도 [ ] 임야도　[ ] 토지이용계획확인서　[ ] 그 밖의 자료(　　　　　)
	대상물건의 상태에 관한 자료요구 사항	

유의사항	
개업공인중개사의 확인·설명의무	개업공인중개사는 중개대상물에 관한 권리를 취득하려는 중개의뢰인에게 성실·정확하게 설명하고, 토지대장등본, 등기사항증명서 등 설명의 근거자료를 제시해야 합니다.
실제 거래가격 신고	「부동산 거래신고 등에 관한 법률」 제3조 및 같은 법 시행령 별표 1 제1호 마목에 따른 실제 거래가격은 매수인이 매수한 부동산을 양도하는 경우 「소득세법」 제97조 제1항 및 제7항과 같은 법 시행령 제163조 제11항 제2호에 따라 취득 당시의 실제 거래가액으로 보아 양도차익이 계산될 수 있음을 유의하시기 바랍니다.

Ⅰ. 개업공인중개사 기본 확인사항

① 대상물건의 표시	토지	소재지				
		면적(m²)		지목	공부상 지목	
					실제이용 상태	

② 권리관계	등기부 기재사항	소유권에 관한 사항	소유권 외의 권리사항
		토지	토지

③ 토지이용계획, 공법상 이용 제한 및 거래 규제에 관한 사항(토지)	지역·지구	용도지역		건폐율 상한	용적률 상한
		용도지구		%	%
		용도구역			
	도시·군계획 시설		허가·신고 구역 여부	[ ] 토지거래허가구역	
			투기지역 여부	[ ] 토지투기지역　[ ] 주택투기지역 [ ] 투기과열지구	
	지구단위계획구역, 그 밖의 도시·군관리계획		그 밖의 이용제한 및 거래규제사항	

④ 입지조건	도로와의 관계	(　m × 　m)도로에 접함　[ ] 포장　[ ] 비포장	접근성	[ ] 용이함　[ ] 불편함
	대중교통	버스	(　　　) 정류장,	소요시간: ([ ] 도보, [ ] 차량) 약　　분
		지하철	(　　　) 역,	소요시간: ([ ] 도보, [ ] 차량) 약　　분

⑤ 비선호시설(1km 이내)	[ ] 없음　[ ] 있음(종류 및 위치:　　　　　)				
⑥ 거래예정금액 등	거래예정금액				
	개별공시지가(m²당)			건물(주택)공시가격	
⑦ 취득시 부담할 조세의 종류 및 세율	취득세	%	농어촌특별세	%	지방교육세	%
	※ 재산세는 6월 1일 기준 대상물건 소유자가 납세의무를 부담				

210mm × 297mm[백상지(80g/m²) 또는 중질지(80g/m²)]

(3쪽 중 제2쪽)

Ⅱ. 개업공인중개사 세부 확인사항

⑧ 실제 권리관계 또는 공시되지 않은 물건의 권리 사항	

Ⅲ. 중개보수 등에 관한 사항

⑨ 중개보수 및 실비의 금액과 산출내역	중개보수		〈산출내역〉 중개보수: 실비: ※ 중개보수는 거래금액의 1천분의 9 이내에서 중개 의뢰인과 개업공인중개사가 서로 협의하여 결정하며, 부가가치세는 별도로 부과될 수 있습니다.
	실비		
	계		
	지급시기		

「공인중개사법」 제25조 제3항 및 제30조 제5항에 따라 거래당사자는 개업공인중개사로부터 위 중개대상물에 관한 확인·설명 및 손해배상책임의 보장에 관한 설명을 듣고, 같은 법 시행령 제21조 제3항에 따른 본 확인·설명서와 같은 법 시행령 제24조 제2항에 따른 손해배상책임 보장 증명서류(사본 또는 전자문서)를 수령합니다.

년   월   일

매도인 (임대인)	주소		성명	(서명 또는 날인)
	생년월일		전화번호	
매수인 (임차인)	주소		성명	(서명 또는 날인)
	생년월일		전화번호	
개업 공인중개사	등록번호		성명 (대표자)	(서명 및 날인)
	사무소 명칭		소속 공인중개사	(서명 및 날인)
	사무소 소재지		전화번호	
개업 공인중개사	등록번호		성명 (대표자)	(서명 및 날인)
	사무소 명칭		소속 공인중개사	(서명 및 날인)
	사무소 소재지		전화번호	

■ 「공인중개사법 시행규칙」 [별지 제20호의4 서식] 〈개정 2020.10.27.〉 (3쪽 중 제1쪽)

중개대상물 확인·설명서[Ⅳ] (입목·광업재단·공장재단)
([ ] 매매·교환 [ ] 임대)

확인·설명 자료	확인·설명 근거자료 등	[ ] 등기권리증 [ ] 등기사항증명서 [ ] 토지대장 [ ] 건축물대장 [ ] 지적도 [ ] 임야도 [ ] 토지이용계획확인서 [ ] 그 밖의 자료( )
	대상물건의 상태에 관한 자료요구 사항	

유의사항

개업공인중개사의 확인·설명의무	개업공인중개사는 중개대상물에 관한 권리를 취득하려는 중개의뢰인에게 성실·정확하게 설명하고, 토지대장등본, 등기사항증명서 등 설명의 근거자료를 제시해야 합니다.
실제 거래가격 신고	「부동산 거래신고 등에 관한 법률」 제3조 및 같은 법 시행령 별표 1 제1호 마목에 따른 실제 거래가격은 매수인이 매수한 부동산을 양도하는 경우 「소득세법」 제97조 제1항 및 제7항과 같은 법 시행령 제163조 제11항 제2호에 따라 취득 당시의 실제 거래가액으로 보아 양도차익이 계산될 수 있음을 유의하시기 바랍니다.

Ⅰ. 개업공인중개사 기본 확인사항

① 대상물건의 표시	토지	대상물 종별	[ ] 입목 [ ] 광업재단 [ ] 공장재단
		소재지 (등기·등록지)	

② 권리관계	등기부 기재사항	소유권에 관한 사항	성명	
			주소	
		소유권 외의 권리사항		

③ 재단목록 또는 입목의 생육상태	

④ 그 밖의 참고사항	

⑤ 거래예정금액 등	거래예정금액			
	개별공시지가(m²당)		건물(주택)공시가격	

210mm × 297mm[백상지(80g/m²) 또는 중질지(80g/m²)]

(3쪽 중 제2쪽)

⑥ 취득시 부담할 조세의 종류 및 세율	취득세		%	농어촌특별세		%	지방교육세		%
	※ 재산세는 6월 1일 기준 대상물건 소유자가 납세의무를 부담								

Ⅱ. 개업공인중개사 세부 확인사항

⑦ 실제 권리관계 또는 공시되지 않은 물건의 권리 사항	

Ⅲ. 중개보수 등에 관한 사항

⑧ 중개보수 및 실비의 금액과 산출내역	중개보수		〈산출내역〉 중개보수: 실비: ※ 중개보수는 거래금액의 1천분의 9 이내에서 중개의뢰인과 개업공인중개사가 서로 협의하여 결정하며 부가가치세는 별도로 부과될 수 있습니다.
	실비		
	계		
	지급시기		

「공인중개사법」제25조 제3항 및 제30조 제5항에 따라 거래당사자는 개업공인중개사로부터 위 중개대상물에 관한 확인·설명 및 손해배상책임의 보장에 관한 설명을 듣고, 같은 법 시행령 제21조 제3항에 따른 본 확인·설명서와 같은 법 시행령 제24조 제2항에 따른 손해배상책임 보장 증명서류(사본 또는 전자문서)를 수령합니다.

년   월   일

매도인 (임대인)	주소		성명	(서명 또는 날인)
	생년월일		전화번호	
매수인 (임차인)	주소		성명	(서명 또는 날인)
	생년월일		전화번호	
개업 공인중개사	등록번호		성명 (대표자)	(서명 및 날인)
	사무소 명칭		소속공인중개사	(서명 및 날인)
	사무소 소재지		전화번호	
개업 공인중개사	등록번호		성명 (대표자)	(서명 및 날인)
	사무소 명칭		소속공인중개사	(서명 및 날인)
	사무소 소재지		전화번호	

Theme 14 거래계약서의 작성

1 거래계약서 관련 의무

(1) **작성의 의무**: 서면 작성(단, 표준서식은 없음)의 의무(단, 국토교통부장관은 개업공인중개사가 작성하는 거래계약서의 표준이 되는 서식을 정하여 그 사용을 권장할 수는 있음)

(2) **필요적 기재사항 기재의무**: 누락시 업무정지

(3) **거짓기재 및 이중작성 금지의무**: 위반시 상대적 등록취소

(4) **서명 및 날인의무**: 개업공인중개사와 해당 업무를 수행한 소속공인중개사가 함께

(5) **교부의무**: 거래당사자(쌍방)

(6) **보존의무**: 5년(원본, 사본 또는 전자문서)(단, 거래계약서가 「전자문서 및 전자거래 기본법」에 따른 공인전자문서센터에 보관된 경우에는 따로 보존할 필요 없음)

2 거래계약서 필요적 기재사항

(1) 거래당사자의 인적사항

(2) 물건의 표시

(3) 계약일

(4) 거래금액·계약금액 및 그 지급일자 등 지급에 관한 사항

(5) 물건의 인도일시

(6) 권리이전의 내용

(7) 계약의 조건이나 기한이 있는 경우에는 그 조건 또는 기한

(8) 중개대상물 확인·설명서 교부일자

(9) 그 밖의 약정내용

3 기본확인사항

(1) 전자계약시스템을 통해 거래계약서에 대한 작성·교부·보존의무를 이행할 수 있다. (○)

(2) 국토교통부장관은 거래계약서의 표준서식을 정하여 이의 사용을 권장하고 있다. (×)

(3) 소속공인중개사에게는 거래계약서 작성·교부·보존의 의무는 없다. (○)

(4) 중개보수에 관한 사항은 거래계약서의 필요적 기재사항에 해당한다. (×)

핵심 기출지문분석

1. 국토교통부장관은 개업공인중개사가 작성하는 거래계약서의 표준이 되는 서식을 정하여 그 사용을 권장할 수 있다. 제28회

2. 「공인중개사법 시행규칙」에 개업공인중개사가 작성하는 거래계약서의 표준이 되는 서식이 정해져 있지는 않다. 제26회, 제27회, 제29회

3. 개업공인중개사는 중개가 완성된 때에만 거래계약서를 작성·교부하여야 한다. 제28회, 제31회

4. 개업공인중개사는 거래계약서를 작성하는 경우 거래계약서에 서명 및 날인하여야 한다. 제31회, 제32회

5. 소속공인중개사가 중개행위를 한 경우 그 거래계약서에는 소속공인중개사와 개업공인중개사가 함께 서명 및 날인하여야 한다. 제26회, 제29회

6. 분사무소의 소속공인중개사가 중개행위를 한 경우 그 소속공인중개사와 분사무소의 책임자가 함께 거래계약서에 서명 및 날인하여야 한다. 제27회, 제33회

7. 개업공인중개사는 중개가 완성되어 거래계약서가 작성된 경우에는 원본, 사본 또는 전자문서를 5년 동안 보존하여야 한다. 제23회, 제26회, 제27회, 제28회, 제31회, 제32회, 제33회

8. 거래계약서가 「전자문서 및 전자거래 기본법」에 따른 공인전자문서센터에 보관된 경우 개업공인중개사는 거래계약서를 따로 보존할 필요가 없다. 제30회, 제33회

9. 거래계약서의 원본, 사본 또는 전자문서를 보존기간 동안 보존하지 않은 경우 등록관청은 중개사무소의 업무를 정지할 수 있다. 제27회

10. 하나의 거래계약에 대하여 서로 다른 둘 이상의 거래계약서를 작성한 경우, 등록관청은 개업공인중개사의 등록을 취소할 수 있다. 제26회, 제31회, 제33회

11. 소속공인중개사가 거래계약서에 거래금액을 거짓으로 기재한 경우 자격정지사유에 해당한다. 제29회, 제30회

12. 중개대상물 확인·설명서 교부일자는 거래계약서에 기재해야 하는 사항이다. 제26회, 제27회, 제29회, 제31회, 제33회, 제35회

13. 거래계약서에는 물건의 인도일시를 기재하여야 한다. 제29회, 제35회

14. 공동중개의 경우 참여한 개업공인중개사 모두 서명 및 날인하여야 한다. 제28회, 제29회

15. 계약의 조건이 있는 경우, 그 조건은 거래계약서에 기재해야 할 사항이다. 제28회, 제35회

16. 권리이전의 내용은 거래계약서에 기재해야 할 사항이다. 제35회

Theme 15 계약금 등의 반환채무 이행의 보장

1 예치제도

(1) 예치대상: 계약금, 중도금, 잔금

(2) 예치명의자
  ① 공제사업을 하는 자
  ② 개업공인중개사
  ③ 체신관서
  ④ 전문회사
  ⑤ 은행
  ⑥ 보험회사
  ⑦ 신탁업자

(3) 예치기관
  ① 금융기관
  ② 공제사업을 하는 자
  ③ 신탁업자 등

(4) 보증서(예치된 계약금 등을 선수령하기 위한) 발행기관
  ① 금융기관
  ② 보증보험회사

(5) 관련 의무
  ① 계약이행의 완료 또는 계약해제 등의 사유로 인한 계약금 등의 인출에 대한 거래당사자의 동의 방법, 반환채무이행 보장에 소요되는 실비 그 밖에 거래안전을 위하여 필요한 사항 약정의무
  ② 분리(본인 소유의 예치금과) 관리의 의무
  ③ 당사자 동의 없는 인출금지의 의무
  ④ 보증 설정(예치금에 해당하는 금액) 및 관계증서의 사본을 교부하거나 관계증서에 관한 전자문서제공의무

2 기본확인사항

(1) 개업공인중개사는 거래의 안전을 보장하기 위하여 필요하다고 인정하는 경우에는 거래계약의 이행이 완료될 때까지 계약금 등을 제3자 명의로 예치하도록 권고하여야 하며, 예치기관으로는 금융기관 등이 있다. (×)

(2) 개업공인중개사는 예치명의자는 될 수 있으나, 예치기관이 될 수는 없다. (○)

핵심 기출지문분석

1. 개업공인중개사는 거래의 안전을 보장하기 위하여 필요하다고 인정하는 경우, 계약금 등을 예치하도록 거래당사자에게 권고할 수 있다. 제23회, 제30회
2. 예치대상은 계약금·중도금 또는 잔금이다. 제30회
3. 계약금 등의 반환채무 이행의 보장제도는 계약이행기간 동안의 거래안전을 보장하기 위한 것이다. 제18회
4. 개업공인중개사는 거래당사자에게 「공인중개사법」에 따른 공제사업을 하는 자의 명의로 계약금 등을 예치하도록 권고할 수 있다. 제30회
5. 「보험업법」에 따른 보험회사는 계약금 등의 예치명의자가 될 수 있다. 제30회, 제34회
6. 공탁금을 예치받는 법원은 계약금 등의 예치명의자에 속하지 않는다. 제24회
7. 개업공인중개사는 예치된 계약금을 거래당사자의 동의 없이 임의로 인출하여서는 안 된다. 제23회
8. 개업공인중개사는 거래대금을 자기 명의로 금융기관 등에 예치하는 경우에는 자기 소유의 예치금과 분리하여 관리하여야 한다. 제18회, 제23회, 제30회
9. 개업공인중개사는 예치된 계약금에 해당하는 금액을 보장하는 보증보험 또는 공제에 가입하거나 공탁을 해야 한다. 제23회
10. 계약금 등을 금융기관에 예치하는 데 소요되는 실비는 특별한 약정이 없는 한 권리를 취득할 의뢰인이 부담한다. 제23회
11. 개업공인중개사는 계약금 등의 예치명의자가 될 수 있다. 제35회
12. 부동산거래계약의 이행을 보장하기 위하여 계약 관련 서류 및 계약금 등을 관리하는 업무를 수행하는 전문회사는 계약금 등의 예치명의자가 될 수 있다. 제35회
13. 국토교통부장관의 승인을 얻어 공제사업을 하는 공인중개사협회는 계약금 등의 예치명의자가 될 수 있다. 제35회
14. 「은행법」에 따른 은행은 계약금 등의 예치명의자가 될 수 있다. 제35회
15. 거래당사자 중 일방은 계약금 등의 예치명의자가 될 수 없다. 제35회

Theme 16 손해배상책임의 보장

▶ 공인중개사법령

1 개업공인중개사의 손해배상책임

과실책임	무과실책임	
① 개업공인중개사의 중개행위 ② 개업공인중개사의 고의·과실 ③ 인과관계 ④ 재산상 손해 발생	① 고용인의 중개행위 ② 고용인의 고의·과실 ③ 인과관계 ④ 재산상 손해 발생	① 중개사무소 타인 제공 ② 타인의 중개행위 ③ 인과관계 ④ 재산상 손해 발생

2 업무보증 신고

구분	신고사유	신고기한	신고 생략
신규신고	개설등록	등록통지 ⇨ 보증설정신고 ⇨ 등록증 교부	보증기관 직접 통보시
	분사무소	보증설정 ⇨ 분사무소 설치신고 ⇨ 설치신고확인서 교부	
변경신고	보증변경	이미 설정한 보증의 효력이 있는 기간 중 변경신고	
갱신신고	기간만료	당해 보증기간 만료일까지 재설정하여 신고	
	손해배상	손해배상을 한 때에는 15일 이내 재가입 또는 보전 신고	

3 종별에 따른 업무보증설정액

종별		금액	설정시기	설정방법(택 1)
개인인 개업공인중개사		2억원 이상	업무개시 전	① 보험 ② 공제 ③ 공탁
중개법인	주된 사무소	4억원 이상	업무개시 전	
	분사무소(1개 소당)	2억원 이상	설치신고 시	
특수법인	지역농업협동조합	2천만원 이상	업무개시 전	

4 손해배상청구

구분		청구한도	비고
의뢰인 ⇨ 보증기관	보험 / 공제	설정범위 내	폐업 또는 사망한 날로 3년 이내 회수 불가
	공탁		
의뢰인 ⇨ 개업공인중개사 / 고용인(判)		전 손해범위	

5 기본확인사항

(1) 모든 개업공인중개사는 업무보증을 설정하고 중개업무를 하여야 한다. (○)

(2) 개업공인중개사가 업무보증으로 손해배상을 한 경우 15일 이내에 전과 동일한 방법으로 업무보증을 설정하여야 한다. (×)

(3) 개업공인중개사의 손해배상책임의 성립요건인 '중개행위'는 용어의 정의상 '중개'에 한정한다고 좁게 해석할 이유가 없다. 따라서 '잔금의 횡령행위'도 넓은 의미의 중개행위에 해당한다고 볼 수 있다. (○)

(4) 개업공인중개사는 중개행위를 함에 있어서 자신의 고의 또는 과실로 인하여 거래당사자에게 재산상의 손해를 발생하게 한 때에는 그 손해를 배상할 책임이 있다. 그러므로 개업공인중개사의 귀책사유가 없는 경우에는 어떠한 경우에도 개업공인중개사는 손해배상책임을 지지 않는다. (×)

(5) 개업공인중개사에게 거래계약과 관련한 계약상 의무가 원만하게 이행되도록 주선할 것이 예정되어 있다고 하더라도 그러한 행위는 이행업무에 해당하므로 중개행위의 범주에 포함되지 않는다. (×)

> **핵심** 기출지문분석
>
> 1. 개업공인중개사는 업무를 개시하기 전에 손해배상책임을 보장하기 위하여 보증보험 또는 공제에 가입하거나 공탁을 해야 한다. 제27회, 제28회, 제29회, 제31회, 제34회
> 2. 등록관청은 중개사무소 등록증을 교부하기 전에 개설등록을 한 자가 손해배상책임을 보장하기 위한 조치(보증)를 하였는지 여부를 확인해야 한다. 제28회
> 3. 개업공인중개사는 중개행위를 하는 경우 자신의 고의 또는 과실로 인하여 중개의뢰인에게 재산상의 손해를 발생하게 한 때에는 그 손해를 배상할 책임이 있다.
> 제15회, 제19회, 제21회, 제22회, 제26회, 제27회, 제32회
> 4. 개업공인중개사는 자기의 중개사무소를 다른 사람의 중개행위의 장소로 제공함으로써 거래당사자에게 재산상의 손해를 발생하게 한 때에는 그 손해를 배상할 책임이 있다.
> 제26회, 제27회, 제28회, 제29회, 제32회, 제34회

5. 업무보증금으로 공탁한 공탁금은 개업공인중개사가 폐업 또는 사망한 날부터 3년 이내에는 이를 회수할 수 없다. 제19회, 제23회, 제24회, 제27회, 제29회, 제31회, 제32회

6. 법인인 개업공인중개사가 분사무소를 두는 경우 분사무소마다 추가로 2억원 이상의 손해배상책임의 보증설정을 해야 하나 보장금액의 상한은 없다. 제32회

7. 지역농업협동조합이 부동산중개업을 하는 때에는 2천만원 이상의 보증을 설정하여야 한다.
제19회, 제21회, 제24회, 제26회, 제32회

8. 지역농업협동조합이 「농업협동조합법」에 의해 부동산중개업을 하는 경우 보증기관에 설정하는 손해배상책임보증의 최저보장금액은 개업공인중개사의 최저보장금액과 다르다. 제32회

9. 개업공인중개사가 손해배상책임을 보장하기 위한 조치를 이행하지 아니하고 업무를 개시한 경우 등록관청은 개설등록을 취소할 수 있다. 제26회, 제31회, 제34회

10. 고용인이 중개업무와 관련된 행위를 함에 있어서 과실로 거래당사자에게 손해를 입힌 경우, 그를 고용한 개업공인중개사뿐만 아니라 고용인도 손해배상책임이 있다. 제26회, 제30회

11. 개업공인중개사 등이 아닌 제3자의 중개행위로 거래당사자에게 재산상 손해가 발생한 경우 그 제3자는 이 법에 따른 손해배상책임을 지지 않는다. 제29회

12. 개업공인중개사는 중개가 완성된 때에는 거래당사자에게 손해배상책임의 보장에 관한 사항을 설명하고 관계증서의 사본을 교부하거나 관계 증서에 관한 전자문서를 제공하여야 한다.
제27회, 제28회, 제31회, 제32회

13. 보증을 다른 보증으로 변경하려면 이미 설정된 보증의 효력이 있는 기간 중에 다른 보증을 설정해야 한다. 제31회, 제32회

14. 개업공인중개사는 보증보험 또는 공제에 가입한 경우 보증기간의 만료로 다시 보증을 설정하려면, 그 보증기간 만료일까지 다시 보증을 설정하여야 한다. 제28회, 제31회

15. 개업공인중개사가 업무보증금으로 손해배상을 한 때에는 15일 이내에 다시 가입하거나 부족한 만큼을 보전하여야 한다. 제26회, 제27회, 제28회, 제29회, 제31회, 제32회, 제33회, 제34회

16. 부동산 매매계약을 중개하고 계약금 및 중도금 지급에도 관여한 개업공인중개사가 잔금 중 일부를 횡령한 경우 이 법에 따른 손해배상책임이 있다. 제29회

17. 개업공인중개사의 행위가 손해배상책임을 발생시킬 수 있는 '중개행위'에 해당하는지는 객관적으로 보아 사회통념상 거래의 알선·중개를 위한 행위라고 인정되는지에 따라 판단해야 한다. 제28회

Theme 17 금지행위

▶ 공인중개사법령

1 개업공인중개사 등의 금지행위(법 제33조 제1항)

1년⇩ / 1천⇩ 상·취 자격정지

1. 중개대상물의 매매를 업으로 하는 행위
2. 중개사무소의 개설등록을 하지 아니하고 중개업을 영위하는 자인 사실을 알면서 그를 통하여 중개를 의뢰받거나 그에게 자기의 명의를 이용하게 하는 행위
3. 사례·증여 그 밖의 어떠한 명목으로도 법정보수 또는 실비를 초과하여 금품을 받는 행위
   ① 금품: 일체의 금전적 가치가 있는 것
   ② 초과: 법정한도를 넘는 ⇨ 한도를 넘는 부분은 무효(= 일부무효)
   ③ 수수: 반환 (○), 착오 (○), 수표 수수 후 부도 (○), 포괄적 수수 (×), 무효수표 수수 (×), 금전채권 매매계약에 대한 사례금 (×), 약속·요구 (×)
4. 해당 중개대상물의 거래상의 중요사항에 관하여 거짓된 언행 그 밖의 방법으로 중개의뢰인의 판단을 그르치게 하는 행위

3년⇩ / 3천⇩ 상·취 자격정지

5. 관계 법령에서 양도·알선 등이 금지된 부동산의 분양·임대 등과 관련 있는 증서 등의 매매·교환 등을 중개하거나 그 매매를 업으로 하는 행위
   ① 증서인 것: 입주자저축증서 등
   ② 증서가 아닌 것: 분양권(= 선정된 지위), 재개발·재건축입주권, 상가분양계약서
6. 중개의뢰인과 직접 거래를 하거나 거래당사자 쌍방을 대리하는 행위
   ① 직접 거래: 중개의뢰인(대리인이나 수임인 포함)과 직접상대방이 되는 거래
     📝 판례는 직접 거래 제한규정을 단속규정으로 본다.
   ② 쌍방대리: 일방대리와 이행업무에 대한 쌍방대리는 허용
7. 탈세 등 관계 법령을 위반할 목적으로 소유권보존등기 또는 이전등기를 하지 아니한 부동산이나 관계 법령의 규정에 의하여 전매 등 권리의 변동이 제한된 부동산의 매매를 중개하는 등 부동산투기를 조장하는 행위
   📝 전매차익이 없는 부동산전매중개도 포함한다.
8. 부당한 이익을 얻거나 제3자에게 부당한 이익을 얻게 할 목적으로 거짓으로 거래가 완료된 것처럼 꾸미는 등 중개대상물의 시세에 부당한 영향을 주거나 줄 우려가 있는 행위
   ① 부당한 이익을 개업공인중개사 등이 직접 얻거나 제3자에게 얻게 할 목적
   ② 거짓으로 거래가 완료된 것처럼 꾸미는 행위 등
9. 단체를 구성하여 특정 중개대상물에 대하여 중개를 제한하거나 단체 구성원 이외의 자와 공동중개를 제한하는 행위
   ① 특정 중개대상물에 대한 중개 제한
   ② 단체 구성원 이외의 자와 공동중개 제한

2 누구에게나 적용되는 금지행위(법 제33조 제2항)

누구든지 시세에 부당한 영향을 줄 목적으로 다음 어느 하나의 방법으로 개업공인중개사 등의 업무를 방해해서는 아니 된다.

3년⇩ / 3천⇩	① 안내문, 온라인 커뮤니티 등을 이용하여 특정 개업공인중개사 등에 대한 중개의뢰를 제한하거나 제한을 유도하는 행위 ② 안내문, 온라인 커뮤니티 등을 이용하여 중개대상물에 대하여 시세보다 현저하게 높게 표시·광고 또는 중개하는 특정 개업공인중개사 등에게만 중개의뢰를 하도록 유도함으로써 다른 개업공인중개사 등을 부당하게 차별하는 행위 ③ 안내문, 온라인 커뮤니티 등을 이용하여 특정 가격 이하로 중개를 의뢰하지 아니하도록 유도하는 행위 ④ 정당한 사유 없이 개업공인중개사 등의 중개대상물에 대한 정당한 표시·광고행위를 방해하는 행위 ⑤ 개업공인중개사 등에게 중개대상물을 시세보다 현저하게 높게 표시·광고하도록 강요하거나 대가를 약속하고 시세보다 현저하게 높게 표시·광고하도록 유도하는 행위

3 부동산거래질서 교란행위 및 신고센터

(1) **부동산거래질서 교란행위**: 다음의 사항을 '부동산거래질서 교란행위'라 한다.

> ① 자격증·등록증 양도대여+양수대여+알선행위, 동일명칭·유사명칭 사용행위, 무등록중개업, 부정등록, 이중등록, 이중소속, 이중사무소
> ② 법인의 겸업제한 위반, 중개보조원 채용상한제 위반, 중개보조원의 고지의무 위반
> ③ 공인중개사법령상 금지행위(총 14개), 업무상 비밀준수의무 위반
> ④ 게시물 게시의무 위반, 사무소명칭 관련 의무 위반, 확인·설명의무 위반, 임대차중개시 설명의무 위반, 거래계약서 거짓기재·이중작성
> ⑤ 「부동산 거래신고 등에 관한 법률」상 부동산거래신고 위반, 부동산거래의 해제 등 신고 위반, 금지행위

(2) **부동산거래질서 교란행위 신고센터**
① 국토교통부장관은 '부동산 시장의 건전한 거래질서를 조성하기 위하여' 부동산거래질서 교란행위 신고센터(이하 '신고센터'라 함)를 설치·운영할 수 있다.
② 국토교통부장관은 신고센터의 업무를 '한국부동산원'에 위탁한다. '한국부동산원'은 신고센터의 업무 처리 방법, 절차 등에 관한 운영규정을 정하여 국토교통부장관의 승인을 받아야 한다. 이를 변경하려는 경우에도 또한 같다.

(3) 신고센터 신고업무 등
　① 신고센터의 업무: 신고센터는 다음의 업무를 수행한다.
　　㉠ 부동산거래질서 교란행위 신고의 접수 및 상담
　　㉡ 신고사항에 대한 확인 또는 시·도지사 및 등록관청 등에 신고사항에 대한 조사 및 조치 요구
　　㉢ 신고인에 대한 신고사항 처리 결과 통보
　② 신고형식: 신고센터에 신고하려는 자는 다음의 사항을 서면(전자문서 포함)으로 제출해야 한다.
　　㉠ 신고인 및 피신고인의 인적사항
　　㉡ 부동산거래질서 교란행위의 발생일시·장소 및 그 내용
　　㉢ 신고내용을 증명할 수 있는 증거자료 또는 참고인의 인적사항
　　㉣ 그 밖에 신고 처리에 필요한 사항
　③ 신고센터의 보완 요청: 신고센터는 신고받은 사항에 대해 보완이 필요한 경우 기간을 정하여 신고인에게 보완을 요청할 수 있다.
　④ 신고센터의 조사 등 요구: 신고센터는 신고사항에 대해 시·도지사 및 등록관청 등에 조사 및 조치를 요구해야 한다. 다만, 다음의 어느 하나에 해당하는 경우에는 국토교통부장관의 승인을 받아 접수된 신고사항의 처리를 종결할 수 있다.
　　㉠ 신고내용이 명백히 거짓인 경우
　　㉡ 신고인이 신고센터의 보완요청에 보완을 하지 않은 경우
　　㉢ 신고인이 신고사항의 처리결과를 통보받은 사항에 대하여 정당한 사유 없이 다시 신고한 경우로서 새로운 사실이나 증거자료가 없는 경우
　　㉣ 신고내용이 이미 수사기관에서 수사 중이거나 재판이 계속 중이거나 법원의 판결에 의해 확정된 경우
　⑤ 처리기한
　　㉠ 신고센터로부터 조사 등 요구를 받은 시·도지사 및 등록관청 등은 신속하게 조사 및 조치를 완료하고, 완료한 날부터 10일 이내에 그 결과를 신고센터에 통보해야 한다.
　　㉡ 신고센터는 처리 결과를 통보받은 경우 신고인에게 신고사항 처리 결과를 통보해야 한다.
　　㉢ 신고센터는 매월 10일까지 직전 달의 신고사항 접수 및 처리 결과 등을 국토교통부장관에게 제출해야 한다.

4 기본확인사항

(1) 「공인중개사법」제33조 제1항의 금지행위에 따른 처벌규정은 '개업공인중개사 등'에게만 적용된다. (○)

(2) 개업공인중개사 등에게 적용되는 금지행위 위반에 따른 행정처분으로 개업공인중개사는 상대적 등록취소, 소속공인중개사는 자격정지처분을 받을 수 있다. (○)

(3) 금지행위규정은 공법상 강행규정이므로 원인행위 전부의 사법상 효력은 발생하지 않는다. (×)

(4) 직접 거래·쌍방대리는 「민법」상 예외적으로 허용되나 「공인중개사법」상 원칙적으로 금지된다. (○)

(5) 누구에게나 적용되는 금지행위는 개업공인중개사 등에게는 적용되지 않는다. (×) 제34회

(6) 누구에게나 적용되는 금지행위 위반에 따른 제재에 행정처분은 없고, 행정형벌은 받을 수 있다. (○)

(7) 「공인중개사법」 제33조 규정의 금지행위 모두는 '부동산거래질서 교란행위'에 해당한다. (○)

(8) 부동산거래질서 교란행위에 해당하는 행위는 모두 법 제33조 규정의 금지행위이며 동일한 행정형벌로 규정되어 있다. (×)

(9) 부동산거래질서 교란행위는 「공인중개사법」상의 의무 위반행위만 있다. (×)

(10) 신고센터에 접수된 교란행위에 대한 모든 제재 조치는 신고센터에서 직접 하여야 한다. (×)

(11) 신고센터에 하는 신고는 직접 방문하여 서면으로 접수하는 방법만 가능하다. (×)

핵심 기출지문분석

1. 개업공인중개사가 중개업무를 하면서 법정한도를 초과하는 중개보수를 요구하여 수령하였다면 등록관청은 개업공인중개사의 중개사무소 개설등록을 취소하거나 업무의 정지를 명할 수 있다. 제29회

2. 아파트의 특정 동·호수에 대한 분양계약이 체결된 후 그 분양권의 매매를 중개한 것은 금지행위에 해당하지 않는다. 제29회

3. 법인인 개업공인중개사의 사원 또는 임원이 중개대상물의 매매를 업으로 하거나 중개의뢰인과 직접 거래를 하는 것은 금지된다. 제30회

4. 중개의뢰인이 중간생략등기의 방법으로 전매하여 세금을 포탈하려는 것을 개업공인중개사가 알고도 투기 목적의 전매를 중개하였으나, 전매차익이 발생하지 않은 경우 그 중개행위는 금지행위에 해당한다. 제28회

5. 쌍방대리는 개업공인중개사 등의 금지행위에 해당하지만 일방대리는 허용된다. 제16회, 제24회, 제30회

6. 개업공인중개사는 법령상의 중개대상물의 매매를 업으로 하는 행위를 하여서는 아니 된다. 제19회, 제20회, 제22회, 제25회, 제27회, 제29회, 제30회, 제34회

7. 법인 아닌 개업공인중개사가 중개대상물 외 건축자재의 매매를 업으로 하는 행위는 금지행위에 해당하지 않는다. 제28회
8. 중개사무소 개설등록을 하지 않고 중개업을 영위하는 자인 사실을 알면서 그를 통하여 중개를 의뢰받은 것은 공인중개사법령상 개업공인중개사 등의 금지행위에 해당한다. 제19회, 제28회, 제31회
9. 개업공인중개사는 사례비 명목으로 공인중개사법령상의 보수 또는 실비를 초과하여 금품을 받아서는 아니 된다. 제20회, 제22회, 제28회
10. 개업공인중개사가 중개보수 산정에 관한 지방자치단체의 조례를 잘못 해석하여 법정한도를 초과한 중개보수를 받은 경우 금지행위에 해당한다. 제31회
11. 법정한도를 초과하는 중개보수 약정은 그 한도를 초과하는 범위 내에서 무효이다. 제28회, 제29회, 제31회, 제33회
12. 개업공인중개사가 법정한도를 초과하는 금액을 중개의뢰인에게 반환하였다 하더라도 금지행위에 해당한다. 제29회
13. 상업용 건축물의 분양을 대행하고 법정의 중개보수 또는 실비를 초과하여 금품을 받는 행위는 금지행위에 해당하지 않는다. 제27회
14. 개업공인중개사 등이 자기의 의뢰인과 직접 거래하는 경우 금지행위이다. 제30회, 제31회, 제35회
15. 부동산의 매매를 중개한 개업공인중개사가 해당 부동산을 다른 개업공인중개사의 중개를 통하여 임차한 행위는 직접 거래가 아니다. 제31회
16. 개업공인중개사가 중개의뢰인과 직접 거래를 하는 행위를 금지하는 규정은 단속규정이다. 제29회
17. 중개의뢰인인 소유자로부터 거래에 관한 대리권을 수여받은 대리인과 중개대상물을 직접 거래하는 행위는 금지행위에 해당한다. 제27회
18. 상가 전부의 매도시에 사용하려고 매각조건 등을 기재하여 인쇄해 놓은 양식에 매매대금과 지급기일 등 해당 사항을 기재한 분양계약서는 양도·알선 등이 금지된 부동산의 분양 등과 관련 있는 증서에 해당하지 않는다. 제29회
19. 제3자에게 부당한 이익을 얻게 할 목적으로 거짓으로 거래가 완료된 것처럼 꾸미는 등 중개대상물의 시세에 부당한 영향을 주거나 줄 우려가 있는 행위는 금지행위이다. 제31회, 제32회
20. 단체를 구성하여 특정 중개대상물에 대하여 중개를 제한하거나 단체 구성원 이외의 자와 공동중개를 제한하는 행위는 개업공인중개사 등의 금지행위이다. 제31회, 제32회, 제35회
21. 안내문, 온라인 커뮤니티 등을 이용하여 특정 가격 이하로 중개를 의뢰하지 아니하도록 유도하는 행위는 누구든지에게 적용되는 금지행위에 해당한다. 제35회
22. 정당한 사유 없이 개업공인중개사 등의 중개대상물에 대한 정당한 표시·광고 행위를 방해하는 행위는 누구든지에게 적용되는 금지행위에 해당한다. 제35회
23. 공인중개사 자격증 양도를 알선한 경우는 부동산거래질서 교란행위에 해당한다. 제35회
24. 중개보조원이 중개업무를 보조하면서 중개의뢰인에게 본인이 중개보조인이라는 사실을 미리 알리지 않은 경우는 부동산거래질서 교란행위에 해당한다. 제35회

25. 개업공인중개사가 중개행위로 인한 손해배상책임을 보장하기 위하여 가입해야 하는 보증보험이나 공제에 가입하지 않은 경우는 부동산거래질서 교란행위에 해당하지 않는다. 제35회
26. 개업공인중개사가 동일한 중개대상물에 대한 하나의 거래를 완성하면서 서로 다른 둘 이상의 거래계약서를 작성한 경우는 부동산거래질서 교란행위에 해당한다. 제35회
27. 개업공인중개사가 거래당사자 쌍방을 대리한 경우는 금지행위로서 부동산거래질서 교란행위에 해당한다. 제35회

▶ 공인중개사법령

Theme 18 중개보수 등

1 개업공인중개사의 보수 종류

구분	중개보수	실비	
		권리관계 확인비용	반환채무이행 보장비용
부담자	원칙적으로 쌍방에게 수수	권리이전 의뢰인	권리취득 의뢰인
범위	국토교통부령 범위 내 협의 결정	시·도 조례	

2 중개보수 요율의 체계 및 한도

중개대상물 / 유형			일방한도 / 적용기준
주택	매매·교환		거래금액의 0.7% 이내에서 시·도 조례로 정함(요율과 한도액)
	임대차 등		거래금액의 0.6% 이내에서 시·도 조례로 정함(요율과 한도액)
주택 외	오피스텔 (전용 85m² 이내)	매매·교환	거래금액의 0.5% 이내에서 협의로 결정(요율만 결정)
		임대차 등	거래금액의 0.4% 이내에서 협의로 결정(요율만 결정)
	그 외(전용 85m² 초과 오피스텔 등)		거래금액의 0.9% 이내에서 협의로 결정(요율만 결정)

3 거래유형별 보수산출식

(1) **매매**: 거래금액 × 요율 = 산출액

(2) **분양권**: [전매자 납부금액(계약금, 중도금 등) + 프리미엄] × 요율 = 산출액

(3) **교환**: 둘 중 거래금액이 큰 중개대상물 × 요율 = 산출액

(4) **임대차**

① 전세: 전세금 × 요율 = 산출액

② 월세: [순수보증금 + (월 단위 차임 × 100 혹은 70)] × 요율 = 산출액

   1. 100: 환산보증금이 5천만원 이상일 때
   2. 70: 환산보증금이 5천만원 미만일 때

4 중개보수 적용기준 등

(1) 개업공인중개사는 중개업무에 관하여 중개의뢰인으로부터 소정의 보수를 받는다. 다만, 개업공인중개사의 고의 또는 과실로 인하여 중개의뢰인 간의 거래행위가 무효·취소 또는 해제된 경우에는 그러하지 아니하다.

(2) 주택(부속토지 포함)의 중개에 대한 보수는 국토교통부령으로 정하는 범위 안에서 시·도의 조례로 정하고, 주택 외 중개대상물의 중개에 대한 보수는 국토교통부령으로 정한다.

(3) 중개대상물인 주택의 소재지와 중개사무소의 소재지가 다른 경우에는 개업공인중개사는 중개사무소의 소재지(분사무소의 경우 분사무소 소재지)를 관할하는 시·도의 조례에서 정한 기준에 따라 보수 및 실비를 받아야 한다.

(4) 동일한 중개대상물에 대하여 동일 당사자 간에 매매를 포함한 둘 이상의 거래가 동일 기회에 이루어지는 경우에는 매매계약에 관한 거래금액만을 적용한다.

(5) 교환계약의 경우에는 교환대상 중개대상물 중 거래금액이 큰 중개대상물의 가액을 거래금액으로 한다.

(6) 중개대상물인 주상복합 건축물은 주택면적이 2분의 1 이상인 경우에는 '주택'으로, 2분의 1 미만인 경우에는 '주택 외'로 적용한다.

(7) 개업공인중개사는 주택 외의 중개대상물에 대하여 중개보수요율의 범위 안에서 실제 자기가 받고자 하는 중개보수의 상한요율을 중개보수·실비의 요율 및 한도액표에 명시하여야 하며, 이를 초과하여 중개보수를 받아서는 아니 된다.

(8) 중개보수 지급시기: 개업공인중개사와 중개의뢰인 간의 약정에 따르되, 약정이 없을 때에는 중개대상물의 거래대금 지급이 완료된 날로 한다.

5 중개보수 관련 중요판례

(1) 개업공인중개사는 상인임이 명백하고 상인인 자가 그 영업범위 내에서 타인을 위하여 행위를 한 이상 특별한 약정이 없다 하여도 소개를 부탁한 상대방에 대하여 상당한 보수를 청구할 수 있다(대판 68다955).

(2) 개업공인중개사가 부동산의 매도인을 위하여 거래상대방을 소개하는 등 노력을 하였으나 개업공인중개사가 알선한 상대가 아닌 제3의 인물과 거래를 한 경우에는 중개행위와 거래계약과는 인과관계가 인정되지 않으므로 개업공인중개사에게 중개보수청구권이 인정되지 않는다(대판 77다1889).

(3) 중개의 완료를 조건으로 중개보수 상당의 보수를 지급받기로 하는 내용의 계약에 있어 중개완료 이전에 계약이 해지되면 당연히 그에 대한 보수청구권을 상실한다(대판 90다18968).

(4) '권리금' 등을 수수하도록 중개한 것은 중개행위에 해당하지 아니하고, 따라서 중개보수의 한도액 역시 이러한 거래대상의 중개행위에는 적용되지 아니한다(대판 2005도6054).

(5) 부동산중개의 보수약정 중 소정의 한도액을 초과하는 부분에 대한 사법상의 효력을 제한하는 규정은 강행법규에 속하는 것으로서 그 한도액을 초과하는 부분은 무효라고 보아야 한다(대판 2000다54406·54413).

(6) 개업공인중개사가 아파트 분양권의 매매를 중개하면서 중개보수 산정에 관한 지방자치단체의 조례를 잘못 해석하여 법에서 허용하는 금액을 초과한 중개보수를 수수한 경우가 법률의 착오에 해당하지 않는다(대판 2004도62).

(7) 공인중개사자격이 없는 자가 중개사무소 개설등록을 하지 아니한 채 부동산중개업을 하면서 체결한 중개보수 지급약정의 효력을 제한하는 이른바 강행법규에 해당한다(대판 2008다75119).

(8) 개업공인중개사가 중개대상물에 대한 계약이 완료되지 않을 경우에도 중개행위에 상응하는 보수를 지급하기로 약정할 수 있으나, 이러한 보수는 계약이 완료되었을 경우에 적용되었을 부동산 중개보수 제한에 관한 한도를 초과할 수는 없다(대판 2017다243723).

(9) 부동산 중개보수 제한 규정은 공매대상 부동산 취득의 알선에 대해서도 적용된다(대판 2017다243723).

(10) 개업공인중개사가 중개대상물에 대하여 거래당사자 간의 매매·교환·임대차 기타 권리의 득실변경을 알선하는 행위를 하였더라도, 해당 중개업무를 의뢰하지 않은 거래당사자로부터는 별도의 지급 약정 등 특별한 사정이 없는 한 원칙적으로 중개보수를 지급받을 수 없다(대판 2023다252162).

6 기본확인사항

(1) 교환계약의 경우에는 중개보수가 많은 중개대상물의 가액을 거래금액으로 한다. (×)

(2) 중개대상물인 건축물 중 주택의 면적이 2분의 1을 초과하는 경우에는 주택의 규정을 적용하고, 주택의 면적이 2분의 1 이내인 경우에는 주택 외의 중개대상물에 대한 보수규정을 적용한다. (×)

(3) 개업공인중개사는 모든 중개대상물에 대하여 중개보수 요율의 범위 안에서 실제 자기가 받고자 하는 중개보수의 상한요율을 중개보수·실비의 요율 및 한도액표에 명시하여야 한다. (×)

(4) 동일한 중개대상물에 대하여 동일 당사자 간에 매매를 포함한 둘 이상의 거래가 이루어지는 경우에는 매매계약에 관한 거래금액만을 적용한다. (×)

(5) 중개대상물인 주택의 소재지와 중개사무소의 소재지가 다른 경우에는 개업공인중개사는 중개대상물의 소재지를 관할하는 시·군·구 조례에서 정한 보수를 받지만, 실비는 조례를 적용받지 않고 실제 지출한 비용을 정산받는다. (×)

(6) 무등록 중개업 영위자는 중개완성을 이유로 중개보수를 청구할 수 없다. (○)

(7) 분양권의 경우 총분양가에 프리미엄을 포함하여 중개보수를 산출할 수 있다. (×)

(8) 중개보수와 실비는 중복 수수가 가능하다. (○)

(9) 오피스텔 중개시 사용자의 사용용도나 전용면적 등에 관계없이 언제나 주택으로 본다. (×)

핵심 기출지문분석

1. 주택의 중개에 대한 보수는 중개의뢰인 쌍방으로부터 각각 받되, 그 일방으로부터 받을 수 있는 한도는 매매·교환의 경우에는 거래금액의 1천분의 7 이내로 하고, 임대차 등의 경우에는 거래금액의 1천분의 6 이내로 한다. 제26회, 제28회, 제29회, 제31회

2. 주택 외의 중개대상물에 대한 중개보수는 중개의뢰인 쌍방으로부터 각각 받되, 일정한 조건의 오피스텔의 매매·교환의 경우에는 거래금액의 1천분의 5 이내, 임대차 등의 경우에는 거래금액의 1천분의 4 이내, 나머지의 경우에는 거래금액의 1천분의 9 이내에서 중개의뢰인과 개업공인중개사가 서로 협의하여 결정한다. 제21회, 제29회, 제33회

3. 주택의 중개보수는 국토교통부령으로 정하는 범위 안에서 시·도의 조례로 정하고, 주택 외의 중개대상물의 중개보수는 국토교통부령으로 정한다. 제26회, 제28회, 제29회, 제31회, 제33회

4. 개업공인중개사의 과실로 인하여 중개의뢰인 간의 거래행위가 무효·취소된 경우에는 개업공인중개사는 중개업무에 관하여 중개의뢰인으로부터 보수를 받을 수 없다. 제29회, 제31회, 제33회, 제35회

5. 개업공인중개사는 주택 외 중개대상물에 대한 중개보수 요율의 범위 안에서 실제 받고자 하는 중개보수의 상한요율을 중개보수·실비의 요율 및 한도액표에 명시하여야 하며, 이를 초과하여 중개보수를 받아서는 아니 된다. 제23회, 제24회, 제26회

6. 주택에 대한 중개보수와 실비의 경우에 중개대상물의 소재지와 중개사무소의 소재지가 다른 경우에는 개업공인중개사는 중개사무소의 소재지를 관할하는 시·도의 조례에서 정한 기준에 따라 보수 및 실비를 받아야 한다. 제23회, 제26회, 제28회, 제29회, 제31회, 제33회, 제35회

7. 중개보수 지급시기는 개업공인중개사와 중개의뢰인 간의 약정에 따르되, 약정이 없을 때에는 중개대상물의 거래대금 지급이 완료된 날로 한다. 제26회, 제28회, 제29회, 제31회, 제33회, 제35회

8. 중개대상물인 건축물 중 주택의 면적이 2분의 1 이상인 건축물은 주택의 중개보수 규정을 적용한다. 제28회, 제29회, 제31회

9. 개업공인중개사가 중개대상물에 대한 계약이 완료되지 않을 경우에도 중개행위에 상응하는 보수를 지급하기로 약정할 수 있으나, 이러한 보수는 계약이 완료되었을 경우에 적용되었을 부동산 중개보수 제한에 관한 한도를 초과할 수는 없다. 제33회

10. 부동산 중개보수 제한 규정은 공매대상 부동산 취득의 알선에 대해서도 적용된다. 제33회

11. 공인중개사 자격이 없는 자가 중개사무소 개설등록을 하지 아니한 채 부동산중개업을 하면서 체결한 중개보수 지급약정의 효력을 제한하는 이른바 강행법규에 해당한다. 제26회, 제33회

12. 동일한 중개대상물에 대하여 동일 당사자 간에 매매를 포함한 둘 이상의 거래가 동일 기회에 이루어지는 경우에는 매매계약에 관한 거래금액만을 적용한다. 제17회, 제19회, 제23회, 제25회, 제28회, 제31회, 제34회

13. 아파트 분양권의 매매를 중개한 경우 당사자가 거래 당시 수수하게 되는 총 대금(통상적으로 계약금, 기 납부한 중도금, 프리미엄을 합한 금액)을 거래가액으로 보아야 한다. 제28회, 제29회

14. 교환계약의 경우 거래금액은 교환대상 중개대상물 중 거래금액이 큰 중개대상물의 가액으로 한다. 제28회, 제29회

15. 중개대상물의 권리관계 등의 확인에 소요되는 실비는 권리를 이전하고자 하는 중개의뢰인에게 청구할 수 있고, 계약금 등의 반환채무이행 보장에 소요되는 실비는 권리를 취득하고자 하는 중개의뢰인에게 청구할 수 있다. 제23회, 제29회, 제33회, 제35회

16. 개업공인중개사는 계약금 등의 반환채무이행 보장을 위해 실비가 소요되면, 보수 이외에 실비를 받을 수 있다. 제28회

17. 주택의 중개에 대한 보수는 중개의뢰인 쌍방으로부터 각각 받되, 그 금액은 시·도의 조례로 정하는 요율한도 이내에서 중개의뢰인과 개업공인중개사가 서로 협의하여 결정한다. 제35회

Theme 19 부동산거래정보망

▶ 공인중개사법령

1 거래정보사업자 지정요건

(1) 부동산거래정보망의 가입·이용신청을 한 개업공인중개사의 수가 500명 이상이고, 2개 이상의 특별시·광역시 및 도에서 각각 30인 이상의 개업공인중개사가 가입·이용신청을 하였을 것
(2) 정보처리기사 1명 이상을 확보할 것
(3) 공인중개사 1명 이상을 확보할 것
(4) 부동산거래정보망의 가입자가 이용하는 데 지장이 없는 정도로서 국토교통부장관이 정하는 용량 및 성능을 갖춘 컴퓨터설비를 확보할 것

2 거래정보사업자 지정절차

지정신청의 적격	지정신청	지정요건 검토	지정처분	운영규정 승인	설치·운영
부가통신사업자	국토교통부장관	국토교통부장관 30일 이내	국토교통부장관	국토교통부장관 3개월 이내	—
				1년 이내	

3 거래정보망 관련 양 당사자의 의무

당사자	개업공인중개사(가입·이용자)	거래정보사업자(운영자)
의무	거짓정보 공개금지 / 거래사실 통보	한정하여, 다르게, 차별적
위반시 제재	업무정지	지정취소 + 1년⇩ / 1천⇩

4 거래정보사업자 지정취소사유

(1) 운영규정의 승인 또는 변경승인을 받지 아니하거나 운영규정을 위반하여 부동산거래정보망을 운영한 경우
(2) 거래정보사업자가 개업공인중개사로부터 공개를 의뢰받은 중개대상물의 정보에 한정하여 의뢰받은 내용과 다르게 정보를 공개하거나 개업공인중개사에 따라 정보가 차별적으로 공개되지 않도록 하여야 하는 정보공개의무를 위반한 경우
(3) 개인인 거래정보사업자의 사망 또는 법인인 거래정보사업자의 해산, 그 밖의 사유로 부동산거래정보망의 계속적인 운영이 불가능한 경우
(4) 거짓이나 그 밖의 부정한 방법으로 지정을 받은 경우
(5) 정당한 사유 없이 지정받은 날부터 1년 이내에 부동산거래정보망을 설치·운영하지 아니한 경우

5 기본확인사항

(1) 거래정보사업자 지정은 신청일로부터 30일 이내, 운영규정 승인은 지정일로부터 3개월 이내이다. (○)
(2) 거래정보사업자는 지정받은 날부터 1년 이내에 거래정보망을 설치·운영하여야 한다. (○)
(3) 가입·이용신청은 전국에서 500인, 2개 이상의 시·도에서 각 30인 이상이 하여야 한다. (○)
(4) 법인인 개업공인중개사도 거래정보사업자로 지정을 받을 수 있다. (×)
(5) 법인인 거래정보사업자도 중개업개설등록요건을 갖추면 중개업등록이 가능하다. (×)
(6) 부칙상의 개업공인중개사는 반드시 거래정보망에 가입하여야 한다. (×)

핵심 기출지문분석

1. 국토교통부장관은 부동산거래정보망을 설치·운영할 자를 지정할 수 있다. 제30회
2. 부동산거래정보망을 설치·운영할 자로 지정을 받을 수 있는 자는 「전기통신사업법」의 규정에 의한 부가통신사업자로서 국토교통부령이 정하는 요건을 갖춘 자이다. 제30회, 제35회
3. 개업공인중개사는 부동산거래정보망을 통하여 거래하는 경우 거래가 완성된 때에는 지체 없이 이를 해당 거래정보사업자에게 통보하여야 한다. 제17회, 제18회, 제26회, 제35회
4. 개업공인중개사가 부동산거래정보망에 중개대상물에 관한 정보를 거짓으로 공개한 경우 업무정지 처분을 받을 수 있다. 제32회

5. 부동산거래정보망의 가입·이용신청을 한 개업공인중개사의 수가 500명 이상이고 2개 이상의 특별시·광역시·도 및 특별자치도에서 각각 30인 이상의 개업공인중개사가 가입·이용신청을 하여야 지정을 받을 수 있다. 제31회

6. 정보처리기사 1명 이상을 확보하고, 공인중개사 1명 이상을 확보하여야 부동산거래정보망을 설치·운영할 자로 지정받을 수 있다. 제31회

7. 거래정보사업자는 지정받은 날부터 3개월 이내에 부동산거래정보망의 이용 및 정보제공방법 등에 관한 운영규정을 정하여 국토교통부장관의 승인을 얻어야 한다. 제26회, 제27회, 제29회, 제30회

8. 거래정보사업자가 부동산거래정보망의 이용 및 정보제공방법 등에 관한 운영규정을 변경하고자 하는 경우 국토교통부장관의 승인을 얻어야 한다. 제30회

9. 부동산거래정보망의 이용 및 정보제공방법 등에 관한 운영규정을 위반하여 부동산거래정보망을 운영한 경우 지정취소사유이다. 제31회, 제33회

10. 부동산거래정보망의 이용 및 정보제공방법 등에 관한 운영규정의 내용을 위반하여 부동산거래정보망을 운영한 거래정보사업자에게 국토교통부장관은 500만원 이하의 과태료처분을 할 수 있다. 제27회, 제31회

11. 개업공인중개사로부터 공개를 의뢰받지 아니한 중개대상물의 정보를 부동산거래정보망에 공개한 거래정보사업자는 1년 이하의 징역 또는 1천만원 이하의 벌금에 해당한다. 제28회

12. 거래정보사업자는 개업공인중개사로부터 공개를 의뢰받은 중개대상물의 정보를 개업공인중개사에 따라 차별적으로 공개하여서는 아니 된다. 제30회

13. 거래정보사업자는 개업공인중개사로부터 공개를 의뢰받은 중개대상물의 정보에 한정하여 이를 부동산거래정보망에 공개하여야 한다. 제26회

14. 국토교통부장관은 정당한 사유 없이 지정받은 날부터 1년 이내에 부동산거래정보망을 설치·운영하지 아니한 경우 거래정보사업자의 지정을 취소할 수 있다. 제26회, 제33회

15. 국토교통부장관은 개업공인중개사로부터 공개를 의뢰받은 중개대상물의 내용과 다르게 부동산거래정보망에 정보를 공개한 경우 거래정보사업자의 지정을 취소할 수 있다. 제26회, 제33회

16. 「전기통신사업법」에 따른 부가통신사업자번호는 거래정보사업자 지정대장 서식에 기재되는 사항이 아니다. 제32회

17. 거래정보사업자로 지정받으려는 자가 공인중개사 자격을 갖추어야 하는 것은 아니다. 제35회

18. 거짓이나 그 밖의 부정한 방법으로 거래정보사업자로 지정받은 경우 그 지정은 무효이다. 제35회

19. 법인인 거래정보사업자의 해산으로 부동산거래정보망의 계속적인 운영이 불가능한 경우 국토교통부장관은 청문 없이 그 지정을 취소할 수 있다. 제35회

Theme 20 공인중개사협회

1 협회의 설립절차

발기인의 정관 작성	⇨	창립총회 의결	⇨	설립인가	⇨	설립등기
300인 이상		600인 이상 ① 서울: 100인 이상 ② 시·도: 20인 이상		'설립' (設立)		'성립' (成立)

2 협회의 의무 등

(1) **성격**: 비영리 사단법인(「민법」상 법인), 임의설립·임의가입주의, 복수설립주의

(2) **조직**: 주사무소(지역제한 없음), 지부(특·광·도), 지회(시·군·구), 공제사업운영위원회(협회 내부)

(3) **인가**: 설립인가

(4) **승인**: 공제사업 운영규정, 책임준비금 전용

(5) **보고**: 총회 의결사항을 지체 없이 국토교통부장관에게 보고

(6) **신고**: 지부 설치신고는 시·도지사, 지회 설치신고는 등록관청

(7) **공시**: 매 회계연도 종료 후 3개월 이내에 공제사업 운용실적 공시

3 협회의 업무

(1) 회원의 품위유지를 위한 업무

(2) 부동산중개제도의 연구·개선에 관한 업무

(3) 회원의 자질향상을 위한 지도 및 교육·연수에 관한 업무

(4) 회원의 윤리헌장 제정 및 그 실천에 관한 업무

(5) 부동산 정보제공에 관한 업무

(6) 「공인중개사법」상 공제사업. 이 경우 공제사업은 비영리사업으로서 회원 간의 상호부조를 목적으로 한다.

(7) 그 밖에 협회의 설립목적 달성을 위하여 필요한 업무

4 공제사업운영위원회

(1) **성격**: 필수기구(= 둔다)

(2) **설치**: 공인중개사협회 내

(3) **설치목적**: 심의 및 감독
  ① 공제사업에 관한 사항을 심의
  ② 공제업무 집행을 감독

(4) **구성**: 위원장을 포함하여 19명 이내(성별 감안)

(5) **위원장·부위원장**: 위원 중 호선(互選)

(6) **위원**
  ① 국토교통부장관이 지명하는 자
  ② 협회장(당연직)
  ③ 협회가 선임하는 자
  ④ 협회가 추천하고 국토교통부장관이 승인한 자

(7) **위원의 임기**: 2년(1회 연임 가능)

(8) **간사**
  ① 위원장이 협회 직원 중에서 임명
  ② 회의록 작성, 사무처리

(9) **서기**
  ① 위원장이 협회 직원 중에서 임명
  ② 사무처리

(10) **공제사업 관련 국토교통부장관의 개선조치(명령) 사항**
  ① 업무집행방법의 변경
  ② 자산예탁기관의 변경
  ③ 자산의 장부가격의 변경
  ④ 불건전한 자산에 대한 적립금의 보유
  ⑤ 가치가 없다고 인정되는 자산의 손실 처리
  ⑥ 그 밖에 이 법 및 공제규정을 준수하지 아니하여 공제사업의 건전성을 해할 우려가 있는 경우 이에 대한 개선명령

5 기본확인사항

(1) 협회의 주된 사무소는 서울특별시에 두어야 한다. (×)

(2) 공인중개사협회는 공인중개사들이 설립할 수 있다. (×)

(3) 협회가 지부 또는 지회를 설치한 때에는 그 지부는 시·도지사에게, 지회는 등록관청에 신고하여야 한다. (○)

(4) 협회는 매 회계연도 종료 후 2개월 이내에 일간신문 또는 협회보에 공제사업 운용실적을 공시하여야 한다. (×) 제34회

(5) 공제사업운영위원회 위원장은 국토교통부 제1차관이 당연직이 된다. (×)

(6) 공제사업운영위원회는 위원장과 부위원장 각 1명을 포함하여 19명의 위원으로 구성한다. (×)

(7) 협회는 공제사업의 책임준비금을 공제료 수입액의 100분의 10 이상으로 정하여야 한다. (○) 제34회

(8) 협회는 공제사업의 재무건전성을 유지하기 위해 지급여력비율을 100분의 100 이상으로 유지하여야 한다. (○)

핵심 기출지문분석

1. 협회는 회원 300인 이상이 발기인이 되어 정관을 작성하여 창립총회의 의결을 거친 후 국토교통부장관의 인가를 받아 그 주된 사무소의 소재지에서 설립등기를 함으로써 성립한다. 제19회, 제22회, 제30회

2. 협회에 관하여 「공인중개사법」에 규정된 것 외에는 「민법」 중 사단법인에 관한 규정을 적용한다. 제32회

3. 협회가 그 지부 또는 지회를 설치한 때에는 그 지부는 시·도지사에게, 지회는 등록관청에 신고하여야 한다. 제27회, 제30회

4. 공인중개사협회를 설립하고자 하는 때에는 발기인이 작성하여 서명·날인한 정관에 대하여 회원 600인 이상이 출석한 창립총회에서 출석한 회원 과반수의 동의를 얻어 국토교통부장관의 설립인가를 받아야 한다. 제30회

5. 창립총회에는 서울특별시에서는 100인 이상, 광역시·도 및 특별자치도에서는 각각 20인 이상의 회원이 참여하여야 한다. 제30회, 제34회

6. 협회는 비영리사업으로서 회원 간의 상호부조를 목적으로 공제사업을 할 수 있다. 제30회

7. 협회는 공제사업을 다른 회계와 구분하여 별도의 회계로 관리해야 한다. 제32회, 제33회, 제34회

8. 협회가 공제사업을 하는 경우 책임준비금을 다른 용도로 사용하려면 국토교통부장관의 승인을 얻어야 한다. 제30회, 제32회

9. 공인중개사협회는 공제사업을 하고자 하는 때에는 공제규정을 제정하여 국토교통부장관의 승인을 얻어야 한다. 제30회
10. 금융감독원의 원장은 국토교통부장관의 요청이 있는 경우에는 공제사업에 관하여 조사 또는 검사를 할 수 있다. 제30회
11. 협회 공제사업의 책임준비금의 적립비율은 공제사고 발생률 및 공제금 지급액 등을 고려하여 공제료 수입액의 100분의 10 이상으로 정한다. 제30회, 제33회
12. 협회는 매 회계연도 종료 후 3개월 이내에 일간신문 또는 협회보에 공시하고 협회의 인터넷 홈페이지에 게시하는 것으로 매년도의 공제사업 운용실적을 공제계약자에게 공시하여야 한다. 제30회, 제33회, 제34회
13. 국토교통부장관은 협회의 자산상황이 불량하여 공제가입자의 권익을 해칠 우려가 있다고 인정하면 자산예탁기관의 변경을 명할 수 있다. 제25회, 제29회, 제33회
14. 국토교통부장관은 협회의 자산상황이 불량하여 중개사고 피해자의 권익을 해칠 우려가 있다고 인정하면 불건전한 자산에 대한 적립금의 보유를 명할 수 있다. 제25회, 제29회, 제33회, 제35회
15. 공제사업운영위원회 위원의 임기는 2년이며 1회에 한하여 연임할 수 있다. 제27회
16. 금융기관에서 임원 이상의 현직에 있는 사람도 공제사업운영위원회 위원이 될 수 있다. 제27회
17. 협회는 총회의 의결내용을 지체 없이 국토교통부장관에게 보고하여야 한다. 제19회, 제20회, 제22회, 제27회, 제30회, 제34회
18. 협회는 시·도지사로부터 위탁을 받아 실무교육에 관한 업무를 할 수 있다. 제32회
19. 협회는 부동산 정보제공에 관한 업무를 수행할 수 있다. 제30회, 제32회, 제35회
20. 협회는 개업공인중개사에 대한 행정제재처분의 부과와 집행의 업무를 할 수 없다. 제30회
21. 국토교통부장관이 공인중개사협회의 공제사업 운영에 대한 개선조치로 공제사업의 양도를 명할 수는 없다. 제25회, 제35회
22. 인터넷을 이용한 중개대상물에 대한 표시·광고 모니터링 업무는 공인중개사법령상 공인중개사협회의 업무에 해당하지 않는다. 제35회
23. 회원의 윤리헌장 제정 및 그 실천에 관한 업무나 회원의 품위유지를 위한 업무는 공인중개사법령상 공인중개사협회의 업무에 해당한다. 제35회

Theme 21 포상금(공인중개사법상)

1 포상금제도

(1) 지급사유

등록관청은 다음의 어느 하나에 해당하는 자를 등록관청, 수사기관이나 법 제47조의2에 따른 부동산거래질서 교란행위 신고센터에 신고 또는 고발한 자에 대하여 대통령령으로 정하는 바에 따라 포상금을 지급할 수 있다.

① 중개사무소의 개설등록을 하지 아니하고 중개업을 한 자
② 거짓, 그 밖의 부정한 방법으로 중개사무소의 개설등록을 한 자
③ 중개사무소 등록증을 양도·대여하거나 양수·대여받은 자
④ 공인중개사 자격증을 양도·대여하거나 양수·대여받은 자
⑤ 개업공인중개사가 아닌 자로서 중개대상물에 대한 표시·광고를 한 자
⑥ 부당한 이익을 얻거나 제3자에게 부당한 이익을 얻게 할 목적으로 거짓으로 거래가 완료된 것처럼 꾸미는 등 중개대상물의 시세에 부당한 영향을 주거나 줄 우려가 있는 행위를 한 자
⑦ 단체를 구성하여 특정 중개대상물에 대하여 중개를 제한하거나 단체 구성원 이외의 자와 공동중개를 제한하는 행위를 한 자
⑧ 누구든지 시세에 부당한 영향을 줄 목적으로 개업공인중개사 등의 업무를 방해한 자

(2) 지급요건

① 지급사유에 해당되는 건을
② 행정기관에 의하여 발각되기 전에
③ 행정기관에 신고 또는 고발하고
④ 검사가 그 건에 대하여 공소제기 또는 기소유예 결정을 하였을 것

(3) 신고기관

① 등록관청
② 수사기관
③ 부동산거래질서 교란행위 신고센터

(4) **지급관청**: 등록관청(지급신청서는 반드시 등록관청에 제출하여야 함)

(5) **지급방법**
　① 2인 이상 공동으로 신고: 균등배분 지급
　　　📝 합의된 방법이 있으면 합의된 방법대로 지급한다.
　② 2건 이상 신고: 최초 신고자에게 지급

2 포상금 지급 여부 판단

구분	수사기관	검사	법원
지급 여부	무혐의 (×)	① 무혐의 (×) ② 공소제기 (○) ③ 기소유예 (○) ④ 불기소처분 (×)	① 유죄판결 (○) ② 무죄판결 (○) ③ 집행유예 (○) ④ 선고유예 (○)

3 기본확인사항

(1) 포상금 지급사유에 해당하는 사실을 신고 또는 고발한 경우 반드시 포상금을 지급받을 수 있다. (×)

(2) 포상금 1건당 50만원으로 하며, 국가에서 100분의 50 이내에서 보조할 수 있다. (○)

(3) 포상금 지급을 결정한 경우 등록관청은 그 결정일로부터 1개월 이내 포상금을 지급하여야 한다. (○)

(4) 포상금 지급사유에 해당하는 건에 대하여 법원이 어떤 결정을 하더라도 포상금을 지급받을 수 있다. (○)

(5) 포상금 지급신청을 2인 이상이 공동으로 하는 경우 반드시 배분방법에 대해 합의하여 신청하여야 한다. (×)

(6) 포상금 지급사유에 해당하는 건을 신고나 고발하는 관청과 포상금을 지급하는 관청은 다를 수 있다. (○)

(7) 포상금 지급사유에 해당하는 건은 모두 행정형벌이 과해질 수 있는 범죄행위이다. (○)

핵심 기출지문분석

1. 포상금은 1건당 50만원으로 한다. 제26회, 제30회

2. 포상금의 지급에 소요되는 비용 중 국고에서 보조할 수 있는 비율은 100분의 50 이내로 한다. 제26회, 제30회

3. 포상금지급신청서를 제출받은 등록관청은 그 사건에 관한 수사기관의 처분내용을 조회한 후 포상금의 지급을 결정하고, 그 결정일로부터 1개월 이내에 포상금을 지급하여야 한다. 제26회, 제30회

4. 등록관청은 하나의 사건에 대하여 2인 이상이 공동으로 신고 또는 고발한 경우에는 포상금을 균등하게 배분하여 지급한다. 제20회, 제23회, 제24회, 제30회

5. 등록관청은 하나의 사건에 대하여 2건 이상의 신고 또는 고발이 접수된 경우에는 최초로 신고 또는 고발한 자에게 포상금을 지급한다. 제18회, 제20회, 제26회, 제30회

6. 공인중개사 자격증을 다른 사람으로부터 대여받은 자는 포상금을 지급받을 수 있는 신고 또는 고발의 대상이다. 제32회, 제33회

7. 중개사무소를 부정한 방법으로 개설등록한 자를 신고하였으나, 형사재판에서 무죄판결을 받았든 유죄판결을 받았든 포상금은 지급된다. 제26회, 제27회

8. 중개사무소를 부정한 방법으로 개설등록한 자를 고발하였으나, 검사가 무혐의처분하였다면 포상금은 지급되지 않는다. 제27회

9. 개업공인중개사로서 부당한 이익을 얻을 목적으로 거짓으로 거래가 완료된 것처럼 꾸미는 등 중개대상물의 시세에 부당한 영향을 줄 우려가 있는 행위를 한 자는 포상금을 지급받을 수 있는 신고 또는 고발의 대상이다. 제32회

10. 개업공인중개사로서 중개의뢰인과 직접 거래를 한 자는 포상금을 지급받을 수 있는 신고 또는 고발의 대상이 아니다. 제32회

11. 중개대상물의 내용을 사실과 다르게 거짓으로 표시·광고한 자를 신고한 자는 포상금 지급대상이 아니다. 제31회

12. 검사가 포상금 지급대상인 신고사건에 대하여 기소유예의 결정을 한 경우에는 포상금을 지급한다. 제27회, 제30회

13. 중개사무소의 명칭을 명시하지 아니하고 중개대상물의 표시·광고를 한 자를 신고한 자는 포상금 지급대상에 해당하지 않는다. 제28회

Theme 22 행정처분

1 행정처분 개관

구분	처분관청	대상	사유	효과	성격	시효	청문
자격취소	교부한 시·도지사	① 공인중개사/소속공인중개사 ② 공인중개사인 개업공인중개사	4EA	3년 결격	기속	–	○
자격정지	교부한 시·도지사	소속공인중개사	7EA	기간 중 결격	재량	–	–
등록취소	등록관청	개업공인중개사	9 / 11EA	3년 결격	기속·재량	–	○
업무정지	① 등록관청 ② 주사무소 등록관청	① 개업공인중개사 ② 분사무소	예시 규정	업무의 정지	재량	3년	–
지정취소	국토교통부 장관	거래정보사업자	5EA	–	재량	–	○

2 취소처분 절차

구분	청문	통보	통보	증 반납	협회 통보	결격사유
등록취소	○			○	○	△ (사·해·결·등)
자격취소	○	○	○	○		○

1. 청문: 등록취소(등록관청), 자격취소(교부한 시·도와 사무소 소재지 시·도가 다른 경우 사무소 소재지 시·도지사)
2. 취소 전 통보: 사무소 소재지 관할 시·도지사 ⇨ 자격증을 교부한 시·도지사
3. 취소 후 통보: 자격취소처분을 한 때에는 5일 이내에 이를 국토교통부장관과 다른 시·도지사에게 통보
4. 증 반납: 취소처분을 받은 날로부터 7일 이내 반납(등록증은 등록관청, 자격증은 교부한 시·도지사)
5. 협회 통보: 등록관청은 다음 달 10일까지 공인중개사협회에 통보
6. 사·해·결·등: 사망·해산·결격사유·등록기준미달

3 행정처분사유

(1) 자격취소 · 자격정지사유

자격취소사유	자격정지사유
① 부정한 방법으로 공인중개사의 자격을 취득한 경우 ② 자격정지처분을 받고 그 자격정지기간 중에 중개업무를 행한 경우(다른 개업공인중개사의 소속공인중개사 · 중개보조원 또는 법인인 개업공인중개사의 사원 · 임원이 되는 경우를 포함) ③ 다른 사람에게 자기의 성명을 사용하여 중개업무를 하게 하거나 공인중개사 자격증을 양도 또는 대여한 경우 ④ 이 법 또는 공인중개사의 직무와 관련하여 「형법」상 범죄단체조직, 사문서위조 · 변조, 위조사문서행사, 사기죄, 횡령 · 배임, 업무상 횡령과 배임으로 금고 이상의 형(집행유예 포함)을 선고받은 경우	① 성실 · 정확하게 중개대상물의 확인 · 설명을 하지 아니하거나 설명의 근거자료를 제시하지 아니한 경우 ② 둘 이상의 중개사무소에 소속된 경우(6개월) ③ 인장등록을 하지 아니하거나 등록하지 아니한 인장을 사용한 경우 ④ 중개대상물 확인 · 설명서에 서명 및 날인하지 아니한 경우 ⑤ 거래계약서에 거래금액 등 거래내용을 거짓으로 기재하거나 서로 다른 둘 이상의 거래계약서를 작성한 경우(6개월) ⑥ 거래계약서에 서명 및 날인을 하지 아니한 경우 ⑦ 개업공인중개사 등의 금지행위를 한 경우(6개월)

(2) 절대적 등록취소(= 기속적 · 필요적 등록취소)사유

① 등록의 결격사유 중 절대적 등록취소사유에 해당하는 경우
② 개인인 개업공인중개사가 사망하거나 개업공인중개사인 법인이 해산한 경우
③ 거짓이나 그 밖의 부정한 방법으로 중개사무소의 개설등록을 한 경우(3년 이하의 징역 또는 3천만원 이하의 벌금형)
④ 이중으로 중개사무소의 개설등록을 한 경우(1년 이하의 징역 또는 1천만원 이하의 벌금형)
⑤ 개업공인중개사가 고용할 수 있는 중개보조원의 수인 개업공인중개사와 소속공인중개사를 합한 수의 5배를 초과하여 중개보조원을 고용한 경우(1년 이하의 징역 또는 1천만원 이하의 벌금형)
⑥ 최근 1년 이내에 이 법에 의하여 2회 이상 업무정지처분을 받고 다시 업무정지처분에 해당하는 행위를 한 경우
⑦ 다른 사람에게 자기의 성명 또는 상호를 사용하여 중개업무를 하게 하거나 중개사무소 등록증을 양도 또는 대여한 경우(1년 이하의 징역 또는 1천만원 이하의 벌금형)
⑧ 업무정지기간 중에 중개업무를 하거나 자격정지처분을 받은 소속공인중개사로 하여금 자격정지기간 중에 중개업무를 하게 한 경우

⑨ 개업공인중개사가 다른 개업공인중개사의 소속공인중개사, 중개보조원 또는 개업공인중개사인 법인의 사원·임원이 된 경우(1년 이하의 징역 또는 1천만원 이하의 벌금형)

(3) 상대적 등록취소(= 재량적·임의적 등록취소)사유
① 등록기준에 미달하게 된 경우
② 둘 이상의 중개사무소를 둔 경우(1년 이하의 징역 또는 1천만원 이하의 벌금형)
③ 임시 중개시설물을 설치한 경우(1년 이하의 징역 또는 1천만원 이하의 벌금형)
④ 법인인 개업공인중개사가 허용된 업무 외 겸업을 한 경우
⑤ 부득이한 사유가 없음에도 계속하여 6개월을 초과하여 휴업한 경우
⑥ 전속중개계약을 체결한 개업공인중개사가 중개대상물에 관한 정보를 공개하지 아니하거나 중개의뢰인의 비공개요청에도 불구하고 정보를 공개한 경우
⑦ 거래계약서에 거래금액 등 거래내용을 거짓으로 기재하거나 서로 다른 둘 이상의 거래계약서를 작성한 경우
⑧ 손해배상책임을 보장하기 위한 조치를 이행하지 아니하고 업무를 개시한 경우
⑨ 법 제33조 제1항 각 호에 규정된 개업공인중개사 등의 금지행위를 한 경우(3년 이하의 징역 또는 3천만원 이하의 벌금형, 1년 이하의 징역 또는 1천만원 이하의 벌금형)
⑩ 최근 1년 이내에 이 법에 의하여 3회 이상 업무정지 또는 과태료의 처분을 받고 다시 업무정지 또는 과태료의 처분에 해당하는 행위를 한 경우(절대적 등록취소사유에 해당하는 경우 제외)
⑪ 「독점규제 및 공정거래에 관한 법률」상 시정조치나 과징금처분을 최근 2년 이내 2회 이상 받은 경우

(4) 업무정지처분사유
① 결격사유자를 소속공인중개사 또는 중개보조원으로 둔 경우(6개월). 다만, 그 사유가 발생한 날부터 2개월 이내에 그 사유를 해소한 경우에는 그러하지 아니하다.
② 인장등록을 하지 아니하거나 등록하지 아니한 인장을 사용한 경우
③ 전속중개계약서에 의하지 아니하고 전속중개계약을 체결하거나 계약서를 보존하지 아니한 경우
④ 개업공인중개사가 거래정보망에 중개대상물에 관한 정보를 거짓으로 공개한 경우(6개월)
⑤ 중개대상물의 거래가 완성된 사실을 해당 거래정보사업자에게 통보하지 아니한 경우
⑥ 중개대상물 확인·설명서를 교부하지 아니하거나 보존하지 아니한 경우
⑦ 중개대상물 확인·설명서에 서명 및 날인을 하지 아니한 경우

⑧ 필요적 기재사항을 포함하여 거래계약서를 작성·교부하지 아니하거나 보존하지 아니한 경우
⑨ 개업공인중개사가 거래계약서에 서명 및 날인하지 아니한 경우
⑩ 개업공인중개사가 행정관청의 감독상 명령과 관련하여 보고, 자료의 제출, 조사 또는 검사를 거부·방해 또는 기피하거나 그 밖의 명령을 이행하지 아니하거나 거짓으로 보고 또는 자료제출을 한 경우
⑪ 상대적 등록취소처분사유에 해당하는 경우(6개월)
⑫ 최근 1년 이내에 이 법에 의하여 2회 이상 업무정지 또는 과태료의 처분을 받고 다시 과태료의 처분에 해당하는 행위를 한 경우(6개월)
⑬ 부칙상의 개업공인중개사가 업무지역의 범위를 위반한 경우
⑭ 「독점규제 및 공정거래에 관한 법률」 위반으로 시정조치나 과징금처분을 받은 경우 (1~6개월)
⑮ 그 밖에 이 법 또는 이 법에 의한 명령이나 처분에 위반한 경우로서 위에 해당하지 아니하는 경우(1개월)

> 1. 등록관청이 개별기준기간의 2분의 1 범위에서 감경할 수 있는 경우
>   • 위반행위가 사소한 부주의나 오류 등 과실로 인한 것으로 인정되는 경우
>   • 위반자가 위반행위를 시정하거나 해소하기 위하여 노력한 사실이 인정되는 경우
>   • 위반행위의 동기와 결과 등을 고려하여 줄일 필요가 있다고 인정되는 경우
> 2. 등록관청이 개별기준의 2분의 1 범위에서 가중할 수 있는 경우(단, 6개월 이내)
>   • 위반행위가 중대하여 소비자 등에게 미치는 피해가 크다고 인정되는 경우
>   • 위반행위의 동기와 결과 등을 고려하여 늘릴 필요가 있다고 인정되는 경우
> 3. 업무정지기간을 늘리거나 줄이는 경우 업무정지기간 1개월은 30일로 본다.

4 기본확인사항

(1) 공인중개사가 자격을 부정한 방법으로 취득한 경우 국토교통부장관은 그 자격을 취소하여야 한다. (×)

(2) 거래정보사업자가 지도·감독을 불응한 경우 국토교통부장관은 업무정지처분을 명할 수 있다. (×)

(3) 업무정지처분은 그 사유가 발생한 날부터 3년이 경과한 경우 이를 할 수 없다. (○)

(4) 행정처분을 하고자 하는 경우 반드시 청문을 실시하여야 한다. (×)

(5) 공인중개사 자격증 양도·대여 사실이 5년이 경과한 후 적발되어도 그 자격을 취소하여야 한다. (○)

(6) 등록취소사유에 해당하는 경우 항상 등록은 취소된다. (×)

(7) 공인중개사인 개업공인중개사는 자격정지처분의 대상이 되지 않는다. (○)

(8) 상대적 등록취소사유인 경우 업무정지처분도 가능하나, 업무정지처분사유인 경우 등록취소는 불가하다. (○) 제34회

(9) 개업공인중개사가 확인·설명의무를 위반한 경우 500만원 이하 과태료로 처분하나, 확인·설명서 관련 의무를 위반한 경우 업무정지사유이다. (○) 제34회

(10) 분사무소는 행정처분의 대상이 되지 않는다. (×)

(11) 등록취소시 등록관청은 지체 없이 시·도지사에게 보고하여야 한다. (×)

(12) 사무소 소재지 관할 시·도지사와 자격증을 교부한 시·도지사가 서로 다른 경우 자격취소시 청문은 사무소 관할 시·도지사가, 취소처분은 교부한 시·도지사가 행한다. (○)

(13) 소속공인중개사가 이중소속 금지규정에 위반한 경우 그 자격을 취소하여야 한다. (×)

(14) 개업공인중개사가 둘 이상의 중개사무소 개설등록을 한 경우 그 등록을 취소할 수 있다. (×)

(15) 개업공인중개사가 다른 법률 위반으로 징역형을 선고받은 경우 등록은 취소되나 자격은 취소되지 않는다. (○)

핵심 기출지문분석

1. 공인중개사의 자격취소처분은 공인중개사 자격증을 교부한 시·도지사가 행한다.
   제26회, 제29회, 제30회, 제34회

2. 시·도지사는 공인중개사의 자격을 취소하고자 하는 경우에는 청문을 실시해야 한다.
   제26회, 제29회, 제30회, 제33회

3. 자격증을 교부한 시·도지사와 중개사무소의 소재지를 관할하는 시·도지사가 서로 다른 경우에 자격취소처분에 필요한 절차는 사무소 소재지를 관할하는 시·도지사가 이행하고, 자격취소처분은 자격증을 교부한 시·도지사가 하여야 한다. 제27회, 제28회, 제29회

4. 시·도지사는 공인중개사의 자격취소처분을 한 때에는 5일 이내에 이를 국토교통부장관과 다른 시·도지사에게 통보해야 한다. 제26회, 제29회, 제30회, 제33회, 제34회

5. 공인중개사의 자격이 취소된 자는 취소된 날부터 7일 이내에 공인중개사 자격증을 교부한 시·도지사에게 반납해야 한다. 제26회, 제27회, 제29회, 제30회, 제33회, 제34회

6. 공인중개사자격이 취소되었으나 공인중개사 자격증을 분실 등의 사유로 반납할 수 없는 자는 그 이유를 기재한 사유서를 시·도지사에게 제출하여야 한다. 제30회, 제34회

7. 부정한 방법으로 공인중개사의 자격을 취득한 경우 자격취소사유에는 해당하나 행정형벌의 대상은 아니다. 제27회, 제33회

8. 자격정지기간은 2분의 1의 범위 안에서 가중 또는 감경할 수 있으며, 가중하여 처분하는 때에도 6개월을 초과할 수 없다. 제27회, 제28회

9. 공인중개사가 자격정지처분을 받고 그 정지기간 중에 다른 개업공인중개사의 소속공인중개사가 된 경우 자격취소사유가 된다. 제27회, 제34회

10. 자격정지처분을 받은 소속공인중개사로 하여금 자격정지기간 중에 중개업무를 하게 한 경우 해당 개업공인중개사의 등록이 취소된다. 제30회, 제32회
11. 등록관청은 개업공인중개사가 이 법을 위반하여 300만원 이상 벌금형의 선고를 받은 경우에는 그 등록을 취소해야 한다. 제33회
12. 개업공인중개사가 거짓으로 중개사무소 개설등록을 한 경우 중개사무소 개설등록을 취소하여야 하는 사유에 해당한다. 제30회, 제32회, 제35회
13. 개업공인중개사가 이중으로 중개사무소 개설등록을 한 경우 중개사무소 개설등록을 취소하여야 하는 사유에 해당한다. 제27회, 제32회
14. 개업공인중개사가 개설등록 후 금고 이상의 형의 집행유예를 받고 그 유예기간 중에 있게 된 경우 중개사무소 개설등록을 취소하여야 하는 사유에 해당한다. 제32회
15. 개업공인중개사인 법인이 해산한 경우 중개사무소 개설등록을 취소하여야 하는 사유에 해당한다. 제27회, 제30회, 제32회
16. 개업공인중개사가 등록증을 타인에게 대여한 경우 개설등록 취소사유가 된다. 제26회
17. 개업공인중개사가 하나의 거래계약에 대하여 서로 다른 둘 이상의 거래계약서를 작성한 경우, 등록관청은 중개사무소의 개설등록을 취소할 수 있다. 제31회
18. 개업공인중개사가 공인중개사법령을 위반하여 둘 이상의 중개사무소를 둔 경우 중개사무소 개설등록을 취소할 수 있는 사유에 해당한다. 제26회, 제28회, 제30회
19. 등록관청은 개업공인중개사가 이동이 용이한 임시중개시설물을 설치한 경우에는 중개사무소의 개설등록을 취소할 수 있다. 제28회
20. 업무정지처분은 그 사유가 발생한 날부터 3년이 경과한 때에는 이를 할 수 없다. 제28회
21. 부동산거래정보망에 중개대상물에 관한 정보를 거짓으로 공개한 경우 업무정지의 기준에서 개별기준에 따른 업무정지기간은 6개월에 해당한다. 제35회
22. 중개대상물 확인·설명서를 교부하지 아니한 경우는 개업공인중개사의 중개사무소 개설등록 취소사유에 해당하지 않는다. 제35회
23. 공인중개사인 개업공인중개사가 개업공인중개사인 법인의 사원·임원이 된 경우는 개업공인중개사의 중개사무소 개설등록 취소사유에 해당한다. 제35회

Theme 23 가중처벌과 승계제도

1 행정제재 누적에 따른 가중처벌

누적처분	위반행위	가중처벌	누적처분	위반행위	가중처벌
업 + 업	+ 업(행위)	절·취	업 + 과 + 업	+ 업(행위)	절·취
업 + 업	+ 과(행위)	업무정지	과 + 과	+ 과(행위)	업무정지
업 + 업 + 업	+ 과(행위)	상·취	과 + 업	+ 과(행위)	업무정지
업 + 업 + 업	+ 업(행위)	절·취	과 + 과 + 과	+ 과(행위)	상·취

1. '업'은 업무정지를 의미한다.
2. '과'는 과태료를 의미한다.
3. 최근 1년 이내에 이 법에 의하여 2회 이상 업무정지처분을 받고 다시 업무정지처분에 해당하는 행위를 한 경우
4. 최근 1년 이내에 이 법에 의하여 2회 이상 업무정지 또는 과태료처분을 받고 다시 과태료처분에 해당하는 행위를 한 경우
5. 최근 1년 이내에 이 법에 의하여 3회 이상 업무정지 또는 과태료처분을 받고 다시 업무정지 또는 과태료처분에 해당하는 행위를 한 경우(단, 절대적 등록취소사유에 해당하는 경우를 제외)

2 행정제재처분효과의 승계

폐업 前		폐업	재등록	비고
업무정지 / 과태료 처분		⇨	승계	처분일부터 1년간
위반행위	등록취소에 해당	⇨	승계되어 등록취소 가능	폐업기간 3년 초과시: 처분 불가
	업무정지에 해당	⇨	승계되어 업무정지 가능	폐업기간 1년 초과시: 처분 불가

1. 개업공인중개사가 폐업신고 후 다시 중개사무소의 개설등록을 한 때에는 폐업신고 전의 개업공인중개사 지위를 승계한다.
2. 폐업신고 전의 개업공인중개사에 대하여 업무정지, 과태료에 해당하는 위반행위를 사유로 행한 행정처분의 효과는 그 처분일부터 1년간 다시 중개사무소의 개설등록을 한 자에게 승계된다.
3. 폐업신고 전의 위반행위에 대한 행정처분이 업무정지에 해당하는 경우로서 폐업기간이 1년을 초과한 경우를 제외하고 폐업신고 전 위반행위에 대한 업무정지처분을 할 수 있다.
4. 폐업신고 전의 위반행위에 대한 행정처분이 등록취소에 해당하는 경우로서 폐업기간이 3년을 초과한 경우를 제외하고 폐업신고 전 위반행위에 대한 등록취소처분을 할 수 있다.
5. 재등록 개업공인중개사에 대하여 폐업신고 전의 위반행위에 대한 행정처분을 하는 경우에는 폐업기간과 폐업의 사유 등을 고려하여야 한다.
6. 개업공인중개사인 법인의 대표자에 관하여는 승계제도 관련 규정을 준용하며, 이 경우 '개업공인중개사'는 '법인의 대표자'로 본다.

3 기본확인사항

(1) 가중처벌 등에서 기간의 계산은 위반행위에 대하여 업무정지처분 또는 과태료부과처분을 받은 날과 그 처분 후 다시 같은 위반행위를 하여 적발된 날을 기준으로 한다. (○)

(2) 위반행위가 둘 이상인 경우에는 각 업무정지기간을 합산한 기간을 넘지 않는 범위에서 가장 무거운 처분기준의 2분의 1의 범위에서 가중한다. 단, 가중하는 경우에도 총 업무정지기간은 6개월을 넘을 수 없다. (○)

(3) 재등록 개업공인중개사에게 행정처분을 함에 있어서 폐업기간 등을 고려하여야 한다. (○)

(4) 재등록 개업공인중개사의 등록취소시 결격기간은 3년에서 폐업기간을 공제한다. (○)

(5) 법인인 개업공인중개사의 대표자에게는 승계규정을 준용하기 때문에, 공인중개사인 개업공인중개사로 독립한 종전의 법인인 개업공인중개사의 대표자이었던 자에게 법인의 제재처분과 위법행위를 승계하여 행정처분을 할 수 있다. (○)

핵심 기출지문분석

1. 등록관청은 개업공인중개사가 최근 1년 이내에 이 법에 의하여 2회 이상 업무정지처분을 받고 다시 업무정지처분에 해당하는 행위를 한 경우에는 중개사무소의 개설등록을 취소하여야 한다. 제27회, 제32회, 제33회

2. 개업공인중개사가 최근 1년 이내에 공인중개사법령을 위반하여 1회 업무정지처분, 2회 과태료처분을 받고 다시 업무정지처분에 해당하는 행위를 한 경우 중개사무소 개설등록을 취소할 수 있다. 제27회, 제29회

3. 등록관청은 개업공인중개사가 최근 1년 이내에「공인중개사법」에 의하여 2회 업무정지처분, 1회 과태료처분을 받고 다시 업무정지처분에 해당하는 행위를 한 경우에는 중개사무소의 개설등록을 취소하여야 한다. 제27회

4. 등록관청은 개업공인중개사가 최근 1년 이내에「공인중개사법」에 의하여 3회 과태료처분을 받고 다시 업무정지처분에 해당하는 행위를 한 경우에는 중개사무소의 개설등록을 취소할 수 있다. 제27회

5. 등록관청은 업무정지기간의 2분의 1의 범위 안에서 가중 또는 감경할 수 있으며, 가중하여 처분하는 경우에도 업무정지기간은 6개월을 초과할 수 없다. 제29회

6. 폐업신고 전에 개업공인중개사에게 한 업무정지처분의 효과는 그 처분일부터 1년간 재등록 개업공인중개사에게 승계된다. 제29회, 제31회, 제33회, 제34회

7. 폐업기간이 1년을 초과한 재등록 개업공인중개사에 대해 폐업신고 전의 중개사무소 업무정지사유에 해당하는 위반행위를 이유로 행정처분을 할 수 없다. 제29회, 제33회, 제34회

8. 폐업신고 전에 개업공인중개사에게 한 과태료부과처분의 효과는 그 처분일부터 1년간 재등록 개업공인중개사에게 승계된다. 제29회, 제33회, 제34회

9. 폐업기간이 3년을 초과한 재등록 개업공인중개사에게 폐업신고 전의 중개사무소 개설등록 취소사유에 해당하는 위반행위를 이유로 개설등록 취소처분을 할 수 없다. 제29회, 제33회

10. 재등록 개업공인중개사에 대하여 폐업신고 전의 개설등록취소에 해당하는 위반행위를 이유로 행정처분을 할 때 폐업기간과 폐업의 사유 등을 고려하여야 한다. 제29회, 제34회

11. 폐업신고한 개업공인중개사의 중개사무소에 다른 개업공인중개사가 중개사무소를 개설등록한 경우 그 지위는 승계되지 않는다. 제34회

12. 중개대상물에 관한 정보를 거짓으로 공개한 사유로 행한 업무정지처분의 효과는 그 처분일부터 1년간 다시 중개사무소의 개설등록을 한 개업공인중개사에게 승계된다. 제34회

13. 폐업신고 전의 위반행위에 대한 행정처분이 업무정지에 해당하는 경우로서 폐업기간이 6개월인 경우 재등록 개업공인중개사에게 그 위반행위에 대해서 업무정지처분을 할 수 있다. 제34회

14. 개업공인중개사가 2022.4.1. 과태료부과처분을 받은 후 폐업신고를 하고 2023.3.2. 다시 중개사무소의 개설등록을 한 경우 그 처분의 효과는 승계된다. 제34회

Theme 24. 행정형벌과 과태료(행정질서벌)

1 행정형벌의 종류 및 대상

종류	대상	사유
3년⇩ / 3천⇩	개업공인중개사, 고용인, 법 위반자	8EA
1년⇩ / 1천⇩	개업공인중개사, 고용인, 거래정보사업자, 법 위반자	15EA

2 행정형벌 처분사유

3년⇩ / 3천⇩
① 중개사무소의 개설등록을 하지 아니하고 중개업을 한 자
② 거짓, 그 밖의 부정한 방법으로 중개사무소의 개설등록을 한 자
③ 관계 법령에서 양도·알선 등이 금지된 부동산의 분양·임대 등과 관련 있는 증서 등의 매매·교환 등을 중개하거나 그 매매를 업으로 하는 행위
④ 중개의뢰인과 직접 거래를 하거나 거래당사자 쌍방을 대리하는 행위
⑤ 부동산투기를 조장하는 행위
⑥ 중개대상물의 시세에 부당한 영향을 주거나 줄 우려가 있는 행위
⑦ 단체를 구성하여 특정 중개대상물에 대하여 중개를 제한하거나 단체 구성원 이외의 자와 공동중개를 제한하는 행위
⑧ 시세에 부당한 영향을 줄 목적으로 개업공인중개사 등의 업무를 방해하는 행위

1년⇩ / 1천⇩
① 다른 사람에게 자기의 성명을 사용하여 중개업무를 하게 하거나 공인중개사 자격증을 양도·대여한 자 또는 다른 사람의 공인중개사 자격증을 양수·대여받은 자 및 금지한 행위를 알선한 자
② 공인중개사가 아닌 자로서 공인중개사 또는 이와 유사한 명칭을 사용한 자
③ 이중으로 중개사무소의 개설등록을 하거나 둘 이상의 중개사무소에 소속된 자
④ 둘 이상의 중개사무소를 둔 자
⑤ 임시 중개시설물을 설치한 자
⑥ 개업공인중개사가 고용할 수 있는 중개보조원의 수는 개업공인중개사와 소속공인중개사를 합한 수의 5배를 초과하여서는 아니 되는바, 이를 위반하여 중개보조원을 고용한 자
⑦ 개업공인중개사가 아닌 자로서 '공인중개사 사무소', '부동산중개' 또는 이와 유사한 명칭을 사용한 자
⑧ 개업공인중개사가 아닌 자로서 중개업을 하기 위하여 중개대상물에 대한 표시·광고를 한 자
⑨ 업무상 비밀을 누설한 자. 단, 피해자의 명시한 의사에 반하여는 벌하지 아니함[반의사불벌죄(反意思不罰罪)]

⑩ 거래정보사업자는 개업공인중개사로부터 의뢰받은 중개대상물의 정보에 한정하여 이를 공개하여야 하며, 의뢰받은 내용과 다르게 정보를 공개하거나 어떠한 방법으로든지 개업공인중개사에 따라 정보가 차별적으로 공개되도록 하여서는 아니 되는 바, 이를 위반한 자
⑪ 다른 사람에게 자기의 성명 또는 상호를 사용하여 중개업무를 하게 하거나 등록증을 다른 사람에게 양도·대여한 자 또는 다른 사람의 성명·상호를 사용하여 중개업무를 하거나 등록증을 양수·대여받은 자 및 금지한 행위를 알선한 자
⑫ 중개대상물의 매매를 업으로 하는 행위
⑬ 중개사무소의 개설등록을 하지 아니하고 중개업을 영위하는 자인 사실을 알면서 그를 통하여 중개를 의뢰받거나 그에게 자기의 명의를 이용하게 하는 행위
⑭ 사례·증여 그 밖의 어떠한 명목으로도 법정보수 또는 실비를 초과한 금품수수행위
⑮ 중개대상물의 거래상 중요사항에 관한 거짓된 언행 그 밖의 방법으로 중개의뢰인의 판단을 그르치게 하는 행위

양벌규정: 소속공인중개사, 중개보조원 또는 개업공인중개사인 법인의 사원·임원이 중개업무에 관하여 행정형벌에 해당하는 위반행위를 한 때에는 그 행위자를 벌하는 것 외에 그 개업공인중개사에 대하여도 해당 조에 규정된 벌금형을 과한다. 다만, 그 개업공인중개사가 그 위반행위를 방지하기 위하여 해당 업무에 관하여 상당한 주의와 감독을 게을리 하지 아니한 경우에는 그러하지 아니하다.

3 과태료 종류별 대상

구분	부과관청	대상	사유
500↓	국토교통부장관	협회, 거래정보사업자, 정보통신서비스 제공자	지도·감독 불응 등
500↓	시·도지사	개업공인중개사, 소속공인중개사	사유 없이 연수교육 미이수
100↓		자격증 미반납자	7일 이내 자격증 미반납
500↓	등록관청	개업공인중개사, 중개보조원	확인·설명 위반, 고지의무 위반
100↓		개업공인중개사	각종 의무 위반

4 과태료 종류별 사유

500↓
① 운영규정 미승인·운영규정을 위반한 거래정보망 운영
② 지도·감독에 불응한 거래정보사업자
③ 공제사업 운용실적을 미공시한 협회
④ 공제사업 관련 개선명령을 불이행한 협회
⑤ 지도·감독에 불응한 협회
⑥ 임원에 대한 징계·해임요구 및 시정명령을 불이행한 협회

500⇩	⑦ 국토교통부장관의 표시·광고 모니터링을 위한 관련 자료의 제출 요구나 필요한 조치 요구에 따르지 아니한 정보통신서비스 제공자 ⑧ 정당한 사유 없이 실무교육을 받은 후 2년마다 **연수교육을 받지 아니한 개업공인중개사와 소속공인중개사** ⑨ 확인·설명의무(성실·정확하게 설명하고 설명의 근거자료 제시) 위반(250 / 500) ⑩ 중개대상물에 대하여 부당한 표시·광고를 한 개업공인중개사 ⑪ 중개의뢰인에게 본인이 중개보조원이라는 사실을 미리 알리지 아니한 사람 및 그가 소속된 개업공인중개사(다만, 개업공인중개사가 그 위반행위를 방지하기 위하여 해당 업무에 관하여 상당한 주의와 감독을 게을리하지 아니한 경우는 제외)
100⇩	① 휴·폐업 관련 신고 위반(20) ② 게시물 미게시(30) ③ 손해배상책임에 관한 사항 설명, 사본·전자문서 교부의무 위반(30) ④ 사무소의 명칭에 '공인중개사 사무소', '부동산중개'라는 문자를 사용하지 아니하거나 또는 옥외광고물에 성명을 표기하지 아니하거나 거짓으로 표기한 개업공인중개사와 부칙상의 개업공인중개사로서 사무소 명칭에 '공인중개사 사무소'라는 문자를 사용한 자(50) ⑤ 이전신고의무 위반(30) ⑥ 등록증 7일 이내에 미반납(50) ⑦ 의뢰받은 중개대상물의 표시·광고시 중개사무소의 명칭 등 명시사항(인터넷을 이용하여 표시·광고시 중개대상물의 종류별로 정하는 사항 포함) 명시의무를 위반하거나 **중개보조원에 관한 사항을 명시한** 개업공인중개사(50) ⑧ 자격증 7일 이내에 미반납(30)

5 기본확인사항

(1) 공인중개사법령상 행정형벌 중 징역형과 벌금형은 병과될 수 있다. (×)

(2) 이 법 위반에 따른 징역형의 실형선고 또는 집행유예의 경우 결격사유, 등록취소, 자격취소에 해당한다. (○)

(3) 이 법 위반에 따른 벌금형의 선고시 언제나 결격사유에 해당한다. (×)

(4) 이 법 위반에 따른 징역형 또는 벌금형의 선고유예시 아무런 이후 효과는 없다. (○)

(5) 고용인이 중개업무에 관하여 행정형벌에 해당하는 위반행위를 한 때에는 그 행위자를 벌하는 외에 그 개업공인중개사에 대하여도 해당 조에 규정된 벌금형을 과한다. 단, 그 개업공인중개사가 그 위반행위를 방지하기 위하여 해당 업무에 관하여 상당한 주의와 감독을 게을리하지 아니한 경우에는 그러하지 아니하다. (○)

(6) 국토교통부장관이 직접 개업공인중개사에 대한 과태료처분을 부과하는 규정은 없다. (○)

(7) 개업공인중개사가 과태료처분사유에 해당하는 경우 원칙적으로 업무정지처분을 할 수 없다. (○)

(8) 개업공인중개사는 공인중개사법령상 규정된 500만원 또는 100만원 이하 과태료처분의 대상이 된다. (○)

(9) 소속공인중개사는 공인중개사법령상 과태료처분의 대상이 되지 않는다. (×)

(10) 중개보조원도 공인중개사법령상 과태료처분의 대상이 된다. (○)

(11) 개업공인중개사가 「공인중개사법」 위반으로 300만원 이상의 과태료처분을 받으면 등록의 결격사유에 해당한다. (×)

핵심 기출지문분석

1. 고용인의 중개행위가 금지행위에 해당하여 고용인이 징역형의 선고를 받았다는 이유로 그를 고용한 개업공인중개사까지 해당 조(條)에 규정된 징역형을 선고받지는 않는다. 제31회

2. 고용인이 징역 또는 벌금형을 선고받은 경우 개업공인중개사는 고용인의 위반행위 방지를 위한 상당한 주의·감독을 게을리하지 않았다면 벌금형을 받지 않는다. 제29회

3. 개업공인중개사가 중개업무를 하면서 법정한도를 초과하는 중개보수를 요구하여 수령하였다면 1년 이하의 징역 또는 1천만원 이하의 벌금사유에 해당한다. 제26회, 제29회, 제33회

4. 중개대상물이 존재하지 않아서 거래할 수 없는 중개대상물을 광고한 개업공인중개사는 공인중개사법령상 벌금부과기준에 해당하지 않는다. 제31회

5. 「공인중개사법」을 위반하여 200만원의 벌금형을 선고받은 자는 중개사무소의 개설등록을 할 수 없는 자에 해당하지 않는다. 제27회, 제33회

6. 공인중개사가 아닌 자로서 공인중개사 명칭을 사용한 자는 1년 이하의 징역 또는 1천만원 이하의 벌금에 처한다. 제28회, 제29회, 제33회, 제35회

7. 개업공인중개사가 아닌 자가 '부동산중개'라는 명칭을 사용한 경우, 1년 이하의 징역 또는 1천만원 이하의 벌금에 처한다. 제28회, 제29회, 제32회

8. 중개의뢰인과 직접 거래를 하는 행위, 거래당사자 쌍방을 대리하는 행위는 공인중개사법령상 3년 이하의 징역 또는 3천만원 이하의 벌금에 처해지는 행위이다. 제26회, 제28회, 제33회

9. 이중으로 중개사무소의 개설등록을 하여 중개업을 한 개업공인중개사는 1년 이하의 징역 또는 1천만원 이하의 벌금에 처한다. 제27회, 제28회

10. 거짓이나 그 밖의 부정한 방법으로 중개사무소의 개설등록을 한 행위를 한 자에 대하여 3년의 징역에 처할 수 있다. 제35회

11. 중개대상물의 거래상의 중요사항에 관해 거짓된 언행으로 중개의뢰인의 판단을 그르치게 한 경우는 공인중개사법령상 과태료 부과대상이 아니다. 제32회

12. 부동산거래정보망의 이용 및 정보제공방법 등에 관한 운영규정의 내용을 위반하여 부동산거래정보망을 운영한 거래정보사업자에게는 국토교통부장관이 과태료 부과기관이다. 제27회, 제31회

13. 공인중개사협회의 임원에 대한 징계·해임의 요구를 이행하지 아니한 자에게는 국토교통부장관이 과태료 부과기관이다. 제29회
14. 공인중개사자격이 취소된 자로 공인중개사 자격증을 반납하지 아니한 자에게는 자격증을 교부한 시·도지사가 과태료 부과기관이다. 제31회
15. 연수교육을 정당한 사유 없이 받지 않으면 500만원 이하의 과태료를 부과한다. 제26회, 제29회
16. 중개사무소 등록증을 게시하지 아니한 개업공인중개사에게는 등록관청이 과태료 부과기관이다. 제27회, 제31회
17. 개업공인중개사가 설치한 옥외광고물에 인식할 수 있는 크기의 개업공인중개사의 성명을 표기하지 않으면 100만원 이하의 과태료 부과대상이 된다. 제27회
18. 개업공인중개사가 아닌 자로서 중개업을 하기 위하여 중개대상물에 대한 표시·광고를 한 자는 공인중개사법령상 과태료 부과대상자가 아니다. 제28회
19. 과태료에 관한 기준은 대통령령으로 정하고, 업무의 정지에 관한 기준은 국토교통부령으로 정하는 바에 따라 부과·징수한다. 제26회

▶ 부동산 거래신고 등에 관한 법령

Theme 25 부동산거래신고제 개관 및 신고사항

1 부동산거래신고제도 개관

(1) **근거법**: 「부동산 거래신고 등에 관한 법률」

(2) **적용지역**: 전국

(3) **신고의무자**
  ① 거래당사자(내·외국인 불문, 거래당사자 중 어느 일방이 '국가 등'인 경우 '국가 등'이 신고)
  ② 개업공인중개사(거래계약서를 작성·교부한 경우 신고)

(4) **신고관청**: 물건 소재지 관할 시·군·구

(5) **신고대상 물건 및 신고대상 계약**
  ① 토지 또는 건축물의 매매계약
  ② 다음의 법률에 따른 부동산에 대한 공급계약
    ㉠ 「건축물의 분양에 관한 법률」, 「공공주택 특별법」
    ㉡ 「도시개발법」, 「도시 및 주거환경정비법」
    ㉢ 「산업입지 및 개발에 관한 법률」, 「주택법」
    ㉣ 「택지개발촉진법」, 「빈집 및 소규모주택 정비에 관한 특례법」
  ③ 다음의 어느 하나에 해당하는 지위의 매매계약
    ㉠ ②에 따른 계약을 통하여 부동산을 공급받는 자로 선정된 지위
    ㉡ 「도시 및 주거환경정비법」에 따른 관리처분계획의 인가 및 「빈집 및 소규모주택 정비에 관한 특례법」에 따른 사업시행계획인가로 취득한 입주자로 선정된 지위

(6) **신고기한**: 체결일부터 30일

(7) **신고방법**
  ① 방문신고
  ② '부동산거래관리시스템'을 통한 전자신고
  ③ '부동산거래전자계약시스템'을 통한 전자계약시 신고 간주

(8) 대행신고(방문신고 한정)
　① 거래당사자
　　㉠ 제출을 위임한 거래당사자의 자필서명(법인의 경우 법인인감)이 있는 위임장
　　㉡ 제출을 위임한 거래당사자의 신분증명서 사본
　　㉢ 제출자 본인의 신분증명서 제시
　② 개업공인중개사: 소속공인중개사에 한하여 가능하며 신분증만 제시

(9) 신고시 처리절차: 신고관청은 신고내용 확인 후 지체 없이 신고필증 발급

(10) 해제 등 신고: 거래당사자는 해제 등이 확정된 날부터 30일 이내 공동신고의무(개업공인중개사는 '신고할 수 있다')

(11) 다른 제도와의 관계
　① 「부동산등기 특별조치법」: 부동산거래신고시 매수인은 검인을 받은 것으로 본다.
　② 「농지법」: 농지취득자격증명원과 부동산거래신고는 무관하다.
　③ 사전허가(토지거래허가, 외국인 취득허가)와는 무관하게 부동산거래신고는 하여야 한다.
　④ 부동산거래신고(30일)시 외국인 등의 부동산취득신고(60일)는 제외한다.

(12) 위반시 제재(과태료)
　① 3천⇩: 허위신고, 거짓해제 등 신고, 거래대금지급 증명자료 미제출
　② 500⇩
　　㉠ 거짓신고 요구·조장·방조, 무신고(해제 등 신고 포함), 지연신고
　　㉡ '해제 등' 신고를 하지 아니한 거래당사자
　　㉢ 거래대금지급 증명자료 외의 자료 미제출
　③ 취득가액 100분의 10⇩: 거짓신고

2 부동산거래신고사항

1. 공통

(1) 거래당사자의 인적사항

(2) 계약 체결일, 중도금 지급일 및 잔금 지급일

(3) 거래대상 부동산 등(부동산을 취득할 수 있는 권리에 관한 계약의 경우에는 그 권리의 대상인 부동산을 말함)의 소재지·지번·지목 및 면적

(4) 거래대상 부동산 등의 종류(부동산을 취득할 수 있는 권리에 관한 계약의 경우에는 그 권리의 종류를 말함)

(5) 실제 거래가격

(6) 계약의 조건이나 기한이 있는 경우에는 그 조건 또는 기한

(7) 매수인이 국내에 주소 또는 거소를 두지 않을 경우(매수인이 외국인인 경우로서 외국인 등록을 하거나 국내거소신고를 한 경우에는 그 체류기간 만료일이 잔금 지급일부터 60일 이내인 경우 포함)에는 위탁관리인의 인적사항

(8) 개업공인중개사가 거래계약서를 작성·교부한 경우에는 다음의 사항
   ① 개업공인중개사의 인적사항
   ② 개업공인중개사가 개설등록한 중개사무소의 상호·전화번호 및 소재지

2. 법인이 주택의 거래계약을 체결하는 경우

(1) 법인(「상법」상 법인)의 현황에 관한 다음의 사항(단, 거래당사자 중 국가 등이 포함되어 있거나 거래계약이 공급계약 또는 공급받는 자로 선정된 지위의 매매계약은 제외)
   ① 법인의 등기 현황
   ② 법인과 거래상대방 간의 관계가 다음의 어느 하나에 해당하는지 여부
      ㉠ 거래상대방이 개인인 경우: 그 개인이 해당 법인의 임원이거나 법인의 임원과 친족관계가 있는 경우
      ㉡ 거래상대방이 법인인 경우: 거래당사자인 매도법인과 매수법인의 임원 중 같은 사람이 있거나 거래당사자인 매도법인과 매수법인의 임원 간 친족관계가 있는 경우

(2) **주택 취득목적 및 취득자금 등에 관한 다음의 사항**(법인이 주택의 매수자인 경우만 해당)
   ① 거래대상인 주택의 취득목적
   ② 거래대상 주택의 취득에 필요한 자금의 조달계획 및 지급방식. 이 경우 투기과열지구에 소재하는 주택의 거래계약을 체결한 경우에는 자금의 조달계획을 증명하는 서류로서 국토교통부령으로 정하는 서류를 첨부해야 한다.
   ③ 임대 등 거래대상 주택의 이용계획

3. **법인 외의 자가 실제 거래가격이 6억원 이상인 '주택'을 매수하거나 투기과열지구 또는 조정대상지역에 소재하는 주택을 매수하는 경우(매수인 중 국가 등이 포함되어 있는 경우는 제외)**

    > '주택'이란 「건축법 시행령」상 단독주택 또는 공동주택(공관 및 기숙사는 제외)을 말하며 주택을 취득할 수 있는 권리를 포함한다.

    (1) 거래대상 주택의 취득에 필요한 자금의 조달계획 및 지급방식. 이 경우 투기과열지구에 소재하는 주택의 거래계약을 체결한 경우 매수자는 자금의 조달계획을 증명하는 서류로서 국토교통부령으로 정하는 서류를 첨부해야 한다.

    (2) 거래대상 주택에 매수자 본인이 입주할지 여부, 입주 예정 시기 등 거래대상 주택의 이용계획

4. **실제 거래가격이 다음의 구분에 따른 금액 이상인 토지를 매수하는 경우(매수인이 국가 등이거나 매수인에 국가 등이 포함되어 있는 토지거래와 토지거래허가를 받아야 하는 토지거래의 경우 신고대상에서 제외)**

    - 수도권 등에 소재하는 토지의 경우: 1억원(지분으로 매수하는 경우는 거래가 불문)
    - 수도권 등 외의 지역에 소재하는 토지의 경우: 6억원(지분으로 매수하는 경우 포함)

    > 1. '수도권 등'이란 「수도권정비계획법」에 따른 수도권, 광역시(인천광역시는 제외) 및 세종특별자치시를 말한다.
    > 2. 거래가격 산정방법
    >   - 1회의 토지거래계약으로 매수하는 토지가 둘 이상인 경우에는 매수한 각각의 토지가격을 모두 합산할 것
    >   - 신고대상 토지거래계약 체결일부터 역산하여 1년 이내에 매수한 다른 토지(서로 맞닿은 토지로 한정)가 있는 경우에는 그 토지가격을 거래가격에 합산할 것. 단, 신고사항을 이미 제출한 토지는 합산하지 않는다.
    >   - 「건축법」에 따른 사용승인을 받은 건축물이 소재하는 필지가격은 거래가격에서 제외할 것

    (1) 거래대상 토지의 취득에 필요한 자금의 조달계획

    (2) 거래대상 토지의 이용계획

3 공통신고사항 外 신고사항 핵심정리

취득부동산		자금조달계획	자금조달 증명서류	이용계획	취득목적
주택	법인	○	○ (투기과열지구)	○	○
	개인	○ (6억원 이상 / 규제지역)	○ (투기과열지구)	○ (6억원 이상 / 규제지역)	
토지	수도권 등	○ (1억원 이상) (지분은 거래가 불문)		○ (1억원 이상) (지분은 거래가 불문)	
	수도권 등 外	○ (6억원 이상) (지분매수 포함)		○ (6억원 이상) (지분매수 포함)	

📝 규제지역: 투기과열지구 또는 조정대상지역

4 기본확인사항

(1) 모든 중개대상물이 부동산거래신고대상물이 되는 것은 아니다. (○)

(2) **토지거래계약허가구역 내 토지에 대한 매매시(직거래)**: 허가(당사자) ⇨ 계약 ⇨ 신고(당사자) (○)

(3) 부동산거래신고서는 거래당사자가 공동으로 서명 또는 날인하여 제출은 1인이 하는 것이 원칙이다. (○)

(4) 개업공인중개사가 신고의무자인 경우 서명 또는 날인은 개업공인중개사만 하며, 거래당사자의 서명 또는 날인은 필요하지 않다. (○)

(5) 주택을 법인이 매수하는 경우와 법인 외의 자가 매수하는 경우에 부동산거래신고사항이 다르다. (○)

(6) 법인 외의 자가 실거래가 6억원 이상인 주택을 매수하는 경우 자금조달계획과 입주계획 등을 신고사항으로 제출하여야 한다. (○)

(7) 거래당사자는 거래계약이 해제, 무효 또는 취소된 경우 확정된 날부터 30일 이내에 해당 신고관청에 공동으로 '해제 등' 신고를 하여야 한다(단, 일방의 신고 거부시 단독신고 가능). (○) 제34회, 제35회

(8) 거래당사자의 '해제 등' 신고의무에도 불구하고 개업공인중개사가 '해제 등' 신고(공동중개의 경우 공동)를 할 수 있다(단, 일방의 신고 거부시 단독신고 가능). (○) 제34회

(9) 해제 등 신고를 받은 신고관청은 그 내용을 확인한 후 부동산거래계약 해제 등 확인서를 신고인에게 지체 없이 발급해야 한다. (○)

(10) 부동산거래 전자계약시스템을 통하여 부동산거래계약 해제 등을 한 경우에는 부동산 거래계약 해제 등이 이루어진 때에 부동산거래계약 해제 등 신고서를 제출한 것으로 본다. (○)

(11) 부동산거래계약을 신고하려는 자 중 매수인 외의 자가 자금조달·입주계획서를 제출하는 경우 매수인은 부동산거래계약을 신고하려는 자에게 거래계약의 체결일부터 25일 이내에 자금조달·입주계획서를 제공하여야 하며, 이 기간 내에 제공하지 아니한 경우에는 매수인이 별도로 자금조달·입주계획서를 제출하여야 한다. (○)

(12) 신고관청은 부동산거래신고내용을 조사한 경우에는 그 조사 결과를 특별시장, 광역시장, 특별자치시장, 도지사 또는 특별자치도지사에게 보고하여야 하며, 신고관청이 보고한 내용은 취합하여 매월 1회 국토교통부장관에게 보고(전자문서에 의한 보고 또는 부동산정보체계에 입력하는 것 포함)하여야 한다. (○)

핵심 기출지문분석

1. 공인중개사법령상 중개대상물에 해당한다고 하여 모두 부동산거래신고의 대상이 되는 것은 아니다. 제25회, 제26회

2. 부동산거래신고대상 물건에 대한 매매계약을 중개한 개업공인중개사는 반드시 거래계약의 체결일부터 30일 이내에 신고서를 작성하여 매매대상 부동산 등의 소재지 관할 시장·군수·구청장에게 신고하여야 한다. 제18회, 제19회, 제22회, 제26회, 제27회, 제28회, 제30회, 제31회, 제34회

3. 부동산매매계약을 체결한 경우 거래당사자는 거래계약의 체결일부터 30일 이내에 신고관청에 공동으로 신고하여야 한다. 단, 일방당사자가 신고를 거부하는 경우에는 단독으로 신고할 수 있다. 제27회, 제31회

4. 부동산거래의 신고를 하고자 하는 거래당사자는 부동산거래계약신고서에 공동으로 서명 또는 날인하여 거래당사자 중 일방이 신고관청에 제출하여야 한다. 제29회

5. 개업공인중개사가 공동으로 토지의 매매를 중개하여 거래계약서를 작성·교부한 경우 해당 개업공인중개사가 공동으로 신고하여야 한다. 제29회

6. 지방자치단체가 개업공인중개사의 중개 없이 토지를 매수하는 경우 부동산거래계약신고서에 단독으로 서명 또는 날인하여 신고관청에 제출하여야 한다. 제29회, 제30회

7. 거래당사자 중 일방이 국가인 경우 국가가 부동산거래계약의 신고를 하여야 한다. 제28회

8. 부동산거래신고를 하여 신고필증을 교부받은 때에는 검인을 받은 것으로 본다. 제17회, 제21회, 제28회, 제29회, 제35회

9. 소속공인중개사는 개업공인중개사의 위임을 받아 부동산거래계약신고서의 제출을 대행할 수 있으며, 이 경우 소속공인중개사는 신분증명서를 신고관청에 보여주어야 한다. 제26회, 제28회, 제31회

10. 소속공인중개사 및 중개보조원은 부동산거래신고 의무자가 될 수 없다. 제30회
11. 「주택법」에 따라 지정된 조정대상지역에 소재하는 주택으로서 매수인이 국가인 경우 국가는 단독으로 실제 거래가격 등을 신고하여야 한다. 제31회
12. 「택지개발촉진법」에 따라 공급된 토지의 임대차계약은 신고대상 계약이 아니다. 제30회
13. 권리대상인 부동산 소재지를 관할하는 특별자치도 행정시의 시장은 부동산거래신고의 신고관청이 된다. 제31회
14. 「도시 및 주거환경정비법」에 따른 관리처분계획의 인가로 취득한 입주자로 선정된 지위에 관한 매매계약을 체결한 경우 거래신고를 하여야 한다. 제26회
15. 농지취득자격증명원을 발급받았다 하더라도 부동산거래신고를 하여야 한다. 제23회
16. 개업공인중개사가 거래계약서를 작성·교부한 경우, 개업공인중개사의 인적사항과 개설등록한 중개사무소의 상호·전화번호 및 소재지도 신고사항에 포함된다. 제28회
17. 「국토의 계획 및 이용에 관한 법률」에 따른 개발제한사항은 신고사항에 포함되지 않는다. 제31회
18. 「공공주택 특별법」에 따른 공급계약에 의하여 부동산을 공급받는 자로 선정된 지위를 매매하는 계약은 부동산거래신고의 대상이다. 제29회
19. 매매계약에 조건이나 기한이 있는 경우 그 조건 또는 기한도 신고하여야 한다. 제29회, 제30회
20. 거래의 신고를 받은 신고관청은 그 신고내용을 확인한 후 신고인에게 신고필증을 지체 없이 발급하여야 한다. 제26회
21. 「주택법」에 따라 지정된 조정대상지역에 소재하는 주택의 증여계약은 부동산거래신고의 대상이 아니다. 제35회
22. 자연인이 단독으로 「주택법」상 투기과열지구 외에 소재하는 주택을 실제 거래가격 6억원으로 매수한 경우 입주 예정 시기 등 그 주택의 이용계획은 신고사항이다. 제35회
23. 법인이 주택의 매수자로서 거래계약을 체결한 경우 임대 등 그 주택의 이용계획은 신고사항이다. 제35회
24. 부동산거래신고를 한 후 해당 거래계약이 해제된 경우 해제가 확정된 날부터 30일 이내에 해당 신고관청에 공동으로 신고하여야 한다. 제28회, 제34회, 제35회
25. 「주택법」에 따라 지정된 투기과열지구에 소재하는 주택으로서 법인 외의 자가 주택의 거래계약을 체결한 경우 거래가를 불문하고 신고서를 제출할 때 매수인이 단독으로 서명 또는 날인한 자금조달·입주계획서를 함께 제출하여야 한다. 제31회

Theme 26 부동산거래신고서 작성방법 등

▶ 부동산 거래신고 등에 관한 법령

1 부동산거래신고서 관련 중요사항

(1) 거래당사자 간 직접거래의 경우에는 공동으로 신고서에 서명 또는 날인을 하여 거래당사자 중 일방이 신고서를 제출한다. 단, 거래당사자 중 일방이 국가 및 지자체, 공공기관인 경우(국가 등)에는 국가 등이 신고해야 한다.

(2) 개업공인중개사가 중개한 거래의 경우에는 개업공인중개사가 신고서를 제출해야 한다.

(3) '거래계약의 체결일'이란 거래당사자가 구체적으로 특정되고, 거래목적물 및 거래대금 등 거래계약의 중요 부분에 대하여 거래당사자가 합의한 날을 말한다. 이 경우 합의와 더불어 계약금의 전부 또는 일부를 지급한 경우에는 그 지급일을 거래계약의 체결일로 보되, 합의한 날이 계약금의 전부 또는 일부를 지급한 날보다 앞서는 것이 서면 등을 통해 인정되는 경우에는 합의한 날을 거래계약의 체결일로 본다.

(4) **외국인의 경우**: 거래당사자가 외국인인 경우 거래당사자의 국적을 반드시 적어야 하며, 외국인이 부동산 등을 매수하는 경우 매수용도란의 하나에 표시한다.

(5) 공급계약은 시행사 또는 건축주 등이 최초로 부동산을 공급(분양)하는 계약을 말하며, 준공 전과 준공 후 계약 여부에 따라 ✔표시하고, '임대주택 분양전환'은 임대주택사업자(법인으로 한정)가 임대기한이 완료되어 분양전환하는 주택인 경우에 ✔표시한다.

(6) **계약대상 면적**: 계약대상 면적에는 실제 거래면적을 계산하여 적되, 건축물면적은 집합건축물의 경우 전용면적을 적고, 그 밖의 건축물의 경우 연면적을 적는다.

(7) 거래대상의 종류가 공급계약(분양) 또는 전매계약(분양권, 입주권)인 경우 ⑧ 물건별 거래가격 및 ⑨ 총 실제거래가격에 부가가치세를 포함한 금액을 적고, 그 외의 거래대상의 경우 부가가치세를 제외한 금액을 적는다.

(8) **종전 부동산**: 종전 부동산란은 입주권 매매의 경우에만 작성하고, 거래금액란에는 추가 지급액 등(프리미엄 등 분양가격을 초과 또는 미달하는 금액) 및 권리가격, 합계금액, 계약금, 중도금, 잔금을 적는다.

(9) **계약의 조건 및 참고사항**: 계약의 조건 및 참고사항란은 부동산거래계약 내용에 계약조건이나 기한을 붙인 경우, 거래와 관련한 참고내용이 있을 경우에 적는다.

(10) 다수의 부동산, 관련 필지, 매도·매수인, 개업공인중개사 등 기재사항이 복잡한 경우에는 다른 용지에 작성하여 간인 처리한 후 첨부한다.

부동산거래계약 신고서

※ 뒤쪽의 유의사항·작성방법을 읽고 작성하시기 바라며, [ ]에는 해당하는 곳에 ✔표를 합니다. (앞쪽)

접수번호		접수일시		처리기간	지체 없이
① 매도인	성명(법인명)		주민등록번호(법인·외국인등록번호)		국적
	주소(법인소재지)			거래 지분 비율 (분의)	
	전화번호		휴대전화번호		
② 매수인	성명(법인명)		주민등록번호(법인·외국인등록번호)		국적
	주소(법인소재지)			거래 지분 비율 (분의)	
	전화번호		휴대전화번호		
	③ 법인신고서 등	[ ] 제출 [ ] 별도 제출 [ ] 해당 없음			
	외국인의 부동산 등 매수용도	[ ] 주거용(아파트) [ ] 주거용(단독주택) [ ] 주거용(그 밖의 주택) [ ] 레저용 [ ] 상업용 [ ] 공업용 [ ] 그 밖의 용도			
	위탁관리인 (국내에 주소 또는 거소가 없는 경우)	성명		주민등록번호	
		주소			
		전화번호		휴대전화번호	
개업 공인중개사	성명(법인명)		주민등록번호(법인·외국인등록번호)		
	전화번호		휴대전화번호		
	상호		등록번호		
	사무소 소재지				

거래대상	종류	④ [ ] 토지 [ ] 건축물 ( ) [ ] 토지 및 건축물 ( )			
		⑤ [ ] 공급계약 [ ] 전매 [ ] 분양권 [ ] 입주권		[ ] 준공 전 [ ] 준공 후 [ ] 임대주택 분양전환	
	⑥ 소재지/지목/면적	소재지			
		지목	토지면적 m²	토지 거래 지분(분의)	
		대지권비율(분의)	건축물면적 m²	건축물 거래 지분(분의)	
	⑦ 계약대상 면적	토지 m²	건축물 m²		
	⑧ 물건별 거래가격	원			
		공급계약 또는 전매	분양가격 원	발코니확장 등 선택비용 원	추가지급액 등 원
⑨ 총 실제 거래가격 (전체)	합계 원	계약금 원	계약 체결일		
		중도금 원	중도금 지급일		
		잔금 원	잔금 지급일		
⑩ 종전 부동산	소재지/지목/면적	소재지			
		지목	토지면적 m²	토지 거래 지분(분의)	
		대지권비율(분의)	건축물면적 m²	건축물 거래 지분(분의)	
	계약대상 면적	토지 m²	건축물 m²	건축물 유형( )	
	거래금액	합계 원	추가지급액 등 원	권리가격 원	
		계약금 원	중도금 원	잔금 원	
⑪ 계약의 조건 및 참고사항					

「부동산 거래신고 등에 관한 법률」제3조 제1항부터 제4항 및 같은 법 시행규칙 제2조 제1항부터 제4항까지의 규정에 따라 위와 같이 부동산거래계약 내용을 신고합니다.

년   월   일

신고인 매도인: (서명 또는 인)
        매수인: (서명 또는 인)
        개업공인중개사: (서명 또는 인)
        (개업공인중개사 중개시)

시장·군수·구청장 귀하

210mm×297mm[백상지(80g/m²) 또는 중질지(80g/m²)]

(뒤쪽)

첨부서류	1. 부동산거래계약서 사본(「부동산 거래신고 등에 관한 법률」 제3조 제2항 또는 제4항에 따라 단독으로 부동산거래의 신고를 하는 경우에만 해당합니다) 2. 단독신고사유서(「부동산 거래신고 등에 관한 법률」 제3조 제2항 또는 제4항에 따라 단독으로 부동산거래의 신고를 하는 경우에만 해당합니다)

유의사항

1. 「부동산 거래신고 등에 관한 법률」 제3조 및 같은 법 시행령 제3조의 실제 거래가격은 매수인이 매수한 부동산을 양도하는 경우 「소득세법」 제97조 제1항·제7항 및 같은 법 시행령 제163조 제11항 제2호에 따라 취득 당시의 실제 거래가격으로 보아 양도차익이 계산될 수 있음을 유의하시기 바랍니다.
2. 거래당사자 간 직접 거래의 경우에는 공동으로 신고서에 서명 또는 날인을 하여 거래당사자 중 일방이 신고서를 제출하고, 중개거래의 경우에는 개업공인중개사가 신고서를 제출해야 하며, 거래당사자 중 일방이 국가 및 지자체, 공공기관인 경우(국가 등)에는 국가 등이 신고하여야 합니다.
3. 부동산거래계약 내용을 기간 내에 신고하지 않거나, 거짓으로 신고하는 경우 「부동산 거래신고 등에 관한 법률」 제28조 제1항부터 제3항까지의 규정에 따라 과태료가 부과되며, 신고한 계약이 해제, 무효 또는 취소가 된 경우 거래당사자는 해제 등이 확정된 날로부터 30일 이내에 같은 법 제3조의2에 따라 과태료가 부과됩니다.
4. 담당 공무원은 「부동산 거래신고 등에 관한 법률」 제6조에 따라 거래당사자 또는 개업공인중개사에게 거래계약서, 거래대금지급증명자료 등 관련 자료의 제출을 요구할 수 있으며, 이 경우 자료를 제출하지 않거나, 거짓으로 자료를 제출하거나, 그 밖의 필요한 조치를 이행하지 않으면 같은 법 제28조 제1항 또는 제2항에 따라 과태료가 부과됩니다.
5. 거래대상의 종류가 공급계약(분양) 또는 전매계약(분양권, 입주권)인 경우 ⑧ 물건별 거래가격 및 ⑨ 총 실제 거래가격에 부가가치세를 포함한 금액을 적고, 그 외의 거래대상의 경우 부가가치세를 제외한 금액을 적습니다.
6. "거래계약의 체결일"이란 거래당사자가 구체적으로 특정되고, 거래목적물 및 거래대금 등 거래계약의 중요 부분에 대하여 거래당사자가 합의한 날을 말합니다. 이 경우 합의와 더불어 계약금의 전부 또는 일부를 지급한 경우에는 그 지급일을 거래계약의 체결일로 보되, 합의한 날이 계약금의 전부 또는 일부를 지급한 날보다 앞서는 것이 서면 등을 통해 인정되는 경우에는 합의한 날을 거래계약의 체결일로 봅니다.

작성방법

1. ①·② 거래당사자가 다수인 경우 매도인 또는 매수인의 주소란에 ⑥의 거래대상별 거래지분을 기준으로 각자의 거래 지분 비율(매도인과 매수인의 거래지분 비율은 일치해야 합니다)을 표시하고, 거래당사자가 외국인인 경우 거래당사자의 국적을 반드시 적어야 하며, 외국인이 부동산 등을 매수하는 경우 매수용도란의 주거용(아파트), 주거용(단독주택), 주거용(그 밖의 주택), 레저용, 상업용, 공장용, 그 밖의 용도 중 하나에 ✔표시를 합니다.
2. ③ "법인신고서 등"란은 별지 제1호의2 서식의 법인 주택 거래계약 신고서, 별지 제1호의3 서식의 주택취득자금 조달 및 입주계획서, 제2조 제7항 각 호의 구분에 따른 서류, 같은 항 후단에 따른 사유서 및 별지 제1호의4 서식의 토지취득자금 조달 및 토지이용계획서를 이 신고서와 함께 제출하는지 또는 별도로 제출하는지를 ✔표시하고, 그 밖의 경우에는 해당 없음에 ✔표시를 합니다.
3. ④ 부동산 매매의 경우 "종류"란에는 토지, 건축물 또는 토지 및 건축물(복합부동산의 경우)에 ✔표시를 하고, 해당 부동산이 "건축물" 또는 "토지 및 건축물"인 경우에는 (   )에 건축물의 종류를 "아파트, 연립, 다세대, 단독, 다가구, 오피스텔, 근린생활시설, 사무소, 공장" 등 「건축법 시행령」 별표 1에 따른 용도별 건축물의 종류를 적습니다.
4. ⑤ 공급계약은 시행사 또는 건축주 등이 최초로 부동산을 공급(분양)하는 계약을 말하며, 준공 전과 준공 후 계약 여부에 따라 ✔표시하고, "임대주택 분양전환"은 임대주택사업자(법인으로 한정)가 임대기한이 완료되어 분양전환하는 주택인 경우에 ✔표시합니다. 전매는 부동산을 취득할 수 있는 권리의 매매로서, "분양권" 또는 "입주권"에 ✔표시를 합니다.
5. ⑥ 소재지는 지번(아파트 등 집합건축물의 경우에는 동·호수)까지, 지목/면적은 토지대장상의 지목·면적, 건축물대장상의 건축물 면적(집합건축물의 경우 호수별 전용면적, 그 밖의 건축물의 경우 연면적), 등기사항증명서상의 대지권 비율, 각 거래대상의 토지와 건축물에 대한 거래 지분을 정확하게 적습니다.
6. ⑦ "계약대상 면적"란에는 실제 거래면적을 계산하여 적되, 건축물 면적은 집합건축물의 경우 전용면적을 적고, 그 밖의 건축물의 경우 연면적을 적습니다.
7. ⑧ "물건별 거래가격"란에는 각각의 부동산별 거래가격을 적습니다. 최초 공급계약(분양) 또는 전매계약(분양권, 입주권)의 경우 분양가격, 발코니 확장 등 선택비용 및 추가 지급액 등(프리미엄 등 분양가격을 초과 또는 미달하는 금액)을 각각 적습니다. 이 경우 각각의 비용에 부가가치세가 있는 경우 부가가치세를 포함한 금액으로 적습니다.
8. ⑨ "총 실제 거래가격"란에는 전체 거래가격(둘 이상의 부동산을 함께 거래하는 경우 각각의 부동산별 거래가격의 합계 금액)을 적고, 계약금/중도금/잔금 및 그 지급일을 적습니다.
9. ⑩ "종전 부동산"란은 입주권 매매의 경우에만 작성하고, 거래금액란에는 추가 지급액 등(프리미엄 등 분양가격을 초과 또는 미달하는 금액) 및 권리가격, 합계 금액, 계약금, 중도금, 잔금을 적습니다.
10. ⑪ "계약의 조건 및 참고사항"란은 부동산 거래계약 내용에 계약조건이나 기한을 붙인 경우, 거래와 관련한 참고내용이 있을 경우에 적습니다.
11. 다수의 부동산, 관련 필지, 매도·매수인, 개업공인중개사 등 기재사항이 복잡한 경우에는 다른 용지에 작성하여 간인 처리한 후 첨부합니다.
12. 소유권이전등기 신청은 「부동산등기 특별조치법」 제2조 제1항 각 호의 구분에 따른 날부터 60일 이내에 신청해야 하며, 이를 이행하지 않는 경우에는 같은 법 제11조에 따라 과태료가 부과될 수 있으니 유의하시기 바랍니다.

2 신고사항의 정정·변경사항

(1) **정정신청**
   ① 거래당사자의 주소·전화번호 또는 휴대전화번호
   ② 거래 지분 비율
   ③ 개업공인중개사의 전화번호·상호 또는 사무소 소재지
   ④ 거래대상 건축물의 종류
   ⑤ 거래대상 부동산 등(부동산을 취득할 수 있는 권리에 관한 계약의 경우에는 그 권리의 대상인 부동산을 말하며, 이하 같음)의 지목·면적, 거래 지분 및 대지권 비율

(2) **변경신고(등기신청 전까지)**
   ① 거래 지분 비율
   ② 거래 지분
   ③ 거래대상 부동산 등의 면적
   ④ 계약의 조건 또는 기한
   ⑤ 거래가격
   ⑥ 중도금·잔금 및 지급일
   ⑦ 공동매수의 경우 일부 매수인의 변경(매수인 중 일부가 제외되는 경우만 해당)
   ⑧ 거래대상 부동산 등이 다수인 경우 일부 부동산 등의 변경(거래대상 부동산 등 중 일부가 제외되는 경우만 해당)
   ⑨ 위탁관리인의 성명, 주민등록번호, 주소 및 전화번호(휴대전화번호 포함)

3 신고내용의 검증

(1) **검증체계 구축·운영**: 국토교통부장관은 부동산거래신고로 받은 내용, 「부동산 가격공시에 관한 법률」에 따라 공시된 토지 및 주택의 가액 그 밖의 부동산가격정보를 활용하여 부동산거래가격 검증체계를 구축·운영하여야 한다.

(2) **거래가격의 적정성 검증**: 신고관청은 부동산거래신고를 받은 경우 국토교통부장관이 구축·운영하는 부동산거래가격 검증체계를 활용하여 그 적정성을 검증하여야 한다.

(3) **검증결과의 과세자료 활용**: 신고관청은 부동산거래가격 검증결과를 해당 부동산 소재지 관할 세무관서의 장에게 통보하여야 하며, 통보받은 세무관서의 장은 해당 신고내용을 국세 또는 지방세 부과를 위한 과세자료로 활용할 수 있다.

(4) **업무위탁**: 국토교통부장관은 부동산거래가격 검증체계의 구축·운영업무를 「한국부동산원법」에 따른 한국부동산원에 위탁한다.

4 신고내용의 조사 등

(1) **신고관청의 조사**: 신고관청은 부동산거래신고, '해제 등' 신고 또는 외국인 등의 취득 및 보유신고받은 내용이 누락되어 있거나 정확하지 아니하다고 판단하는 경우에는 신고인에게 신고내용을 보완하게 하거나 신고한 내용의 사실 여부를 확인하기 위하여 소속 공무원으로 하여금 거래당사자 또는 개업공인중개사에게 거래계약서, 다음의 거래대금 지급을 증명할 수 있는 자료 등 관련 자료의 제출을 요구하는 등 필요한 조치를 취할 수 있다.
① 거래계약서 사본
② 거래대금의 지급을 확인할 수 있는 입금표 또는 통장 사본
③ 매수인이 거래대금의 지급을 위하여 다음의 행위를 하였음을 증명할 수 있는 자료
　㉠ 대출
　㉡ 정기예금 등의 만기수령 또는 해약
　㉢ 주식·채권 등의 처분
④ 매도인이 매수인으로부터 받은 거래대금을 예금 외의 다른 용도로 지출한 경우 이를 증명할 수 있는 자료
⑤ 그 밖에 신고내용의 사실 여부를 확인하기 위하여 필요한 자료

(2) **국토교통부장관의 조사**: 신고관청의 신고내용 조사에도 불구하고 국토교통부장관은 필요한 때에는 신고내용 조사를 직접 또는 신고관청과 공동으로 실시할 수 있다.

(3) **조사를 위한 자료제출요청**: 국토교통부장관 및 신고관청은 신고내용 조사를 위하여 국세·지방세에 관한 자료, 소득·재산에 관한 자료 등을 관계 행정기관의 장에게 요청할 수 있다. 이 경우 요청을 받은 관계 행정기관의 장은 정당한 사유가 없으면 그 요청에 따라야 한다.

(4) **조사 결과의 보고**: 신고관청은 부동산거래신고내용을 조사한 경우에는 그 조사 결과를 시·도지사에게 보고하여야 하며, 시·도지사는 신고관청이 보고한 내용을 취합하여 매월 1회 국토교통부장관에게 보고(전자문서에 의한 보고 또는 부동산정보체계에 입력하는 것 포함)하여야 한다.

(5) 조사 결과의 조치: 국토교통부장관 및 신고관청은 신고내용 조사 결과 그 내용이 이 법 또는 「주택법」, 「공인중개사법」, 「상속세 및 증여세법」 등 다른 법률을 위반하였다고 판단되는 때에는 이를 수사기관에 고발하거나 관계 행정기관에 통보하는 등 필요한 조치를 할 수 있다.

5 부동산 거래신고 등에 관한 법률상 금지행위(공인중개사법령상 교란행위에 해당)

(1) 개업공인중개사에게 부동산거래신고를 하지 아니하게 하거나 거짓으로 신고하도록 요구하는 행위(500⇩)

(2) 신고의무자가 아닌 자가 거짓으로 부동산거래신고를 하는 행위(취득가액의 100분의 5⇩)

(3) 거짓으로 부동산거래신고를 하는 행위를 조장하거나 방조하는 행위(500⇩)

(4) 부동산거래신고대상 계약을 체결하지 아니하였음에도 불구하고 거짓으로 신고를 하는 행위(3천⇩)

(5) 부동산거래신고대상 계약이 해제 등이 되지 아니하였음에도 불구하고 거짓으로 해제 등 신고를 하는 행위(3천⇩)

6 기본확인사항

(1) 외국인에 한하여 부동산거래신고서에 국적과 매수용도 등을 기재한다. (○)

(2) 종전 부동산란은 분양권 매매의 경우에만 작성한다. (×)

(3) 계약대상 면적에는 실제 거래면적을 계산하여 적되, 건축물면적은 집합건축물의 경우 전용면적을 적고, 그 밖의 건축물의 경우 연면적을 적는다. (○) 제34회

(4) 부동산거래신고한 물건 자체를 정정하거나 변경할 수는 없다. (○)

(5) 정정신청 또는 변경신고를 받은 신고관청은 정정사항 또는 변경사항을 확인한 후 지체 없이 해당 내용을 정정 또는 변경하고, 정정사항 또는 변경사항을 반영한 부동산거래신고필증을 재발급해야 한다. (○)

(6) 부동산거래신고를 하지 아니하거나 게을리 한 자도 「부동산 거래신고 등에 관한 법률」 제4조로 규정한 '금지행위'에 해당한다. (×)

(7) 부동산거래신고 의무자가 부동산거래신고를 거짓으로 하는 행위도 「부동산 거래신고 등에 관한 법률」 제4조로 규정한 '금지행위'에 해당한다. (×)

(8) 신고관청은 부동산거래신고내용을 조사한 경우에는 그 조사 결과를 특별시장, 광역시장, 특별자치시장, 도지사 또는 특별자치도지사에게 보고하여야 하며, 신고관청이 보고한 내용은 취합하여 매월 1회 국토교통부장관에게 보고(전자문서에 의한 보고 또는 부동산정보체계에 입력하는 것 포함)하여야 한다. (○)

(9) 국토교통부장관은 부동산거래가격 검증체계의 구축·운영업무를 '한국부동산원'에 위탁한다. (○)

> **핵심** 기출지문분석

1. 신고관청은 부동산거래신고의 내용에 누락이 있는 경우 신고인에게 신고내용을 보완하게 할 수 있다. 제27회
2. 거래대상의 종류가 공급계약(분양) 또는 전매계약(분양권·입주권)인 경우 물건별 거래가격 및 총 실제 거래가격에 부가가치세를 포함한 금액을 적는다. 제26회, 제27회, 제28회, 제33회, 제34회
3. 거래당사자가 외국인인 경우 거래당사자의 국적을 반드시 적어야 하며, 외국인이 부동산 등을 매수하는 경우 매수용도란의 하나에 표시한다. 제29회, 제33회
4. 계약대상 면적에는 실제 거래면적을 계산하여 적되, 건축물 면적은 집합건축물의 경우 전용면적을 적고, 그 밖의 건축물의 경우 연면적을 적는다. 제26회, 제28회, 제29회, 제31회, 제33회, 제34회
5. 종전 부동산란은 입주권 매매의 경우에만 작성한다. 제26회, 제27회, 제33회
6. '계약의 조건 및 참고사항'란은 부동산거래계약 내용에 계약조건이나 기한을 붙인 경우, 거래와 관련한 참고내용이 있을 경우에 적는다. 제27회, 제33회
7. 부동산거래계약신고서의 물건별 거래가격란에 발코니 확장 등 선택비용에 대한 기재란이 있다. 제31회
8. 거래대상 부동산의 공법상 거래규제 및 이용제한에 관한 사항은 부동산거래계약신고서의 기재사항이 아니다. 제28회, 제30회
9. 자금조달 및 입주계획란은 비규제지역에 소재한 주택으로서 실제 거래가격이 6억원 미만인 주택을 법인 외의 자가 거래하는 경우 부동산거래계약신고서에 해당 없음에 ✔표시를 한다. 제26회, 제29회
10. '임대주택 분양전환'은 법인인 임대주택사업자가 임대기한이 완료되어 분양전환하는 주택인 경우에 ✔표시를 한다. 제29회, 제34회
11. 거래금액란에는 둘 이상의 부동산을 함께 거래하는 경우 각각의 부동산별 거래금액을 적는다. 제27회
12. 부동산거래계약 신고사항 중 개업공인중개사의 성명·주소는 정정 또는 변경사항에 해당하지 않는다. 제30회
13. 신고사항 중 거래 지분, 계약의 기한, 계약대상 면적, 중도금 및 지급일 등은 변경신고서를 제출할 수 있는 항목에 해당한다. 제24회

Theme 27 주택임대차계약신고제

▶ 부동산 거래신고 등에 관한 법령

1 주택임대차계약의 신고제

(1) **신고대상 주택**: 신고대상 주택은 「주택임대차보호법」 제2조에 따른 주택, 즉 '주거용 건물의 전부 또는 일부의 임대차이며, 그 임차주택의 일부가 주거 외의 목적으로 사용되는 경우에도 또한 같다'를 의미한다.

(2) **신고지역**: 특별자치시 · 특별자치도 · 시 · 군(광역시, 경기도 내) · 자치구

(3) **신고대상 계약**: 보증금이 6천만원을 초과하거나 월 차임 30만원을 초과하는 주택임대차계약(계약을 갱신하는 경우로서 보증금 및 차임의 증감 없이 임대차기간만 연장하는 계약은 제외)

(4) **신고의무자 및 신고기한**: 임대차계약 당사자(외국인 등을 포함)는 임대차계약의 체결일부터 30일 이내에 주택 소재지를 관할하는 신고관청에 공동으로 신고하여야 한다. 임대차계약 당사자 중 일방이 신고를 거부하는 경우에는 국토교통부령으로 정하는 바에 따라 단독으로 신고할 수 있다. 단, 임대차계약 당사자 중 일방이 국가 등인 경우에는 국가 등이 신고하여야 한다.

(5) **신고사항**
① 임대차계약 당사자의 인적사항
  ㉠ 자연인인 경우: 성명, 주소, 주민등록번호(외국인인 경우에는 외국인등록번호) 및 연락처
  ㉡ 법인인 경우: 법인명, 사무소 소재지, 법인등록번호 및 연락처
  ㉢ 법인 아닌 단체인 경우: 단체명, 소재지, 고유번호 및 연락처
② 임대차 목적물(주택을 취득할 수 있는 권리에 관한 계약인 경우에는 그 권리의 대상인 주택을 말함)의 소재지, 종류, 임대 면적 등 임대차 목적물 현황
③ 보증금 또는 월 차임
④ 계약 체결일 및 계약 기간
⑤ 「주택임대차보호법」에 따른 계약갱신요구권의 행사 여부(계약을 갱신한 경우만 해당)
⑥ 해당 주택임대차계약을 중개한 개업공인중개사의 사무소 명칭, 사무소 소재지, 대표자 성명, 등록번호, 전화번호 및 소속공인중개사 성명

(6) **신고관청의 조치**: 신고를 받은 신고관청은 그 신고내용을 확인한 후 신고인에게 신고필증을 지체 없이 발급하여야 한다.

(7) **사무의 위임**: 신고관청은 임대차계약 신고규정에 따른 사무에 대한 해당 권한의 일부를 그 지방자치단체의 조례로 정하는 바에 따라 읍·면·동장 또는 출장소장에게 위임할 수 있다.

(8) **변경 및 해제신고**: 임대차계약 당사자(외국인 등을 포함)는 변경 또는 해제가 확정된 날부터 30일 이내에 신고관청에 공동으로 신고하여야 한다(이후 내용은 최초 신고절차와 동일).

(9) **신고의무 위반에 대한 제재**: 주택임대차계약의 신고를 하지 아니하거나(공동신고를 거부한 자 포함) 그 신고를 거짓으로 한 자(주택임대차계약의 변경 및 해제신고 포함)에게는 100만원 이하의 과태료가 부과될 수 있다.

(10) **준용규정**: 「부동산 거래신고 등에 관한 법률」상 금지행위규정, 신고내용의 검증규정, 조사 등 규정 준용

(11) **다른 법률에 따른 신고 등의 의제**
① 전입신고시 주택임대차계약신고 의제
② 임대사업자 등의 신고에 따른 주택임대차계약신고 의제
③ 주택임대차계약신고시 확정일자 의제

2 기본확인사항

(1) 부동산거래신고 대상물에 대한 임대차계약을 체결한 당사자는 임대차계약신고를 공동으로 하여야 한다. (×) 제34회

(2) 주택임대차계약신고는 해당 임대차계약을 중개한 개업공인중개사가 하여야 한다. (×)

(3) 주택임대차계약신고를 하면 확정일자를 부여받은 것으로 본다. (○) 제34회

(4) 「주민등록법」에 따라 전입신고를 하여도 임대차계약의 당사자는 주택임대차계약신고를 별도로 하여야 한다. (×) 제34회

핵심 기출지문분석

1. 보증금이 6천만원을 초과하거나 월 차임이 30만원을 초과하는 주택임대차계약을 신규로 체결한 계약당사자는 그 보증금 또는 차임 등을 임대차계약의 체결일부터 30일 이내에 주택 소재지를 관할하는 신고관청에 공동으로 신고해야 한다. 제32회

2. 외국인 등이 일정한 주택을 제외한 부동산 임대차계약을 체결하는 경우 신고할 필요 없다. 제30회

3. 임대차계약 당사자는 주택임대차계약신고를 한 후 해당 주택임대차계약의 보증금, 차임 등 임대차가격이 변경되거나 임대차계약이 해제된 때에는 변경 또는 해제가 확정된 날부터 30일 이내에 해당 신고관청에 공동으로 신고하여야 한다(임대차계약 당사자 중 일방이 신고를 거부하는 경우에는 단독으로 신고할 수 있다). 제34회

4. 주택임차인이 「주민등록법」에 따라 전입신고를 하는 경우 주택임대차계약의 신고를 한 것으로 본다. 제34회

5. 임대차계약서를 제출하면서 주택임대차계약신고를 하고 접수가 완료되면 「주택임대차보호법」에 따른 확정일자가 부여된 것으로 본다. 제34회

6. 특별자치시 소재 주택으로서 보증금이 6천만원이고 월 차임이 30만원으로 임대차계약을 신규 체결한 경우 주택임대차계약신고 대상이 아니다. 제35회

7. A시 소재 주택으로서 보증금이 5천만원이고 월 차임이 40만원으로 임대차계약을 신규 체결한 경우 주택임대차계약신고 대상이다. 제35회

8. 자연인과 「지방공기업법」에 따른 지방공사가 신고대상인 주택임대차계약을 체결한 경우 지방공사가 단독으로 신고하여야 한다. 제35회

9. 광역시 내 군(郡) 소재 주택으로서 보증금이 1억원이고 월 차임이 100만원으로 신고된 임대차계약에서 보증금 및 차임의 증감 없이 임대차기간만 연장하는 갱신계약은 신고대상이 아니다. 제35회

10. 개업공인중개사가 신고대상인 주택임대차계약을 중개한 경우라도 해당 개업공인중개사에게 신고의무는 없다. 제35회

주택임대차계약 신고서

※ 뒤쪽의 유의사항·작성방법을 읽고 작성하시기 바라며, [ ]에는 해당하는 곳에 ✔표를 합니다. (앞쪽)

접수번호			접수일시		처리기간	지체 없이
① 임대인	성명(법인·단체명)			주민등록번호(법인·외국인등록·고유번호)		
	주소(법인·단체 소재지)					
	전화번호			휴대전화번호		
② 임차인	성명(법인·단체명)			주민등록번호(법인·외국인등록·고유번호)		
	주소(법인·단체 소재지)					
	전화번호			휴대전화번호		
③ 임대 목적물 현황	종류	아파트 [ ] 연립 [ ] 다세대 [ ] 단독 [ ] 다가구 [ ] 오피스텔 [ ] 고시원 [ ] 그 밖의 주거용 [ ]				
	④ 소재지(주소)					
	건물명( )			동	층	호
	⑤ 임대 면적(m²)		m²	방의 수(칸)		칸
임대 계약내용	⑥ 신규 계약 [ ]	임대료	보증금	원		
			월차임	원		
		계약 기간	년 월 일 ~ 년 월 일			
		체결일	년 월 일			
	⑦ 갱신 계약 [ ]	종전 임대료	보증금	원		
			월차임	원		
		갱신 임대료	보증금	원		
			월차임	원		
		계약 기간	년 월 일 ~ 년 월 일			
		체결일	년 월 일			
	⑧ 「주택임대차보호법」 제6조의3에 따른 계약갱신요구권 행사 여부 [ ] 행사 [ ] 미행사					
개업공인 중개사	사무소 명칭			사무소 명칭		
	사무소 소재지			사무소 소재지		
	대표자 성명			대표자 성명		
	등록번호			등록번호		
	전화번호			전화번호		
	소속공인중개사 성명			소속공인중개사 성명		

「부동산 거래신고 등에 관한 법률」 제6조의2 및 같은 법 시행규칙 제6조의2에 따라 위와 같이 주택임대차계약 내용을 신고합니다.

년 월 일

신고인
임대인: (서명 또는 인)
임차인: (서명 또는 인)
제출인: (서명 또는 인)
(제출 대행시)

시장·군수·구청장(읍·면·동장·출장소장) 귀하

(뒤쪽)

첨부서류	1. 주택임대차계약서(「부동산 거래신고 등에 관한 법률」 제6조의5 제3항에 따른 확정일자를 부여받으려는 경우 및 「부동산 거래신고 등에 관한 법률 시행규칙」 제6조의2 제3항 · 제5항 · 제9항에 따른 경우만 해당합니다) 2. 입금표 · 통장사본 등 주택임대차계약 체결 사실을 입증할 수 있는 서류 등(주택임대차계약서를 작성하지 않은 경우만 해당합니다) 및 계약갱신요구권 행사 여부를 확인할 수 있는 서류 등 3. 단독신고사유서(「부동산 거래신고 등에 관한 법률」 제6조의2 제3항 및 같은 법 시행규칙 제6조의2 제5항에 따라 단독으로 주택임대차 신고서를 제출하는 경우만 해당합니다)

유의사항

1. 「부동산 거래신고 등에 관한 법률」 제6조의2 제1항 및 같은 법 시행규칙 제6조의2 제1항에 따라 주택임대차계약 당사자는 이 신고서에 공동으로 서명 또는 날인해 계약 당사자 중 일방이 신고서를 제출해야 하고, 계약 당사자 중 일방이 국가, 지방자치단체, 공공기관, 지방직영기업, 지방공사 또는 지방공단인 경우(국가 등)에는 국가 등이 신고해야 합니다.
2. 주택임대차계약의 당사자가 다수의 임대인 또는 임차인인 경우 계약서에 서명 또는 날인한 임대인 및 임차인 1명의 인적사항을 적어 제출할 수 있습니다.
3. 「부동산 거래신고 등에 관한 법률 시행규칙」 제6조의2 제3항에 따라 주택임대차계약 당사자 일방이 이 신고서에 주택임대차계약서 또는 입금증, 주택임대차계약과 관련된 금전거래내역이 적힌 통장사본 등 주택임대차계약 체결 사실을 입증할 수 있는 서류 등(주택임대차계약서를 작성하지 않은 경우만 해당합니다), 「주택임대차보호법」 제6조의3에 따른 계약갱신요구권 행사 여부를 확인할 수 있는 서류 등을 제출하는 경우에는 계약 당사자가 공동으로 신고한 것으로 봅니다.
4. 「부동산 거래신고 등에 관한 법률 시행규칙」 제6조의2 제9항에 따라 신고인이 같은 조 제1항 각 호의 사항이 모두 적힌 주택임대차계약서를 신고관청에 제출하면 주택임대차계약 신고서를 제출하지 않아도 됩니다. 이 경우 신고관청에서 주택임대차계약서로 주택임대차 신고서 작성 항목 모두를 확인할 수 없으면 주택임대차계약 신고서의 제출을 요구할 수 있습니다.
5. 「부동산 거래신고 등에 관한 법률 시행규칙」 제6조의5에 따라 주택임대차계약 당사자로부터 신고서의 작성 및 제출을 위임받은 자는 제출인란에 서명 또는 날인해 제출해야 합니다.
6. 주택임대차계약의 내용을 계약 체결일부터 30일 이내에 신고하지 않거나, 거짓으로 신고하는 경우 「부동산 거래신고 등에 관한 법률」 제28조 제5항 제3호에 따라 100만원 이하의 과태료가 부과됩니다.
7. 신고한 주택임대차계약의 보증금, 차임 등 임대차 가격이 변경되거나 임대차계약이 해제된 경우에도 변경 또는 해제가 확정된 날부터 30일 이내에 「부동산 거래신고 등에 관한 법률」 제6조의3에 따라 신고해야 합니다.

작성방법

① · ② 임대인 및 임차인의 성명 · 주민등록번호 등 인적사항을 적으며, 주택임대차계약의 당사자가 다수의 임대인 또는 임차인인 경우 계약서에 서명 또는 날인한 임대인 및 임차인 1명의 인적사항을 적어 제출할 수 있습니다.
③ 임대 목적물 현황의 종류란에는 임대차대상인 주택의 종류에 ✔표시를 하고, 주택의 종류를 모를 경우 건축물대장(인터넷 건축행정시스템 세움터에서 무료 열람 가능)에 적힌 해당 주택의 용도를 참고합니다.
④ 소재지(주소)란에는 임대차대상 주택의 소재지(주소)를 적고, 건물명이 있는 경우 건물명(예: ○○아파트, ○○빌라, 다가구건물명 등)을 적으며, 동 · 층 · 호가 있는 경우 이를 적고, 구분 등기가 되어 있지 않은 다가구주택 및 고시원 등의 일부를 임대한 경우에도 동 · 층 · 호를 적습니다.
⑤ 임대 면적란에는 해당 주택의 건축물 전체에 대해 임대차계약을 체결한 경우 집합건축물은 전용면적을 적고, 그 밖의 건축물은 연면적을 적습니다. 건축물 전체가 아닌 일부를 임대한 경우에는 임대차계약대상 면적만 적고 해당 면적을 모르는 경우에는 방의 수(칸)를 적습니다.
⑥ · ⑦ 신고하는 주택임대차계약이 신규 계약 또는 갱신 계약 중 해당하는 하나에 ✔표시를 하고, 보증금 또는 월 차임(월세) 금액을 각각의 란에 적으며, 임대차계약 기간과 계약 체결일도 각각의 란에 적습니다.
⑧ 갱신 계약란에 ✔표시를 한 경우 임차인이 「주택임대차보호법」 제6조의3에 따른 계약갱신요구권을 행사했는지를 "행사" 또는 "미행사"에 ✔표시를 합니다.
※ 같은 임대인과 임차인이 소재지(주소)가 다른 다수의 주택에 대한 임대차계약을 일괄하여 체결한 경우에도 임대 목적물별로 각각 주택임대차 신고서를 작성해 제출해야 합니다.

처리절차

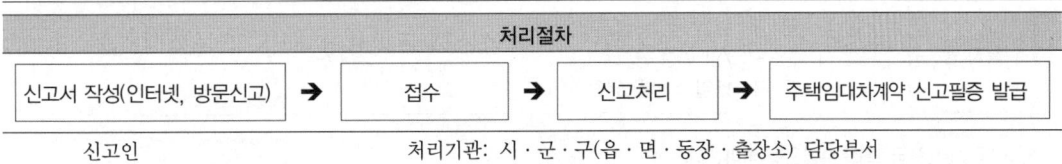

신고인   처리기관: 시 · 군 · 구(읍 · 면 · 동장 · 출장소) 담당부서

210mm×297mm[백상지(80g/m²) 또는 중질지(80g/m²)]

▶ 부동산 거래신고 등에 관한 법령

Theme 28 토지거래허가제 上

1 토지거래허가제도 개관

(1) **제도의 취지**: 토지거래에 대한 사전허가제

(2) **허가를 받지 아니하고 계약을 체결한 경우**: 확정적 무효(2년 이하 징역 / 토지가격의 30% 상당액 이하 벌금). 단, 허가를 받을 것을 전제로 계약을 체결한 경우: 유동적 무효(처벌 없음)

> 1. 허가대상 계약: 토지에 대한 소유권·지상권을 유상으로 이전하거나 설정하는 계약(예약 포함)과 판결
> 2. 허가신청의무자: 거래당사자가 공동으로 허가를 받아야 하며, 허가받은 사항을 변경하려는 경우에도 또한 같다.

2 토지거래허가구역 지정절차

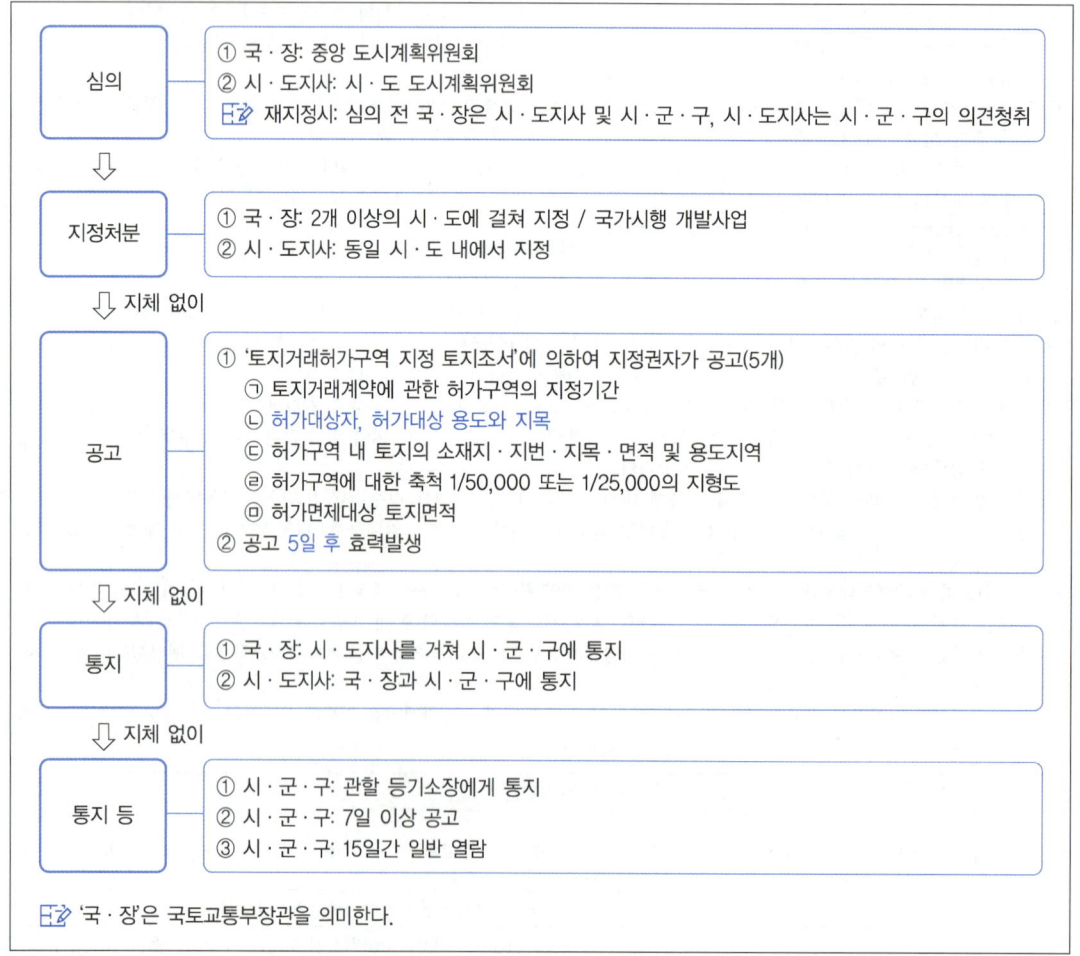

> '국·장'은 국토교통부장관을 의미한다.

3 토지거래허가 면제대상 토지면적

도시지역 안	도시지역 외의 지역
① 주거지역: 60m² 이내 ② 상업지역: 150m² 이내 ③ 공업지역: 150m² 이내 ④ 녹지지역: 200m² 이내 ⑤ 기타 미지정지역: 60m² 이내	① 원칙: 250m² 이내 ② 농지: 500m² 이내 ③ 임야: 1,000m² 이내

📝 지정권자가 허가구역 지정시 기준면적의 10% ~ 300% 범위에서 따로 정하여 공고하는 경우에는 그에 따른다.

4 탈법행위 방지대책

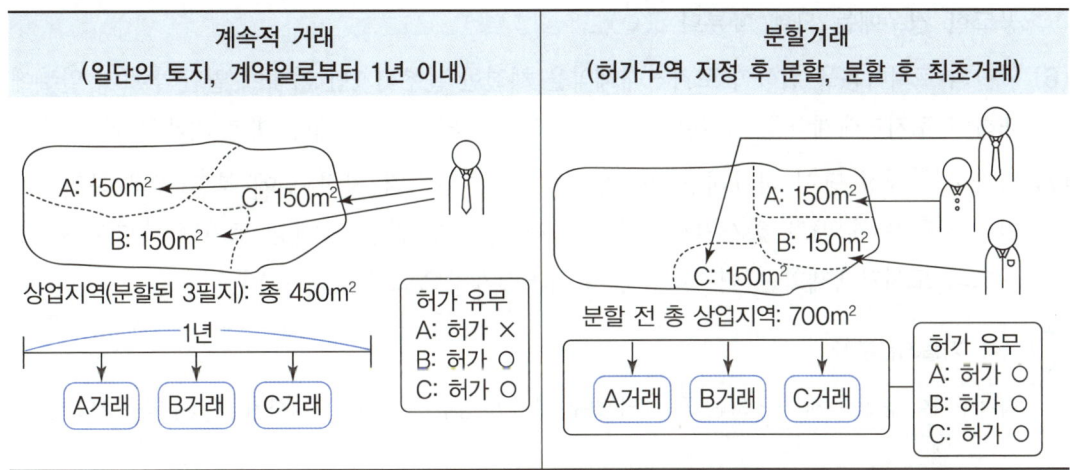

📝 1. 일단(一團)의 토지: 한 덩어리의 토지를 의미한다.
　　2. 허가구역 지정 후 해당 토지가 공유 지분으로 거래되는 경우에도 허가대상이다.

5 다른 법률과의 관계

(1) 허가구역 내의 농지로서 허가를 받은 경우: 「농지법」상 농지취득자격증명 불요(不要)
(2) 허가구역 내에서 토지거래계약허가를 받은 경우: 「부동산등기 특별조치법」상 검인의제
(3) 외국인 등이 토지거래계약허가를 받은 경우: 외국인 등의 토지취득허가 면제(상호면제)

6 기본확인사항

(1) 유동적 무효란 허가를 받을 때까지는 무효이지만 일단 허가를 받으면 그 거래계약은 소급해서 유효로 되고 이와 달리 불허가가 된 때에는 무효로 확정되는 현재 무효인 상태를 말한다. (○)

(2) 토지거래허가구역은 5년 이내의 기간을 정하여 지정할 수 있다. (○) 제32회, 제35회

(3) 토지거래허가구역 지정공고일로부터 허가구역의 효력이 발생한다. (×)

(4) 토지거래허가구역 지정기간이 끝나는 구역을 다시 지정하려면 도시계획위원회의 심의 전에 미리 시·도지사(국토교통부장관이 지정하는 경우에 한함) 및 시·군·구의 의견을 들어야 한다. (○)

(5) 허가구역 지정시 면제대상 기준면적의 10% 이상 300% 이하의 범위에서 따로 정하여 공고한 경우에는 그에 따른다. (○)

(6) 일단의 토지이용을 위하여 토지거래계약을 체결한 날부터 1년 이내에 일단의 토지 일부에 대하여 토지거래계약을 체결한 경우에는 그 일단의 토지 전체에 대한 거래로 본다. (○)

(7) 허가구역 지정 당시 허가대상 면적인 토지가 허가구역 지정 후에 분할(공공 목적으로 인한 분할은 제외)로 허가면제대상 토지가 된 경우 분할된 해당 토지에 대한 분할 후 최초의 토지거래계약은 허가대상인 토지거래계약으로 본다. (○)

핵심 기출지문분석

1. 허가구역이 동일한 시·군 또는 구 안의 일부 지역인 경우에는 시·도지사가 허가구역을 지정한다.
   제27회 부동산공법

2. 시·도지사가 허가구역으로 지정하려면 시·도 도시계획위원회의 심의를 거쳐야 한다.
   제27회 부동산공법, 제31회

3. 시·도지사는 법령의 개정으로 인해 토지이용에 대한 행위제한이 완화되는 지역을 허가구역으로 지정할 수 있다. 제32회

4. 허가구역의 지정은 그 지정을 공고한 날부터 5일 후에 그 효력이 발생한다.
   제28회, 제31회, 제32회, 제33회, 제34회, 제35회

5. 허가구역 지정의 공고에는 허가구역에 대한 축척 1/50,000 또는 1/25,000의 지형도가 포함되어야 한다. 제32회

6. 토지의 투기적인 거래 성행으로 지가가 급격히 상승하는 등의 특별한 사유가 있다 하더라도 5년을 넘지 않는 범위 내에서 허가구역을 지정할 수 있다. 제32회, 제35회

7. 국토교통부장관 또는 시·도지사는 허가구역의 지정 사유가 없어졌다고 인정되면 지체 없이 허가구역의 지정을 해제해야 한다. 제33회

8. 허가구역 지정에 이의가 있다 하더라도 이의신청제도는 없다. 제32회

9. 시·도지사가 토지거래허가구역을 지정한 때에는 이를 공고하고 그 공고내용을 국토교통부장관, 시장·군수 또는 구청장에게 통지하여야 한다. 제31회
10. 허가구역을 지정 통지를 받은 시장·군수 또는 구청장은 지체 없이 그 공고내용을 그 허가구역을 관할하는 등기소의 장에게 통지하여야 한다. 제32회, 제35회
11. 「민사집행법」에 따른 경매의 경우에는 허가구역 내 토지거래에 대한 허가의 규정은 적용하지 아니한다. 제28회
12. 국세의 체납처분을 하는 경우에는 '허가구역 내 토지거래에 대한 허가'의 규정을 적용하지 아니한다. 제33회
13. 농지에 대하여 토지거래계약허가를 받은 경우에도 「농지법」에 따른 농지전용허가는 별도로 받아야 한다. 제33회
14. 토지거래허가를 받으려는 자는 그 허가신청서에 계약내용과 그 토지의 이용계획, 취득자금 조달계획 등을 적어 시장·군수 또는 구청장에게 제출해야 한다. 제33회
15. 「국토의 계획 및 이용에 관한 법률」에 따른 도시지역 중 주거지역의 경우 $60m^2$ 이하의 토지에 대해서는 토지거래계약허가가 면제된다. 제31회
16. 토지거래허가구역의 지정 당시 국토교통부장관 또는 시·도지사가 따로 정하여 공고하지 않은 경우, 「국토의 계획 및 이용에 관한 법률」에 따른 도시지역 중 녹지지역 안의 $180m^2$ 면적의 토지거래계약에 관하여는 허가가 필요 없다. 제32회
17. 허가를 받기 전에 당사자는 매매계약상 채무불이행을 이유로 계약을 해제할 수 없다. 제34회
18. 매매계약의 확정적 무효에 일부 귀책사유가 있는 당사자도 그 계약의 무효를 주장할 수 있다. 제34회
19. 허가구역이 둘 이상의 시·도의 관할구역에 걸쳐 있는 경우 국토교통부장관이 지정한다. 제35회
20. 허가구역 지정에 관한 공고내용의 통지를 받은 시장·군수 또는 구청장은 그 사실을 7일 이상 공고해야 하고, 그 공고내용을 15일간 일반이 열람할 수 있도록 해야 한다. 제35회
21. 「부동산 거래신고 등에 관한 법률」에 따라 외국인이 토지취득의 허가를 받은 경우에는 토지거래에 대한 허가의 규정이 적용되지 않는다. 제35회
22. 「공익사업을 위한 토지 등의 취득 및 보상에 관한 법률」에 따라 토지를 환매하는 경우에는 토지거래에 대한 허가의 규정이 적용되지 않는다. 제35회
23. 「한국농어촌공사 및 농지관리기금법」에 따라 한국농어촌공사가 농지의 매매를 하는 경우에는 토지거래에 대한 허가의 규정이 적용되지 않는다. 제35회

Theme 29 토지거래허가제 下

▶ 부동산 거래신고 등에 관한 법령

1 토지거래허가 절차

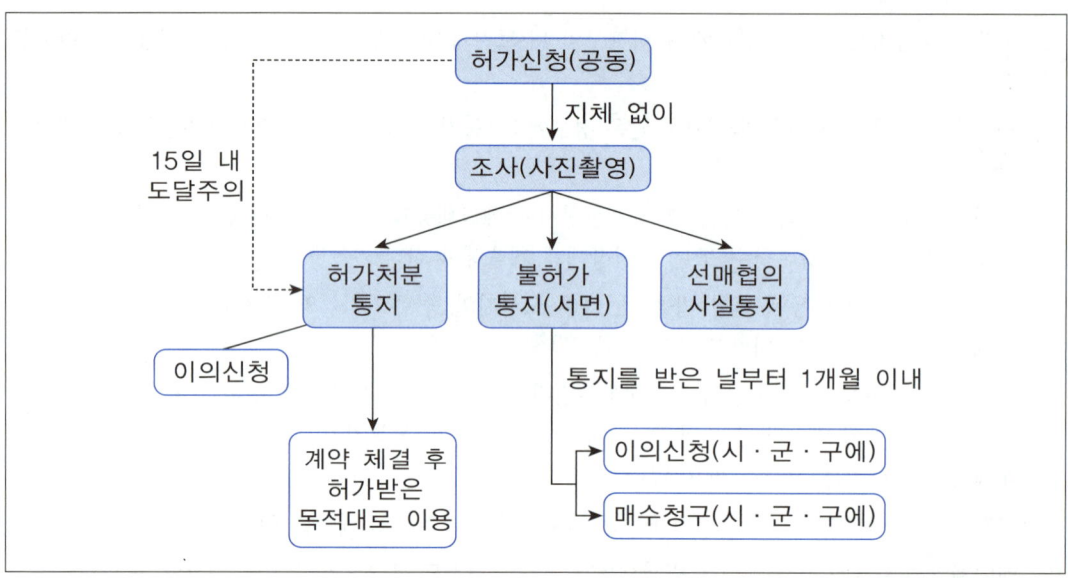

2 선매(先買) 절차

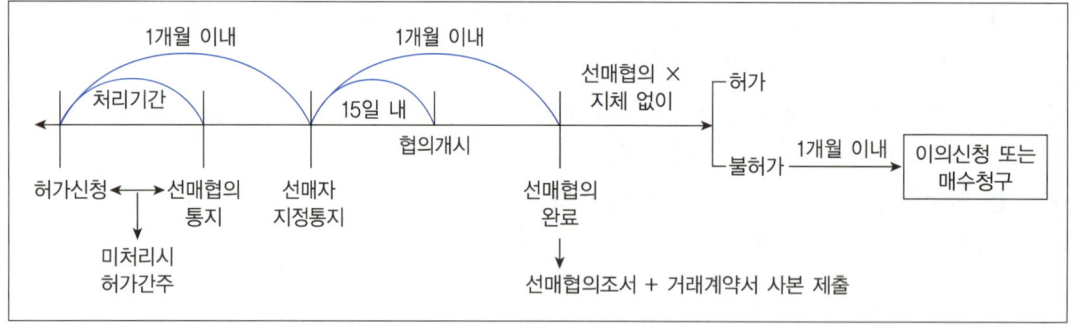

3 토지 이용의무 기간

(1) **토지취득일부터 2년**: 거주용 주택용지, 복지시설 또는 편익시설 설치용, 농업·축산업·임업·어업용, 대체농지, 대체토지

(2) **토지취득일부터 4년**
　① 공익사업용 토지, 그 사업과 밀접한 관련이 있는 사업용 토지
　② 지역·지구·구역 등의 지정목적에 적합하다고 인정되는 사업용 토지

(3) **토지취득일부터 5년**: 현상보존의 목적으로 취득한 토지, 기타(임대주택사업용 토지)

(4) **예외규정**
　① 관청의 승인 등
　　㉠ 토지이용을 위한 허가·인가 등을 국가 또는 지방자치단체가 제한
　　㉡ 허가관청의 이용목적 변경승인
　　㉢ 이용목적 변경에 관해 허가관청과 협의한 경우
　② 이용 불가
　　㉠ 해외이주, 병역복무, 자연재해로 이용불가한 경우, 공익사업의 시행 등
　　㉡ 토지이용계획의 변경에 따른 행위제한
　　㉢ 이용 불가를 시·군·구 도시계획위원회에서 인정한 경우
　③ 일부 임대: 단독주택(다중주택 및 공관 제외), 공동주택(기숙사 제외), 근린생활시설, 공장건축물을 취득하여 실제로 이용하는 자가 해당 건축물의 일부를 임대하는 경우
　④ 분양목적의 신탁계약: 토지거래계약허가를 받은 자가 주택(주상복합 포함) 또는 준주택을 건축·분양하기 위해 신탁업자와 신탁계약을 체결하고, 토지를 이용하는 경우

4 이행강제금

(1) **토지취득가액의 100분의 10에 상당하는 금액**: 허가를 받아 토지를 취득한 자가 당초의 목적대로 이용하지 아니하고 방치한 경우

(2) **토지취득가액의 100분의 7에 상당하는 금액**: 허가를 받아 토지를 취득한 자가 직접 이용하지 아니하고 임대한 경우

(3) **토지취득가액의 100분의 5에 상당하는 금액**: 허가를 받아 토지를 취득한 자가 허가관청의 승인 없이 당초의 이용목적을 변경하여 이용하는 경우

(4) **토지취득가액의 100분의 7에 상당하는 금액**: (1)부터 (3)까지에 해당하지 아니하는 경우

(5) 이행강제금 부과절차

① 이행명령: 문서로 하여야 하며, 이행기간은 3개월 이내
② 이행강제금: 이행명령 불이행시 실제 거래가격을 기준으로 부과
  ㉠ 이행명령일 기준으로 1년에 한 번씩 이행될 때까지 반복 부과·징수한다.
  ㉡ 단, 토지 이용의무 기간이 지난 후에는 이행강제금을 부과할 수 없다.
  ㉢ 이행명령을 받은 자가 그 명령을 이행하는 경우에는 새로운 이행강제금의 부과를 즉시 중지하되, 명령을 이행하기 전에 이미 부과된 이행강제금은 징수하여야 한다.
③ 이의제기: 이행강제금 부과처분을 고지받은 날부터 30일 이내에 허가관청에 제기

5 기본확인사항

(1) 토지거래허가구역에 거주하는 농업인으로서 본인이 거주하는 주소지로부터 30km 이내 소재 농지를 취득하려는 경우 허가를 받을 수 있다. (○)

(2) 공익사업용으로 농지를 협의양도하거나 수용된 사람(실제 경작자로 한정) 또는 그 농지를 임차·사용차하여 경작하던 사람이 농업손실에 대한 보상을 받은 경우, 협의양도하거나 수용된 날부터 3년 이내에 본인이 거주하는 주소지로부터 80km 안에 소재하는 허가구역 내 농지를 취득할 수 있다. 단, 종전의 토지가액(개별공시지가 기준) 이하인 (단, 행정기관의 장이 대체농지의 취득을 알선하는 경우 제외) 농지에 한한다. (○)

(3) 선매자는 토지소유자가 국가, 지방자치단체, 한국토지주택공사 등 공공기관 또는 공공단체 중에서 지정한다. (×)

(4) 선매대상 토지는 공익사업용 토지, 토지거래계약허가를 받아 취득한 토지를 그 이용목적대로 이용하고 있지 아니한 토지이다. (○)

(5) 선매자가 토지를 매수할 때의 가격은 감정평가가격을 기준으로 하되, 토지거래계약허가 신청서에 적힌 가격이 감정가격보다 낮은 경우에는 허가신청서에 적힌 가격으로 할 수 있다. (○)

(6) 허가관청은 허가받은 자가 허가받은 목적대로 이용하고 있는지를 매년 1회 이상 토지의 개발 및 이용 등의 실태를 조사하여야 한다. (○)

(7) 현상보존의 목적이란 이용·개발행위가 제한되거나 금지되는 토지를 말한다. (○)

(8) 이행강제금 부과기준이 되는 토지취득가액은 실제 거래가격으로 한다. 단, 실제 거래가격이 확인되지 아니하는 경우에는 취득 당시를 기준으로 가장 최근에 발표된 개별공시지가를 기준으로 산정한다. (○)

(9) 이행강제금은 최초의 이행명령이 있었던 날을 기준으로 1년에 한 번씩 그 이행명령이 이행될 때까지 반복하여 부과·징수할 수 있다. (○)

(10) 이행강제금은 토지 이용의무 기간이 지난 후에는 부과할 수 없다. 또한 이행명령을 받은 자가 그 명령을 이행하는 경우에는 새로운 이행강제금의 부과를 즉시 중지하되, 명령을 이행하기 전에 이미 부과된 이행강제금은 징수하여야 한다. (○)

핵심 기출지문분석

1. 거래를 중개한 개업공인중개사의 성명 및 주소는 토지거래계약허가신청서에 기재하거나 별지로 제출할 사항이 아니다. 제29회

2. 토지거래허가신청에 대해 불허가처분을 받은 자는 그 통지를 받은 날부터 1개월 이내에 시장·군수·구청장에게 해당 토지에 관한 권리의 매수를 청구할 수 있다. 제32회, 제33회, 제34회

3. 시장·군수·구청장은 공익사업용 토지에 대해 토지거래계약에 관한 허가신청이 있는 경우, 한국토지주택공사가 그 매수를 원하는 경우 한국토지주택공사를 선매자로 지정하여 그 토지를 협의매수하게 할 수 있다. 제32회, 제33회

4. 토지거래계약을 허가받은 자는 법령상의 사유가 있는 경우 외에는 토지취득일부터 5년의 범위 내에서 그 토지를 허가받은 목적대로 이용해야 한다. 제31회, 제32회

5. 토지의 소유권자에게 부과된 토지이용에 관한 의무는 그 토지에 관한 소유권 변동과 동시에 그 승계인에게 이전한다. 제33회

6. 자기의 거주용 주택용지로 이용할 목적으로 토지거래계약을 허가받은 자는 대통령령으로 정하는 사유가 있는 경우 외에는 토지취득일부터 2년간 그 토지를 허가받은 목적대로 이용해야 한다. 제28회

7. 토지의 이용의무를 이행하지 아니한 자에 대하여 3개월 이내의 기간을 정하여 토지의 이용의무를 이행하도록 문서로 명할 수 있다. 제31회, 제32회, 제33회

8. 토지이용의무를 이행하지 아니한 자에 대한 이행명령이 정하여진 기간에 이행되지 아니한 경우에는 토지취득가액의 100분의 10의 범위에서 이행강제금을 부과한다. 제33회

9. 토지거래계약허가를 받아 토지를 취득한 자가 당초의 목적대로 이용하지 아니하고 방치하여 이행명령을 받고도 정하여진 기간에 이를 이행하지 아니한 경우, 시장·군수 또는 구청장은 토지취득가액의 100분의 10에 상당하는 금액의 이행강제금을 부과한다. 제31회

10. 시장·군수·구청장은 토지거래계약허가를 받아 취득한 토지를 직접 이용하지 않고 임대하고 있다는 이유로 이행명령을 했음에도 정해진 기간에 이행되지 않은 경우, 토지취득가액의 100분의 7에 상당하는 금액의 이행강제금 부과조치를 취할 수 있다. 제30회, 제32회

11. 토지의 이용의무를 이행하지 않아 이행명령을 받은 자가 그 명령을 이행하는 경우에는 새로운 이행강제금의 부과를 즉시 중지하고, 명령을 이행하기 전에는 이미 부과된 이행강제금은 징수하여야 한다. 제28회, 제30회, 제31회

12. 시장·군수는 토지 이용의무 기간이 지난 후에는 이행강제금을 부과할 수 없다. 제30회, 제33회

13. 최초의 이행명령이 있었던 날을 기준으로 1년에 한 번씩 그 이행명령이 이행될 때까지 반복하여 이행강제금을 부과·징수할 수 있다. 제30회, 제31회

14. 허가받은 목적대로 토지를 이용하지 않았음을 이유로 이행강제금 부과처분을 받은 자가 시장·군수·구청장에게 이의를 제기하려면 그 처분을 고지받은 날부터 30일 이내에 해야 한다. 제30회, 제31회, 제32회

15. 시장·군수·구청장은 토지거래계약허가를 받아 취득한 토지를 직접 이용하지 않으면 최종적으로 토지거래계약허가를 취소할 수 있다. 제32회

16. 허가관청은 허가신청서를 받은 날부터 15일 이내에 허가 또는 불허가처분을 하여야 한다. 제34회

17. 허가구역에 있는 토지에 관하여 사용대차계약을 체결하는 경우에는 토지거래허가를 받을 필요가 없다. 제34회

18. 허가구역에 있는 토지거래에 대한 처분에 이의가 있는 자는 그 처분을 받은 날부터 1개월 이내에 시장·군수 또는 구청장에게 이의를 신청할 수 있다. 제34회

토지거래계약 허가 신청서

※ 뒤쪽의 유의사항·작성방법을 읽고 작성하시기 바라며, 색상이 어두운 란은 신청인이 작성하지 않습니다.   (앞쪽)

접수번호		접수일시		처리기간	15일

매도인	① 성명(법인명)		② 주민등록번호(법인·외국인등록번호)
	③ 주소(법인소재지)		(휴대)전화번호
매수인	④ 성명(법인명)		⑤ 주민등록번호(법인·외국인등록번호)
	⑥ 주소(법인소재지)		(휴대)전화번호

⑦ 허가신청하는 권리	[ ] 소유권 [ ] 지상권

토지에 관한 사항	번호	⑧ 소재지	⑨ 지번	지목		⑫ 면적 (m²)	⑬ 용도지역·용도지구	⑭ 이용현황
				⑩ 법정	⑪ 현실			
	1							
	2							
	3							
	⑮ 권리설정현황							

토지의 정착물에 관한 사항	번호	⑯ 종류	⑰ 정착물의 내용	이전 또는 설정에 관한 권리	
				⑱ 종류	⑲ 내용
	1				
	2				
	3				

이전 또는 설정하는 권리의 내용에 관한 사항	번호	⑳ 소유권의 이전 또는 설정의 형태	그 밖의 권리의 경우		㉓ 특기사항
			㉑ 존속기간	㉒ 지대(연액)	
	1				
	2				
	3				

계약예정금액에 관한 사항	번호	토지				정착물		㉚ 예정금액합계 (원)(㉗+㉙)
		㉔ 지목(현실)	㉕ 면적 (m²)	㉖ 단가 (원/m²)	㉗ 예정금액(원)	㉘ 종류	㉙ 예정금액(원)	
	1							
	2							
	3							
		계	평균	계		계		계

「부동산 거래신고 등에 관한 법률」 제11조 제1항, 같은 법 시행령 제9조 제1항 및 같은 법 시행규칙 제9조에 따라 위와 같이 허가를 신청합니다.

년   월   일

매도인   (서명 또는 인)

매수인   (서명 또는 인)

시장·군수·구청장 귀하

신청인 제출서류	1. 「부동산 거래신고 등에 관한 법률 시행규칙」 제11조 제1항 각 호의 사항을 적은 토지이용계획서(「농지법」 제8조에 따라 농지취득자격증명을 발급받아야 하는 농지의 경우에는 같은 조 제2항에 따른 농업경영계획서를 말합니다) 2. 「부동산 거래신고 등에 관한 법률 시행규칙」 제9조 제2항에 따른 별지 제10호 서식의 토지취득자금조달계획서	수수료 없음
담당 공무원 확인사항	토지등기사항증명서	

210mm × 297mm[백상지(80g/m²) 또는 중질지(80g/m²)]

(뒤쪽)

유의사항

1. 「부동산 거래신고 등에 관한 법률」 제11조 제1항에 따른 허가를 받지 아니하고 체결한 토지거래계약은 그 효력을 발생하지 아니합니다.
2. 「부동산 거래신고 등에 관한 법률」 제11조 제1항에 따라 허가 또는 변경허가를 받지 아니하고 토지거래계약을 체결하거나 거짓, 그 밖의 부정한 방법으로 토지거래계약허가를 받은 자는 2년 이하의 징역 또는 계약체결 당시의 개별공시지가에 따른 해당토지가격의 100분의 30에 상당하는 금액 이하의 벌금이 부과됩니다.
3. 「부동산 거래신고 등에 관한 법률」 제11조 제1항에 따라 토지거래계약허가를 받아 취득한 토지를 허가받은 목적대로 이용하지 아니한 경우에는 토지 취득가액의 100분의 10의 범위 안에서 이행강제금이 부과됩니다.

※ 허가 신청사항이 많은 경우에는 다른 용지에 작성하여 간인 처리한 후 첨부할 수 있습니다.

작성방법

1. ①④란에는 법인인 경우는 법인의 명칭을 기재합니다.
2. ⑦란에는 해당하는 권리에 ✔표시합니다.
3. ⑩⑪란에는 전·답·대·잡종지·임야 등으로 기재합니다.
4. ⑰란에는 건축물 및 공작물의 경우에는 연면적·구조·사용년수 등을, 입목의 경우에는 수종·본수·수령 등을 기재합니다.
5. ⑱⑲란에는 권리가 이전 또는 설정되는 정착물의 종류와 내용을 기재합니다.
6. ⑳란에는 매매·교환 등의 등기원인의 구분에 따라 기재합니다.

처리절차

이 신청서는 아래와 같이 처리됩니다.

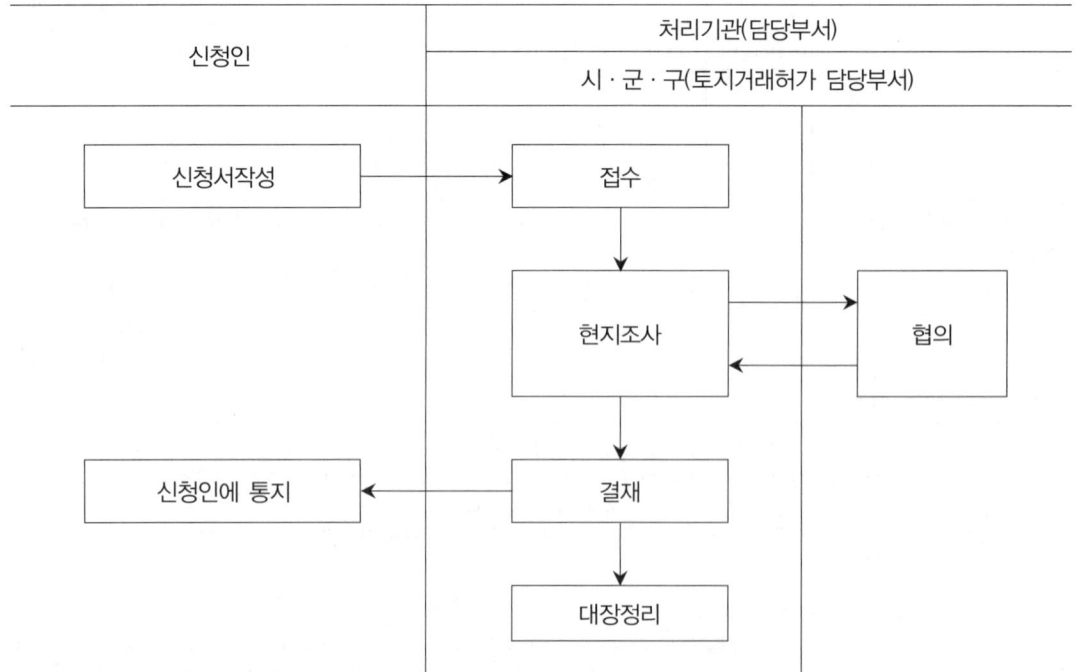

▶ 부동산 거래신고 등에 관한 법령

Theme 30 외국인 등의 부동산취득 특례

1 외국인 등의 부동산취득·보유신고 및 허가제

구분		신고기간	위반시 제재	비고
사후신고제 (부동산)	계약	체결일부터 60일 이내	300⇩ 과태료	매매·공급계약 제외
	계약 외	취득한 날부터 6개월 이내	100⇩ 과태료	① 상속, 경매, 판결, 환매권 행사 ② 합병, 신축·증축·개축·재축
	계속보유	국적변경된 날부터 6개월 이내	100⇩ 과태료	
사전허가제 (토지만) (면적 불문)		사전허가 ① 허가 없이 체결된 거래계약은 무효 ② 15일 / 30일 이내 허가·불허가 통보	2년⇩ / 2천⇩	① 군사시설보호구역 ② 지정문화유산보호구역 ③ 천연기념물 등 보호구역 ④ 생태·경관보전지역 ⑤ 야생생물 특별보호구역

2 '외국인 등'의 정의

'외국인 등'이란 다음의 어느 하나에 해당하는 개인·법인 또는 단체를 말한다.

(1) 대한민국의 국적을 보유하고 있지 아니한 개인
(2) 외국의 법령에 따라 설립된 법인 또는 단체
(3) 사원 또는 구성원의 2분의 1 이상이 (1)에 해당하는 자인 법인 또는 단체
(4) 업무를 집행하는 사원이나 이사 등 임원의 2분의 1 이상이 (1)에 해당하는 자인 법인 또는 단체
(5) (1)에 해당하는 사람이나 (2)에 해당하는 법인 또는 단체가 자본금의 2분의 1 이상이나 의결권의 2분의 1 이상을 가지고 있는 법인 또는 단체
(6) 외국 정부
(7) 국제연합과 그 산하기구·전문기구, 정부 간 기구, 준정부 간 기구, 비정부 간 국제기구

3 기본확인사항

(1) '계약 외'의 원인에는 상속, 경매, 판결, 환매권행사, 합병, 신축·증축·개축·재축이 포함된다. (O)

(2) 외국인 등도「부동산 거래신고 등에 관한 법률」상 부동산거래신고는 하여야 한다. 단, 이 경우에 외국인 등의 취득신고의무는 제외된다. (O)

(3) 한국인의 경우 교환·증여계약, 계약 외의 원인 등으로 부동산을 취득하는 경우 따로 신고의무가 없다. (O)

(4) 허가관청은 허가구역 내 토지의 허가신청시 구역이나 지역의 지정목적 달성에 지장이 없는 경우 15일(단, 군사시설보호구역 내 토지는 30일, 1회 연장 가능) 이내 허가를 하여야 하며, 신청인인 외국인 등의 입장에서는 처리기간 내에 허가 또는 불허가 처분을 받지 못하는 경우 허가를 받지 못한 것으로 본다. (O)

(5) 외국인 등의 취득 및 보유신고를 받은 신고관청은 신고내용을 매 분기 종료일부터 1개월 이내에 시·도지사에게 제출(전자문서에 의한 제출을 포함)하여야 한다. 단, 특별자치시장은 직접 국토교통부장관에게 제출하여야 한다. 신고내용을 제출받은 시·도지사는 제출받은 날부터 1개월 이내에 그 내용을 국토교통부장관에게 제출하여야 한다. (O)

핵심 기출지문분석

1. 외국인이 부동산거래신고의 대상인 계약을 체결하여 부동산거래신고를 한 때에는 외국인 부동산 취득특례신고는 제외된다. 제23회, 제24회, 제25회, 제26회, 제27회, 제28회

2. 외국인이 대한민국 안의 토지를 취득하는 계약을 체결하였을 때에는 원인계약의 종류에 따라 신고기한이 달라진다. 제27회

3. 대한민국 국적을 보유하고 있지 아니한 자가 토지를 증여받은 경우 계약 체결일부터 60일 이내에 취득신고를 하여야 한다. 제29회, 제34회

4. 외국의 법령에 의하여 설립된 법인이 합병을 통하여 부동산을 취득한 경우에는 취득한 날부터 6개월 이내에 취득신고를 하여야 한다. 제27회, 제29회

5. 부동산을 소유한 대한민국 국민이 대한민국 국적을 상실한 경우 부동산을 계속 보유하려면 국적을 상실한 때부터 6개월 이내에 계속보유신고를 하여야 한다. 제23회, 제27회, 제28회, 제29회, 제33회, 제35회

6. 외국인이 상속, 경매, 확정판결을 원인으로 대한민국 안의 부동산을 취득한 때에는 부동산을 취득한 날부터 6개월 이내에 신고관청에 신고하여야 한다. 제23회, 제24회, 제26회, 제28회, 제30회, 제31회, 제34회

7. 외국인이 건축물의 신축이나 개축을 원인으로 대한민국 안의 부동산을 취득한 때에는 취득한 날부터 6개월 이내에 신고관청에 부동산취득에 대한 신고를 하여야 한다. 제32회, 제33회, 제35회

8. 외국인 등이 대한민국 안의 부동산에 대한 매매계약을 체결하였을 때에는 계약 체결일부터 30일 이내에 신고관청에 신고하여야 한다. 제31회, 제34회, 제35회

9. 외국인이 대한민국에 소재하는 건물에 대한 저당권을 취득하는 경우에는 「부동산 거래신고 등에 관한 법률」이 적용될 여지가 없다. 제26회

10. 외국인으로부터 토지취득의 허가신청서를 받은 신고관청은 신청서를 받은 날부터 15일(단, 군사시설보호구역 내 토지는 30일, 1회 연장 가능) 이내에 허가 또는 불허가 처분을 하여야 한다. 제30회, 제33회

11. 외국인이 취득하려는 토지가 토지거래허가구역과 「문화유산의 보존 및 활용에 관한 법률」에 따른 지정문화유산보호구역에 있으면 토지거래계약허가이든 외국인토지취득허가이든 하나만 받으면 된다. 제28회, 제33회

12. 「자연환경보전법」에 따른 생태·경관보전지역에서 외국인이 토지취득의 허가를 받지 아니하고 체결한 토지취득계약은 무효이다. 제24회, 제29회, 제32회, 제33회

13. 「군사기지 및 군사시설 보호법」에 따른 군사기지 및 군사시설 보호구역 안의 토지를 계약을 원인으로 외국인 등이 취득하고자 하는 경우 허가를 받아 취득할 수 있다. 제29회, 제32회

14. 외국인이 「수도법」에 따른 상수원보호구역에 있는 토지를 취득하려는 경우 토지취득계약을 체결하기 전에 신고관청으로부터 토지취득의 허가를 받을 필요는 없다. 제31회

15. 외국의 법령에 따라 설립된 법인이라면 구성원의 2분의 1이 대한민국 국민인 경우라도 「부동산 거래신고 등에 관한 법률」에 따른 '외국인 등'에 해당한다. 제26회

16. 전원이 외국인으로 구성된 비법인 사단은 「부동산 거래신고 등에 관한 법률」에 따른 '외국인 등'에 해당한다. 제26회

17. 대한민국의 국적을 보유하고 있지 않은 개인이 이사 등 임원의 2분의 1 이상인 법인은 외국인 등에 해당한다. 제27회, 제32회

18. 외국의 법령에 따라 설립된 법인이 자본금의 2분의 1 이상을 가지고 있는 법인은 '외국인 등'에 해당한다. 제28회

19. 국제연합도 외국인 등에 포함된다. 제31회

20. 특별자치시장은 외국인 등이 신고한 부동산 등의 취득·계속보유 신고내용과 허가내용을 매 분기 종료일부터 1개월 이내에 직접 국토교통부장관에게 제출하여야 한다. 제30회

21. 정부 간 기구는 외국인 등에 포함된다. 제35회

22. 외국인이 국내 부동산을 취득하는 교환계약을 체결하였을 때에는 계약체결일부터 60일 이내에 신고관청에 취득신고를 하여야 한다. 제35회

Theme 31 포상금제도(부동산 거래신고 등에 관한 법률상)

▶ 부동산 거래신고 등에 관한 법령

1 포상금제도 개관

(1) 신고관청: 관계 행정기관이나 수사기관

(2) 지급관청: 신고관청 또는 허가관청(= 시장·군수 또는 구청장)

(3) 지급사유 및 포상금액

① 부동산 등의 실제 거래가격을 거짓으로 신고한 자(신고의무자가 아닌 자가 하는 거짓신고 포함): 취득가액의 100분의 5 이하 과태료 ⇨ 포상금 20%(단, 지급한도액 1천만원)

② 부동산거래신고대상 계약을 체결하지 아니하였음에도 불구하고 거짓으로 신고를 하는 행위: 3천만원 이하 과태료 ⇨ 포상금 20%

③ 부동산거래신고대상 계약이 해제 등이 되지 아니하였음에도 불구하고 거짓으로 해제 등 신고를 하는 행위: 3천만원 이하 과태료 ⇨ 포상금 20%

④ 주택임대차계약 또는 변경 및 해제신고의 보증금, 차임 등 계약금액을 거짓으로 신고한 자: 100만원 이하 과태료 ⇨ 포상금 20%

⑤ 허가 또는 변경허가 없이 계약을 체결한 자 또는 거짓이나 그 밖의 부정한 방법으로 토지거래계약허가를 받은 자: 2년⇩ / 30%⇩(공소제기 또는 기소유예 결정) ⇨ 포상금 50만원

⑥ 토지거래계약허가를 받아 취득한 토지에 대하여 허가받은 목적대로 이용하지 아니한 자: 이행명령 ⇨ 포상금 50만원

(4) 재원: 시·군이나 구의 재원으로 충당한다(국고에서 보조하는 제도 없음).

(5) 지급절차

① 부동산거래신고 관련 지급 사유자를 신고하려는 자는 신고서 및 증거자료를 신고관청 또는 허가관청에 제출하여야 한다.

② 수사기관은 토지거래허가 위반에 해당하는 자에 대한 신고 또는 고발사건을 접수하여 수사를 종료하거나 공소제기 또는 기소유예의 결정을 하였을 때에는 지체 없이 허가관청에 통보하여야 한다.

③ 신고자로부터 신고서를 제출받거나 수사기관의 통보를 받은 신고관청 또는 허가관청은 포상금 지급 여부를 결정하고 이를 신고인 또는 고발인에게 알려야 한다.

④ 포상금 지급 결정을 통보받은 신고인 또는 고발인은 포상금지급신청서를 작성하여 신고관청 또는 허가관청에 제출하여야 한다.

⑤ 신고관청 또는 허가관청은 포상금지급신청서가 접수된 날부터 2개월 이내에 포상금을 지급하여야 한다.

(6) 지급방법

① 신고관청 또는 허가관청은 하나의 위반행위에 대하여 2명 이상이 공동으로 신고 또는 고발한 경우에는 포상금을 균등하게 배분하여 지급한다. 다만, 포상금을 지급받을 사람이 배분방법에 관하여 미리 합의하여 포상금의 지급을 신청한 경우에는 그 합의된 방법에 따라 지급한다.

② 신고관청 또는 허가관청은 하나의 위반행위에 대하여 2명 이상이 각각 신고 또는 고발한 경우에는 최초로 신고 또는 고발한 사람에게 포상금을 지급한다.

(7) 지급 예외사항

다음의 어느 하나에 해당하는 경우에는 포상금을 지급하지 아니할 수 있다.
① 공무원이 직무와 관련하여 발견한 사실을 신고하거나 고발한 경우
② 해당 위반행위를 하거나 위반행위에 관여한 자가 신고하거나 고발한 경우
③ 익명이나 가명으로 신고 또는 고발하여 신고인 또는 고발인을 확인할 수 없는 경우

2 기본확인사항

(1) 부동산거래신고를 하지 않은 자를 신고하여도 포상금을 받을 수 있다. (×)

(2) 「부동산 거래신고 등에 관한 법률」상 포상금은 신청서접수일부터 1개월 이내에 지급하여야 한다. (×) 제34회

(3) 신고관청 또는 허가관청은 자체조사 등에 따라 포상금지급사유에 해당하는 위반행위를 알게 된 때에는 지체 없이 그 내용을 부동산정보체계에 기록하여야 한다. (○)

(4) 토지거래허가 관련 위반자를 신고 또는 고발한 경우 같은 목적을 위하여 취득한 일단의 토지에 대한 신고 또는 고발은 1건으로 본다. (○)

(5) 공무원이 직무와 관련하여 발견한 사실이나 해당 위반행위를 하거나 위반행위에 관여한 자가 신고하거나 고발한 경우 등은 포상금을 지급하지 아니할 수 있다. (○)

(6) 익명이나 가명으로 신고 또는 고발하여 신고인 또는 고발인를 확인할 수 없는 경우 등은 포상금을 지급하지 아니할 수 있다. (○) 제34회

(7) 지급방법 관련 기준(2명 이상 공동 혹은 각각)은 공인중개사법령상 포상금 지급방법과 동일하다. (○) 제34회

> **핵심 기출지문분석**

1. 부동산 등의 실제 거래가격을 거짓으로 신고한 자를 신고하는 경우 포상금 지급대상이다. 제32회
2. 토지거래계약허가를 받아 취득한 토지에 대하여 허가받은 목적대로 이용하지 아니한 자를 신고하는 경우 포상금 지급대상이다. 제32회
3. 부동산 매매계약에 관하여 개업공인중개사에게 신고를 하지 않도록 요구하는 행위나 부동산의 실제 거래가격을 거짓으로 신고하도록 조장하는 행위는 포상금 지급대상이 아니다. 제32회
4. 부동산 등의 거래가격을 신고하지 않은 자는 신고포상금 지급대상이 아니다. 제30회
5. 포상금의 지급에 드는 비용은 시·군이나 구의 재원으로 충당한다. 제30회
6. 해당 위반행위를 하거나 관여한 자가 신고하거나 고발한 경우에는 포상금을 지급하지 아니할 수 있다. 제30회
7. 익명으로 고발하여 고발인을 확인할 수 없는 경우에는 신고포상금을 지급하지 아니할 수 있다. 제30회
8. 신고관청 또는 허가관청으로부터 포상금 지급 결정을 통보받은 신고인은 포상금을 받으려면 국토교통부령으로 정하는 포상금지급신청서를 작성하여 신고관청 또는 허가관청에 제출하여야 한다. 제30회

Theme 32. 벌칙(행정형벌 및 과태료)

1 부동산 거래신고 등에 관한 법률상 행정형벌

(1) 3년⇩ / 3천⇩: 부당하게 재물이나 재산상 이득을 취득하거나 제3자로 하여금 이를 취득하게 할 목적으로 허위로 부동산거래신고를 하거나 허위로 해제 등 신고를 한 자

(2) 2년⇩ / 2천⇩: 허가를 받지 아니하고 토지취득계약을 체결하거나 부정한 방법으로 허가를 받아 토지취득계약을 체결한 외국인 등

(3) 2년⇩ / 30%⇩: 허가 또는 변경허가를 받지 아니하고 토지거래계약을 체결하거나, 속임수나 그 밖의 부정한 방법으로 토지거래계약허가를 받은 자(단, 벌금형은 토지의 '공시지가'를 기준으로 부과)

(4) 1년⇩ / 1천⇩: 토지거래허가 취소 또는 그 밖에 필요한 처분이나 조치명령을 위반한 자

2 부동산 거래신고 등에 관한 법률상 과태료

(1) 3천만원 이하
 ① 부동산거래신고대상 계약을 체결하지 아니하였음에도 불구하고 거짓으로 신고를 하는 행위(허위신고): 단, 3년⇩ / 3천⇩의 형벌을 부과받은 경우는 제외
 ② 부동산거래신고대상 계약이 '해제 등'이 되지 아니하였음에도 불구하고 거짓으로 해제 등 신고를 하는 행위(허위해제신고): 단, 3년⇩ / 3천⇩의 형벌을 부과받은 경우는 제외
 ③ 거래대금 지급을 증명할 수 있는 자료를 제출하지 아니하거나 거짓으로 제출한 자 또는 그 밖의 필요한 조치를 이행하지 아니한 자

(2) 취득가액의 100분의 10 이하: 부동산거래신고를 거짓으로 한 자(신고의무자가 아닌 자가 하는 거짓신고 포함)

(3) 500만원 이하
 ① 부동산거래의 신고를 하지 아니한 자(공동신고를 거부한 자 포함)
 ② 신고된 거래계약이 해제, 무효 또는 취소된 경우 '해제 등'이 확정된 날부터 30일 이내에 '해제 등' 신고를 하지 아니한 거래당사자(공동신고를 거부한 자 포함)
 ③ 개업공인중개사로 하여금 부동산거래신고를 하지 아니하게 하거나 거짓된 내용을 신고하도록 요구한 자

④ 거짓신고를 조장하거나 방조한 자
⑤ 거래대금 지급 증명자료 외의 자료를 제출하지 아니하거나 거짓으로 자료를 제출한 자

(4) **100만원 이하**: 주택임대차계약신고 또는 변경 및 해제신고를 하지 아니하거나(공동신고를 거부한 자 포함) 그 신고를 거짓으로 한 자

(5) **300만원 이하**: 계약 체결일부터 60일 이내 취득신고하지 아니한 외국인 등

(6) **100만원 이하**
① 계약 외의 원인으로 취득 후 취득한 날부터 6개월 이내 취득신고하지 아니한 외국인 등
② 국적이 변경된 날부터 6개월 이내 계속보유신고를 하지 아니한 외국인 등

3 과태료 부과기준 등

(1) **과태료의 부과기준**

신고관청은 위반행위의 동기·결과 및 횟수 등을 고려하여 과태료 개별기준에 따른 과태료의 2분의 1(3천만원 이하, 취득가액의 100분의 10 이하 과태료사유를 위반한 경우에는 5분의 1) 범위에서 그 금액을 늘리거나 줄일 수 있다. 다만, 늘리는 경우에도 과태료의 총액은 법률상 과태료의 상한을 초과할 수 없다.

(2) **과태료의 부과 및 통보**

과태료는 대통령령으로 정하는 바에 따라 신고관청이 부과·징수한다. 이 경우 개업공인중개사에게 과태료를 부과한 신고관청은 부과일부터 10일 이내에 해당 개업공인중개사의 중개사무소(법인의 경우에는 주된 중개사무소를 말함)를 관할하는 시장·군수 또는 구청장에 과태료 부과사실을 통보하여야 한다.

(3) **자진신고자에 대한 감면 등**

신고관청은 과태료에 해당하는 위반사실을 자진신고한 자에 대하여 대통령령으로 정하는 바에 따라 같은 규정에 따른 과태료를 감경 또는 면제할 수 있다. 단, 3천만원 이하 과태료사유와 거래대금 지급을 증명할 수 있는 자료 외의 자료를 제출하지 아니하거나 거짓으로 제출한 자는 감면대상에서 제외된다.

① 과태료 면제: 국토교통부장관 또는 신고관청(이하 '조사기관'이라 함)의 조사가 시작되기 전에 자진 신고한 자로서 다음의 요건을 모두 충족한 경우
㉠ 자진 신고한 위반행위가 부동산거래신고의 거짓신고를 요구·조장·방조한 경우, 부동산거래신고를 거짓으로 한 경우, 외국인 등의 취득신고의무를 위반한 경우 등 어느 하나에 해당할 것

⓵ 신고관청에 단독[거래당사자 일방이 여러 명인 경우 그 일부 또는 전부가 공동으로 신고한 경우를 포함하며, 이하 (3)에서 같음]으로 신고한 최초의 자일 것
　　　⓶ 위반사실 입증에 필요한 자료 등을 제공하는 등 조사가 끝날 때까지 성실하게 협조하였을 것
　② 과태료의 100분의 50 감경: 조사기관의 조사가 시작된 후 자진 신고한 자로서 다음의 요건을 모두 충족한 경우
　　　㉠ 자진 신고한 위반행위가 부동산거래신고의 거짓신고를 요구·조장·방조한 경우, 부동산거래신고를 거짓으로 한 경우, 외국인 등의 취득신고의무를 위반한 경우 등 어느 하나에 해당할 것
　　　㉡ 위반사실 입증에 필요한 자료 등을 제공하는 등 조사가 끝날 때까지 성실하게 협조하였을 것
　　　㉢ 조사기관이 허위신고 사실 입증에 필요한 증거를 충분히 확보하지 못한 상태에서 조사에 협조했을 것
　　　㉣ 조사기관에 단독으로 신고한 최초의 자일 것
　③ 과태료의 감경·면제 배제사유
　　　㉠ 자진 신고하려는 부동산 등의 거래계약과 관련하여 「국세기본법」 또는 「지방세법」 등 관련 법령을 위반한 사실 등이 관계기관으로부터 조사기관에 통보된 경우
　　　㉡ 자진 신고한 날부터 과거 1년 이내에 자진 신고를 하여 3회 이상 해당 신고관청에서 과태료의 감경 또는 면제를 받은 경우
　④ 자진 신고 방법: 자진 신고를 하려는 자는 신고서 및 위반행위를 입증할 수 있는 서류를 조사기관에 제출해야 한다.
　⑤ 세부운영절차 등: 자진 신고자에 대한 과태료의 감경 또는 면제에 대한 세부운영절차 등은 국토교통부령으로 정한다.

4 기본확인사항

(1) 토지거래허가의무에 위반한 경우 2년 이하의 징역 또는 계약 체결 당시의 실제 취득가액에 따른 해당 토지가격의 100분의 30에 해당하는 금액 이하의 벌금형에 처한다. (×)
(2) 공인중개사인 개업공인중개사가 「부동산 거래신고 등에 관한 법률」 위반으로 징역형을 선고받는 경우 자격취소사유이면서 동시에 등록도 취소된다. (×)

(3) 신고관청은 위반행위의 동기·결과 및 횟수 등을 고려하여 과태료의 2분의 1(단, 3천만원 이하 과태료와 취득가액의 100분의 10 이하 과태료의 경우에는 5분의 1)의 범위에서 그 금액을 늘리거나 줄일 수 있다. 단, 늘리는 경우에도 과태료의 총액은 법에서 규정한 과태료 금액의 상한을 초과할 수 없다. (○)

(4) 신고 관련 의무 위반으로 개업공인중개사에게 과태료를 부과한 관청은 부과일로부터 7일 이내 사무소(법인의 경우에는 주된 중개사무소를 말함) 소재지 관할 등록관청에 통보하여야 한다. (×)

(5) 개업공인중개사는 개업공인중개사의 신분으로 「부동산 거래신고 등에 관한 법률」상 모든 종류의 과태료대상이 된다. (×)

(6) 외국인 등은 「부동산 거래신고 등에 관한 법률」상 모든 종류의 과태료대상이 된다. (○)

핵심 기출지문분석

1. 토지거래허가구역 내에서 토지거래계약허가를 받은 사항을 변경하려는 경우 변경허가를 받지 아니하고 토지거래계약을 체결한 자는 부동산 거래신고 등에 관한 법령상 2년 이하의 징역 또는 계약 체결 당시의 개별공시지가에 따른 해당 토지가격의 100분의 30에 해당하는 금액 이하의 벌금에 처해질 수 있다. 제33회

2. 외국인이 부정한 방법으로 허가를 받아 토지취득계약을 체결한 경우 2년 이하의 징역형 또는 2천만원 이하 벌금형에 해당한다. 제32회, 제33회

3. 개업공인중개사가 거짓으로 부동산거래계약신고서를 작성하여 신고한 경우에는 취득가액의 100분의 10 이하에 해당하는 과태료부과사유가 된다. 제26회, 제31회

4. 신고관청의 요구에도 거래대금 지급을 증명할 수 있는 자료를 제출하지 아니한 자는 3천만원 이하의 과태료 부과대상이 된다. 제27회

5. 신고관청은 거래대금 지급을 증명할 수 있는 자료를 제출하지 아니한 사실을 자진 신고한 자에 대하여는 과태료를 감경 또는 면제할 수 없다. 제28회

6. 개업공인중개사에게 거짓으로 부동산거래신고를 하도록 요구한 자는 과태료 부과대상자가 된다. 제27회

7. 외국인이 경매로 대한민국 안의 부동산을 취득한 후 취득신고를 하지 아니한 경우 100만원 이하의 과태료가 부과될 수 있다. 제33회

8. 외국인이 상속으로 대한민국 안의 부동산을 취득한 때에, 이를 신고하지 않거나 거짓으로 신고한 경우 100만원 이하의 과태료가 부과될 수 있다. 제24회

9. 시장·군수·구청장은 부동산 취득신고를 하지 않은 외국인 등에게 과태료를 부과·징수할 수 있다. 제23회

Theme 33 분묘기지권

1 분묘기지권의 핵심정리

(1) 의의
① 타인토지에 설치된 분묘의 수호·봉제사를 목적으로 인정되는 일종의 지상권
② 등기가 불요(不要)하므로 외부에서 인식할 수 없는 평장·암장, 가묘 등은 불성립

(2) 성립
① 타인토지에 소유자의 승낙을 얻어 분묘를 설치한 경우
② 타인소유의 토지에 소유자의 승낙 없이 분묘를 설치한 경우에는 20년간 평온·공연하게 그 분묘의 기지를 점유함으로써 분묘기지권을 시효취득(단, 2001.1.13. 이후 점유개시한 분묘는 시효취득 불가)
③ 자기소유 토지에 분묘 설치 후 분묘에 관해 별도의 특약 없이 토지만을 처분한 경우

(3) 범위(공간적)
① 분묘의 수호 및 제사에 필요한 범위 내에서 기지 주위의 공지를 포함한다(判).
② 사성이 조성되어 있다고 해서 반드시 그 부분까지 분묘기지권이 미치는 것은 아니다(判).

(4) 한계
① 기존의 분묘 외에 새로운 분묘를 신설할 권능(쌍분·단분 형태 합장)은 없다.
② 단, 집단으로 설치된 분묘수호를 위한 분묘기지권의 범위 내에서 이장이 가능하다(判).

(5) 존속기간(시간적)
① 원칙: 약정
② 예외: 권리자가 분묘의 수호와 봉사를 계속하고 그 분묘가 존속하고 있는 동안 존속(判)

(6) 권리자
① 원칙: 종손에게 전속(종손 절가 사망시 차종손에게 승계)
② 예외: 종중이 수호·관리하여 왔다면 종중에 귀속

(7) 지료

　① 원칙: 약정으로 정한다.

　② 시효취득: 토지소유자가 지료를 청구한 날부터 지료를 지급할 의무가 있다.

　③ 토지양도형: 자기소유 토지에 분묘를 설치한 후 토지만을 양도하면서 분묘기지권이 성립한 경우 분묘기지권이 성립한 때부터 토지소유자에게 그 분묘의 기지에 대한 토지사용의 대가로서 지료를 지급할 의무가 있다.

2 기본확인사항

(1) 분묘기지권은 자기소유지에 인정되는 권리이다. (×)

(2) 분묘기지권의 시효취득은 그 분묘의 점유개시 시점을 불문하고 시효취득요건만 충족하면 인정된다. (×)

(3) 분묘기지권의 인정범위는 분묘기지에 한정되는 것이 아니라 주위 공지를 포함하는 개념이다. (○)

(4) 분묘가 멸실된 경우 유골이 존재하여 분묘의 원상회복이 가능한 일시적인 멸실에 불과하여도 분묘기지권은 소멸한다. (×)

핵심 기출지문분석

1. 분묘기지권의 존속기간은 지상권의 존속기간에 대한 규정이 적용되지 않는다. 제33회

2. 분묘기지권을 시효로 취득한다는 법적 규범은 「장사 등에 관한 법률」의 시행일인 2001.1.13. 이전에 설치된 분묘에 관하여 현재까지 유지되고 있다. 제30회, 제33회

3. 「장사 등에 관한 법률」의 시행에도 불구하고 그 시행일 이전의 분묘기지권은 여전히 유효하고, 그 이후에 설치된 분묘도 시효취득을 제외하고는 분묘기지권의 신규성립도 인정된다. 제29회, 제34회

4. 분묘기지권을 시효로 취득한 사람은 토지소유자가 분묘기지에 관한 지료를 청구하면 그 청구한 날부터의 지료를 지급할 의무가 있다. 제30회, 제33회, 제35회

5. 자기소유 토지에 분묘를 설치한 사람이 분묘이장의 특약 없이 토지를 양도함으로써 분묘기지권을 취득한 경우, 특별한 사정이 없는 한 분묘기지권이 성립한 때부터 지료지급의무가 있다.
제32회, 제33회

6. 분묘기지권은 등기사항증명서를 통해 확인할 수 없다. 제27회, 제32회

7. 분묘기지권에는 그 효력이 미치는 범위 안에서 새로운 분묘를 설치할 권능은 포함되지 않는다.
제30회, 제32회

8. 아직 사망하지 않은 사람을 위한 장래의 묘소인 경우 분묘기지권이 인정되지 않는다. 제30회

9. 암장되어 있어 객관적으로 인식할 수 있는 외형을 갖추고 있지 않은 묘소에는 분묘기지권이 인정되지 않는다. 제30회

10. 평장의 경우에는 유골이 매장되어 있다 하더라도 분묘기지권이 인정되지 않는다. 제21회
11. 분묘기지권은 분묘의 설치목적인 분묘의 수호와 제사에 필요한 범위 내에서 분묘기지 주위의 공지를 포함한 지역에까지 미친다. 제29회, 제32회
12. 분묘기지권이 성립하기 위해서는 그 내부에 시신이 안장되어 있고, 봉분 등 외부에서 분묘의 존재를 인식할 수 있는 형태를 갖추고 있어야 한다. 제29회
13. 분묘기지권은 권리자가 의무자에 대하여 그 권리를 포기하는 의사표시를 하는 외에 점유까지도 포기하여야만 그 권리가 소멸하는 것은 아니다. 제29회
14. 분묘가 멸실된 경우라도 유골이 존재하여 분묘의 원상회복이 가능한 일시적인 멸실에 불과한 경우에는 분묘기지권은 소멸되지 아니한다. 제29회, 제32회, 제33회
15. 단순히 토지소유자의 설치 승낙을 받아 분묘를 설치한 경우라도 분묘의 설치자는 분묘기지권을 취득한다. 제21회
16. 토지소유자의 승낙에 의하여 성립하는 분묘기지권의 경우 성립 당시 토지소유자와 분묘의 수호·관리자가 지료 지급의무의 존부에 관하여 약정을 하였다면 그 약정의 효력은 분묘기지의 승계인에게도 미친다. 제34회
17. 특별한 사정이 없는 한 분묘기지권자가 분묘의 수호와 봉사를 계속하는 한 그 분묘가 존속하는 동안은 분묘기지권이 존속한다. 제35회
18. 분묘기지권을 취득한 자는 그 분묘기지권의 등기 없이도 그 분묘가 설치된 토지의 매수인에게 대항할 수 있다. 제35회

▶ 중개실무

Theme 34 장사 등에 관한 법률

1 장사 등에 관한 법률(2001.1.13. 시행)상 묘지의 종류

구분	개인	가족	종중·문중	법인
설치절차	사후신고 (30일 이내)	사전허가		
분묘 1기 면적	$30m^2$ 초과 금지	$10m^2$ 초과 금지(합장시 $15m^2$ 초과 금지)		
묘지설치면적	$30m^2$ 이하	$100m^2$ 이하	$1,000m^2$ 이하	10만m^2 이상
설치거리 제한	① 300m 이내(개인·가족묘지는 200m): 도로·철도·하천(예정지 포함) ② 500m 이내(개인·가족묘지는 300m): 20호 이상 인가 밀집지역, 학교, 공중이 수시로 집합하는 장소			
설치기간	① 원칙: 공설·사설묘지에 설치된 분묘의 설치기간은 30년 ② 예외: 30년을 1회에 한하여 연장 가능			

(1) 묘지 안에 분묘의 형태는 봉분, 평분 또는 평장으로 하되, 봉분의 높이는 지면으로부터 1m, 평분의 높이는 50cm 이하여야 한다.

(2) 법인묘지에는 폭 5m 이상의 도로와 그 도로로부터 각 분묘로 통하는 충분한 진출입로를 설치하고, 주차장을 마련하여야 한다.

2 장사 등에 관한 법률(2001.1.13. 시행)상 자연장

구분	개인	가족	종중·문중	종교단체	공공법인·재단법인
조성방법	사후신고 (30일 이내)	사전신고		사전허가	
면적	$30m^2$ 미만	$100m^2$ 미만	2천m^2 이하	4만m^2 이하	5만m^2 이상

(1) 자연장이란 화장한 유골의 골분(骨粉)을 수목·화초·잔디 등의 밑이나 주변에 묻거나 해양 등 대통령령으로 정하는 구역에 뿌려 장사하는 것을 말한다.

(2) 지면으로부터 30cm 이상 깊이에 화장한 골분을 용기(자연분해 용기 제외) 없이 묻어야 한다.

(3) '자연장지'란 자연장으로 장사할 수 있는 구역을 말한다.

(4) 자연장은 분묘가 아니며 자연장지의 지목은 묘지가 아니다.
(5) 개인·가족 자연장지의 경우 타인소유지(토지소유자의 사용승낙서 첨부시)에도 설치 가능하다.

3 기본확인사항

(1) 분묘기지권이 인정되는 분묘는 그 성립시기를 불문하고 「장사 등에 관한 법률」을 적용하지 아니한다. (×)
(2) 분묘 설치가 제한되는 거리 내에는 절대로 분묘를 설치할 수 없다. (×)
(3) 자연장을 타인소유지에 토지소유자의 승낙을 얻어 설치한 경우 분묘기지권이 성립한다. (×)
(4) 분묘가 설치된 토지의 지목은 '묘지'이나, 자연장이 설치된 토지의 지목은 '묘지'가 아니다. (○)
(5) 자연장지의 경우 분묘설치 거리제한과 분묘의 설치기간의 제한이 없다. (○)

핵심 기출지문분석

1. 개인묘지는 30m²를 초과해서는 안 된다. 제27회
2. 가족묘지 안의 분묘 1기 및 그 시설물의 총면적은 합장하는 경우 15m²까지 가능하다. 제21회
3. 매장을 한 자는 매장 후 30일 이내에 매장지를 관할하는 시장 등에게 신고하여야 한다. 제27회
4. 가족묘지란 「민법」에 따라 친족관계였던 자의 분묘를 같은 구역 안에 설치하는 묘지를 말한다. 제27회, 제34회
5. 시장 등은 묘지의 설치·관리를 목적으로 「민법」에 따라 설립된 재단법인에 한정하여 법인묘지의 설치·관리를 허가할 수 있다. 제27회
6. 설치기간이 끝난 분묘의 연고자는 설치기간이 끝난 날부터 1년 이내에 해당 분묘에 설치된 시설물을 철거하고 매장된 유골을 화장하거나 봉안하여야 한다. 제21회, 제27회, 제35회
7. 토지소유자의 승낙 없이 타인소유의 토지에 자연장을 한 자는 토지소유자에 대하여 시효취득을 이유로 자연장의 보존을 위한 권리를 주장할 수 없다. 제21회
8. 개인묘지란 1기의 분묘 또는 해당 분묘에 매장된 자와 배우자 관계였던 자의 분묘를 같은 구역 안에 설치하는 묘지를 말한다. 제34회
9. 법인묘지에는 폭 5m 이상의 도로와 그 도로로부터 각 분묘로 통하는 충분한 진출입로를 설치하여야 한다. 제34회
10. 화장한 유골을 매장하는 경우 매장 깊이는 지면으로부터 30cm 이상이어야 한다. 제34회
11. 「민법」에 따라 설립된 사단법인은 법인묘지의 설치허가를 받을 수 없다. 제35회
12. 개인묘지를 설치한 자는 설치한 날부터 30일 이내에 시장 등에게 신고해야 한다. 제35회

13. 가족묘지를 설치하려면 해당 묘지를 관할하는 시장 등의 허가를 받아야 한다. 제35회
14. 개인묘지나 가족묘지의 면적도 제한을 받지만, 봉분의 높이는 1m를 초과할 수 없다. 제35회
15. 장사 등에 관한 법령의 제한을 받는 분묘의 설치기간은 원칙적으로 30년이지만, 1회에 한하여 그 기간을 연장할 수 있다. 제35회

Theme 35 농지법

1 농지의 정의 등

(1) 농지의 정의
　① 지목이 전·답 또는 과수원인 토지
　② 지목불문 실제의 토지현상이 농작물의 경작 또는 다년생식물 재배지로 3년 이상 이용되는 토지

(2) 농지취득자격증명의 신청: 농지 소재지 관할 시·구·읍·면 ⇨ 신청일로부터 7일 / 4일 / 14일 이내 처리

2 농지의 취득면적

비농업인 ⇨ 농업인	신규영농(당해 농지 취득 후 농업경영 이용 농지)	1,000m² 이상
	특수작물 재배용	330m² 이상
비농업인	주말·체험영농(농업진흥지역 內 농지 제외)	1,000m² 미만(한 세대당)
	상속농지, 이농농지는 1만m². 단, 한국농어촌공사 등에 위탁 임대·무상사용 ⇨ 제한 없음	

3 농지취득 절차

구분	농업경영계획서 (주말·체험영농계획서 포함)	농지취득자격증명원
신규영농	○	○
주말·체험영농	○	○
농지전용 협의	×	×
농지전용 허가·신고	×	○

4 농지임대차제도

(1) **원칙**: 농지는 임대하거나 무상사용하게 할 수 없는 것이 원칙이다.

(2) **예외적 허용**
   ① 60세 이상이면서 농업경영기간이 5년이 넘은 자
   ② 상속[유증(遺贈) 포함]으로 농지를 취득하여 소유하는 경우
   ③ 8년 이상 농업경영을 하던 자가 이농한 경우
   ④ 최상단부부터 최하단부까지의 평균 경사율이 15% 이상인 농지
   ⑤ 질병, 징집, 취학, 선거에 따른 공직취임, 부상으로 3개월 이상의 치료가 필요한 경우, 교도소·구치소 또는 보호감호시설에 수용 중인 경우, 3개월 이상 국외여행을 하는 경우 등

(3) **계약방식**
   ① 임대차계약과 사용대차계약은 서면계약을 원칙으로 한다.
   ② 농림축산식품부장관은 법 제24조에 따라 임대차 또는 사용대차에 관한 표준계약서 양식을 정하여 이를 임대차 또는 사용대차계약서의 작성기준으로 사용할 것을 권장할 수 있다.

(4) **대항요건**: 임차인이 농지소재지를 관할하는 시·구·읍·면의 확인을 받고, 해당 농지를 인도받은 경우에는 그 다음 날부터 제3자에 대하여 효력이 생긴다.

(5) **임대차기간**
   ① 임대차기간은 3년 이상으로 하여야 한다(단, 이모작을 위한 경우 8개월 내 가능).
   ② 다년생식물 재배지 등의 경우 임대차기간은 5년 이상으로 하여야 한다.

(6) **묵시적 갱신**: 임대인이 임대차기간이 끝나기 3개월 전까지 임차인에게 임대차계약을 갱신하지 아니한다는 뜻이나 임대차계약조건으로 변경한다는 뜻을 통지하지 아니하면 그 임대차기간이 끝난 때에 이전의 임대차계약과 같은 조건으로 다시 임대차한 것으로 본다.

(7) **강행규정**: 이 법에 위반된 약정으로서 임차인에게 불리한 것은 그 효력이 없다.

5 기본확인사항

(1) 농지취득자격증명은 농지취득의 원인이 되는 법률행위의 효력발생요건은 아니다. (○)

(2) 농지취득자격증명의 발급신청서는 농지소재지 관할 시·구·읍·면장에게 제출하며 신청일로부터 언제나 7일 이내에 처리된다. (×)

(3) 농지취득자격증명을 발급받은 경우 「부동산 거래신고 등에 관한 법률」상 부동산거래신고는 면제된다. (×)

(4) 농지임차인이 시·구·읍·면장의 확인일자와 해당 농지를 인도받으면 우선변제권이 발생한다. (×)

(5) 만 55세인 자가 10년의 농업경영을 한 후 이농한 경우 해당 농지를 임대할 수 있다. (○)

핵심 기출지문분석

1. 농지를 취득하려는 자가 농지에 대한 매매계약을 체결하는 등으로 농지에 관한 소유권이전등기청구권을 취득하였다면, 농지취득자격증명 발급신청권을 보유하게 된다. 제29회
2. 경매로 농지를 매수하려면 매각허가결정 전까지 농지자격취득증명서를 제출하여야 한다. 제29회
3. 농지전용협의를 마친 농지를 취득하려는 자는 농지취득자격증명을 발급받을 필요가 없다. 제29회
4. 주말·체험영농을 목적으로 농지를 소유하려면 세대원 전부가 소유하는 총면적이 $1,000m^2$ 미만이어야 한다. 제27회, 제29회
5. 도시민이 주말·체험영농을 목적으로 농지를 취득하는 경우에는 주말·체험영농계획서를 제출하여야 농지취득자격증명을 받을 수 있다. 제22회
6. 토지거래허가구역에 있는 농지를 취득하는 경우, 토지거래계약허가를 받으면 농지에 대한 농지취득자격증명을 받은 것으로 본다. 제20회
7. 농업법인의 합병으로 농지를 취득하는 경우 농지취득자격증명을 발급받지 않고 농지를 취득할 수 있다. 제27회
8. 농지전용허가를 받아 농지를 소유하는 자가 취득한 날부터 2년 이내에 그 목적사업에 착수하지 않으면 해당 농지를 처분할 의무가 있다. 제27회
9. 개인이 소유하는 임대농지의 양수인은 「농지법」에 따른 임대인의 지위를 승계한 것으로 본다. 제26회, 제29회
10. 농업경영을 하려는 자에게 농지를 임대하는 임대차계약은 서면계약을 원칙으로 한다. 제26회, 제27회
11. 징집으로 인하여 농지를 임대하면서 임대차기간을 정하지 않은 경우 3년으로 약정된 것으로 본다. 제27회
12. 선거에 따른 공직취임으로 인하여 일시적으로 농업경영에 종사하지 아니하게 된 자가 소유하고 있는 농지는 임대할 수 있다. 제26회
13. 농지이용증진사업 시행계획에 따라 농지를 임대하는 경우 임대차기간은 3년 이상으로 하여야 한다. 제26회
14. 농지임대차계약의 당사자는 임차료에 관하여 협의가 이루어지지 아니한 경우 농지소재지를 관할하는 시장·군수 또는 자치구 구청장에게 조정을 신청할 수 있다. 제26회

Theme 36 전자계약 체결

▶ 중개실무

1 부동산 전자계약의 장점

편리성	① 부동산거래신고 간주, 부동산거래 해제 등 신고 전자적 처리, 주택임대차신고 간주 ② 주택임대차계약서상의 확정일자 자동부여, 보존서류 자동보존 및 인장 불필요
경제성	① 대출금리를 우대하는 정책, 등기신청수수료 등 할인 ② 각종 대장 발급 최소화
안전성	① 본인확인 절차 철저(본인명의 휴대폰 등) ② 타임스탬프(TSA, 시점확인필) 기술 도입으로 계약내용의 위·변조 방지
주도성	① 등록관청에 등록된 개업공인중개사가 아니면 전자계약 체결 불가 ② 무등록·무자격자에 의한 불법중개업 원천 차단(개업공인중개사 주도의 시장 형성)

2 부동산 전자계약과 개업공인중개사의 의무

(1) **작성의 의무**: 전자적으로 체결된 거래계약이 서면에 의한 작성행위를 갈음한다.

(2) **교부의 의무**: 거래계약을 전자적으로 처리한 경우 거래당사자는 계약완료 문건조회를 통해 전자적으로 체결된 거래계약서를 조회 및 출력도 가능하다.

(3) **보존의 의무**: 거래계약서는 5년 동안 그 원본, 사본 또는 전자문서를 보존하여야 한다. 단, 거래계약서가 공인전자문서센터에 보관된 경우에는 그러하지 아니하다.

(4) **서명 및 날인의 의무**: 서면으로 작성하는 거래계약서에는 개업공인중개사가 서명 및 날인하여야 하나, 전자계약시에는 전자계약시스템에 의해 공동인증서의 인증을 통한 전자서명으로 대신한다.

(5) **확인·설명서 관련 의무**: 전자계약을 진행할 때 확인·설명서를 같이 작성하도록 프로그램화 되어 있기 때문에 확인·설명서 작성, 서명 및 날인, 교부, 보존의 의무 등을 별도로 이행하지 않아도 된다.

(6) **인장사용의 의무**: 전자계약으로 체결하는 경우 공동인증서를 통한 전자서명으로 대체하기 때문에 따로 등록인장을 사용할 필요가 없다.

3 기본확인사항

(1) 부동산거래 전자계약 시스템의 원칙적인 운영주체는 국토교통부장관이다. (○)

(2) 개업공인중개사가 거래계약서를 작성하는 경우 반드시 전자적 방식으로 하여야 한다. (×)

(3) 전자계약을 체결하려는 의뢰인의 경우 본인명의 휴대폰 등이 반드시 있어야 한다. (○)

(4) 전자계약은 전국 어느 곳이나 가능하며, 매매뿐만 아니라 전세나 월세계약도 가능하다. 또한 주택을 포함하여 상가, 오피스텔, 토지 등의 물건에 대하여도 가능하다. (○)

(5) 개업공인중개사를 통하지 않고 개인 간 직접 부동산 전자계약 체결이 가능하다. (×)

(6) 거래의 일방 혹은 쌍방 당사자가 법인(법인 아닌 사단, 법인 아닌 재단 및 단체 등은 제외)인 경우 먼저 전자계약 시스템 홈페이지에서 법인 회원가입을 마친 후 개업공인중개사를 통한 중개거래에서 계약당사자가 되어 전자계약이 가능하다. (○)

(7) 공동중개를 통한 전자계약 체결시 참여 공인중개사는 모두 전자계약 시스템에 '회원가입' 및 '공동인증서 등록'이 필요하다. (○)

(8) 전자계약내용의 수정은 개업공인중개사의 최종 전자서명이 완료되기 전까지는 계약내용 수정이 가능하다. 최종 전자서명이 완료된 이후의 내용수정은 계약해제 후 계약서를 다시 작성하여야 한다. (○)

(9) 전자계약으로 계약완료된 계약건에 대하여 개업공인중개사는 '계약해제' 버튼을 클릭하여 해제할 수 있다. 해제서명이 완료된 기존계약건은 계약해제 Stamp 처리가 된다. (○)

핵심 기출지문분석

1. 중개대상물 확인·설명서와 거래계약서는 공인전자문서센터에 보관된 경우, 공인중개사법령상 개업공인중개사가 원본, 사본 또는 전자문서를 보존기간 동안 보존해야 할 의무가 면제된다. 제30회, 제31회, 제32회, 제33회

2. 국토교통부장관은 부동산거래의 계약·신고·허가·관리 등의 업무와 관련된 정보체계를 구축·운영할 수 있다. 제30회

3. 부동산거래계약의 신고를 하는 경우 전자인증의 방법으로 신분을 증명할 수 있다. 제30회

4. 정보처리시스템을 이용하여 주택임대차계약을 체결한 경우 해당 주택의 임차인은 정보처리시스템을 통하여 전자계약증서에 확정일자 부여를 신청할 수 있다. 제30회

5. 개업공인중개사가 부동산거래계약시스템을 통하여 부동산거래계약을 체결한 경우 부동산거래계약이 체결된 때에 부동산거래계약신고서를 제출한 것으로 본다. 제30회

Theme 37 임대차보호제도

1 임대차보호법 비교

구분		「주택임대차보호법」	「상가건물 임대차보호법」

적용 대상	계약	주거용 건물의 임대차
		① 미등기, 무허가, 일부의 임대차 적용
		② 일시사용이 명백한 경우 적용 제외
			① 상가건물의 임대차
			  ㉠ 상가건물: 사업자등록의 대상이 되는 건물
			  ㉡ 주된 부분을 영업용으로 사용하는 경우 포함
			② 전면·일부 적용 지역별 보증금의 범위(하단표 참조)

	외국인	적용	적용
	법인	① 원칙: 비적용 ② 예외: 적용(한국토지주택공사, 지방공사, 중소기업)	적용
대항력		주택의 인도 + 전입신고: 다음 날(대항요건)	건물의 인도 + 사업자등록신청: 다음 날(대항요건)
우선 변제권	개념	후순위 권리자 및 기타 채권자보다 우선	
	요건	대항요건 + 확정일자	
	범위	환가대금(대지 가액을 포함) 전체	
확정일자 부여기관		① 읍·면·동 주민센터 ② 공증사무소, 법원 등기과, 등기소	관할 세무서
최우선 변제권	개념	다른 담보물권보다 우선	
	요건	대항요건 + 지역별 소액보증금 이내	
	범위	환가대금(대지분 포함)의 2분의 1	
	제한	경매 신청의 등기 후의 대항요건 갖춘 임차인, 임차권등기 경료 이후의 동일 부분 임차인	
최단기간		2년: 임차인은 2년 미만의 유효함 주장 可	1년: 임차인은 1년 미만의 유효함 주장 可
		📝 예외:「도시 및 주거환경정비법」상 관리처분계획의 인가를 받은 경우 최단기간 적용 없음	
계약갱신 요구권 범위		1회에 한하여 존속기간 2년 행사 가능	최초기간 포함 전체 10년을 초과하지 않는 범위 내에서 행사 가능

갱신요구기간	임대차기간이 끝나기 6개월 전부터 2개월 전	임대차기간이 끝나기 6개월 전부터 1개월 전
갱신기간 중 계약 해지	임차인은 언제든지 계약해지 가능하고, 임대인이 통지를 받은 날부터 3개월이 지나면 효력 발생	–
차임증감 청구	증액은 연 5%(감액은 제한 없음)(단, 시·도 조례로 달리 정할 수 있음)	증액은 연 5%(감액은 제한 없음)
월 차임 전환율	연 10% / '기준금리 + 연 2%' 중 낮은 비율	연 12% / '기준금리 × 4.5배수' 중 낮은 비율
법정갱신 (묵시적 갱신)	갱신거절 및 조건변경의 통지가 없는 경우 ① 임대인: 기간 만료 전 6월~2월까지 ② 임차인: 기간 만료 전 2월까지	갱신거절 및 조건변경의 통지가 없는 경우 ① 임대인: 기간 만료 전 6월~1월까지 ② 임차인: 1월~종료일(대판) 📝 계약갱신요구권: 기간 만료 전 6월~1월까지
법정갱신시 계약 해지	최단기간의 적용(단, 임차인의 경우 언제든지 해지 가능, 해지통고를 받은 날부터 3월 경과시 효력 발생)	

소액보증금 최우선변제 금액 (단위: 만원)	서울	과밀억제권역(인천·세종·용인·화성·김포시 포함)	광역시·안산·광주·이천·평택·파주시	그 밖의 지역	서울	과밀억제권역(부산, 인천 포함)	광역시·세종·파주·화성·안산·용인·김포·광주시	그 밖의 지역
					9억	6억 9천	5억 4천	3억 7천
					서울	과밀억제권역(인천 포함)	광역시·안산·용인·김포·광주시	그 밖의 지역
	16,500 (5,500)	14,500 (4,800)	8,500 (2,800)	7,500 (2,500)	6,500 (2,200)	5,500 (1,900)	3,800 (1,300)	3,000 (1,000)

2 주택임대인의 정보제시의무

임대차계약을 체결할 때 다음의 사항을 임차인에게 제시하여야 한다.

(1) 해당 주택의 확정일자 부여일, 차임 및 보증금 등 정보. 다만, 임대인이 임대차계약을 체결하기 전에 동의(임대차계약을 체결하려는 자가 확정일자 부여기관에 정보제공을 요청할 수 있는)함으로써 이를 갈음할 수 있다.

(2) 「국세징수법」에 따른 납세증명서 및 「지방세징수법」에 따른 납세증명서. 다만, 임대인이 임대차계약을 체결하기 전에 「국세징수법」에 따른 미납국세와 체납액의 열람 및 「지방세징수법」에 따른 미납지방세의 열람에 각각 동의함으로써 이를 갈음할 수 있다.

3 임대인의 계약갱신요구 거절사유(주택·상가 비교)

구분	「주택임대차보호법」	「상가건물 임대차보호법」
거절 사유	① 임차인이 2기의 차임액에 해당하는 금액에 이르도록 차임을 연체한 사실이 있는 경우 ② 임대인(임대인의 직계존속·직계비속 포함)이 목적 주택에 실제 거주하려는 경우	임차인이 3기의 차임액에 해당하는 금액에 이르도록 차임을 연체한 사실이 있는 경우

공통 사유	① 임차인이 거짓이나 그 밖의 부정한 방법으로 임차한 경우
	② 서로 합의하여 임대인이 임차인에게 상당한 보상을 제공한 경우
	③ 임차인이 임대인의 동의 없이 목적 건물의 전부 또는 일부를 전대(轉貸)한 경우
	④ 임차인이 임차한 건물의 전부 또는 일부를 고의나 중대한 과실로 파손한 경우
	⑤ 임차한 건물의 전부 또는 일부가 멸실되어 임대차의 목적을 달성하지 못할 경우
	⑥ 임대인이 다음의 어느 하나에 해당하는 사유로 목적 건물의 전부 또는 대부분을 철거하거나 재건축하기 위하여 목적 건물의 점유를 회복할 필요가 있는 경우
	   ㉠ 임대차계약 체결 당시 공사시기 및 소요기간 등을 포함한 철거 또는 재건축 계획을 임차인에게 구체적으로 고지하고 그 계획에 따르는 경우
	   ㉡ 건물이 노후·훼손 또는 일부 멸실되는 등 안전사고의 우려가 있는 경우
	   ㉢ 다른 법령에 따라 철거 또는 재건축이 이루어지는 경우
	⑦ 그 밖에 임차인이 임차인으로서의 의무를 현저히 위반하거나 임대차를 계속하기 어려운 중대한 사유가 있는 경우	

4 상가건물 임대차보호법 일부적용 규정과 권리금제도

(1) 「상가건물 임대차보호법」 일부적용 규정(환산보증금 초과시에도)
   ① 대항력
   ② 양수인의 임대인지위승계
   ③ 계약갱신요구권
   ④ 권리금회수기회보호제도
   ⑤ 3기 이상 차임연체시 해지규정
   ⑥ 표준임대차계약서 작성
   ⑦ 폐업으로 인한 임차인의 해지권(3개월 전 통지)

(2) 「상가건물 임대차보호법」상 권리금 회수기회 보호제도
   ① 권리금계약: 신규임차인이 되려는 자가 임차인에게 권리금을 지급하기로 하는 계약을 말한다.

② 임차인의 권리금회수기간 및 방해행위금지
　㉠ 임대인은 임대차기간이 끝나기 6개월 전부터 임대차 종료시까지 다음에 해당하는 행위를 함으로써 임차인이 권리금을 지급받는 것을 방해하여서는 아니 된다. 그러나 계약갱신요구의 거절 가능사유가 있는 경우 임대인은 이러한 의무를 부담하지 않는다.
　　ⓐ 임차인이 주선한 신규임차인이 되려는 자에게 권리금을 요구하거나, 임차인이 주선한 신규임차인이 되려는 자로부터 권리금을 수수하는 행위
　　ⓑ 임차인이 주선한 신규임차인이 되려는 자로 하여금 임차인에게 권리금을 지급하지 못하게 하는 행위
　　ⓒ 임차인이 주선한 신규임차인이 되려는 자에게 상가건물에 관한 조세, 공과금, 주변 상가건물의 차임 및 보증금 그 밖의 부담에 따른 금액에 비추어 현저히 고액의 차임과 보증금을 요구하는 행위
　　ⓓ 그 밖에 정당한 사유 없이 임대인이 임차인이 주선한 신규임차인이 되려는 자와 임대차계약의 체결을 거절하는 행위
　㉡ 전대인과 전차인 사이에서는 권리금의 회수기회 보호에 관한 규정이 적용되지 않는다.
③ 위반시 효과
　㉠ 임차인이 권리금을 지급받는 것을 임대인이 방해하여 임차인에게 손해를 발생하게 한 때에는 그 손해를 배상할 책임이 있다. 이 경우 그 손해배상액은 신규임차인이 임차인에게 지급하기로 한 권리금과 임대차 종료 당시의 권리금 중 낮은 금액을 넘지 못한다.
　㉡ 임차인의 손해배상청구권은 임대차가 종료한 날부터 3년 이내에 행사하지 아니하면 시효로 소멸한다.
④ 예외: 다음의 어느 하나에 해당하는 경우에는 임대인은 신규임차인과의 임대차계약의 체결을 거절할 수 있다.
　㉠ 임차인이 주선한 신규임차인이 되려는 자가 보증금 또는 차임을 지급할 자력이 없는 경우
　㉡ 임차인이 주선한 신규임차인이 되려는 자가 임차인으로서의 의무를 위반할 우려가 있거나, 그 밖에 임대차를 유지하기 어려운 상당한 사유가 있는 경우
　㉢ 임대차 목적물인 상가건물을 1년 6개월 이상 영리목적으로 사용하지 아니한 경우
　㉣ 임대인이 선택한 신규임차인이 임차인과 권리금계약을 체결하고 그 권리금을 지급한 경우

5 기본확인사항

(1) 서울 소재 주택이 경매대금 1억원이고 소액임차인 5명(보증금은 모두 5천만원)과 이들보다 선순위인 채권액 5천만원인 저당권자가 있을 경우, 소액임차인들은 각각 1천만원씩 배당을 받게 된다(단, 다른 권리 미고려). (○)

(2) 주택임차인이 2기의 차임액에 달하도록 차임을 연체하고 있거나, 기타 임차인의 의무를 현저히 위반하고 있는 경우에는 「주택임대차보호법」상 법정갱신이 인정되지 않는다. (○)

(3) 중소기업이 주택을 임차하고 그 소속 직원의 명의로 주민등록을 이전하여 대항요건을 갖추고 확정일자를 받았다면 「주택임대차보호법」의 보호대상이 된다. (○)

(4) 법정갱신이 된 주택임대차의 존속기간은 2년으로 본다. 단, 갱신된 경우라도 임차인은 언제든지 계약을 해지할 수 있으며 그 효력은 임대인이 그 통지를 받은 날부터 3개월이 지나면 발생한다. (○)

(5) 주택임차인이 임대차등기를 한 때에도 주택을 인도받고 주민등록의 이전을 하지 않으면 대항력이 인정되지 않는다. (×) 제35회

(6) 임차권등기명령집행에 따라 임차권등기를 한 이후에 임차한 임차인은 최우선변제권이 인정되지 아니한다. (○) 제35회

(7) 임차인이 임차권등기명령에 의한 임차권등기를 한 이후에는 이행지체에 빠진 임대인의 보증금반환의무가 임차인의 임차권등기 말소의무보다 먼저 이행되어야 한다. (○) 제35회

(8) 주택임차인은 최초의 임대차기간을 포함한 전체 임대차기간이 10년을 초과하지 아니하는 범위에서 계약갱신요구권을 행사할 수 있다. (×) 제35회

(9) 임차인뿐만 아니라 임대인도 계약갱신요구권을 행사할 수 있다. (×) 제35회

(10) 임차인이 계약갱신요구권을 행사하여 임대차계약이 갱신된 경우 임대인은 차임을 증액할 수 없다. (×) 제35회

(11) 임차인이 계약갱신요구권을 행사하려는 경우 계약기간이 끝난 후 즉시 이를 행사하여야 한다. (×) 제35회

(12) 상가임차인의 소액보증금 우선변제권은 상가건물 가액의 2분의 1에 해당하는 금액에 한하여 인정된다. (○)

(13) 기간의 정함이 없거나 기간을 1년 미만으로 정한 상가건물의 임대차는 그 기간을 1년으로 본다. 단, 임차인은 1년 미만으로 정한 기간이 유효함을 주장할 수 있다. 한편 임대인은 임차인이 임대차기간 만료 전 6월부터 1월까지 사이에 행하는 계약갱신요구에 대하여 정당한 사유 없이 이를 거절하지 못한다. 계약갱신요구권은 최초의 임대차기간을 포함한 전체 임대차기간이 10년을 초과하지 않는 범위 내에서만 행사할 수 있다. (○)

(14) 상가임차인이 3기의 차임액에 달하도록 차임을 연체한 사실이 있는 경우 임대인은 임차인의 계약갱신요구를 거절할 수 있다. (○)

(15) 상가임차인은 「감염병의 예방 및 관리에 관한 법률」에 따른 집합 제한 또는 금지조치(운영시간 제한조치를 포함)를 총 3개월 이상 받음으로써 발생한 경제사정의 중대한 변동으로 폐업한 경우에는 임대차계약을 해지할 수 있다. (○)

(16) 폐업으로 인한 상가임차인의 해지권은 임대인이 계약해지의 통고를 받은 날부터 3개월이 지나면 효력이 발생한다. (○)

(17) 서울 소재 상가 임대차의 환산보증금이 10억원이라면 임차인의 권리금 회수기회 보호규정이 적용되지 않는다. (×) 제33회

핵심 기출지문분석

1. 일시사용을 위한 임대차임이 명백한 경우에는 「주택임대차보호법」의 적용을 받지 않는다. 제17회, 제18회, 제20회

2. 「주택임대차보호법」은 주거용 건물의 임대차에 적용되며, 그 임차주택의 일부가 주거 외의 목적으로 사용되는 경우에도 적용된다. 제28회, 제33회

3. 임차인의 계약갱신요구권의 행사를 통해 갱신되는 임대차의 존속기간은 2년으로 본다. 제32회, 제33회

4. 임차인은 임차주택에 대한 경매신청의 등기 전에 대항요건을 갖추지 않은 경우에는 소액보증금에 해당하더라도 다른 담보물권자보다 우선하여 변제(= 최우선변제권)받을 권리가 없다. 제33회

5. 임차인이 대항력을 갖춘 경우 임차주택의 양수인은 임대인의 지위를 승계한 것으로 본다. 제28회, 제33회

6. 임차권등기명령의 집행에 따른 임차권등기를 마친 임차인은 이후 대항요건을 상실하더라도 이미 취득한 대항력 또는 우선변제권을 상실하지 아니한다. 제33회, 제35회

7. 주택임대차계약이 묵시적으로 갱신되면 임대차의 존속기간은 2년으로 본다. 제32회

8. 임차인과 임대인이 주택임대차기간을 2년 미만으로 정한다면 임차인은 그 임대차기간이 유효함을 주장할 수 있다. 제32회

9. 주택임대차계약이 묵시적으로 갱신되면 임차인은 언제든지 임대인에게 계약해지를 통지할 수 있고, 임대인이 그 통지를 받은 날부터 3개월이 지나면 해지의 효력이 발생한다. 제28회, 제32회

10. 임차인이 임대인에게 계약갱신요구권을 행사하여 주택임대차계약이 갱신된 경우 임차인은 언제든지 임대인에게 계약해지를 통지할 수 있다. 제32회, 제35회

11. 주택의 미등기 전세계약에 관하여는 「주택임대차보호법」을 준용한다. 제34회

12. 주거용 건물에 해당하는지 여부는 임대차목적물의 공부상의 표시만을 기준으로 정하는 것이 아니라, 사실상의 주된 용도가 주거용 건물인지를 기준으로 정하여야 한다. 제34회

13. 임차인이 임차주택을 인도받고 그 주소로 동거하는 자녀의 주민등록을 이전하면 대항력이 인정된다. 제35회

14. 「주택임대차보호법」상 최우선변제권이 인정되는 소액임차인이라도 선순위 저당권이 실행되면 임차권은 소멸한다. 제35회
15. 선순위 저당권이 설정된 주택에 임대차계약을 체결한 후 후순위 저당권이 다시 설정된 경우, 후순위 저당권자가 경매한 경우 모든 저당권과 임차권은 매각으로 소멸한다. 제35회
16. 법원의 임차권등기명령이 소유자인 임대인에게 송달되기 전에도 임차권등기명령을 집행할 수 있다. 제35회
17. 대통령령으로 정하는 보증금액을 초과하는 임대차인 경우에도 「상가건물 임대차보호법」상 권리금에 관한 규정이 적용된다. 제33회
18. 상가건물 임차인이 3기의 차임액에 달하도록 차임을 연체한 사실이 있는 경우 임대인은 임차인의 계약갱신요구를 거절할 수 있다. 제18회, 제21회, 제22회, 제26회, 제30회, 제33회
19. 임대인의 동의를 받고 전대차계약을 체결한 전차인은 임차인의 계약갱신요구권 행사기간 이내에 임차인을 대위하여 임대인에게 계약갱신요구권을 행사할 수 있다. 제29회, 제33회
20. 임차인이 임대인의 동의 없이 목적건물의 일부를 전대한 경우 임대인은 임차인의 계약갱신의 요구를 거절할 수 있다. 제20회, 제23회, 제27회, 제33회
21. 「상가건물 임대차보호법」이 적용되는 상가임대인은 임차인이 임대차기간 만료되기 6개월 전부터 1개월 전까지 사이에 계약갱신을 요구할 경우, 정당한 사유 없이 거절하지 못한다. 제31회
22. 상가임차인의 계약갱신요구권은 최초의 임대차기간을 포함한 전체 임대차기간이 10년을 초과하지 아니하는 범위에서만 행사할 수 있다. 제27회, 제31회
23. 상가임차인의 계약갱신요구권에 의하여 갱신되는 임대차는 전 임대차와 동일한 조건으로 다시 계약된 것으로 본다. 제31회
24. 상가임차인이 3기의 차임액에 달하도록 차임을 연체한 경우 임대인은 임대차계약을 해지할 수 있다. 제26회, 제27회, 제28회, 제30회
25. 차임 또는 보증금의 증액이 있은 후 1년 이내에는 다시 증액할 수 없으나, 감액은 제한이 없다. 제28회, 제30회
26. 임대차는 그 등기가 없는 경우에도 임차인이 건물의 인도와 법령에 따른 사업자등록을 신청하면 그 다음 날부터 제3자에 대하여 효력이 생긴다. 제29회, 제35회
27. 상가임대차의 확정일자는 건물의 소재지 관할 세무서장이 부여한다. 제35회
28. 상가임대차계약을 체결하려는 자는 임대인의 동의를 받아 관할 세무서장에게 건물의 확정일자 부여일 등 관련 정보의 제공을 요청할 수 있다. 제35회
29. 상가임차인이 거짓이나 그 밖의 부정한 방법으로 임차한 경우 임대인은 계약갱신요구를 거절할 수 있다. 제35회
30. 상가건물의 경매시 임차인은 환가대금에서 보증금을 지급받기 전에 매수인에게 먼저 건물을 인도하여야 한다. 제35회

▶ 중개실무

Theme 38 부동산 실권리자명의 등기에 관한 법률

1 명의신탁 관계도

3자 간 명의신탁(중간생략형 명의신탁)	계약명의신탁
제3자에게 등기이전된 경우 이행강제금 부과대상에서 제외	이행강제금 부과대상에서 제외

[3자 간 명의신탁 도해]
- 매도인 →(매매(유효))→ 신탁자
- 매도인 →(등기(무효))→ 수탁자
- 신탁자 →(신탁약정(무효))→ 수탁자
- 신탁자 →(권리주장 ×)→ 제3자
- 수탁자 →(등기(유효)/매매(유효))→ 제3자

[계약명의신탁 도해]
- 매도인 ↔(매매(유효))↔ 수탁자
- 수탁자 ↔(약정(무효))↔ 신탁자
- 매도인 →(등기(유효), 선의)→ 수탁자
- 신탁자 →(권리주장 ×)→ 수탁자
- 수탁자 →(등기(유효)/매매(유효))→ 제3자
- 신탁자 →(권리주장 ×)→ 제3자

수탁자 임의처분시: 횡령죄 불성립(판례)

(1) 명의신탁약정은 '무효'이다.
(2) 이에 터잡은 등기(물권변동)도 '무효': 소유권은 원소유자에게 귀속된다.
   📑 계약명의신탁에서 매도인이 '선의'인 경우 등기(물권변동)는 '유효'하다.
(3) 위 '무효'는 제3자(선악 불문)에게 대항하지 못한다. 제3자는 선악을 불문하고 소유권을 취득한다.

2 명의수탁자의 신탁재산 임의처분시 명의신탁자의 권리

구분	2자 간 명의신탁	3자 간 명의신탁	계약명의신탁
소유자 (신탁부동산)	명의신탁자	매도인 (신탁자는 이전등기청구권 보유)	① 선의: 명의수탁자 ② 악의: 매도인
형사상 횡령죄	불성립		
부당이득	반환청구 가능		
불법행위 손해배상	청구 가능		불가

제1편 테마이론 | 171

3 명의신탁의 예외 및 특례규정

명의신탁이 아닌 것	명의신탁이지만 유효한 것
① 양도담보 및 담보가등기 ② 상호명의신탁(구분소유적 공유) ③ 신탁(「신탁법」 또는 「자본시장과 금융투자업에 관한 법률」상 신탁재산)등기	조세포탈, 강제집행면탈, 법령상 제한회피의 목적이 아닌 ① 배우자 ② 종중 ③ 종교단체

4 위반시 제재

구분		벌칙
명의신탁자 및 교사자 / 장기미등기자 및 교사자	① 명의신탁 및 장기미등기 과징금: 부동산 평가액 30%의 범위 내	5년 이하 징역 또는 2억원 이하 벌금
	② 1차 이행강제금(과징금 부과일부터 1년 경과시): 부동산 평가액의 10% 부과	
	③ 2차 이행강제금(1차 부과일부터 다시 1년 경과시): 부동산 평가액의 20% 부과	
명의수탁자 및 교사자		3년 이하 징역 또는 1억원 이하 벌금

5 기본확인사항

(1) 누구든지 부동산에 관한 물권을 명의신탁약정에 따라 명의수탁자의 명의로 등기하여서는 아니 된다. (○)

(2) 양도담보 및 담보가등기, 상호명의신탁, 신탁(「신탁법」 등에 의한 신탁재산)등기는 부동산실명법에서 금지하는 명의신탁등기로 보지 않는다. (○)

(3) 조세포탈, 강제집행면탈, 법령상 제한회피의 목적이 아니면 종중, 배우자 및 종교단체에 대한 특례를 인정하여 명의신탁약정의 효력을 인정한다. (○)

(4) 명의신탁자에게는 3년 이하의 징역이나 1억원 이하의 벌금형이 부과될 수 있다. (×)

(5) 부동산실명법상 금지되는 명의신탁약정은 '무효'이며, '무효'는 제3자에게 대항하지 못하므로 제3자는 선악을 불문하고 해당 권리를 취득한다. (○)

(6) 2자 간, 3자 간, 계약명의신탁에서 명의수탁자의 신탁부동산 임의처분행위는 횡령죄로 처벌되지 않는다. (○)

> **핵심** 기출지문분석

1. 부동산의 위치와 면적을 특정하여 2인 이상이 구분소유하기로 하는 약정을 하고 그 구분소유자의 공유로 등기한 경우, 그 등기는 '유효'하다. 제33회
2. 배우자 명의로 부동산에 관한 물권을 등기한 경우 조세포탈, 강제집행의 면탈 또는 법령상 제한의 회피를 목적으로 하지 아니하는 경우 그 등기는 유효하다. 제33회
3. 「부동산 실권리자명의 등기에 관한 법률」상 저촉되는 명의신탁약정은 매도인의 선의·악의를 묻지 아니하고 무효이다. 제28회, 제31회, 제34회
4. 매도인이 선의인 계약명의신탁에서 명의수탁자는 신탁부동산의 소유권을 취득한다. 제28회, 제31회
5. 매도인이 명의수탁자에게 소유권이전등기를 할 때 비로소 명의신탁약정 사실을 알게 된 경우 이전등기는 유효이다. 제31회
6. 매도인이 선의인 계약명의신탁에서 명의신탁자는 명의수탁자에게 소유권이전등기를 청구할 수 없다. 제31회
7. 명의수탁자가 신탁부동산을 제3자에게 처분하고 소유권이전등기를 한 경우 제3자는 유효하게 소유권을 취득한다. 제28회, 제31회
8. 3자 간 명의신탁에서 매도인이 명의수탁자 명의로 마쳐준 소유권이전등기는 무효이다. 제27회, 제30회, 제32회, 제35회
9. 3자 간 명의신탁에서 매도인이 명의수탁자에게 이전한 등기는 무효이므로 명의신탁자는 명의수탁자를 상대로 매매대금 상당의 부당이득반환청구권을 행사할 수 없다. 제27회, 제30회, 제32회
10. 명의신탁자가 계약의 당사자가 되는 3자 간 등기명의신탁이 무효인 경우 명의신탁자는 매도인을 대위하여 명의수탁자 명의의 등기의 말소를 청구할 수 있다. 제32회, 제33회
11. 3자 간 등기명의신탁에서 명의수탁자가 신탁부동산을 제3자에게 처분한 경우 명의수탁자는 명의신탁자와의 관계에서 횡령죄가 성립하지 않는다. 제30회
12. 3자 간 등기명의신탁에서 명의신탁자와 매도인 사이의 매매계약은 유효하므로 명의신탁자는 매도인을 상대로 소유권이전등기를 청구할 수 있다. 제27회, 제30회, 제35회
13. 명의신탁약정에 기하여 소유권이전등기가 마쳐졌다는 이유만으로 당연히 불법원인급여에 해당한다고 볼 수 없다. 제34회
14. 계약명의신탁에서 매도인이 '악의'인 경우에는 명의수탁자로의 소유권이전등기는 무효가 되고, 소유권은 여전히 '매도인'에게 있다. 제34회
15. 3자 간 등기명의신탁에서 명의수탁자가 명의신탁자의 동의 없이 신탁부동산에 대하여 제3자와 임대차계약을 체결한 경우, 명의신탁자는 그 계약의 무효를 주장할 수 없다. 제35회

Theme 39 부동산 경매제도

▶ 중개실무

1 부동산 경매

(1) 경매의 종류
① 임의경매: 저당권, 유치권, 전세권, 담보가등기 등 담보물권의 경매실행
② 강제경매: 집행권원(판결문 등)에 의한 강제집행

(2) 경매 관련 빈출지문
① 부동산의 매각은 호가경매(呼價競賣), 기일입찰 또는 기간입찰의 세 가지 방법 중 집행법원이 정한 방법에 따른다.
② 기일입찰에서 매수신청인은 보증으로 최저매각가격의 10분의 1에 해당하는 금액을 집행관에게 제공해야 한다.
③ 차순위매수신고는 그 신고액이 최고가매수신고액에서 그 보증액을 뺀 금액을 넘는 때에만 할 수 있다.
④ 경매신청이 취하되면 압류의 효력은 소멸된다.
⑤ 매각부동산 위의 모든 저당권과 담보가등기권리는 매각으로 소멸된다.
⑥ 최선순위의 전세권으로서 가압류채권에 대항할 수 있는 경우라도 전세권자가 배당요구를 하면 전세권은 매각으로 소멸한다.
⑦ 임차건물이 매각되더라도 보증금이 전액변제되지 않는 한 대항력 있는 임차권은 소멸하지 않는다.
⑧ 압류의 효력이 발생한 후에 경매목적물의 점유를 취득한 유치권자는 매수인에게 대항할 수 없다.
⑨ 매수인은 매각부동산 위의 유치권자에게 그 유치권으로 담보하는 채권을 변제할 책임이 있다.
⑩ 매수인은 매각부동산 위의 유치권자에게 그 유치권으로 담보하는 채권을 변제할 채무는 없다.
⑪ 매각허가결정에 대하여 항고를 하고자 하는 사람은 보증으로 매각대금의 10분의 1에 해당하는 금전 또는 법원이 인정한 유가증권을 공탁해야 한다.
⑫ 재매각절차에서 전(前)의 매수인은 매수신청을 할 수 없으며, 매수신청의 보증을 돌려줄 것을 요구하지 못한다.
⑬ 매수인은 매각대금을 다 낸 때에 매각의 목적인 권리를 취득한다.

2 경매절차

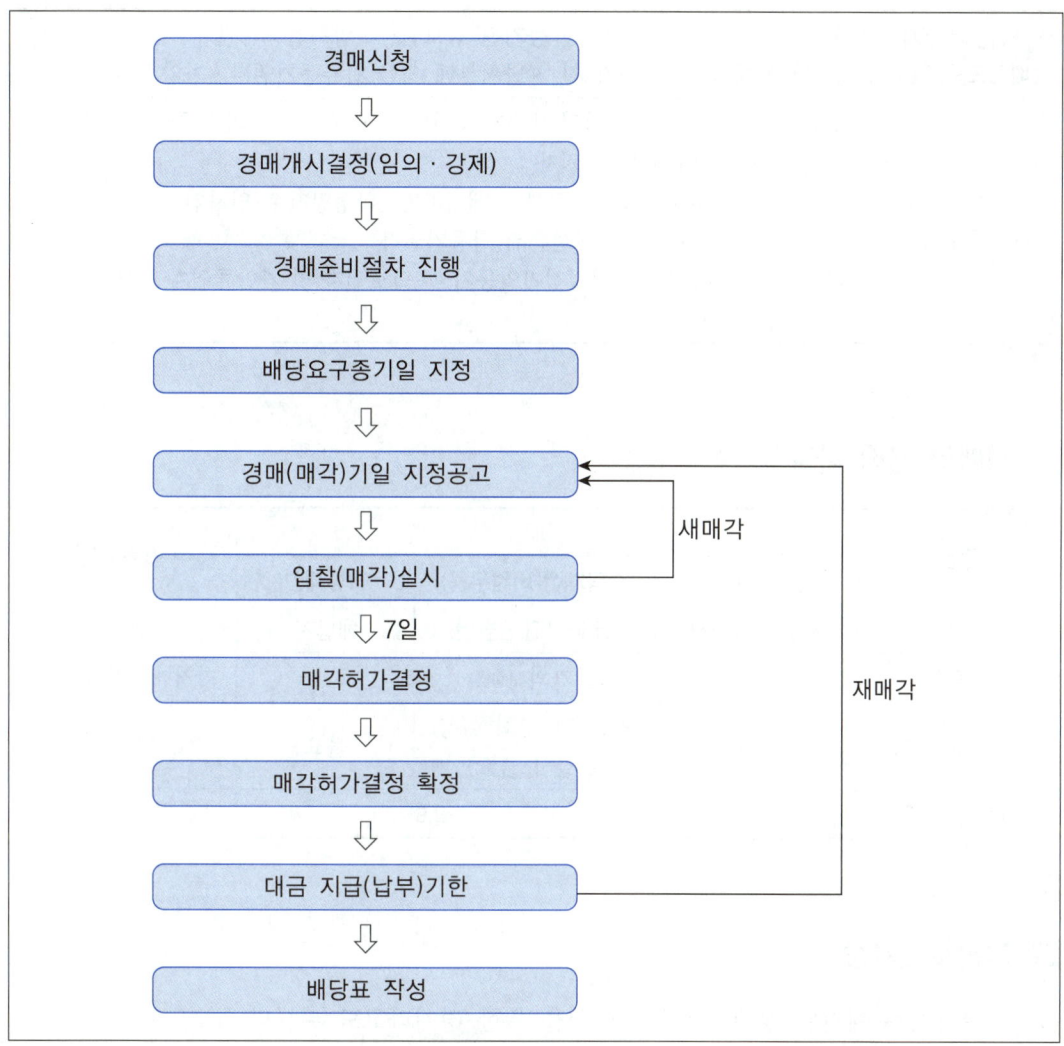

3 권리분석

구분	소멸주의	인수주의
개념	매각으로 소멸 ⇨ 촉탁등기대상	매각 후 매수인에게 인수
언제나	저당권, 담보가등기, 가압류, 압류 → 말소기준권리	① 유치권(예외 있음) ② 법정지상권, 구분지상권

4 배당의 구분

당연 배당자 (배당요구 없이)	① 첫 경매개시결정등기 전 등기된 담보권자·임차권등기권자 ② 첫 경매개시결정등기 전 체납처분에 의한 압류등기권자·가압류권자 등
신청 배당자 (배당요구 필요)	① 집행력 있는 정본을 가진 채권자, 「민법」, 「상법」 그 밖의 법률에 의하여 우선변제청구권이 있는 채권자 ② 「주택임대차보호법」에 의한 소액임차인, 확정일자부 임차인 ③ 최선순위 전세권자, 최선순위 가등기권자 ④ 임금채권자, 경매개시결정기입등기 후 담보권자 및 가압류권자, 국세 등의 교부청구권자

5 경매와 공매 비교

구분	공매			법원경매
	유입자산	수탁재산(비업무용)	압류재산	
소유자	자산관리공사	금융기관·법인	체납자	채무자
보증금	입찰가의 10%			최저매각가의 10%
토지거래허가	불요	필요(단, 3회 이상 유찰시 불요)	불요	
농지취득자격증명	필요			

6 기본확인사항

(1) 임의경매는 예견된 경매, 담보권 실행을 위한 경매라고도 부른다. (○)

(2) 경매 매각방법으로는 기일입찰, 기간입찰, 호가제가 있다. (○)

(3) 경매 매수인이 소유권을 취득하는 시기는 경락대금을 완납한 때이다. (○)

(4) 유찰에 따른 매각을 새매각이라 하며, 대금미납에 따른 매각을 재매각이라 한다. (○)

(5) 부동산경매절차에서 차순위매수신고는 차순위매수신고인의 신고가액이 최고가매수신고인의 매수신고가액에서 매수신청보증금을 뺀 금액을 넘을 때만 할 수 있다. (○)

(6) 최저매각가 1억원인 경매물건을 1억 2천만원에 매수신청을 하려는 경우, 법원에서 달리 정함이 없으면 1천만원을 보증금액으로 제공하여야 한다. (○)

(7) 경매절차를 통해 농지를 낙찰받은 매수인은 농지취득자격증명을 제출할 필요 없다. (×)

(8) 등기된 저당권자는 배당요구종기일까지 배당요구를 하여야만 배당을 받을 수 있다. (×)

(9) 경매부동산에 설정된 모든 저당권은 순위 여부를 불문하고 경매매각으로 소멸한다. (○)
_{제34회}

(10) 담보가등기가 최선순위 담보물권보다 앞서 설정되었다면 매각이 되더라도 소멸되지 않고 인수된다. (×)

(11) 모든 조세채권이 언제나 저당채권에 우선하지는 않지만, 당해세는 언제나 저당채권에 우선한다. (○)

(12) 경매개시결정 후에 점유개시로 성립된 유치권은 경매 매수인에게 대항할 수 없다. (○)
_{제34회}

(13) 배당받을 채권자가 경매 매수인인 경우에는 자기가 매각대금으로부터 배당받을 금액과 법원에 납부할 금액의 채권상계신청을 할 수 있다. (○)

(14) 법원경매는 토지거래허가가 면제되나, 비업무용 부동산 공매는 원칙적으로 토지거래허가가 면제되지 않는다. (○)

(15) 공매의 원칙적인 매각방법은 전자입찰방법으로만 할 수 있다. (○)

(16) 공매절차에 의하여 농지를 낙찰받은 경우에는 농지취득자격증명을 발급받지 않아도 된다. (×)

(17) 법원 경매물건 입찰행위에는 채권자, 저당권자, 채무자의 가족, 물건 감정인 및 그 친족 등이 참가할 수 있다. (×)

(18) 공매부동산의 대항력 없는 점유자를 강제명도하기 위해서 인도명령을 신청할 수 있다. (×)

핵심 기출지문분석

1. 부동산의 매각은 기간입찰·기일입찰·호가경매의 3가지 방법 중 집행법원이 정한 매각방법에 따른다. _{제20회, 제28회}

2. 경매 매수인이 경매부동산의 소유권을 취득하는 시기는 매각대금을 완납한 때이다.
_{제12회, 제29회, 제31회, 제33회}

3. 강제경매신청을 기각하거나 각하하는 재판에 대하여는 즉시항고를 할 수 있다. _{제28회}

4. 경매개시결정을 한 부동산에 대하여 다른 강제경매의 신청이 있는 때에는 법원은 다시 경매개시결정을 하고, 먼저 경매개시결정을 한 집행절차에 따라 경매한다. _{제28회}

5. 기일입찰에서 매수신청인은 보증으로 최저매각가격의 10분의 1에 해당하는 금액을 집행관에게 제공하여야 한다. _{제18회, 제20회, 제21회, 제25회, 제26회, 제30회}

6. 매각허가결정에 대하여 항고를 하고자 하는 사람은 보증으로 매각대금의 10분의 1에 해당하는 금전 또는 법원이 인정한 유가증권을 공탁해야 한다. _{제28회}

7. 매수신고인의 매수신고액이 차순위이고 최고가매수신고액에서 그 보증액을 뺀 금액을 넘는 때에만 차순위매수신고를 할 수 있다. _{제22회, 제23회, 제25회, 제29회, 제30회, 제31회, 제32회}

8. 최저매각가 1억원인 경매물건에 1억 5천만원의 최고가매수신고인이 있는 경우, 법원에서 보증금액을 달리 정하지 않았다면 차순위매수신고를 하기 위해서는 신고액이 1억 4천만원을 넘어야 한다. 제30회

9. 최고가매수신고를 한 사람이 2명인 때에는 법원은 그 2명만 다시 입찰하게 하여야 하며, 이 경우 전의 입찰 가격에 못 미치는 가격으로 입찰하여 매수할 수 없다. 제30회

10. 최고가매수신고인과 차순위매수신고인의 매수신청보증금은 매각기일이 종결되었다고 돌려줄 것을 신청할 수 없다. 제30회

11. 매각허가결정이 확정되어 대금지급기한의 통지를 받으면 매수인은 그 기한까지 매각대금을 지급하여야 한다. 제26회, 제29회

12. 재매각절차에서는 전(前)의 매수인은 매수신청을 할 수 없으며 매수신청의 보증을 돌려 줄 것을 요구하지 못한다. 제31회

13. 「민법」·「상법」, 그 밖의 법률에 의하여 우선변제청구권이 있는 채권자는 배당요구종기일까지 배당요구를 할 수 있다. 제26회, 제34회

14. 매각부동산 위의 모든 저당권은 매각으로 소멸된다. 제18회, 제21회, 제29회, 제31회, 제33회, 제34회

15. 최선순위 전세권은 그 전세권자가 배당요구를 하면 매각으로 소멸된다. 제26회, 제33회, 제34회

16. 전세권 및 등기된 임차권은 저당권·압류채권·가압류채권에 대항할 수 없는 경우에는 매각으로 소멸된다. 제33회

17. 유치권자는 유치권이 성립된 목적물을 경매로 매수한 자에 대하여 그 피담보채권의 변제를 청구할 수 없다. 제33회

18. 매수인은 매각부동산 위의 유치권자에게 그 유치권으로 담보하는 채권을 변제할 책임이 있다. 제26회

19. 매수인은 매각대상 부동산에 경매개시결정의 기입등기가 마쳐진 후 유치권을 취득한 자에게 그 유치권으로 담보하는 채권을 변제할 책임이 없다. 제31회, 제34회

20. 경매신청이 취하되면 압류의 효력은 소멸된다. 제28회

21. 집행법원은 배당요구의 종기를 첫 매각기일 이전으로 정하여야 한다. 제34회

22. 임차권등기 없는 소액임차인의 우선변제권은 배당요구를 하여야 배당받을 수 있다. 제34회

23. 법원이 경매절차를 개시하는 결정을 할 때에는 동시에 그 부동산의 압류를 명하여야 한다. 제35회

24. 경매개시결정에 따른 압류는 부동산에 대한 채무자의 관리·이용에 영향을 미치지 아니한다. 제35회

25. 제3자는 권리를 취득할 때에 경매신청 또는 압류가 있다는 것을 알았을 경우에는 압류에 대항할 수 없다. 제35회

26. 경매개시결정이 등기된 뒤에 가압류를 한 채권자는 당연배당이 아니라 신청배당자에 해당한다. 제35회

27. 이해관계인은 매각대금이 모두 지급될 때까지 법원에 경매개시결정에 대한 이의신청을 할 수 있다. 제35회

Theme 40 매수신청대리제도

▶ 중개실무

1 중개업과 매수신청대리업 비교

구분	중개업	매수신청대리업
등록신청 적격	① 공인중개사 ② 법인	① 공인중개사인 개업공인중개사 ② 법인인 개업공인중개사
등록관청	시·군·구청장	지방법원장
보증설정	① 공인중개사인 개업공인중개사: 2억원 ↑ ② 법인인 개업공인중개사: 4억원 ↑ ③ 분사무소: 2억원 ↑	① 공인중개사인 개업공인중개사: 2억원 ↑ ② 법인인 개업공인중개사: 4억원 ↑ ③ 분사무소: 2억원 ↑
실무교육 주관	시·도지사	법원행정처장
결격사유	12EA	5EA
등록처분	신청일로부터 7일	신청일로부터 14일
보증설정 시기	등록 후 업무개시 전	등록신청 전
취급업무	① 공인중개사인 개업공인중개사: 겸업 제한 없음 ② 법인인 개업공인중개사: 중개업 + 겸업업무	① 공인중개사인 개업공인중개사: 7EA 취급업무 ② 법인인 개업공인중개사: 7EA 취급업무
대상물	법정 중개대상물	경매물건 중 중개대상물
손해배상책임	과실책임, 무과실책임	과실책임
인장등록	업무개시 전까지 등록의 의무	중개업 등록인장을 사용
소속공인중개사	중개업무 수행 가능	대리업무 수행 불가(직접출석주의)
작성서면	① 전속중개계약서 ② 확인·설명서(Ⅰ~Ⅳ) ③ 거래계약서	① 사건카드 ② 확인·설명서 ③ 영수증
보수	① 중개보수(최대 0.9%) ② 실비(시·도 조례 한도)	① 상담 및 권리분석 보수(50만원 한도) ② 매수신청대리 보수(최대 1% 또는 1.5%) ③ 실비(30만원 한도)
금지행위	9EA(개업공인중개사 등의 금지행위)	8EA(개업공인중개사의 금지행위)
지도·감독	① 협회: 국토교통부장관 ② 개업공인중개사 　㉠ 국토교통부장관, 시·도지사, 등록관청 　㉡ 분사무소 시·군·구	① 협회: 법원행정처장 ② 개업공인중개사 　㉠ 원칙: 지방법원장 　㉡ 예외: 지원장 / 협회의 시·도지부

행정처분	등록취소(기속 / 재량), 업무정지(재량)	등록취소(기속 / 재량), 업무정지(기속 / 재량)
명칭 관련	① 문자사용의무: '공인중개사 사무소' / '부동산중개' ② 옥외광고물에 개업공인중개사 성명표기의무	법원의 명칭이나 휘장표시 금지(예외 있음): 사무소 명칭이나 간판

2 빈출지문과 매수신청대리인의 업무범위 등

(1) 빈출지문 익히기

① 공인중개사는 중개사무소 개설등록을 하지 않으면 매수신청대리인 등록을 할 수 없다.
② 매수신청대리인이 되고자 하는 법인인 개업공인중개사는 주된 중개사무소가 있는 곳을 관할하는 지방법원장에게 매수신청대리인 등록을 해야 한다.
③ 소속공인중개사는 매수신청대리인 등록을 할 수 없다.
④ 개업공인중개사는 매수신청대리행위를 함에 있어서 매각장소 또는 집행법원에 직접 출석해야 한다.
⑤ 매수신청대리인 등록을 한 개업공인중개사는 법원행정처장이 인정하는 특별한 경우 그 사무소의 간판에 '법원'의 휘장 등을 표시할 수 있다.
⑥ 보수의 지급시기에 관하여 약정이 없을 때에는 매각대금의 지급기한일로 한다.
⑦ 개업공인중개사는 매수신청대리에 관하여 위임인으로부터 보수를 받은 경우, 그 영수증에는 중개행위에 사용하기 위해 등록한 인장을 사용해야 한다.
⑧ 개업공인중개사의 중개업 폐업신고에 따라 매수신청대리인 등록이 취소된 경우는 그 등록이 취소된 후 3년이 지나지 않더라도 등록의 결격사유에 해당하지 않는다.
⑨ 매수신청대리인으로 등록한 개업공인중개사가 매수신청대리의 위임을 받은 경우 「민사집행법」의 규정에 따른 차순위매수신고를 할 수 있다.
⑩ 매수신청대리인 등록을 위한 실무교육시간은 32시간 이상 44시간 이내로 한다.
⑪ 지방법원장은 매수신청대리인 등록을 한 개업공인중개사의 매수신청대리업무를 1월 이상 2년 이내에서 정지할 수 있다.

(2) 매수신청대리인의 업무범위(= 제한적 열거규정)

① 매수신청보증의 제공
② 입찰표의 작성 및 제출
③ 차순위매수신고
④ 매수신청의 보증을 돌려줄 것을 신청하는 행위

⑤ 공유자의 우선매수신고
⑥ 구 「임대주택법」상 임차인의 임대주택 우선매수신고
⑦ 공유자 또는 임대주택 임차인의 우선매수신고에 따라 차순위매수신고인으로 보게 되는 경우 그 차순위매수신고인의 지위를 포기하는 행위

(3) 매수신청대리인 등록취소사유(절대적 등록취소)
① 중개업 개설등록의 결격사유에 해당하는 경우
② 중개업 폐업신고를 한 경우 또는 대리업 폐업신고를 한 경우
③ 공인중개사자격이 취소된 경우
④ 중개사무소 개설등록이 취소된 경우
⑤ 대리인 등록 당시 등록요건을 갖추지 않았던 경우
⑥ 대리인 등록 당시 결격사유가 있었던 경우

(4) 각종 보존서류 비교

	서류	보존기간	원본·사본·전자문서	위반시 제재
중개업	전속중개계약서	3년	원본	업무정지
	확인·설명서★	3년	원본·사본·전자문서	업무정지
	거래계약서★	5년	원본·사본·전자문서	업무정지
대리업	사건카드	5년	원본	상대적 등록취소
	확인·설명서	5년	사본	상대적 등록취소

★ 전자계약 체결시 자동으로 보관된다.

3 기본확인사항

(1) 법원경매물건의 매수신청대리(입찰대리)업을 하기 위하여 부동산 경매에 대한 실무교육을 수료하여야 하고, 대리업무에 대한 업무보증을 설정하면 모든 개업공인중개사가 이를 수행할 수 있다. (×)

(2) 공인중개사는 중개사무소 개설등록을 하지 않으면 매수신청대리인으로 등록할 수 없다. (○)

(3) 소속공인중개사는 매수신청대리인 등록을 할 수 없다. (○)

(4) 중개업을 위한 중개사무소의 개설등록은 시·군·구청장에, 매수신청대리인 등록은 관할 지방법원의 장에게 하여야 한다. (○) 제34회

(5) 매수신청대리인 등록을 하고자 하는 자는 등록신청일 전 1년 이내에 법원행정처장이 지정하는 교육기관에서 부동산 경매에 관한 실무교육을 받아야 한다. (○)

(6) 손해배상책임을 보장하기 위한 보증은 중개사무소 개설등록요건 및 매수신청대리인 등록 요건이다. (×)

(7) 중개사무소 개설등록의 결격사유와 매수신청대리인 등록의 결격사유는 서로 다르다. (○)

(8) 개업공인중개사는 대리행위를 할 경우에는 매각장소 또는 집행법원에 직접 출석해야 한다. (○) 제34회

(9) 개업공인중개사는 매수신청대리행위를 하는 경우 매 사건마다 위임인 본인의 인감증명서가 첨부된 위임장과 대리인등록증 사본을 제출하여야 한다. 다만, '같은 날', '같은 장소'에서 대리행위를 '동시에' 하는 경우에는 하나의 서면으로 갈음할 수 있다. (○)

(10) 「공장 및 광업재단 저당법」에 따른 공장재단을 매수신청대리할 수 있다. (○)

(11) 매수신청대리인인 개업공인중개사는 매수신청대리 사건카드에 중개행위에 사용하기 위해 등록한 인장을 사용하여 서명날인해야 한다. (○)

(12) 개업공인중개사는 매수신청대리에 관하여 위임인으로부터 보수를 받은 경우, 그 영수증에는 중개행위에 사용하기 위하여 등록한 인장을 사용하여야 한다. (○)

핵심 기출지문분석

1. 매수신청대리인으로 등록할 수 있는 개업공인중개사는 공인중개사인 개업공인중개사이거나 법인인 개업공인중개사이다. 제29회

2. 중개사무소의 개설등록을 하지 않은 공인중개사나 소속공인중개사는 매수신청대리인으로 등록할 수 없다. 제26회, 제27회, 제34회

3. 매수신청대리인이 되고자 하는 법인인 개업공인중개사는 주된 중개사무소가 있는 곳을 관할하는 지방법원장에게 매수신청대리인 등록을 하여야 한다. 제17회, 제18회, 제27회, 제33회, 제34회

4. 개업공인중개사는 매수신청대리인이 된 사건에 있어서 매수신청인으로서 매수신청을 하는 행위를 하여서는 아니 된다. 제26회

5. 매수신청대리인인 개업공인중개사는 기일입찰의 방법에 의한 매각기일에 매수신청대리행위를 할 때 집행법원이 정한 매각장소 또는 집행법원에 직접 출석해야 한다. 제25회, 제27회, 제29회, 제31회, 제32회, 제34회

6. 매수신청대리인인 개업공인중개사는 「공장 및 광업재단 저당법」에 따른 광업재단에 대한 매수신청대리를 할 수 있다. 제33회

7. 매수신청대리인인 개업공인중개사가 매수신청대리의 위임을 받은 경우 「민사집행법」의 규정에 따라 차순위매수신고를 할 수 있다. 제19회, 제20회, 제24회, 제28회, 제31회, 제32회

8. 매수신청대리인인 개업공인중개사의 입찰로 위임인이 최고가매수신고인이나 차순위매수신고인이 되지 않은 경우, 「민사집행법」에 따라 매수신청의 보증을 돌려줄 것을 신청할 수 있다. 제32회

9. 매수신청대리의 위임을 받은 매수신청대리인인 개업공인중개사는 「민사집행법」에 따른 공유자의 우선매수신고를 할 수 있다. 제29회

10. 매수신청대리인인 개업공인중개사는 위임인을 대리하여 입찰표를 작성·제출할 수 있다. 제32회
11. 중개사무소 폐업신고로 매수신청대리인인 개업공인중개사의 매수신청대리인 등록이 취소된 경우 3년이 지나지 아니하더라도 다시 매수신청대리인 등록을 할 수 있다. 제26회, 제29회, 제33회
12. 위임인의 매수신청대리인인 개업공인중개사에 대한 보수의 지급시기는 당사자 간 약정이 없으면 매각대금지급기한일로 한다. 제28회, 제31회, 제32회
13. 매수신청대리인인 개업공인중개사는 매수신청대리인등록증을 자신의 중개사무소 안의 보기 쉬운 곳에 게시해야 한다. 제28회
14. 매수신청대리인인 개업공인중개사가 중개사무소를 이전한 경우 그날부터 10일 이내에 관할 지방법원장에게 그 사실을 신고하여야 한다. 제31회
15. 매수신청대리인인 개업공인중개사가 매수신청대리 업무의 정지처분을 받을 수 있는 기간은 1월 이상 2년 이하이다. 제31회
16. 매수신청대리인인 개업공인중개사의 공인중개사자격이 취소된 경우 지방법원장은 매수신청대리인 등록을 취소하여야 한다. 제29회
17. 매수신청대리인인 개업공인중개사의 중개사무소 개설등록이 취소된 경우 지방법원장은 매수신청대리인 등록을 취소해야 한다. 제33회
18. 매수신청대리인인 개업공인중개사가 중개업을 휴업한 경우 관할 지방법원장은 해당 매수신청대리인의 업무를 정지해야 한다. 제28회
19. 매수신청대리의 위임을 받은 매수신청대리인인 개업공인중개사도 법원의 부당한 매각허가결정에 대하여 항고할 수 없다. 제27회
20. 매수신청대리인 등록을 한 개업공인중개사는 법원행정처장이 인정하는 특별한 경우 그 사무소의 간판에 '법원'의 휘장 등을 표시할 수 있다. 제26회
21. 미등기건물도 매수신청대리의 대상물이 될 수 있다. 제34회
22. 공유자의 우선매수신고에 따라 차순위매수신고인으로 보게 되는 경우 그 차순위매수신고인의 지위를 포기하는 행위는 매수신청대리권의 범위에 속한다. 제34회
23. 법인인 매수신청대리인이 분사무소를 1개 둔 경우 매수신청대리에 따른 손해배상책임을 보장하기 위하여 설정해야 하는 보증의 금액은 6억원 이상이다. 제35회
24. 매수신청대리인은 매수신청대리 사건카드에 위임받은 사건에 관한 사항을 기재하고 서명날인한 후 이를 5년간 보존해야 한다. 제35회
25. 매수신청대리인은 매수신청대리 대상물에 대한 확인·설명 사항을 서면으로 작성하여 사건카드에 철하여 5년간 보존해야 하며 위임인에게 교부하여야 한다. 제35회
26. 등기사항증명서는 매수신청대리인이 위임인에게 제시할 수 있는 매수신청대리 대상물에 대한 설명의 근거자료에 해당한다. 제35회
27. 매수신청대리인이 중개사무소를 이전한 경우 10일 이내에 지방법원장에게 그 사실을 신고해야 한다. 제35회

PART 2

기출문제

실제 공인중개사 시험에 출제된 문제들을 꼼꼼히 분석하여 꼭 필요한 문제만 수록하였습니다. 또한, 제35회 기출문제를 통해 최신 출제경향을 파악할 수 있도록 하였으며 지문의 오류가 있거나 해당 법령에 개정이 있는 문제는 변형하여 수록함으로써 시험에 철저히 대비할 수 있도록 하였습니다.

PART 02 기출문제

1 공인중개사법령

01 공인중개사법령상 용어의 설명으로 <u>틀린</u> 것은? 제33회

① 중개는 중개대상물에 대하여 거래당사자 간의 매매·교환·임대차 그 밖의 권리의 득실변경에 관한 행위를 알선하는 것을 말한다.
② 개업공인중개사는 이 법에 의하여 중개사무소의 개설등록을 한 자를 말한다.
③ 중개업은 다른 사람의 의뢰에 의하여 일정한 보수를 받고 중개를 업으로 행하는 것을 말한다.
④ 개업공인중개사인 법인의 사원 또는 임원으로서 공인중개사인 자는 소속공인중개사에 해당하지 않는다.
⑤ 중개보조원은 공인중개사가 아닌 자로서 개업공인중개사에 소속되어 개업공인중개사의 중개업무와 관련된 단순한 업무를 보조하는 자를 말한다.

> **해설** ④ 개업공인중개사인 법인의 사원 또는 임원으로서 공인중개사인 자는 소속공인중개사에 해당된다(법 제2조 제5호).

정답 01 ④

02 공인중개사법령상 '용어'와 관련된 설명으로 옳은 것은? (다툼이 있으면 판례에 따름)

제28회

① '공인중개사'에는 외국법에 따라 공인중개사 자격을 취득한 자도 포함된다.
② '중개업'은 다른 사람의 의뢰에 의하여 보수의 유무와 관계없이 중개를 업으로 행하는 것을 말한다.
③ 개업공인중개사인 법인의 사원으로서 중개업무를 수행하는 공인중개사는 '소속공인중개사'가 아니다.
④ '중개보조원'은 개업공인중개사에 소속된 공인중개사로서 개업공인중개사의 중개업무를 보조하는 자를 말한다.
⑤ 개업공인중개사의 행위가 손해배상책임을 발생시킬 수 있는 '중개행위'에 해당하는지는 객관적으로 보아 사회통념상 거래의 알선·중개를 위한 행위라고 인정되는지에 따라 판단해야 한다.

> **해설** ⑤ 어떠한 행위가 중개행위에 해당하는지 여부는 거래당사자의 보호에 목적을 둔 법 규정의 취지에 비추어 볼 때 개업공인중개사가 진정으로 거래당사자를 위하여 거래를 알선·중개하려는 의사를 갖고 있었느냐고 하는 개업공인중개사의 주관적 의사에 의하여 결정할 것이 아니라, 개업공인중개사의 행위를 객관적으로 보아 사회통념상 거래의 알선·중개를 위한 행위라고 인정되는지 여부에 의하여 결정하여야 한다(대판 2005다32197).
> ① 외국법에 따라 자격을 취득한 자는 '공인중개사'에 포함되지 않는다.
> ② 보수를 받고 영리를 목적으로 해야 '중개업'에 해당한다.
> ③ 법인의 사원 또는 임원으로서 공인중개사는 '소속공인중개사'에 포함된다.
> ④ '중개보조원'은 공인중개사가 아닌 자로서 개업공인중개사에 소속되어 개업공인중개사의 중개업무와 관련된 단순한 업무를 보조하는 자를 말한다.

정답 02 ⑤

03

공인중개사법령상 '중개업'에 관한 설명으로 틀린 것은? (다툼이 있으면 판례에 따름)

제22회

① 타인의 의뢰에 의하여 수수료를 받고 금전소비대차의 알선에 부수하여 부동산에 대한 저당권의 설정에 관한 행위의 알선을 업으로 한 경우 중개업에 해당한다.
② 개업공인중개사가 실제 계약당사자가 아닌 자에게 전세계약서를 작성·교부하여, 그가 이를 담보로 금전을 대여받음으로써 대부업자에게 손해를 입힌 경우 주의의무 위반에 따른 손해배상책임이 있다.
③ 변호사가 중개업을 하고자 하는 경우 공인중개사법령상의 중개사무소 개설등록의 기준을 적용받아야 한다.
④ 우연한 기회에 1회 중개하고 수수료를 받은 사실만으로는 알선·중개를 업으로 한 것으로 볼 수 없다.
⑤ 중개사무소 개설등록을 하지 않고 부동산 거래를 중개한 자가 거래당사자들에게서 단지 보수를 받을 것을 약속하거나 요구하는 데 그친 경우라도 공인중개사법령상 처벌대상이 된다.

해설 ⑤ 중개사무소의 개설등록을 하지 아니하고 '중개업'을 하는 행위는 처벌의 대상이 된다. 그런데 중개대상물의 거래당사자들에게서 보수를 현실적으로 받지 아니하고 단지 보수를 받을 것을 약속하거나 요구하는 데 그친 경우에는 위 법조에서 정한 '중개업'에 해당한다고 할 수 없어, 죄형법정주의의 원칙상 중개사무소 개설등록을 하지 아니하고 부동산 거래를 중개하면서 그에 대한 보수를 약속·요구하는 행위를 위 법 위반죄로 처벌할 수는 없다(대판 2010도16970).

04

공인중개사법령상 중개대상물에 해당하는 것을 모두 고른 것은? (다툼이 있으면 판례에 따름)

제33회

㉠ 동·호수가 특정되어 분양계약이 체결된 아파트 분양권
㉡ 기둥과 지붕 그리고 주벽이 갖추어진 신축 중인 미등기상태의 건물
㉢ 아파트 추첨기일에 신청하여 당첨되면 아파트의 분양예정자로 선정될 수 있는 지위인 입주권
㉣ 주택이 철거될 경우 일정한 요건하에 택지개발지구 내에 이주자택지를 공급받을 지위인 대토권

① ㉠, ㉡ ② ㉡, ㉢ ③ ㉢, ㉣
④ ㉠, ㉡, ㉣ ⑤ ㉠, ㉡, ㉢, ㉣

정답 03 ⑤ 04 ①

해설 ㉠ 「공인중개사법」에 규정된 중개대상물 중 건물에는 기존의 건축물뿐만 아니라, 장차 건축될 특정의 건물도 포함된다고 볼 것이므로 아파트의 특정 동·호수에 대하여 피분양자가 선정되거나 분양계약이 체결된 후에는 그 특정아파트가 완성되기 전이라 하여도 이에 대한 매매 등 거래를 중개하는 것은 건물의 중개에 해당한다(대판 2004도62).
㉡ 특정 동·호수에 대하여 피분양자가 선정되거나 분양계약이 체결되지는 아니하였다고 하더라도, 대상 아파트 전체의 건축이 완료됨으로써, 분양대상이 될 세대들이 객관적으로 존재하여, 분양 목적물로의 현실적인 제공 또한 가능한 상태에 이르렀다면, 분양대상물이 상당히 구체화되었다고 할 것이어서, 이에 대한 거래를 중개하는 것 또한 「공인중개사법」이 중개대상물로 정한 건축물의 중개에 해당한다고 봄이 상당하다(대판 2010다16519).
㉢ 특정한 아파트에 입주할 수 있는 권리가 아니라, 아파트에 대한 추첨기일에 신청을 하여 당첨이 되면 아파트의 분양예정자로 선정될 수 있는 지위를 가리키는 데에 불과한 입주권은 「공인중개사법」 소정의 중개대상물인 건물에 해당한다고 보기 어렵다(대판 90도1287).
㉣ (아파트 추첨기일에 신청을 하여 당첨되면 아파트의 분양예정자로 선정될 수 있는 지위를 가리키는 입주권은 법 제3조에서 말하는 중개대상물에 해당하지 않는다. 마찬가지 법리로) 이 사건 대토권은 이 사건 주택이 철거될 경우 일정한 요건하에 택지개발지구 내에 이주자택지를 공급받을 지위에 불과하고 특정한 토지나 건물에 해당한다고 볼 수 없으므로 법 제3조에서 정한 중개대상물에 해당하지 않는다(대판 2011다23682).

05 공인중개사법령상 '중개대상물'에 해당하는 것을 모두 고른 것은? (다툼이 있으면 판례에 따름) 제29회

㉠ 특정 동·호수에 대하여 수분양자가 선정된 장차 건축될 아파트
㉡ 「입목에 관한 법률」의 적용을 받지 않으나, 명인방법을 갖춘 수목의 집단
㉢ 콘크리트 지반 위에 볼트조립방식으로 철제 파이프 기둥을 세우고 3면에 천막을 설치하여 주벽이라고 할 만한 것이 없는 세차장구조물
㉣ 토지거래허가구역 내의 토지

① ㉠   ② ㉠, ㉣   ③ ㉡, ㉢
④ ㉠, ㉡, ㉣   ⑤ ㉡, ㉢, ㉣

해설 ㉠ 아파트의 특정 동·호수에 대하여 피분양자가 선정되거나 분양계약이 체결된 후에는 그 특정 아파트가 완성되기 전이라 하여도 이에 대한 매매 등 거래를 중개하는 것은 '건물'의 중개에 해당한다(대판 2004도62).
㉡ 명인방법을 갖춘 수목이나 명인방법을 갖춘 수목의 집단은 토지와 서로 별개의 부동산으로 별도의 중개대상물에 해당한다.
㉣ 토지거래허가구역이더라도, 허가를 받고 충분히 거래가 가능하므로, 중개대상에 해당한다.
㉢ 세차장구조물은 볼트만 해체하면 쉽게 토지로부터 분리·철거가 가능하므로 이를 토지의 정착물이라 볼 수는 없다고 할 것이다(대판 2008도9427).

정답 05 ④

06 공인중개사법령상 '중개대상'에 관한 설명으로 틀린 것은? (다툼이 있으면 판례에 따름)

제26회

① 중개대상물인 '건축물'에는 기존의 건축물뿐만 아니라 장차 건축될 특정의 건물도 포함될 수 있다.
② 공용폐지가 되지 아니한 행정재산인 토지는 중개대상물에 해당하지 않는다.
③ 「입목에 관한 법률」에 따라 등기된 입목은 중개대상물에 해당한다.
④ 주택이 철거될 경우 일정한 요건하에 택지개발지구 내에 이주자택지를 공급받을 지위인 '대토권'은 중개대상물에 해당하지 않는다.
⑤ '중개'의 정의에서 말하는 '그 밖의 권리'에 저당권은 포함되지 않는다.

해설 ⑤ '중개'의 정의에서 말하는 '그 밖의 권리'에는 저당권 등 담보물권도 포함된다.

> 「공인중개사법」 제2조 제1호에서 말하는 '기타(그 밖의) 권리'에는 저당권 등 담보물권도 포함되고, 따라서 타인의 의뢰에 의하여 일정한 수수료를 받고 저당권의 설정에 관한 행위의 알선을 업으로 하는 경우에는 같은 법 제2조 제2호가 정의하는 중개업에 해당하고, 그 행위가 금전소비대차의 알선에 부수하여 이루어졌다 하여 달리 볼 것도 아니다(대판 96도1641).

07 공인중개사법령상 '중개대상'에 해당하는 것을 모두 고른 것은? (다툼이 있으면 판례에 따름)

제31회

> ㉠ 「공장 및 광업재단 저당법」에 따른 공장재단
> ㉡ 영업용 건물의 영업시설·비품 등 유형물이나 거래처, 신용 등 무형의 재산적 가치
> ㉢ 가압류된 토지
> ㉣ 토지의 정착물인 미등기 건축물

① ㉠
② ㉠, ㉡
③ ㉠, ㉢, ㉣
④ ㉡, ㉢, ㉣
⑤ ㉠, ㉡, ㉢, ㉣

해설 ㉠ 공장재단은 중개대상물이다.
㉢ 토지가 가압류되었다 하더라도 거래가 가능하고 중개도 가능하다.
㉣ 보존등기가 아직 되지 아니한 신축건축물도 거래가 가능하고 중개도 가능하다.
㉡ 영업용 건물의 영업시설·비품 등 유형물이나 거래처, 신용, 영업상의 노하우 또는 점포위치에 따른 영업상의 이점 등 무형의 재산적 가치(이른바 권리금)는 중개대상물이라고 할 수 없다(대판 2005도 6054).

정답 06 ⑤   07 ③

08 공인중개사법령상 '중개대상물'에 해당하는 것은? (다툼이 있으면 판례에 따름) 제32회

① 토지에서 채굴되지 않은 광물
② 영업상 노하우 등 무형의 재산적 가치
③ 토지로부터 분리된 수목
④ 지목(地目)이 양어장인 토지
⑤ 주택이 철거될 경우 일정한 요건하에 택지개발지구 내 이주자택지를 공급받을 수 있는 지위

해설 ④ 지목에 상관없이 토지는 중개대상물에 해당된다.
① 광물은 국유로서, 중개대상물에 해당하지 아니한다.
② 권리금은 중개대상물에 해당하지 아니한다.

> 영업용 건물의 영업시설·비품 등 유형물이나 거래처, 신용, 영업상의 노하우 등 무형의 재산적 가치(이른바 권리금)는 중개대상물이라고 할 수 없으므로, 그러한 유·무형의 재산적 가치의 양도에 대하여 이른바 '권리금' 등을 수수하도록 중개한 것은 중개행위에 해당하지 아니한다(대판 2005도6054).

③ 수목은 동산에 불과하며, 부동산중개의 대상물에 해당하지 아니한다.
⑤ 대토권은 중개대상물에 해당하지 아니한다.

> '대토권'은 이 사건 주택이 철거될 경우 일정한 요건하에 택지개발지구 내에 이주자 택지를 공급받을 지위에 불과하고, 특정한 토지나 건물에 해당한다고 볼 수 없으므로, 법 제3조에서 정한 중개대상물에 해당하지 '않는다'고 볼 것이다. 또한 이 사건 대토권의 매매 등을 알선한 행위가 공제사업자를 상대로 개업공인중개사의 손해배상책임을 물을 수 있는 중개행위에 해당한다고 할 수 '없다'(대판 2011다23682).

정답 08 ④

09 공인중개사법령상 '공인중개사 자격증'에 관한 설명으로 틀린 것은? 제33회

① 시·도지사는 공인중개사 자격시험 합격자의 결정 공고일부터 2개월 이내에 시험합격자에게 공인중개사 자격증을 교부해야 한다.
② 공인중개사 자격증의 재교부를 신청하는 자는 재교부신청서를 자격증을 교부한 시·도지사에게 제출해야 한다.
③ 공인중개사 자격증의 재교부를 신청하는 자는 해당 지방자치단체의 조례로 정하는 바에 따라 수수료를 납부해야 한다.
④ 공인중개사는 유·무상 여부를 불문하고 자기의 공인중개사 자격증을 양도해서는 아니 된다.
⑤ 공인중개사가 아닌 자로서 공인중개사 명칭을 사용한 자는 1년 이하의 징역 또는 1천만원 이하의 벌금에 처한다.

해설 ① 시·도지사는 공인중개사 자격시험 합격자의 결정 공고일부터 '1개월' 이내에 시험합격자에게 공인중개사 자격증을 교부해야 한다.

10 공인중개사법령상 '공인중개사 자격시험' 등에 관한 설명으로 옳은 것은? 제30회

① 국토교통부장관이 직접 시험을 시행하려는 경우에는 미리 공인중개사 정책심의위원회의 의결을 거치지 않아도 된다.
② 공인중개사 자격증의 재교부를 신청하는 자는 재교부신청서를 국토교통부장관에게 제출해야 한다.
③ 국토교통부장관은 공인중개사시험의 합격자에게 공인중개사 자격증을 교부해야 한다.
④ 시험시행기관장은 시험에서 부정한 행위를 한 응시자에 대하여는 그 시험을 무효로 하고, 그 처분이 있은 날부터 5년간 시험응시자격을 정지한다.
⑤ 시험시행기관장은 시험을 시행하고자 하는 때에는 시험 시행에 관한 개략적인 사항을 전년도 12월 31일까지 관보 및 일간신문에 공고해야 한다.

해설 ① 국토교통부장관이 직접 시험을 시행하려면, 공인중개사 정책심의위원회의 사전의결을 거쳐야 한다(영 제3조).
② 자격증 재교부는 자격증을 교부한 시·도지사에게 신청하여야 한다(법 제5조 제3항, 규칙 제3조 제2항).
③ 국토교통부장관이 아니라, 시·도지사가 자격증을 교부하여야 한다(법 제5조 제2항).
⑤ 개략적인 공고는 '2월 말일'까지 하여야 한다(영 제7조 제2항).

정답 09 ① 10 ④

11 공인중개사법령상 '공인중개사' 등에 관한 설명으로 틀린 것은? 제31회

① 공인중개사의 자격이 취소된 후 3년이 지나지 아니한 자는 중개보조원이 될 수 없다.
② 공인중개사는 자기의 공인중개사 자격증을 무상으로 대여해서는 안 된다.
③ 자격정지처분을 받은 날부터 6개월이 지난 공인중개사는 법인인 개업공인중개사의 임원이 될 수 있다.
④ 다른 사람에게 자기의 성명을 사용하여 중개업무를 하게 한 경우에는 자격정지처분 사유에 해당한다.
⑤ 공인중개사가 아닌 자는 공인중개사 또는 이와 유사한 명칭을 사용하지 못한다.

> **해설** ④ 다른 사람에게 자기의 성명을 사용하여 중개업무를 하게 한 경우(자격증 양도·대여)는 자격정지처분 사유가 아니라, '자격취소'처분사유에 해당한다.
> ① 결격사유에 해당되어 중개업에 종사할 수 없다.
> ② 유상·무상을 가리지 아니하고 자격증이나 등록증에 대한 양도·대여는 처벌된다.
> ③ 자격정지처분의 최대한도기간은 6개월이므로, 6개월이 지나면 자격정지기간이 지나게 되어 결격에서 벗어나게 된다. 따라서 당연히 임원이 될 수 있다.
> ⑤ 법 제8조

정답 11 ④

12 공인중개사법령상 '공인중개사 정책심의위원회'의 공인중개사 업무에 관한 심의사항에 해당하는 것을 모두 고른 것은?
제33회

> ㉠ 공인중개사의 시험 등 공인중개사의 자격취득에 관한 사항
> ㉡ 부동산중개업의 육성에 관한 사항
> ㉢ 중개보수 변경에 관한 사항
> ㉣ 손해배상책임의 보장 등에 관한 사항

① ㉠
② ㉡, ㉢
③ ㉡, ㉣
④ ㉠, ㉢, ㉣
⑤ ㉠, ㉡, ㉢, ㉣

해설 ㉠㉡㉢㉣ 모두 공인중개사 업무에 관한 심의사항에 해당된다.

> **법 제2조의2【공인중개사 정책심의위원회】** ① 공인중개사의 업무에 관한 다음 각 호의 사항을 심의하기 위하여 국토교통부에 공인중개사 정책심의위원회를 둘 수 있다.
> 1. 공인중개사의 시험 등 공인중개사의 자격취득에 관한 사항
> 2. 부동산중개업의 육성에 관한 사항
> 3. 중개보수 변경에 관한 사항
> 4. 손해배상책임의 보장 등에 관한 사항

13 공인중개사법령상 '공인중개사 정책심의위원회'(이하 '심의위원회'라 함)에 관한 설명으로 틀린 것은?
제30회

① 국토교통부에 심의위원회를 둘 수 있다.
② 심의위원회는 위원장 1명을 포함하여 7명 이상 11명 이내의 위원으로 구성한다.
③ 심의위원회의 위원이 해당 안건에 대하여 자문을 한 경우 심의위원회의 심의·의결에서 제척된다.
④ 심의위원회의 위원장이 부득이한 사유로 직무를 수행할 수 없을 때에는 부위원장이 그 직무를 대행한다.
⑤ 심의위원회의 회의는 재적위원 과반수의 출석으로 개의(開議)하고, 출석위원 과반수의 찬성으로 의결한다.

해설 ④ 위원장이 부득이한 사유로 직무를 수행할 수 없을 때에는 위원장이 '미리 지명한 위원'이 그 직무를 대행한다(영 제1조의4 제2항). 공인중개사 정책심의위원회에는 부위원장 제도가 없다.

정답 12 ⑤ 13 ④

14 공인중개사법령상 '공인중개사 정책심의위원회'(이하 '위원회'라 함)에 관한 설명으로 옳은 것을 모두 고른 것은?
제32회

> ㉠ 위원회는 중개보수 변경에 관한 사항을 심의할 수 있다.
> ㉡ 위원회는 위원장 1명을 포함하여 7명 이상 11명 이내의 위원으로 구성한다.
> ㉢ 위원장은 국토교통부장관이 된다.
> ㉣ 위원장이 부득이한 사유로 직무를 수행할 수 없을 때에는 위원 중에서 호선된 자가 그 직무를 대행한다.

① ㉠, ㉡　　② ㉠, ㉢　　③ ㉢, ㉣
④ ㉠, ㉡, ㉢　　⑤ ㉠, ㉡, ㉣

해설 ㉢ 위원장은 국토교통부 '제1차관'이 된다.
㉣ 위원장이 부득이한 사유로 직무를 수행할 수 없을 때에는 위원장이 '미리 지명한 위원'이 그 직무를 대행한다.

15 공인중개사법령상 개업공인중개사 등의 '교육'에 관한 설명으로 옳은 것을 모두 고른 것은? (단, 다른 법률의 규정은 고려하지 않음)
제29회

> ㉠ 실무교육을 받는 것은 중개사무소 개설등록의 기준에 해당한다.
> ㉡ 개업공인중개사로서 폐업신고를 한 후 1년 이내에 소속공인중개사로 고용신고를 하려는 자는 실무교육을 받아야 한다.
> ㉢ 연수교육의 교육시간은 28시간 이상 32시간 이하이다.
> ㉣ 연수교육을 정당한 사유 없이 받지 않으면 500만원 이하의 과태료를 부과한다.

① ㉠, ㉡　　② ㉠, ㉣　　③ ㉡, ㉢
④ ㉠, ㉢, ㉣　　⑤ ㉡, ㉢, ㉣

해설 ㉠ 실무교육을 받아야 중개사무소 개설등록을 할 수 있으므로, 실무교육은 중개사무소 개설등록의 기준에 해당하는 것이 맞다.
㉣ 연수교육을 정당한 사유 없이 받지 않으면 500만원 이하의 과태료를 시·도지사가 부과한다.
㉡ 개업공인중개사로서 폐업신고를 한 후 1년 이내에 소속공인중개사로 고용신고를 하려는 자는 실무교육이 면제된다.
㉢ 연수교육의 교육시간은 12시간 이상 16시간 이하이다. 28시간 이상 32시간 이하는 실무교육의 시간이다.

정답 14 ①　15 ②

16 공인중개사법령상 개인공인중개사 등의 '교육'에 관한 설명으로 옳은 것은? (단, 다른 법률의 규정은 고려하지 않음)   제31회

① 중개사무소 개설등록을 신청하려는 법인의 공인중개사가 아닌 사원은 실무교육대상이 아니다.
② 개업공인중개사가 되려는 자의 실무교육시간은 26시간 이상 32시간 이하이다.
③ 중개보조원이 받는 실무교육에는 부동산중개 관련 법·제도의 변경사항이 포함된다.
④ 국토교통부장관, 시·도지사, 등록관청은 개업공인중개사 등에 대한 부동산거래사고 예방 등의 교육을 위하여 교육 관련 연구에 필요한 비용을 지원할 수 있다.
⑤ 소속공인중개사는 2년마다 국토교통부장관이 실시하는 연수교육을 받아야 한다.

해설 ① 중개법인의 사원(임원)은 공인중개사 자격 여부를 떠나 '전원'이 실무교육을 받아야 한다.
② 실무교육시간은 '28시간' 이상 32시간 이하이다.
③ 중개보조원은 실무교육이 아니라, 직무교육을 받아야 한다.
⑤ 연수교육은 '시·도지사'가 시행한다.

17 공인중개사법령상 '법인'이 중개사무소를 개설하려는 경우 개설등록 기준에 '부합'하는 것을 모두 고른 것은? (단, 다른 법률의 규정은 고려하지 않음)   제33회

㉠ 대표자가 공인중개사이다.
㉡ 건축물대장(「건축법」에 따른 가설건축물대장은 제외)에 기재된 건물에 전세로 중개사무소를 확보하였다.
㉢ 중개사무소를 개설하려는 법인이 자본금 5천만원 이상인 「협동조합 기본법」상 사회적 협동조합이다.

① ㉠
② ㉢
③ ㉠, ㉡
④ ㉡, ㉢
⑤ ㉠, ㉡, ㉢

정답 16 ④ 17 ③

해설 ⓒ 사회적 협동조합은 개설등록을 할 수 없다(영 제13조 제1항 제2호 가목 참조).

> 영 제13조 【중개사무소 개설등록의 기준 등】 ① 법 제9조 제3항에 따른 중개사무소 개설등록의 기준은 다음 각 호와 같다. 다만, 다른 법률의 규정에 따라 부동산중개업을 할 수 있는 경우에는 다음 각 호의 기준을 적용하지 아니한다.
> 2. 법인이 중개사무소를 개설하려는 경우
> 가. 「상법」상 회사 또는 「협동조합 기본법」 제2조 제1호에 따른 협동조합(같은 조 제3호에 따른 사회적 협동조합은 제외한다)으로서 자본금이 5천만원 이상일 것
> 나. 법 제14조에 규정된 업무만을 영위할 목적으로 설립된 법인일 것
> 다. 대표자는 공인중개사이어야 하며, 대표자를 제외한 임원 또는 '사원(합명회사 또는 합자회사의 무한책임사원을 말한다. 이하 이 조에서 같다)'의 3분의 1 이상은 공인중개사일 것
> 라. 대표자, 임원 또는 사원 '전원' 및 분사무소의 책임자(법 제13조 제3항에 따라 분사무소를 설치하려는 경우에만 해당한다)가 법 제34조 제1항에 따른 '실무교육'을 받았을 것
> 마. 건축물대장에 기재된 건물에 중개사무소를 확보(소유·전세·임대차 또는 사용대차 등의 방법에 의하여 사용권을 확보하여야 한다)할 것

18 공인중개사법령상 중개사무소의 '개설등록'에 관한 설명으로 옳은 것은? (단, 다른 법률의 규정은 고려하지 않음) 제31회

① 합명회사가 개설등록을 하려면 사원 전원이 실무교육을 받아야 한다.
② 자본금이 1,000만원 이상인 「협동조합 기본법」상 협동조합은 개설등록을 할 수 있다.
③ 합명회사가 개설등록을 하려면 대표자는 공인중개사이어야 하며, 대표자를 포함하여 임원 또는 사원의 3분의 1 이상이 공인중개사이어야 한다.
④ 법인 아닌 사단은 개설등록을 할 수 있다.
⑤ 개설등록을 하려면 소유권에 의하여 사무소의 사용권을 확보하여야 한다.

해설 ① 합명회사는 무한책임사원으로 구성되며, 무한책임사원 전원이 실무교육을 받아야 한다.
② 자본금은 '5천만원' 이상이어야 등록이 가능하다(영 제13조 제1항 제2호 가목).
③ 대표자를 '제외'하고도 임원 또는 사원의 3분의 1 이상이 공인중개사이어야 한다(영 제13조 제1항 제2호 다목).
④ 공인중개사 또는 법인이 아닌 자는 중개사무소 개설등록을 할 수 없다(법 제9조 제2항). 그러므로 법인이 아닌 사단(비법인사단)으로는 등록을 할 수 없다.
⑤ 중개사무소는 소유권으로만 확보해야 하는 것은 아니고 임차권이나 사용차권 등도 가능하다.

정답 18 ①

19 공인중개사법령상 '법인'이 중개사무소를 개설등록하려는 경우, 이에 관한 설명으로 옳은 것을 모두 고른 것은? (다른 법률에 의해 중개업을 할 수 있는 법인은 제외함) 제23회

> ㉠ 중개업 및 주택의 분양대행업을 영위할 목적으로 설립된 법인은 개설등록을 신청할 수 있다.
> ㉡ 자본금 5천만원 이상의 유한책임회사는 개설등록을 신청할 수 있다.
> ㉢ 대표자를 제외한 임원 또는 사원(합명회사 또는 합자회사의 무한책임사원을 말함)이 7명이라면 그중 2명이 공인중개사이면 된다.
> ㉣ 분사무소를 설치하는 경우, 그 분사무소의 책임자와 중개보조원은 설치신고일 전 1년 이내에 실무교육을 받은 자이어야 한다.

① ㉠, ㉡ ② ㉠, ㉣ ③ ㉡, ㉢
④ ㉡, ㉣ ⑤ ㉢, ㉣

해설 ㉠ 법인인 개업공인중개사는 법 제14조에 규정된 업무만을 영위할 목적으로 설립되어야 한다. 중개업 및 주택의 분양대행업은 법 제14조에 규정된 업무에 해당하므로, 등록을 신청할 수 있다.
㉡ 자본금 5천만원 이상의 「상법」상의 회사에 해당하므로, 등록을 신청할 수 있다.
㉢ 대표자를 제외하고도, 임원 또는 사원(합명회사 또는 합자회사의 무한책임사원을 말함)의 3분의 1 이상이 공인중개사이어야 한다. 그러므로 7명이라면 그중 3명 이상이 공인중개사이어야 한다.
㉣ 분사무소의 책임자는 실무교육을 받아야 한다. 그러나 '중개보조원'은 실무교육의 대상이 아니라, '직무교육'의 대상이다.

20 공인중개사법령상 '중개사무소 개설등록'에 관한 설명으로 틀린 것은? (단, 다른 법률의 규정은 고려하지 않음) 제29회

① 법인은 주된 중개사무소를 두려는 지역을 관할하는 등록관청에 중개사무소 개설등록을 해야 한다.
② 대표자가 공인중개사가 아닌 법인은 중개사무소를 개설할 수 없다.
③ 법인의 임원 중 공인중개사가 아닌 자도 분사무소의 책임자가 될 수 있다.
④ 소속공인중개사는 중개사무소 개설등록을 신청할 수 없다.
⑤ 등록관청은 개설등록을 하고 등록신청을 받은 날부터 7일 이내에 등록신청인에게 서면으로 통지해야 한다.

해설 ③ 중개법인의 분사무소 책임자는 반드시 공인중개사이어야 한다.
② 중개법인의 대표자는 반드시 공인중개사이어야 한다. 따라서 맞는 지문이다.
④ 이중소속에 해당하므로, 맞는 지문이다.

정답 19 ① 20 ③

21 공인중개사법령상 중개사무소 개설등록의 '결격사유'가 있는 자를 모두 고른 것은? 제33회

> ㉠ 금고 이상의 실형의 선고를 받고 그 집행이 면제된 날부터 2년이 된 자
> ㉡ 「공인중개사법」을 위반하여 200만원의 벌금형의 선고를 받고 2년이 된 자
> ㉢ (무한책임) 사원 중 금고 이상의 형의 집행유예를 받고 그 유예기간 중에 있는 자가 있는 법인

① ㉠
② ㉡
③ ㉠, ㉢
④ ㉡, ㉢
⑤ ㉠, ㉡, ㉢

해설 ㉠ 금고 이상의 실형의 선고를 받고 그 집행이 면제된 날부터 3년이 지나지 아니한 자이므로, 결격사유에 해당된다.
㉢ 결격사유에 해당하는 임원[(무한책임)사원]이 있는 중개법인도 결격사유에 해당된다.
㉡ 「공인중개사법」을 위반하여 '300만원 이상'의 벌금형의 선고를 받고 '3년'이 지나지 아니한 자가 결격사유에 해당된다. 「공인중개사법」을 위반한 벌금형이라도 300만원 미만은 결격사유가 아니다.

22 공인중개사법령상 중개사무소 개설등록의 '결격사유'에 해당하지 <u>않는</u> 자는? 제30회

① 「공인중개사법」을 위반하여 200만원의 벌금형의 선고를 받고 3년이 지나지 아니한 자
② 금고 이상의 실형의 선고를 받고 그 집행이 종료되거나 집행이 면제된 날부터 3년이 지나지 아니한 자
③ 공인중개사의 자격이 취소된 후 3년이 지나지 아니한 자
④ 업무정지처분을 받은 개업공인중개사인 법인의 업무정지의 사유가 발생한 당시의 사원 또는 임원이었던 자로서 해당 개업공인중개사에 대한 업무정지기간이 지나지 아니한 자
⑤ 공인중개사의 자격이 정지된 자로서 자격정지기간 중에 있는 자

해설 ① 「공인중개사법」 위반으로 300만원 이상의 벌금형의 선고를 받아야 3년간의 결격사유에 해당한다(법 제10조 제1항 제11호). 벌금 200만원은 결격사유에 해당되지 아니한다.

정답 21 ③ 22 ①

23 공인중개사법령상 중개사무소 개설등록의 '결격사유'를 모두 고른 것은? 제31회

> ㉠ 파산선고를 받고 복권되지 아니한 자
> ㉡ 피특정후견인
> ㉢ 공인중개사 자격이 취소된 후 3년이 지나지 아니한 임원이 있는 법인
> ㉣ 개업공인중개사인 법인의 해산으로 중개사무소 개설등록이 취소된 후 3년이 지나지 않은 경우 그 법인의 대표이었던 자

① ㉠
② ㉠, ㉢
③ ㉡, ㉢
④ ㉡, ㉣
⑤ ㉠, ㉢, ㉣

해설 ㉠ 파산자는 결격사유에 해당한다.
㉢ 임원이 결격이면 중개법인도 결격이다. 공인중개사 자격이 취소된 후 3년이 지나지 아니한 임원이 결격이므로 중개법인도 결격에 해당된다.
㉡ 피특정후견인은 결격이 아니다. 피성년후견인이나 피한정후견인이 결격인 것과 구별하여야 한다.
㉣ 사망이나 해산으로 개설등록이 취소된 경우에는 결격사유에 해당되지 아니한다. 결격, 사망, 해산, 등록기준 미달을 이유로 등록이 취소된 경우에는 취소된 후 3년의 결격규정이 적용되지 아니한다.

24 공인중개사법령상 중개사무소 '개설등록'에 관한 설명으로 옳은 것을 모두 고른 것은? 제32회

> ㉠ 피특정후견인은 중개사무소의 등록을 할 수 없다.
> ㉡ 금고 이상의 형의 집행유예를 받고 그 유예기간 중에 있는 자는 중개사무소의 등록을 할 수 없다.
> ㉢ 자본금이 5천만원 이상인 「협동조합 기본법」상 사회적 협동조합은 중개사무소의 등록을 할 수 있다.

① ㉠
② ㉡
③ ㉠, ㉡
④ ㉠, ㉢
⑤ ㉡, ㉢

해설 ㉡ 금고 이상의 형의 집행유예를 받고 그 유예기간 중에 있는 자는 법 제10조의 결격사유에 해당되어, 중개사무소의 등록을 할 수 없다. 집행유예는 그 기간이 만료되고도 2년이 더 경과되어야 결격에서 벗어나게 된다.
㉠ 피특정후견인은 법 제10조의 결격사유에 해당하지 아니한다. 그러므로 중개사무소의 등록을 할 수 있다.
㉢ 「협동조합 기본법」상 사회적 협동조합은 법인인 개업공인중개사의 등록기준에 적합하지 아니하여, 중개사무소의 등록을 할 수 없다.

정답 23 ② 24 ②

25 공인중개사법령상 '법인인 개업공인중개사'가 겸업할 수 있는 업무를 모두 고른 것은? (단, 다른 법률의 규정은 고려하지 않음)
제29회

> ㉠ 주택의 임대관리 및 부동산의 임대업
> ㉡ 부동산의 이용·개발에 관한 상담
> ㉢ 중개의뢰인의 의뢰에 따른 주거이전에 부수되는 용역의 제공
> ㉣ 상업용 건축물의 분양대행
> ㉤ 「국세징수법」에 의한 공매대상 부동산에 대한 입찰신청의 대리

① ㉠, ㉡
② ㉢, ㉣
③ ㉠, ㉢, ㉤
④ ㉡, ㉢, ㉣
⑤ ㉡, ㉣, ㉤

해설 ㉡㉣㉤ 법인인 개업공인중개사는 법 제14조에 규정된 업무만을 수행할 수 있다.
㉠ 부동산의 임대업이 아니라, 부동산의 임대관리 등 관리대행을 할 수 있다.
㉢ 중개의뢰인의 의뢰에 따른 주거이전에 부수되는 용역의 제공이 아니라, 용역의 알선(소개)을 할 수 있다.

26 공인중개사법령상 '법인인 개업공인중개사'가 겸업할 수 있는 것을 모두 고른 것은? (단, 다른 법률의 규정은 고려하지 않음)
제30회

> ㉠ 상업용 건축물 및 주택의 분양대행
> ㉡ 부동산의 이용·개발 및 거래에 관한 상담
> ㉢ 개업공인중개사를 대상으로 한 중개업의 경영기법 및 경영정보의 제공
> ㉣ 중개의뢰인의 의뢰에 따른 도배·이사업체의 소개 등 주거이전에 부수되는 용역의 알선

① ㉠, ㉡
② ㉠, ㉢
③ ㉠, ㉢, ㉣
④ ㉡, ㉢, ㉣
⑤ ㉠, ㉡, ㉢, ㉣

해설 ⑤ 법인인 개업공인중개사는 법 제14조에 규정된 업무만을 수행할 수 있다. 제시된 업무는 모두 법 제14조에 규정된 업무에 해당한다.

정답 25 ⑤   26 ⑤

27 공인중개사법령상 '법인인 개업공인중개사'가 겸업할 수 있는 것을 모두 고른 것은? (단, 다른 법률의 규정은 고려하지 않음)   제31회

> ㉠ 주택용지의 분양대행
> ㉡ 주상복합 건물의 분양 및 관리의 대행
> ㉢ 부동산의 거래에 관한 상담 및 금융의 알선
> ㉣ 「국세징수법」상 공매대상 동산에 대한 입찰신청의 대리
> ㉤ 법인인 개업공인중개사를 대상으로 한 중개업의 경영기법 제공

① ㉠, ㉡
② ㉡, ㉤
③ ㉢, ㉣
④ ㉠, ㉡, ㉤
⑤ ㉡, ㉢, ㉣, ㉤

해설 ㉡㉤ 법인인 개업공인중개사는 법 제14조에 규정된 업무만을 수행할 수 있다.
㉠ 주택 ○, 주택용지 ×
㉢ 금융의 알선 ×
㉣ 동산 ×, 부동산 ○

28 공인중개사법령상 '법인'인 개업공인중개사의 업무범위에 해당하지 않는 것은? (단, 다른 법령의 규정은 고려하지 않음)   제32회

① 주택의 임대관리
② 부동산 개발에 관한 상담 및 주택의 분양대행
③ 개업공인중개사를 대상으로 한 공제업무의 대행
④ 「국제징수법」상 공매대상 부동산에 대한 취득의 알선
⑤ 중개의뢰인의 의뢰에 따른 이사업체의 소개

정답 27 ② 28 ③

해설 ③ 법인인 개업공인중개사는 법 제14조에 규정된 업무만을 수행할 수 있다. 그러므로 공제업무의 대행은 법인인 개업공인중개사가 수행할 수 없으며, 공제업무는 공인중개사협회가 수행할 수 있다. 이를 구별하여야 한다.

> **법 제14조 업무**
> - 중개업
> - 상업용 건축물 및 주택의 임대관리 등 부동산의 '관리대행'
> - 부동산의 이용·개발·거래에 관한 '상담'(부동산 컨설팅)
> - '그 밖의 중개업에 부수되는 업무로서 대통령령으로 정하는 업무(각종 용역업의 '알선', 이사업체·도배업체 등의 '소개'·'알선')
> - '주택' 및 '상가'의 '분양대행'
> - 개업공인중개사를 대상으로 한 중개업의 '경영기법' 및 경영정보의 제공
> - '경매' 및 공매대상 부동산의 권리분석 및 취득의 알선과 매수신청(입찰신청)의 대리업무

29 공인중개사법령상 개업공인중개사의 '고용인'의 신고에 관한 설명으로 옳은 것은? 제28회

① 소속공인중개사에 대한 고용신고는 전자문서에 의하여도 할 수 있다.
② 중개보조원에 대한 고용신고를 받은 등록관청은 시·도지사에게 그의 공인중개사 자격 확인을 요청해야 한다.
③ 중개보조원은 고용신고일 전 1년 이내에 실무교육을 받아야 한다.
④ 개업공인중개사는 소속공인중개사와의 고용관계가 종료된 때에는 고용관계가 종료된 날부터 30일 이내에 등록관청에 신고해야 한다.
⑤ 외국인을 소속공인중개사로 고용신고하는 경우에는 그의 공인중개사 자격을 증명하는 서류를 첨부해야 한다.

해설 ① 고용신고나 인장등록은 전자문서로 가능하다(법 개정사항).
② 중개보조원이 아니라, 소속공인중개사일 때 적용되는 내용이다.
③ 실무교육이 아니라, 직무교육을 받아야 한다.
④ 30일이 아니라, 10일 이내에 신고하여야 한다.
⑤ 외국인은 스스로 결격사유 없음을 증명하는 서류를 제출하여야 하나, 자격증 사본은 제출할 필요가 없다.

정답 29 ①

30 개업공인중개사 甲은 소속공인중개사 乙과 중개보조원 丙을 고용하고자 한다. 공인중개사법령상 이에 관한 설명으로 옳은 것을 모두 고른 것은?   제31회

> ㉠ 丙은 외국인이어도 된다.
> ㉡ 乙에 대한 고용신고를 받은 등록관청은 乙의 직무교육 수료 여부를 확인하여야 한다.
> ㉢ 甲은 乙의 업무개시 후 10일 이내에 등록관청에 고용신고를 하여야 한다.

① ㉠
② ㉠, ㉡
③ ㉠, ㉢
④ ㉡, ㉢
⑤ ㉠, ㉡, ㉢

해설 ㉡ '소속공인중개사' 乙에 대한 고용신고를 받은 등록관청은 乙의 '실무교육' 수료 여부를 확인하여야 한다. 직무교육이 아니다.
㉢ 고용신고는 '업무개시 전'까지 하여야 한다.

31 공인중개사법령상 '중개보조원'에 관한 설명으로 틀린 것은?   제27회

① 중개보조원은 공인중개사가 아닌 자로서 개업공인중개사에 소속되어 중개대상물에 대한 현장안내 및 일반서무 등 개업공인중개사의 중개업무와 관련된 단순한 업무를 보조하는 자이다.
② 중개보조원은 고용관계가 종료된 날부터 7일 이내에 등록관청에 그 사실을 신고해야 한다.
③ 중개보조원은 인장등록의무가 없다.
④ 개업공인중개사는 중개보조원을 고용한 경우 등록관청에 신고할 의무가 있다.
⑤ 중개보조원의 업무상 행위는 그를 고용한 개업공인중개사의 행위로 본다.

해설 ② 종료신고는 10일 이내에 개업공인중개사가 하여야 한다.

정답 30 ① 31 ②

32 개업공인중개사 甲의 '중개보조원' 乙의 과실로 중개의뢰인 丙이 손해를 입었다. 이와 관련한 설명으로 옳은 것은? (다툼이 있으면 판례에 따름) 제23회

① 甲은 중개사무소 개설등록 이전에 손해배상책임을 보장하기 위해 보증보험 또는 공제에 가입하거나 공탁을 해야 한다.
② 乙의 업무상 행위는 그를 고용한 甲의 행위로 본다.
③ 甲은 乙의 모든 행위에 대하여 丙에게 손해배상책임을 진다.
④ 甲의 丙에 대한 책임이 인정되는 경우, 乙은 직접 丙에게 손해배상책임을 지지 않는다.
⑤ 甲의 책임이 인정되어 丙에게 손해배상책임을 이행한 공제사업자는 甲에게 구상권을 행사할 수 없다.

> 해설 ② 법 제15조 제2항 참조
> ① 중개사무소 개설등록을 한 후에 업무개시 전까지 보증을 설정하여야 한다.
> ③ 모든 행위가 아니라, '업무상 행위'이다.
> ④ 甲과 乙은 연대하여 배상책임을 진다(부진정연대채무).
> ⑤ 공제사업자는 구상권을 행사할 수 있다.

33 공인중개사인 개업공인중개사 甲의 '소속공인중개사' 乙의 중개행위로 중개가 완성되었다. 공인중개사법령상 이에 관한 설명으로 틀린 것은? 제31회

① 乙의 업무상 행위는 甲의 행위로 본다.
② 중개대상물 확인·설명서에는 甲과 乙이 함께 서명 및 날인하여야 한다.
③ 乙은 甲의 위임을 받아 부동산거래계약 신고서의 제출을 대행할 수 있다.
④ 乙의 중개행위가 금지행위에 해당하여 乙이 징역형의 선고를 받았다는 이유로 甲도 해당 조(條)에 규정된 징역형을 선고받는다.
⑤ 甲은 거래당사자에게 손해배상책임의 보장에 관한 사항을 설명하고 관계 증서의 사본을 교부하거나 관계 증서에 관한 전자문서를 제공하여야 한다.

> 해설 ④ 乙의 중개행위가 금지행위에 해당하여 乙이 징역형의 선고를 받은 경우, 甲은 해당 조(條)에 규정된 '벌금형'의 대상이 된다(법 제50조 양벌규정).

정답 32 ② 33 ④

34 공인중개사법령상 개업공인중개사의 '고용인'에 관한 설명으로 틀린 것은? 제32회

① 개업공인중개사는 중개보조원과 고용관계가 종료된 경우 그 종료일부터 10일 이내에 등록관청에 신고해야 한다.
② 소속공인중개사의 고용신고를 받은 등록관청은 공인중개사 자격증을 발급한 시·도지사에게 그 소속공인중개사의 공인중개사 자격 확인을 요청해야 한다.
③ 중개보조원뿐만 아니라 소속공인중개사의 업무상 행위는 그를 고용한 개업공인중개사의 행위로 본다.
④ 개업공인중개사는 중개보조원을 고용한 경우, 등록관청에 신고한 후 업무개시 전까지 등록관청이 실시하는 직무교육을 받도록 해야 한다.
⑤ 중개보조원의 고용신고를 받은 등록관청은 그 사실을 공인중개사협회에 통보해야 한다.

해설 ④ 중개보조원이 되고자 하는 자는 개업공인중개사가 등록관청에 고용신고를 하기 전 1년 이내에 직무교육을 미리 받아야 한다. 고용신고 이후에 직무교육을 받는 것이 아니다.

35 공인중개사법령상 '중개사무소의 명칭' 등에 관한 설명으로 틀린 것은? 제27회

① 법인인 개업공인중개사는 그 사무소의 명칭에 '공인중개사 사무소' 또는 '부동산중개'라는 문자를 사용해야 한다.
② 개업공인중개사는 옥외광고물을 설치할 의무를 부담하지 않는다.
③ 개업공인중개사가 설치한 옥외광고물에 인식할 수 있는 크기의 연락처를 표기하지 않으면 100만원 이하의 과태료 부과대상이 된다.
④ 개업공인중개사가 아닌 자가 사무소 간판에 '공인중개사 사무소'의 명칭을 사용한 경우 등록관청은 그 간판의 철거를 명할 수 있다.
⑤ 개업공인중개사가 아닌 자는 중개대상물에 대한 표시·광고를 해서는 안 된다.

해설 ③ 개업공인중개사의 인식할 수 있는 크기의 '연락처'가 아니라, 개업공인중개사의 인식할 수 있는 크기의 '성명'을 표기하여야 한다. 그렇지 않으면 100만원 이하의 과태료 부과대상이 된다.

정답 34 ④   35 ③

36 공인중개사법령상 중개업 등에 관한 설명으로 옳은 것은? 제33회

① 소속공인중개사는 중개사무소의 개설등록을 신청할 수 있다.
② 법인인 개업공인중개사는 '중개업'과 '개업공인중개사를 대상으로 한 중개업의 경영기법 및 경영정보의 제공업무'를 함께 할 수 없다.
③ 법인인 개업공인중개사가 등록관청의 관할구역 외의 지역에 분사무소를 두기 위해서는 등록관청의 허가를 받아야 한다.
④ 소속공인중개사는 등록관청에 신고를 거쳐 천막 그 밖에 이동이 용이한 임시 중개시설물을 설치할 수 있다.
⑤ 개업공인중개사는 의뢰받은 중개대상물에 대한 표시·광고에 중개보조원에 관한 사항을 명시해서는 아니 된다.

해설 ⑤ 법 제18조의2(중개대상물의 표시·광고) 제1항 참조

> **법 제18조의2【중개대상물의 표시·광고】** ① '개업공인중개사'가 의뢰받은 중개대상물에 대하여 표시·광고(「표시·광고의 공정화에 관한 법률」 제2조에 따른 표시·광고를 말한다. 이하 같다)를 하려면 '중개사무소', '개업공인중개사에 관한 사항'으로서 대통령령으로 정하는 사항을 명시하여야 하며, 중개보조원에 관한 사항은 명시해서는 아니 된다.

① 소속공인중개사는 중개사무소의 개설등록을 신청할 수 없다.
② 법인인 개업공인중개사는 '중개업'과 '개업공인중개사를 대상으로 한 중개업의 경영기법 및 경영정보의 제공업무'를 함께 할 수 있다.
③ 법인인 개업공인중개사가 등록관청의 관할구역 외의 지역에 분사무소를 두기 위해서는 부동산중개업 분사무소설치신고서를 주된 사무소의 소재지를 관할하는 등록관청에 제출하여야 한다.
④ 개업공인중개사, 소속공인중개사 모두 천막 그 밖에 이동이 용이한 임시 중개시설물을 설치할 수 없다.

정답 36 ⑤

37 공인중개사법령상 '중개사무소 명칭'에 관한 설명으로 옳은 것은? 제31회

① 공인중개사인 개업공인중개사는 그 사무소의 명칭에 '공인중개사 사무소' 또는 '부동산중개'라는 문자를 사용하여야 한다.
② 공인중개사가 중개사무소의 개설등록을 하지 않은 경우, 그 사무소에 '공인중개사 사무소'라는 명칭을 사용할 수 없지만, '부동산중개'라는 명칭은 사용할 수 있다.
③ 공인중개사인 개업공인중개사가 관련 법령에 따른 옥외광고물을 설치하는 경우, 중개사무소 등록증에 표기된 개업공인중개사의 성명을 표기할 필요는 없다.
④ 중개사무소 개설등록을 하지 않은 공인중개사가 '부동산중개'라는 명칭을 사용한 경우, 국토교통부장관은 그 명칭이 사용된 간판 등의 철거를 명할 수 있다.
⑤ 개업공인중개사가 의뢰받은 중개대상물에 대하여 표시·광고를 하려는 경우, 중개사무소의 명칭은 명시하지 않아도 된다.

해설 ② 중개사무소의 개설등록을 하지 않은 경우, 그 사무소에 '공인중개사 사무소'라는 명칭 또는 '부동산중개'라는 명칭을 사용할 수 없다.
③ 개업공인중개사가 옥외광고물(간판)을 설치하는 경우, 중개사무소 등록증에 표기된 개업공인중개사의 성명을 표기하여야 한다.
④ 간판철거명령은 국토교통부장관이 아니라, 등록관청의 권한이다.
⑤ 개업공인중개사가 중개대상물에 대하여 표시·광고를 하려는 경우, 중개사무소의 명칭과 연락처, 소재지, 등록번호를 명시하여야 한다.

38 공인중개사법령에 관한 설명으로 틀린 것은? 제28회 변형

① 소속공인중개사를 고용한 경우, 그의 공인중개사 자격증 원본도 해당 중개사무소 안의 보기 쉬운 곳에 게시해야 한다.
② 법인인 개업공인중개사의 분사무소의 경우, 분사무소설치신고확인서 원본을 해당 분사무소 안의 보기 쉬운 곳에 게시해야 한다.
③ 개업공인중개사가 아닌 자는 중개대상물에 대한 표시·광고를 해서는 안 된다.
④ 중개사무소의 명칭을 잘못 사용한 자를 신고한 자는 포상금 지급대상에 해당한다.
⑤ 개업공인중개사는 이중으로 중개사무소의 개설등록을 하여 중개업을 할 수 없다.

해설 ④ 중개사무소 명칭의무를 위반한 자는 포상금이 지급되는 신고·고발의 대상이 아니다.

정답 37 ① 38 ④

39 공인중개사법령상 개업공인중개사가 '중개사무소' 안의 보기 쉬운 곳에 게시해야 하는 것은?

제31회 변형

① 개업공인중개사의 실무교육 수료확인증 원본
② 소속공인중개사가 있는 경우 소속공인중개사의 실무교육 수료확인증 사본
③ 중개사무소 등록증 사본
④ 소속공인중개사가 있는 경우 소속공인중개사의 공인중개사 자격증 사본
⑤ 분사무소의 경우 분사무소설치신고확인서 원본

해설 ⑤ 분사무소의 경우 신고확인서를 원본으로 게시하여야 한다.
①②③ 실무교육 수료확인증은 게시의무가 없으며, 중개사무소 등록증은 사본이 아니라, 원본을 게시해야 한다.
④ 공인중개사 자격증은 사본이 아니라, 원본을 게시해야 한다.

> **게시의무**
> 중개업의 등록증 원본, 세법상의 사업자등록증, 공인중개사 자격증 원본(소속공인중개사 포함), 업무보증설정 증명서류, 중개보수 한도액표

40 공인중개사법령상 '중개사무소'의 설치 및 이전' 등에 관한 설명으로 틀린 것은? 제27회

① 개업공인중개사는 중개사무소로 개설등록할 건물의 소유권을 반드시 확보해야 하는 것은 아니다.
② 분사무소는 주된 사무소의 소재지가 속한 시·군·구에 설치할 수 있다.
③ 분사무소 설치신고는 주된 사무소의 소재지를 관할하는 등록관청에 해야 한다.
④ 다른 법률의 규정에 따라 중개업을 할 수 있는 법인의 분사무소에는 공인중개사를 책임자로 두지 않아도 된다.
⑤ 중개사무소를 등록관청의 관할지역 외의 지역으로 이전한 경우에는 이전 후의 중개사무소를 관할하는 등록관청에 신고해야 한다.

해설 ② 분사무소는 주된 사무소의 소재지가 속한 시·군·구에 설치할 수 없다.

정답 39 ⑤ 40 ②

41 공인중개사법령상 개업공인중개사가 '중개사무소'를 등록관청의 관할지역 외의 지역으로 이전하는 경우에 관한 설명으로 틀린 것은? 제29회

① 이전신고 전에 발생한 사유로 인한 행정처분은 이전 전의 등록관청이 이를 행한다.
② 이전신고는 이전한 날부터 10일 이내에 해야 한다.
③ 주된 사무소의 이전신고는 이전 후 등록관청에 해야 한다.
④ 주된 사무소의 이전신고서에는 중개사무소 등록증과 건축물대장에 기재된 건물에 중개사무소를 확보한 경우 이를 증명하는 서류가 첨부되어야 한다.
⑤ 분사무소 이전신고를 받은 등록관청은 이전 전 및 이전 후의 분사무소 소재지 관할 시장·군수 또는 구청장에게 이를 지체 없이 통보해야 한다.

해설 ① 이전신고 전에 발생한 사유로 인한 행정처분은 이전 전의 등록관청이 아니라, '이전 후'의 등록관청이 행한다.

42 공인중개사법령상 법인인 개업공인중개사가 등록관청 관할지역 '외의' 지역으로 중개사무소 또는 분사무소를 '이전'하는 경우에 관한 설명으로 옳은 것은? 제31회

① 중개사무소 이전신고를 받은 등록관청은 그 내용이 적합한 경우, 중개사무소 등록증의 변경사항을 기재하여 교부하거나 중개사무소 등록증을 재교부하여야 한다.
② 건축물대장에 기재되지 않은 건물에 중개사무소를 확보한 경우, 건축물대장의 기재가 지연된 사유를 적은 서류는 첨부할 필요가 없다.
③ 중개사무소 이전신고를 하지 않은 경우 과태료 부과대상이 아니다.
④ 분사무소 이전신고는 이전한 날부터 10일 이내에 이전할 분사무소의 소재지를 관할하는 등록관청에 하면 된다.
⑤ 등록관청은 분사무소의 이전신고를 받은 때에는 지체 없이 그 분사무소의 이전 전 및 이전 후의 소재지를 관할하는 시장·군수 또는 구청장에게 이를 통보하여야 한다.

해설 ⑤ 모두에게 통보하는 것이 옳다.
① 등록관청 관할구역 '밖'으로 이전한 경우이므로, 등록증의 변경교부는 아니 되며, 반드시 다시 '재교부'하여야 한다.
② 건축물대장의 기재가 지연된 사유를 적은 서류를 첨부하여야 한다.
③ 중개사무소 이전신고를 하지 않은 경우 100만원 이하의 과태료 부과대상이 된다.
④ 분사무소 이전신고는 반드시 주된 사무소 소재지 등록관청에 하여야 한다.

정답 41 ① 42 ⑤

43 공인중개사법령상 공인중개사인 개업공인중개사가 '중개사무소'를 등록관청의 관할지역 '내'로 이전한 경우에 관한 설명으로 틀린 것을 모두 고른 것은? 제32회

> ㉠ 중개사무소를 이전한 날부터 10일 이내에 신고해야 한다.
> ㉡ 등록관청이 이전신고를 받은 경우, 중개사무소 등록증에 변경사항만을 적어 교부할 수 없고 재교부해야 한다.
> ㉢ 이전신고를 할 때 중개사무소 등록증을 제출하지 않아도 된다.
> ㉣ 건축물대장에 기재되지 않은 건물로 이전신고를 하는 경우, 건축물대장 기재가 지연되는 사유를 적은 서류도 제출해야 한다.

① ㉠, ㉡ ② ㉠, ㉣ ③ ㉡, ㉢
④ ㉢, ㉣ ⑤ ㉡, ㉢, ㉣

해설 ㉡ 관할지역 '내'에서 이전한 경우에는 등록관청은 등록증의 주소를 변경하여 변경교부할 수도 있고, 새로이 재교부할 수도 있다.
㉢ 이전신고를 할 때 이전신고서에 중개사무소 확보증명서류와 등록증을 제출하여야 한다.

44 공인중개사법령상 '분사무소'의 설치에 관한 설명으로 옳은 것을 모두 고른 것은? 제25회 변형

> ㉠ 다른 법률의 규정에 따라 중개업을 할 수 있는 법인의 분사무소에는 공인중개사를 책임자로 두어야 한다.
> ㉡ 분사무소의 설치신고를 하려는 자는 그 신고서를 주된 사무소의 소재지를 관할하는 등록관청에 제출해야 한다.
> ㉢ 분사무소의 설치신고를 받은 등록관청은 그 신고내용이 적합한 경우에는 국토교통부령이 정하는 신고확인서를 교부해야 한다.
> ㉣ 분사무소의 설치신고를 하려는 자는 법인등기사항증명서를 제출해야 한다.

① ㉠, ㉡ ② ㉠, ㉢ ③ ㉡, ㉢
④ ㉢, ㉣ ⑤ ㉠, ㉡, ㉣

해설 ㉠ 다른 법률의 규정에 따라 중개업을 할 수 있는 법인의 분사무소에는 공인중개사를 책임자로 두어야 하는 의무규정이 없다.
㉣ 법인등기사항증명서는 전산으로 확인할 수 있다. 즉, 담당공무원 확인사항이다.

정답 43 ③ 44 ③

45 공인중개사법령상 '분사무소'의 설치에 관한 설명으로 옳은 것은? 제31회

① 군(郡)에 주된 사무소가 설치된 경우 동일 군(郡)에 분사무소를 둘 수 있다.
② 개업공인중개사가 분사무소를 설치하기 위해서는 등록관청으로부터 인가를 받아야 한다.
③ 공인중개사인 개업공인중개사는 분사무소를 설치할 수 없다.
④ 다른 법률의 규정에 따라 중개업을 할 수 있는 법인의 분사무소에도 공인중개사를 책임자로 두어야 한다.
⑤ 분사무소의 책임자인 공인중개사는 등록관청이 실시하는 실무교육을 받아야 한다.

해설 ③ 분사무소는 반드시 법인인 개업공인중개사만 설치할 수 있다. 따라서 맞는 지문이다.
① 분사무소는 주된 사무소 소재지 관할을 '제외'하여야 하므로, 같은 군(郡)에는 주된 사무소와 분사무소를 같이 둘 수는 없다.
② 분사무소는 설치한 후에 '신고'를 하면 된다. 사전에 인가를 받을 필요까지는 없다.
④ 다른 법률의 규정에 따라 중개업을 할 수 있는 법인(지역농업협동조합 등의 특수법인)의 분사무소에는 공인중개사를 책임자로 둘 필요가 없다.
⑤ 실무교육은 '시·도지사'가 시행한다.

46 공인중개사법령상 '중개사무소'의 설치에 관한 설명으로 틀린 것은? 제32회

① 법인이 아닌 개업공인중개사는 그 등록관청의 관할구역 안에 1개의 중개사무소만 둘 수 있다.
② 다른 법률의 규정에 따라 중개업을 할 수 있는 법인의 분사무소에는 공인중개사를 책임자로 두지 않아도 된다.
③ 개업공인중개사가 중개사무소를 공동으로 사용하려면 중개사무소의 개설등록 또는 이전신고를 할 때 그 중개사무소를 사용할 권리가 있는 다른 개업공인중개사의 승낙서를 첨부해야 한다.
④ 법인인 개업공인중개사가 분사무소를 두려는 경우 소유·전세·임대차 또는 사용대차 등의 방법으로 사용권을 확보해야 한다.
⑤ 법인인 개업공인중개사가 그 등록관청의 관할구역 외의 지역에 둘 수 있는 분사무소는 시·도별로 1개소를 초과할 수 없다.

해설 ⑤ 법인인 개업공인중개사가 그 등록관청의 관할구역 외의 지역에 둘 수 있는 분사무소는 '시·군·구'별로 1개소를 초과할 수 없다. '시·도'별이 아니다.

정답 45 ③ 46 ⑤

47 공인중개사법령상 '중개사무소'의 명칭 및 등록증 등의 게시에 관한 설명으로 **틀린** 것은? (다툼이 있으면 판례에 따름)　　　　　　　　　　　　　　　　　　　　　　　제32회

① 법인인 개업공인중개사의 분사무소에는 분사무소설치신고확인서 원본을 게시해야 한다.
② 소속공인중개사가 있는 경우 그 소속공인중개사의 공인중개사 자격증 원본도 게시해야 한다.
③ 개업공인중개사가 아닌 자가 '부동산중개'라는 명칭을 사용한 경우, 3년 이하의 징역 또는 3천만원 이하의 벌금에 처한다.
④ 무자격자가 자신의 명함에 '부동산뉴스 대표'라는 명칭을 기재하여 사용하였다면 공인중개사와 유사한 명칭을 사용한 것에 해당한다.
⑤ 공인중개사인 개업공인중개사가 「옥외광고물 등의 관리와 옥외광고산업 진흥에 관한 법률」에 따른 옥외광고물을 설치하는 경우, 중개사무소 등록증에 표기된 개업공인중개사의 성명을 표기해야 한다.

해설 ③ 개업공인중개사가 아닌 자가 '부동산중개'라는 명칭을 사용한 경우, 1년 이하의 징역 또는 1천만원 이하의 벌금에 처한다.

---

48 공인중개사법령상 개업공인중개사가 지체 없이 사무소의 '간판'을 '철거'해야 하는 사유를 모두 고른 것은?　　　　　　　　　　　　　　　　　　　　　　　　　　　　제32회

> ㉠ 등록관청에 중개사무소의 이전사실을 신고한 경우
> ㉡ 등록관청에 폐업사실을 신고한 경우
> ㉢ 중개사무소의 개설등록취소처분을 받은 경우
> ㉣ 등록관청에 6개월을 초과하는 휴업신고를 한 경우

① ㉣　　　　② ㉠, ㉢　　　　③ ㉡, ㉢
④ ㉠, ㉡, ㉢　　　　⑤ ㉠, ㉡, ㉢, ㉣

해설 ㉠㉡㉢ 중개사무소 간판을 철거하여야 하는 사유에 해당한다.

> **간판철거의 사유**
> • (법 제38조 제1항 또는 제2항에 따라) 중개사무소의 개설등록취소처분을 받은 경우
> • (법 제21조 제1항에 따라) 등록관청에 폐업사실을 신고한 경우
> • (법 제20조 제1항에 따라) 등록관청에 중개사무소의 이전사실을 신고한 경우

정답 47 ③　　48 ④

49 공인중개사법령상 중개대상물의 '표시·광고 및 '모니터링'에 관한 설명으로 틀린 것은?

제32회

① 개업공인중개사는 의뢰받은 중개대상물에 대하여 표시·광고를 하려면 개업공인중개사, 소속공인중개사 및 중개보조원에 관한 사항을 명시해야 한다.
② 개업공인중개사는 중개대상물이 존재하지 않아서 실제로 거래를 할 수 없는 중개대상물에 대한 광고와 같은 부당한 표시·광고를 해서는 안 된다.
③ 개업공인중개사는 중개대상물의 가격 등 내용을 과장되게 하는 부당한 표시·광고를 해서는 안 된다.
④ 국토교통부장관은 인터넷을 이용한 중개대상물에 대한 표시·광고의 규정준수 여부에 관하여 기본 모니터링과 수시 모니터링을 할 수 있다.
⑤ 국토교통부장관은 인터넷 표시·광고 모니터링 업무 수행에 필요한 전문인력과 전담조직을 갖췄다고 국토교통부장관이 인정하는 단체에게 인터넷 표시·광고 모니터링 업무를 위탁할 수 있다.

해설 ① 중개대상물에 대하여 표시·광고를 하는 경우에 개업공인중개사의 성명을 반드시 표기하여야 한다. 소속공인중개사 및 중개보조원의 성명은 표기의무가 없으며, 특히 중개보조원의 성명은 표기하여서는 아니 된다.

> 영 제17조의2 【중개대상물의 표시·광고】 ① 법 제18조의2 제1항에서 "대통령령으로 정하는 사항"이란 다음 각 호의 사항을 말한다.
> 1. 중개사무소의 '명칭', '소재지', '연락처' 및 '등록번호'
> 2. 개업공인중개사의 '성명'(법인인 경우에는 대표자의 성명)

50 공인중개사법령상 개업공인중개사가 의뢰받은 중개대상물에 대하여 표시·광고를 하려는 경우 '중개사무소, 개업공인중개사에 관한 사항'으로서 명시해야 하는 것을 모두 고른 것은?

제30회

㉠ 중개사무소의 연락처 ㉡ 중개사무소의 명칭
㉢ 소속공인중개사의 성명 ㉣ 개업공인중개사의 성명

① ㉠, ㉡ ② ㉡, ㉢ ③ ㉢, ㉣
④ ㉠, ㉡, ㉣ ⑤ ㉠, ㉢, ㉣

해설 ㉢ 소속공인중개사의 성명을 명시해야 할 의무는 없다.

정답 49 ① 50 ④

51 공인중개사법령상 개업공인중개사가 의뢰받은 중개대상물에 대하여 '표시·광고'를 하는 경우에 관한 설명으로 옳은 것은? _{제31회 변형}

① 중개보조원이 있는 경우 개업공인중개사의 성명과 함께 중개보조원의 성명을 명시할 수 있다.
② 중개대상물에 대한 표시·광고를 위하여 대통령령으로 정해진 사항의 구체적인 표시·광고 방법은 국토교통부장관이 정하여 고시한다.
③ 중개대상물의 표시·광고에 성명을 표기하지 아니한 자를 신고한 자는 포상금 지급 대상이다.
④ 인터넷을 이용하여 표시·광고를 하는 경우 중개사무소에 관한 사항은 명시하지 않아도 된다.
⑤ 인터넷을 이용한 중개대상물의 표시·광고 모니터링 업무 수탁기관은 기본계획서에 따라 6개월마다 기본 모니터링 업무를 수행한다.

해설 ① 중개보조원의 성명을 명시하여서는 아니 된다.
③ 포상금 지급대상이 아니다.
④ 중개사무소에 관한 사항으로, 사무소 소재지, 연락처, 명칭, 등록번호를 명시하여야 한다.
⑤ 모니터링 업무 수탁기관은 기본계획서에 따라 '분기'별로 기본 모니터링 업무를 수행한다.

52 공인중개사법령상 '인장의 등록' 등에 관한 설명으로 틀린 것은? _{제29회}

① 소속공인중개사는 업무개시 전에 중개행위에 사용할 인장을 등록관청에 등록해야 한다.
② 개업공인중개사가 등록한 인장을 변경한 경우 변경일부터 7일 이내에 그 변경된 인장을 등록관청에 등록해야 한다.
③ 법인인 개업공인중개사의 인장등록은 「상업등기규칙」에 따른 인감증명서의 제출로 갈음한다.
④ 분사무소에서 사용할 인장의 경우에는 「상업등기규칙」에 따라 법인의 대표자가 보증하는 인장을 등록할 수 있다.
⑤ 법인의 분사무소에서 사용하는 인장은 분사무소 소재지 등록관청에 등록해야 한다.

해설 ⑤ 법인의 분사무소의 인장은 '주된 사무소' 소재지 등록관청에 등록하여야 한다.

정답 51 ② 52 ⑤

53 공인중개사법령상 '인장등록' 등에 관한 설명으로 **틀린** 것은? 제30회

① 법인인 개업공인중개사의 인장등록은 「상업등기규칙」에 따른 인감증명서의 제출로 갈음한다.
② 소속공인중개사가 등록하지 아니한 인장을 중개행위에 사용한 경우, 등록관청은 1년의 범위 안에서 업무의 정지를 명할 수 있다.
③ 인장의 등록은 중개사무소 개설등록 신청과 같이 할 수 있다.
④ 소속공인중개사의 인장등록은 소속공인중개사에 대한 고용신고와 같이 할 수 있다.
⑤ 개업공인중개사가 등록한 인장을 변경한 경우, 변경일부터 7일 이내에 그 변경된 인장을 등록관청에 등록하여야 한다.

해설 ② 업무정지처분은 '6개월' 범위 내에서만 할 수 있다.

54 공인중개사법령상 '인장등록' 등에 관한 설명으로 옳은 것은? 제31회

① 중개보조원은 중개업무를 보조하기 위해 인장등록을 하여야 한다.
② 개업공인중개사가 등록한 인장을 변경한 경우 변경일부터 10일 이내에 그 변경된 인장을 등록관청에 등록하면 된다.
③ 분사무소에서 사용할 인장은 분사무소 소재지 시장·군수 또는 구청장에게 등록해야 한다.
④ 분사무소에서 사용할 인장은 「상업등기규칙」에 따라 신고한 법인의 인장이어야 하고, 「상업등기규칙」에 따른 인감증명서의 제출로 갈음할 수 없다.
⑤ 법인의 소속공인중개사가 등록하지 아니한 인장을 사용한 경우, 6개월의 범위 안에서 자격정지처분을 받을 수 있다.

해설 ① 중개보조원은 인장등록을 하지 아니한다.
② 변경일부터 '7일' 이내에 그 변경된 인장을 등록하여야 한다.
③ 주된 사무소 소재지 등록관청에 등록해야 한다.
④ 중개법인은 주된 사무소이든 분사무소이든 인장은 「상업등기규칙」에 따른 인감증명서의 제출로 갈음한다.

정답 53 ② 54 ⑤

55 공인중개사법령상 개업공인중개사의 '휴업'에 관한 설명으로 옳은 것(○)과 틀린 것(×)을 바르게 표시한 것은?

제22회 변형

> ㉠ 휴업신고는 전자문서로 할 수 있다.
> ㉡ 법인인 개업공인중개사의 분사무소는 주된 사무소와 별도로 휴업할 수 있다.
> ㉢ 취학을 이유로 휴업하고자 하는 경우 6개월 초과 휴업할 수 있다.
> ㉣ 휴업기간을 변경하고자 하는 경우 등록관청에 미리 신고해야 한다.
> ㉤ 휴업한 개업공인중개사가 휴업기간만료 후 중개업의 재개신고를 하지 않으면 벌금형에 처한다.

	㉠	㉡	㉢	㉣	㉤		㉠	㉡	㉢	㉣	㉤
①	○	○	○	○	○	②	○	×	○	○	×
③	○	○	×	○	○	④	×	○	○	○	×
⑤	×	×	×	×	○						

해설 ㉠ 휴업신고는 방문신고를 하여야 한다.
㉤ 100만원 이하의 과태료에 처한다.

56 공인중개사법령상 개업공인중개사의 '휴업'에 관한 설명으로 <u>틀린</u> 것을 모두 고른 것은?

제29회

> ㉠ 중개사무소 개설등록 후 업무를 개시하지 않고 3개월을 초과하는 경우에는 신고해야 한다.
> ㉡ 법령에 정한 사유를 제외하고 휴업은 6개월을 초과할 수 없다.
> ㉢ 분사무소는 주된 사무소와 별도로 휴업할 수 없다.
> ㉣ 휴업신고는 원칙적으로 휴업개시 후 휴업종료 전에 해야 한다.
> ㉤ 휴업기간 변경신고서에는 중개사무소 등록증을 첨부해야 한다.

① ㉠, ㉡ ② ㉢, ㉤ ③ ㉠, ㉡, ㉣
④ ㉡, ㉢, ㉤ ⑤ ㉢, ㉣, ㉤

해설 ㉢ 분사무소는 주된 사무소와 별도로 휴업할 수 있으며, 주된 사무소 소재지 관할 등록관청에 휴업신고를 하여야 한다.
㉣ 휴업신고는 사전신고이므로, 3개월을 초과하는 휴업을 하고자 할 때, 미리 신고를 해야 한다.
㉤ 휴업기간 변경신고서에는 중개사무소 등록증을 첨부하지 아니한다.

정답 55 ④ 56 ⑤

57 공인중개사법령상 개업공인중개사의 '휴업과 폐업' 등에 관한 설명으로 틀린 것은?

제30회

① 부동산중개업휴업신고서의 서식에 있는 '개업공인중개사의 종별'란에는 법인, 공인중개사, 법 제7638호 부칙 제6조 제2항에 따른 개업공인중개사가 있다.
② 개업공인중개사가 부동산중개업폐업신고서를 작성하는 경우에는 폐업기간, 부동산중개업휴업신고서를 작성하는 경우에는 휴업기간을 기재하여야 한다.
③ 중개사무소의 개설등록 후 업무를 개시하지 않은 개업공인중개사라도 3개월을 초과하는 휴업을 하고자 하는 때에는 부동산중개업휴업신고서에 중개사무소 등록증을 첨부하여 등록관청에 미리 신고하여야 한다.
④ 개업공인중개사가 등록관청에 폐업사실을 신고한 경우에는 지체 없이 사무소의 간판을 철거하여야 한다.
⑤ 개업공인중개사가 취학을 하는 경우 6개월을 초과하여 휴업을 할 수 있다.

해설 ② 폐업신고서에는 폐업일은 기재하여도, 폐업기간을 기재하지는 아니한다(규칙 별지 제13호 서식).

58 공인중개사법령상 개업공인중개사의 '휴업과 폐업' 등에 관한 설명으로 틀린 것은?

제31회

① 폐업신고 전의 개업공인중개사에 대하여 위반행위를 사유로 행한 업무정지처분의 효과는 폐업일부터 1년간 다시 개설등록을 한 자에게 승계된다.
② 개업공인중개사가 폐업신고를 한 후 1년 이내에 소속공인중개사로 고용신고되는 경우, 그 소속공인중개사는 실무교육을 받지 않아도 된다.
③ 손해배상책임의 보장을 위한 공탁금은 개업공인중개사가 폐업한 날부터 3년 이내에는 회수할 수 없다.
④ 분사무소는 주된 사무소와 별도로 휴업할 수 있다.
⑤ 중개업의 폐업신고는 수수료 납부사항이 아니다.

해설 ① 폐업신고 전의 개업공인중개사에 대하여 위반행위를 사유로 행한 업무정지처분이나 과태료처분의 효과는 폐업일이 아니라, '처분일'로부터 1년간 다시 개설등록을 한 자에게 승계된다.

정답 57 ② 58 ①

59 공인중개사법령상 중개업의 '휴업' 및 재개신고 등에 관한 설명으로 옳은 것은? 제32회

① 개업공인중개사가 3개월의 휴업을 하려는 경우 등록관청에 신고해야 한다.
② 개업공인중개사가 6개월을 초과하여 휴업을 할 수 있는 사유는 취학, 질병으로 인한 요양, 징집으로 인한 입영에 한한다.
③ 개업공인중개사가 휴업기간 변경신고를 하려면 중개사무소 등록증을 휴업기간변경신고서에 첨부하여 제출해야 한다.
④ 재개신고는 휴업기간 변경신고와 달리 전자문서에 의한 신고를 할 수 없다.
⑤ 재개신고를 받은 등록관청은 반납을 받은 중개사무소 등록증을 즉시 반환해야 한다.

> **해설** ① 개업공인중개사는 3개월을 '초과'하는 휴업을 하고자 할 때, 휴업신고를 미리 하여야 한다. 3개월의 휴업은 신고할 의무가 없다.
> ② 개업공인중개사는 원칙적으로 6개월을 초과하여 휴업을 할 수 없다. 다만, 질병, 징집, 취학, 공무, 임신과 출산 등의 특별한 사유가 있는 경우에는 그러하지 아니하다. 6개월을 초과하는 휴업가능 사유가 취학, 질병으로 인한 요양, 징집으로 인한 입영에 한정되는 것은 아니다.
> ③ 개업공인중개사가 휴업기간 변경신고를 할 때에는 등록증을 첨부하지 아니한다.
> ④ 재개신고는 전자문서에 의한 신고를 할 수 있다.

60 공인중개사법령상 벌칙 부과대상 행위 중 피해자의 명시한 의사에 반하여 벌하지 않는 경우는? 제32회

① 거래정보사업자가 개업공인중개사로부터 의뢰받은 내용과 다르게 중개대상물의 정보를 부동산거래정보망에 공개한 경우
② 개업공인중개사가 그 업무상 알게 된 비밀을 누설한 경우
③ 개업공인중개사가 중개의뢰인으로부터 법령으로 정한 보수를 초과하여 금품을 받은 경우
④ 시세에 부당한 영향을 줄 목적으로 개업공인중개사에게 중개대상물을 시세보다 현저하게 높게 표시·광고하도록 강요하는 방법으로 개업공인중개사의 업무를 방해한 경우
⑤ 개업공인중개사가 단체를 구성하여 단체 구성원 이외의 자와 공동중개를 제한한 경우

> **해설** ② 비밀준수의무 위반은 공인중개사법령에서 유일하게 반의사불벌죄(反意思不罰罪)에 해당하여, 피해자의 명백한 의사에 반대해서는 처벌하지 아니한다.

정답 59 ⑤ 60 ②

61 개업공인중개사가 주택을 '임차'하려는 중개의뢰인과 일반중개계약을 체결하면서 공인중개사법령상 표준서식인 일반중개계약서를 작성할 때 기재할 사항은? 제33회

① 소유자 및 등기명의인
② 은행융자·권리금·제세공과금 등
③ 중개의뢰 금액
④ 희망지역
⑤ 거래규제 및 공법상 제한사항

해설 ④ 권리'취득'용 중개계약서에는 희망물건의 종류, 희망가격, 희망지역, 희망조건을 기재하여야 한다.
①②③⑤ 권리'이전'용 중개계약서에 기재할 사항이다.

➔ **일반중개계약서 서식 중 일부**

※ 중개대상물의 거래내용이 권리를 이전(매도·임대 등)하려는 경우에는「Ⅰ. 권리이전용(매도·임대 등)」에 적고, 권리를 취득(매수·임차 등)하려는 경우에는「Ⅱ. 권리취득용(매수·임차 등)」에 적습니다.

Ⅰ. 권리이전용(매도·임대 등)

구분	[ ] 매도 [ ] 임대 [ ] 그 밖의 사항( )			
소유자 및 등기명의인	성명		생년월일	
	주소			
중개대상물의 표시	건축물	소재지		건축연도
		면적 m²	구조	용도
	토지	소재지		지목
		면적 m²	지역·지구 등	현재 용도
	은행융자·권리금·제세공과금 등(또는 월임대료·보증금·관리비 등)			
권리관계				
거래규제 및 공법상 제한사항				
중개의뢰 금액				
그 밖의 사항				

Ⅱ. 권리취득용(매수·임차 등)

구분	[ ] 매수 [ ] 임차 [ ] 그 밖의 사항( )	
항목	내용	세부내용
희망물건의 종류		
취득 희망가격		
희망지역		
그 밖의 희망조건		

정답 61 ④

62 공인중개사법령상 '전속중개계약'에 관한 설명으로 옳은 것을 모두 고른 것은? 제27회

> ㉠ 특정한 개업공인중개사를 정하여 그 개업공인중개사에 한하여 중개대상물을 중개하도록 하는 계약이 전속중개계약이다.
> ㉡ 당사자 간에 기간의 약정이 없으면 전속중개계약의 유효기간은 6개월로 한다.
> ㉢ 개업공인중개사는 중개의뢰인에게 전속중개계약 체결 후 2주일에 1회 이상 중개업무 처리상황을 문서로 통지해야 한다.
> ㉣ 전속중개계약의 유효기간 내에 다른 개업공인중개사에게 해당 중개대상물의 중개를 의뢰하여 거래한 중개의뢰인은 전속중개계약을 체결한 개업공인중개사에게 위약금 지급의무를 진다.

① ㉠, ㉢
② ㉡, ㉣
③ ㉠, ㉡, ㉢
④ ㉠, ㉢, ㉣
⑤ ㉠, ㉡, ㉢, ㉣

해설 ㉡ 당사자 간에 기간의 약정이 없으면 전속중개계약의 유효기간은 6개월이 아니라, 3개월이다.

정답 62 ④

63 공인중개사법령상 개업공인중개사의 일반중개계약과 전속중개계약에 관한 설명으로 옳은 것은?

제33회

① 일반중개계약은 중개의뢰인이 중개대상물의 중개를 의뢰하기 위해 특정한 개업공인중개사를 정하여 그 개업공인중개사에 한정하여 중개대상물을 중개하도록 하는 계약을 말한다.
② 개업공인중개사가 일반중개계약을 체결한 때에는 중개의뢰인이 비공개를 요청하지 않은 경우, 부동산거래정보망에 해당 중개대상물에 관한 정보를 공개해야 한다.
③ 개업공인중개사가 일반중개계약을 체결한 때에는 중개의뢰인에게 2주일에 1회 이상 중개업무 처리상황을 문서로 통지해야 한다.
④ 개업공인중개사가 국토교통부령으로 정하는 전속중개계약서에 의하지 아니하고 전속중개계약을 체결한 행위는 업무정지사유에 해당하지 않는다.
⑤ 표준서식인 일반중개계약서와 전속중개계약서에는 개업공인중개사가 중개보수를 과다수령시 그 차액의 환급을 공통적으로 규정하고 있다.

해설 ⑤ 일반중개계약서와 전속중개계약서에는 중개보수를 과다수령시 그 차액의 환급, 유효기간, 손해배상책임, 권리이전용, 권리취득용 등은 공통적으로 규정하고 있다.
① 특정한 개업공인중개사를 정하여 그 개업공인중개사에 한정하여 중개대상물을 중개하도록 하는 중개계약은 일반중개계약이 아니라 '전속중개계약'이다.
② 일반중개계약을 체결한 때에는 정보공개의무가 적용되지 않는다. 정보공개의무는 '전속중개계약'을 체결한 경우의 개업공인중개사의 의무에 해당된다.
③ 상황보고의무는 일반중개계약을 체결한 때에는 적용되지 않는다. '전속중개계약'을 체결한 경우의 개업공인중개사의 의무에 해당된다.
④ 전속중개계약서에 의하지 아니하고 전속중개계약을 체결한 행위는 개업공인중개사의 업무정지사유에 해당된다.

정답 63 ⑤

64 중개의뢰인 甲과 개업공인중개사 乙은 공인중개사법령에 따른 전속중개계약을 체결하고 전속중개계약서를 작성하였다. 이에 관한 설명으로 **틀린** 것은? 제33회

① 甲과 乙이 전속중개계약의 유효기간을 4개월로 약정한 것은 유효하다.
② 乙은 전속중개계약서를 3년 동안 보존해야 한다.
③ 甲은 乙이 공인중개사법령상의 중개대상물 확인·설명의무를 이행하는 데 협조해야 한다.
④ 전속중개계약에 정하지 않은 사항에 대하여는 甲과 乙이 합의하여 별도로 정할 수 있다.
⑤ 전속중개계약의 유효기간 내에 甲이 스스로 발견한 상대방과 거래한 경우, 甲은 乙에게 지급해야 할 중개보수 전액을 위약금으로 지급해야 한다.

> **해설** ⑤ 전속중개계약의 유효기간 내에 甲이 '스스로' 발견한 상대방과 거래한 경우, 甲은 乙에게 지급해야 할 중개보수의 '50% 범위' 내에서 개업공인중개사가 소요한 '비용'을 지급해야 한다. 위약금 전액 지급이 아니다.

65 공인중개사법령상 '일반중개계약서'와 '전속중개계약서'의 서식에 공통으로 기재된 사항이 **아닌** 것은? 제31회 변형

① 첨부서류로서 중개보수 요율표
② 계약의 유효기간
③ 개업공인중개사의 중개업무 처리상황에 대한 통지의무
④ 중개대상물의 확인·설명에 관한 중개의뢰인의 협조의무
⑤ 개업공인중개사가 중개보수를 과다 수령한 경우 차액 환급

> **해설** ③ 중개업무 처리상황에 대한 통지의무는 전속중개계약서에만 기재되어 있으며, 일반중개계약서에는 기재되어 있지 아니하다.

정답 64 ⑤   65 ③

66 공인중개사법령상 '중개대상물의 확인·설명사항'과 '전속중개계약에 따라 부동산거래정보망에 공개해야 할 중개대상물에 관한 정보'에 공통으로 규정된 것을 모두 고른 것은? 제32회

> ㉠ 공법상의 거래규제에 관한 사항
> ㉡ 벽면 및 도배의 상태
> ㉢ 일조·소음의 환경조건
> ㉣ 취득시 부담해야 할 조세의 종류와 세율

① ㉠, ㉡   ② ㉢, ㉣   ③ ㉠, ㉡, ㉢
④ ㉡, ㉢, ㉣   ⑤ ㉠, ㉡, ㉢, ㉣

해설 ㉠㉡㉢이 확인·설명사항과 공개해야 할 중개대상물에 관한 정보에 '공통'으로 규정된 사항이다.

공개사항과 확인·설명사항의 비교

내용	공개사항	확인·설명사항
① 중개대상물의 종류·소재지·지번·지목·면적·용도·구조 및 건축연도 등 기본적인 사항	○	○
② 소유권·전세권·저당권·지상권 및 임차권 등 중개대상물의 권리관계에 관한 사항(인적사항 공개 ×)	○	○
③ 거래예정금액	○	○
④ 중개보수 및 실비의 금액과 그 산출내역	×	○
⑤ 공시지가(단, 임대차의 경우 공개하지 아니할 수 있음)	○	×
⑥ 토지이용계획	×	○
⑦ 공법상의 거래규제 및 이용제한에 관한 사항	○	○
⑧ 수도·전기·가스·소방·열공급·승강기 및 배수 등 시설물의 상태(오수·폐수·쓰레기처리시설의 상태는 공개사항에만 해당)	○ (배수 ×)	○
⑨ 벽면·바닥면 및 도배의 상태(단, 바닥면은 공개사항은 아님)	○	○
⑩ 일조·소음·진동 등 환경조건	○	○
⑪ 도로 및 대중교통수단과의 연계성, 시장·학교와의 근접성 등 입지조건	○	○
⑫ 중개대상물에 대한 권리를 취득함에 따라 부담하여야 할 조세의 종류 및 세율	×	○
⑬ 관리비 금액과 그 산출내역	×	○
⑭ 「주택임대차보호법」에 따른 임대인의 정보제시의무 및 보증금 중 일정액의 보호에 관한 사항	×	○
⑮ 「주민등록법」에 따른 전입세대확인서의 열람 또는 교부에 관한 사항	×	○
⑯ 「민간임대주택에 관한 특별법」에 따른 임대보증금에 대한 보증에 관한 사항	×	○

※ ⑬~⑯: 주택임대차 중개시에만 해당

정답 66 ③

67 공인중개사법령상 개업공인중개사의 '확인·설명의무'에 관한 설명으로 **틀린** 것을 모두 고른 것은?

제22회

> ㉠ 권리관계의 경우 등기부등본 등의 근거자료를 권리를 취득하려는 의뢰인에게 제시해야 한다.
> ㉡ 개업공인중개사의 자료요구에 대해 중개의뢰인이 자료를 제공하지 않는 경우 개업공인중개사는 중개대상물에 대해 조사할 권한이 있다.
> ㉢ 법인의 분사무소에서 중개가 완성되어 거래계약서를 작성하면서 확인·설명서를 작성한 경우에는 대표자가 서명 및 날인해야 한다.
> ㉣ 부동산유치권은 확인·설명의 대상이 아니다.
> ㉤ 중개대상물 확인·설명서 서식에 권리관계의 증명근거로 지형도는 명시되어 있지 않다.

① ㉠, ㉡, ㉢ ② ㉡, ㉢, ㉣ ③ ㉡, ㉢, ㉤
④ ㉡, ㉣, ㉤ ⑤ ㉢, ㉣, ㉤

> **해설** ㉡ 불응사실을 취득의뢰인에게 설명하고 확인·설명서에 기재한다. 조사 권한이 부여되는 것은 아니다.
> ㉢ 분사무소 책임자가 서명 및 날인하여야 한다.
> ㉣ 부동산유치권은 권리관계이므로 확인·설명사항에 해당된다.

68 공인중개사법령상 개업공인중개사 甲의 '중개대상물 확인·설명'에 관한 내용으로 **틀린** 것은? (다툼이 있으면 판례에 따름)

제29회

① 甲은 중개가 완성되어 거래계약서를 작성하는 때에는 중개대상물 확인·설명서를 작성해야 한다.
② 甲은 작성된 중개대상물 확인·설명서를 거래당사자 모두에게 교부해야 한다.
③ 甲은 중개보수 및 실비의 금액과 그 산출내역을 확인·설명해야 한다.
④ 甲은 임대의뢰인이 중개대상물의 상태에 관한 자료요구에 불응한 경우 그 사실을 중개대상물 확인·설명서에 기재할 의무가 없다.
⑤ 甲은 상가건물의 임차권 양도계약을 중개할 경우 양수의뢰인이 「상가건물 임대차보호법」에서 정한 대항력, 우선변제권 등의 보호를 받을 수 있는지를 확인·설명할 의무가 있다.

> **해설** ④ 임대의뢰인이 중개대상물의 상태에 관한 자료요구에 불응한 경우, 개업공인중개사는 그 사실을 임차의뢰인에게 설명을 하고, 또한 중개대상물 확인·설명서에 기재하여야 한다.
> ③ 확인·설명사항에 해당한다. 따라서 맞는 지문이다.
> ⑤ 권리관계에 대한 내용이므로 확인·설명사항에 해당한다. 따라서 맞는 지문이다.

| 정답 | 67 ② | 68 ④ |

69 공인중개사법령상 중개대상물의 확인·설명에 관한 내용으로 옳은 것은? (다툼이 있으면 판례에 따름)

제30회

① 개업공인중개사는 선량한 관리자의 주의로 중개대상물의 권리관계 등을 조사·확인하여 중개의뢰인에게 설명할 의무가 있다.
② 2명의 개업공인중개사가 공동중개한 경우 중개대상물 확인·설명서에는 공동중개한 개업공인중개사 중 1인만 서명·날인하면 된다.
③ 개업공인중개사는 중개대상물에 대한 확인·설명을 중개가 완성된 후에 해야 한다.
④ 중개보조원은 중개의뢰인에게 중개대상물의 확인·설명의무를 진다.
⑤ 개업공인중개사는 중개대상물 확인·설명서를 작성하여 거래당사자에게 교부하고 그 원본을 5년간 보존하여야 한다.

해설 ① 부동산개업공인중개사와 중개의뢰인과의 법률관계는 「민법」상의 위임관계와 같으므로 개업공인중개사는 중개의뢰의 본지에 따라 선량한 관리자의 주의로써 의뢰받은 중개업무를 처리하여야 할 의무가 있다(대판 92다55350).
② 공동중개의 경우, 공동중개한 개업공인중개사 '모두'가 서명 및 날인을 하여야 한다.
③ 중개대상물에 대한 확인·설명을 중개가 완성되기 '전에 하여야 한다(법 제25조 제1항).
④ 중개보조원에게는 중개대상물 확인·설명의무가 없다.
⑤ 개업공인중개사는 중개대상물 확인·설명서를 작성하여 거래당사자에게 교부하고, 그 원본, 사본 또는 전자문서를 '3년간' 보존하여야 한다(공인전자문서센터에 보관된 경우는 제외)(법 제25조 제3항).

70 개업공인중개사가 주택의 '임대차'를 중개하면서 중개대상물 확인·설명서[Ⅰ](주거용 건축물)를 작성하는 경우 제외하거나 생략할 수 있는 것을 모두 고른 것은?

제33회 변형

㉠ 취득시 부담할 조세의 종류 및 세율
㉡ 개별공시지가(m²당) 및 건물(주택)공시가격
㉢ 임대차확인사항
㉣ 건축물의 방향

① ㉠, ㉡
② ㉠, ㉢
③ ㉢, ㉣
④ ㉠, ㉡, ㉣
⑤ ㉡, ㉢, ㉣

해설 ㉠㉡ 임대차 물건인 경우에는 취득 조세란의 기재(㉠)를 제외하며, 공시지가의 공시가격 기재(㉡)를 생략할 수 있다.
㉢㉣ 임대차 물건이더라도 확인·설명서에 기재하여야 한다.

정답 69 ① 70 ①

71 공인중개사법령상 개업공인중개사가 '주거용 건축물'의 '중개대상물 확인·설명서[I]'를 작성하는 방법에 관한 설명으로 틀린 것은?   제28회

① 개업공인중개사 기본 확인사항은 개업공인중개사가 확인한 사항을 적어야 한다.
② 건축물의 내진설계 적용 여부와 내진능력은 개업공인중개사 기본 확인사항이다.
③ 거래예정금액은 중개가 완성되기 전 거래예정금액을 적는다.
④ 벽면 및 도배상태는 매도(임대)의뢰인에게 자료를 요구하여 확인한 사항을 적는다.
⑤ 아파트를 제외한 주택의 경우, 단독경보형감지기 설치 여부는 개업공인중개사 세부 확인사항이 아니다.

> **해설** ⑤ 단독경보형감지기 설치 여부는 '소방'란에 기재하며, 소방은 '내·외부시설물의 상태'에 해당되어, 개업공인중개사 세부 확인사항이다.

72 공인중개사법령상 중개대상물 확인·설명서[II](비주거용 건축물)에서 개업공인중개사의 기본 확인사항이 아닌 것은?   제33회

① 소재지, 면적 등 대상물건의 표시에 관한 사항
② 소유권 외의 권리사항
③ 비선호시설(1km 이내)의 유무에 관한 사항
④ 관리주체 등 관리에 관한 사항
⑤ 소유권에 관한 사항

> **해설** ③ 비선호시설(1km 이내)의 유무에 관한 사항은 확인·설명서[II](비주거용 건축물)에는 기재되지 아니한다. 확인·설명서[II](비주거용 건축물)에는 도배, 환경조건, 판매·의료시설, 교육시설, 비선호시설을 기재하는 란이 없다.

정답 71 ⑤   72 ③

73 공인중개사법령상 개업공인중개사가 확인·설명하여야 할 사항 중 중개대상물 확인·설명서 [Ⅰ](주거용 건축물), [Ⅱ](비주거용 건축물), [Ⅲ](토지), [Ⅳ](입목·광업재단·공장재단) 서식에 공통적으로 기재되어 있는 것을 모두 고른 것은? 제31회

> ㉠ 권리관계(등기부기재사항)
> ㉡ 비선호시설
> ㉢ 거래예정금액
> ㉣ 환경조건(일조량·소음)
> ㉤ 실제 권리관계 또는 공시되지 않은 물건의 권리사항

① ㉠, ㉡
② ㉡, ㉣
③ ㉠, ㉢, ㉤
④ ㉠, ㉢, ㉣, ㉤
⑤ ㉠, ㉡, ㉢, ㉣, ㉤

해설 ㉠㉢㉤ 확인·설명서 4가지 서식의 공통기재사항은 대상물건의 표시, 권리관계(등기부기재사항), 거래예정금액, 취득조세, 실제 권리관계, 중개보수이다.

74 공인중개사법령상 개업공인중개사가 '토지'의 '중개대상물 확인·설명서[Ⅲ]'에 기재해야 할 사항에 해당하는 것은 모두 몇 개인가? 제27회

> • 비선호시설(1km 이내)의 유무
> • 일조량 등 환경조건
> • 관리주체의 유형에 관한 사항
> • 공법상 이용제한 및 거래규제에 관한 사항
> • 접근성 등 입지조건

① 1개
② 2개
③ 3개
④ 4개
⑤ 5개

해설 ③ 토지의 중개대상물 확인·설명서[Ⅲ]에 기재해야 할 사항은 '비선호시설의 유무, 공법상 이용제한 및 거래규제에 관한 사항, 접근성 등 입지조건'까지 모두 3개이다.

정답 73 ③ 74 ③

75 공인중개사법령상 공인중개사인 개업공인중개사의 '거래계약서 작성' 등에 관한 설명으로 틀린 것은?
제26회

① 거래계약서는 국토교통부장관이 정한 표준서식을 사용해야 한다.
② 거래계약서에 거래내용을 거짓으로 기재한 경우 등록관청은 중개사무소 개설등록을 취소할 수 있다.
③ 개업공인중개사는 하나의 거래계약에 서로 다른 둘 이상의 거래계약서를 작성해서는 아니 된다.
④ 개업공인중개사가 거래계약서 사본을 보존해야 하는 기간은 5년이다.
⑤ 거래계약서에는 해당 중개행위를 한 소속공인중개사가 있는 경우 개업공인중개사와 소속공인중개사가 함께 서명 및 날인해야 한다.

해설 ① 거래계약서는 아직 정해진 표준서식이 없다.

76 공인중개사법령상 개업공인중개사의 '거래계약서 작성' 등에 관한 설명으로 틀린 것은?
제29회

① 거래계약서에는 물건의 인도일시를 기재해야 한다.
② 「공인중개사법 시행규칙」에 개업공인중개사가 작성하는 거래계약서의 표준이 되는 서식이 정해져 있다.
③ 거래계약서는 중개대상물 확인·설명서 교부일자를 기재해야 한다.
④ 소속공인중개사가 중개행위를 한 경우 그 거래계약서에는 소속공인중개사와 개업공인중개사가 함께 서명 및 날인해야 한다.
⑤ 공동중개의 경우 참여한 개업공인중개사 모두 서명 및 날인해야 한다.

해설 ② 거래계약서는 표준서식의 규정이 없다. 서식의 제한이 없이, 필요적 기재사항만 기재하면 된다. 거래계약서에는 필요적 기재사항인 거래당사자의 인적사항, 물건의 표시, 물건의 인도일시, 권리이전의 내용, 거래금액·계약금액 및 그 지급일자 등 지급에 관한 사항, 계약일, 조건이나 기한(있을 때), 확인·설명서 교부일자, 기타 약정내용을 기재하여야 한다.

정답 75 ① 76 ②

77 공인중개사법령상 개업공인중개사의 '거래계약서 작성' 등에 관한 설명으로 옳은 것은?

제33회

① 개업공인중개사가 국토교통부장관이 정하는 거래계약서 표준서식을 사용하지 아니한 경우, 시·도지사는 그 자격을 취소해야 한다.
② 중개대상물 확인·설명서 교부일자는 거래계약서에 기재해야 하는 사항이다.
③ 하나의 거래계약에 대하여 서로 다른 둘 이상의 거래계약서를 작성한 경우, 시·도지사는 3개월의 범위 안에서 그 업무를 정지해야 한다.
④ 중개행위를 한 소속공인중개사가 거래계약서를 작성하는 경우, 그 소속공인중개사가 거래계약서에 서명 및 날인하여야 하며 개업공인중개사는 서명 및 날인의무가 없다.
⑤ 거래계약서가 「전자문서 및 전자거래 기본법」에 따른 공인전자문서센터에 보관된 경우 3년간 그 사본을 보존해야 한다.

해설 ② 거래계약서는 정해진 서식이 없으므로 자유양식으로 기재하면 되나, 반드시 기재해야 할 필요적 기재사항이 있다. 중개대상물 확인·설명서 교부일자는 거래계약서에 기재해야 하는 필요적 기재사항에 포함된다.

> 거래계약서에는 다음의 사항을 반드시 기재하여야 한다(영 제22조 제1항).
> - 거래당사자의 인적사항
> - 물건의 표시
> - 물건의 인도일시
> - 권리이전의 내용
> - 거래금액·계약금액 및 그 지급일자 등 지급에 관한 사항
> - 계약일
> - 계약의 조건이나 기한이 있는 경우에는 그 조건 또는 기한
> - 중개대상물 확인·설명서 교부일자
> - 그 밖의 약정내용

① 현재 거래계약서의 표준서식은 정해진 바 없다.
③ 개업공인중개사가 하나의 거래계약에 대하여 서로 다른 둘 이상의 거래계약서를 작성한 경우, '등록관청'은 등록을 취소하거나(상대적 등록취소사유), 업무정지처분을 할 수 있다. 시·도지사와는 상관없고, '등록관청'이 할 수 있다.
④ 중개행위를 한 소속공인중개사 거래계약서를 작성하는 경우, 소속공인중개사와 개업공인개사가 '함께' 서명 및 날인하여야 한다.
⑤ 개업공인중개사는 중개대상물에 관하여 중개가 완성된 때에는 거래계약서를 작성하여 거래당사자에게 교부하고 '5년' 동안 그 원본, 사본 또는 전자문서를 보존하여야 한다. 다만, 거래계약서가 공인전자문서센터에 보관된 경우에는 그러하지 아니하다(법 제26조 제1항, 영 제22조 제2항).

정답 77 ②

78 공인중개사법령상 개업공인중개사가 '거래계약서'를 작성하는 경우에 관한 설명으로 **틀린** 것은? (다툼이 있으면 판례에 따름)   제31회

① 개업공인중개사는 중개가 완성된 때에만 거래계약서를 작성·교부하여야 한다.
② 개업공인중개사는 거래계약서에 서명 및 날인하여야 한다.
③ 중개대상물 확인·설명서 교부일자는 거래계약서의 필수 기재사항에 해당한다.
④ 개업공인중개사의 거래계약서 보존기간(공인전자문서센터에 보관된 경우는 제외함)은 5년이다.
⑤ 개업공인중개사가 하나의 거래계약에 대하여 서로 다른 둘 이상의 거래계약서를 작성한 경우, 등록관청은 중개사무소의 개설등록을 취소하여야 한다.

> **해설** ⑤ 개업공인중개사가 서로 다른 둘 이상의 거래계약서(이중계약서, 다운계약서, 거짓계약서 등)를 작성한 경우, 상대적 등록취소사유에 해당된다. 그러므로 등록관청은 등록을 '취소할 수 있다'.

79 「전자문서 및 전자거래 기본법」에 따른 '공인전자문서센터'에 보관된 경우, 공인중개사법령상 개업공인중개사가 원본, 사본 또는 전자문서를 보존기간 동안 보존해야 할 의무가 면제된다고 명시적으로 규정된 것을 모두 고른 것은?   제32회

> ㉠ 중개대상물 확인·설명서
> ㉡ 손해배상책임보장에 관한 증서
> ㉢ 소속공인중개사 고용신고서
> ㉣ 거래계약서

① ㉠
② ㉠, ㉣
③ ㉡, ㉢
④ ㉡, ㉢, ㉣
⑤ ㉠, ㉡, ㉢, ㉣

> **해설** ㉠ 중개대상물 확인·설명서는 개업공인중개사가 3년을 보존하여야 하나, 공인전자문서센터에 보관된 경우에는 보존의무가 면제된다.
> ㉣ 거래계약서는 개업공인중개사가 5년간 보존하여야 하나, 공인전자문서센터에 보관된 경우에는 보존의무가 면제된다.
> ㉡ 손해배상책임보장을 위한 보증증서는 중개사무소에 게시하여야 한다.
> ㉢ 소속공인중개사 고용신고서는 보존의무가 없다.

정답 78 ⑤ 79 ②

80 공인중개사법령상 계약금 등의 '반환채무이행의 보장'에 관한 설명으로 틀린 것은? 제21회

① 개업공인중개사가 거래당사자에게 계약금 등을 예치하도록 권고할 법률상 의무는 없다.
② 계약금 등 예치하는 경우 「우체국예금·보험에 관한 법률」에 따른 체신관서 명의로 공제사업을 하는 공인중개사협회에 예치할 수도 있다.
③ 계약금 등을 예치하는 경우 「보험업법」에 따른 보험회사 명의로 금융기관에 예치할 수 있다.
④ 계약금 등을 예치하는 경우 매도인 명의로 금융기관에 예치할 수 있다.
⑤ 계약금 등의 예치는 거래계약의 이행이 완료될 때까지로 한다.

해설 ④ 매도인이나 매수인은 예치명의자가 될 수 없다. 예치명의자는 개업공인중개사, 금융기관, 체신관서, 보험회사, 신탁업자, 전문회사, 공제사업자이다.

81 공인중개사법령상 개업공인중개사는 계약금 등을 대통령령으로 정하는 자의 명의로 금융기관 등에 예치하도록 거래당사자에게 권고할 수 있는데, 그 명의자에 속하지 않는 것은? 제24회

① 「보험업법」에 따른 보험회사
② 공제사업을 하는 공인중개사협회
③ 공탁금을 예치받는 법원
④ 「우체국예금·보험에 관한 법률」에 따른 체신관서
⑤ 「자본시장과 금융투자업에 관한 법률」에 따른 신탁업자

해설 ③ 공탁금을 예치받는 법원은 예치명의자가 될 수 없다.

정답 80 ④ 81 ③

82 공인중개사법령상 계약금 등의 반환채무이행의 보장 등에 관한 설명으로 틀린 것은?

제30회

① 개업공인중개사는 거래의 안전을 보장하기 위하여 필요하다고 인정하는 경우, 계약금 등을 예치하도록 거래당사자에게 권고할 수 있다.
② 예치대상은 계약금·중도금 또는 잔금이다.
③ 「보험업법」에 따른 보험회사는 계약금 등의 예치명의자가 될 수 있다.
④ 개업공인중개사는 거래당사자에게 「공인중개사법」에 따른 공제사업을 하는 자의 명의로 계약금 등을 예치하도록 권고할 수 없다.
⑤ 개업공인중개사는 계약금 등을 자기 명의로 금융기관 등에 예치하는 경우 자기소유의 예치금과 분리하여 관리될 수 있도록 하여야 한다.

> **해설** ④ 「공인중개사법」에 따른 공제사업을 하는 자(협회)의 명의로 계약금 등을 예치하도록 권고할 수 있다. 공제사업을 하는 자도 예치명의자에 해당된다(영 제27조 제1항).

83 공인중개사법령상 개업공인중개사 등의 '금지행위'에 해당하지 않는 것은? (다툼이 있으면 판례에 따름)

제28회

① 중개사무소 개설등록을 하지 않고 중개업을 영위하는 자인 사실을 알면서 그를 통하여 중개를 의뢰받는 행위
② 사례금 명목으로 법령이 정한 한도를 초과하여 중개보수를 받는 행위
③ 관계 법령에서 양도·알선 등이 금지된 부동산의 분양과 관련이 있는 증서의 매매를 중개하는 행위
④ 법인 아닌 개업공인중개사가 중개대상물 외 건축자재의 매매를 업으로 하는 행위
⑤ 중개의뢰인이 중간생략등기의 방법으로 전매하여 세금을 포탈하려는 것을 개업공인중개사가 알고도 투기목적의 전매를 중개하였으나, 전매차익이 발생하지 않은 경우 그 중개행위

> **해설** ④ 중개대상물에 대한 매매업은 금지행위(법 제33조)에 해당되나, 중개대상물 이외의 '건축자재'에 대한 매매업은 금지행위로 규정되어 있지 않다. 따라서 가능한 업무에 해당된다.
> ①②③⑤ 법 제33조상의 금지행위에 해당된다.

정답 82 ④ 83 ④

84 공인중개사법령상 개업공인중개사의 '금지행위'에 관한 설명으로 틀린 것은? (다툼이 있으면 판례에 따름)

제29회

① 중개대상물의 매매를 업으로 하는 행위는 금지행위에 해당한다.
② 아파트의 특정 동·호수에 대한 분양계약이 체결된 후 그 분양권의 매매를 중개한 것은 금지행위에 해당하지 않는다.
③ 상가 전부의 매도시에 사용하려고 매각조건 등을 기재하여 인쇄해 놓은 양식에 매매대금과 지급기일 등 해당 사항을 기재한 분양계약서는 양도·알선 등이 금지된 부동산의 분양 등과 관련 있는 증서에 해당하지 않는다.
④ 개업공인중개사가 중개의뢰인과 직접 거래를 하는 행위를 금지하는 규정은 효력규정이다.
⑤ 탈세 등 관계 법령을 위반할 목적으로 미등기 부동산의 매매를 중개하여 부동산투기를 조장하는 행위는 금지행위에 해당한다.

해설 ④ 개업공인중개사가 중개의뢰인과 직접 거래를 하는 행위를 금지하는 규정은 '효력규정'이 아니라, '단속규정'에 불과하다. 그러므로 직접 거래의 효력은 발생되나, 개업공인중개사는 처벌이 된다(대판 2016다259677).
① 법 제33조 제1항 제1호 참조
② 분양권은 거래가 금지된 증서에 해당하지 않는다(대판 89도1886).
③ 대판 93도773 참조
⑤ 대판 90누4464 참조

85 개업공인중개사 甲의 소속공인중개사 乙이 중개업무를 하면서 중개대상물의 거래상 중요사항에 관하여 '거짓된 언행'으로 중개의뢰인 丙의 판단을 그르치게 하여 재산상 손해를 입혔다. 공인중개사법령에 관한 설명으로 틀린 것은?

제29회

① 乙의 행위는 공인중개사 자격정지사유에 해당한다.
② 乙은 1년 이하의 징역 또는 1천만원 이하의 벌금에 처한다.
③ 등록관청은 甲의 중개사무소 개설등록을 취소할 수 있다.
④ 乙이 징역 또는 벌금형을 선고받은 경우 甲은 乙의 위반행위 방지를 위한 상당한 주의·감독을 게을리 하지 않았더라도 벌금형을 받는다.
⑤ 丙은 甲에게 손해배상을 청구할 수 있다.

해설 ④ 乙이 징역 또는 벌금형을 선고받은 경우 甲은 乙의 위반행위 방지를 위한 상당한 주의·감독을 게을리 하지 아니한 경우에는 벌금형을 받지 아니한다. 즉, 벌금형이 면책된다(법 제50조 단서).

정답 84 ④ 85 ④

86 공인중개사법령상 금지행위에 관한 설명으로 옳은 것은? 제30회

① 법인인 개업공인중개사의 사원이 중개대상물의 매매를 업으로 하는 것은 금지되지 않는다.
② 개업공인중개사가 거래당사자 쌍방을 대리하는 것은 금지되지 않는다.
③ 개업공인중개사가 중개의뢰인과 직접 거래를 하는 행위는 금지된다.
④ 법인인 개업공인중개사의 임원이 중개의뢰인과 직접 거래를 하는 것은 금지되지 않는다.
⑤ 중개보조원이 중개의뢰인과 직접 거래를 하는 것은 금지되지 않는다.

해설 ③ 법 제33조 제1항 제6호 참조
① 중개대상물 매매업은 금지행위에 해당한다(법 제33조 제1항 제1호).
② 쌍방대리는 금지행위에 해당한다(법 제33조 제1항 제6호).
④ 중개의뢰인과 직접 거래는 금지행위에 해당되며, 이는 법인인 개업공인중개사의 임원에게도 적용된다(법 제33조 제1항 제6호).
⑤ 중개의뢰인과 직접 거래는 금지행위에 해당되며, 이는 중개보조원에게도 적용된다(법 제33조 제1항 제6호).

87 공인중개사법령상 개업공인중개사 등의 '금지행위'에 해당하지 않는 것은? 제31회

① 무등록 중개업을 영위하는 자인 사실을 알면서 그를 통하여 중개를 의뢰받는 행위
② 부동산의 매매를 중개한 개업공인중개사가 해당 부동산을 다른 개업공인중개사의 중개를 통하여 임차한 행위
③ 자기의 중개의뢰인과 직접 거래를 하는 행위
④ 제3자에게 부당한 이익을 얻게 할 목적으로 거짓으로 거래가 완료된 것처럼 꾸미는 등 중개대상물의 시세에 부당한 영향을 줄 우려가 있는 행위
⑤ 단체를 구성하여 단체 구성원 이외의 자와 공동중개를 제한하는 행위

해설 ② '다른' 개업공인중개사의 중개를 통하여 거래를 한 경우에는 중개의뢰인과 직접 거래에 해당되지 아니한다.
① 무등록 중개업자와 악의의 협력행위는 금지행위로 처벌된다.
③ 중개의뢰인과 직접 거래는 금지행위로 처벌된다.
④ 시세를 조작하는 행위는 거래질서교란행위로서 금지행위로 처벌된다.
⑤ 불법단체를 구성하는 카르텔 담합행위는 거래질서교란행위이며 금지행위로 처벌된다.

정답 86 ③ 87 ②

88 공인중개사법령상 '중개행위' 등에 관한 설명으로 옳은 것은? (다툼이 있으면 판례에 따름)

제32회

① 중개행위에 해당하는지 여부는 개업공인중개사의 행위를 객관적으로 보아 판단할 것이 아니라 개업공인중개사의 주관적 의사를 기준으로 판단해야 한다.
② 임대차계약을 알선한 개업공인중개사가 계약 체결 후에도 목적물의 인도 등 거래당사자의 계약상 의무의 실현에 관여함으로써 계약상 의무가 원만하게 이행되도록 주선할 것이 예정되어 있는 경우, 그러한 개업공인중개사의 행위는 사회통념상 중개행위의 범주에 포함된다.
③ 소속공인중개사는 자신의 중개사무소 개설등록을 신청할 수 있다.
④ 개업공인중개사는 거래계약서를 작성하는 경우 거래계약서에 서명하거나 날인하면 된다.
⑤ 개업공인중개사가 국토교통부장관이 정한 거래계약서 표준서식을 사용하지 않은 경우 과태료부과처분을 받게 된다.

해설 ② 임대차계약을 알선한 개업공인중개사가 계약 체결 후에도 보증금의 지급, 목적물의 인도, 확정일자의 취득 등과 같은 거래당사자의 계약상 의무의 실현에 '관여함으로써' 계약상 의무가 원만하게 이행되도록 주선할 것이 예정되어 있는 때에는 그러한 개업공인중개사의 행위는 객관적으로 보아 사회통념상 거래의 알선·중개를 위한 행위로서 '중개행위'의 범주에 포함된다(대판 2005다55008).
① 어떠한 행위가 중개행위에 해당하는지 여부는 거래당사자의 보호에 목적을 둔 법 규정의 취지에 비추어 볼 때 개업공인중개사가 진정으로 거래당사자를 위하여 거래를 알선·중개하려는 의사를 갖고 있었느냐고 하는 개업공인중개사의 주관적 의사에 의하여 결정할 것이 아니라, 개업공인중개사의 행위를 객관적으로 보아 사회통념상 거래의 알선·중개를 위한 행위라고 인정되는지 여부에 의하여 결정하여야 한다(대판 2005다32197).
③ 소속공인중개사의 상태에서는 자신의 중개사무소 개설등록을 신청할 수 없으며, 이중소속은 금지되고 처벌된다. 따라서 공인중개사의 상태에서 등록을 신청하여야 한다(법 제9조 제2항).
④ 개업공인중개사는 거래계약서를 작성하는 경우 거래계약서에 서명 '및' 날인을 하여야 한다. 즉, 서명과 날인을 모두 하여야 한다.
⑤ 국토교통부장관은 거래계약서의 표준서식을 정하여 그 사용을 권장할 수 있으니, 현재는 권장서식이 없으며, 권장서식이 정해진다고 가정하더라도 권장서식에 불과하므로, 이를 사용할 의무도 없으며, 과태료처분의 대상이 되지도 아니한다.

정답 88 ②

89 공인중개사법령상 '손해배상책임'의 보장에 관한 설명으로 옳은 것은? 제25회

① 개업공인중개사의 손해배상책임을 보장하기 위한 보증보험 또는 공제 가입, 공탁은 중개사무소 개설등록 신청을 할 때 해야 한다.
② 다른 법률의 규정에 따라 중개업을 할 수 있는 법인이 부동산중개업을 하는 경우 업무보증 설정을 하지 않아도 된다.
③ 공제에 가입한 개업공인중개사로서 보증기간이 만료되어 다시 보증을 설정하고자 하는 자는 그 보증기간 만료 후 15일 이내에 다시 보증을 설정해야 한다.
④ 개업공인중개사가 손해배상책임을 보장하기 위한 조치를 이행하지 아니하고 업무를 개시한 경우 등록관청은 개설등록을 취소할 수 있다.
⑤ 보증보험금으로 손해배상을 한 경우 개업공인중개사는 30일 이내에 보증보험에 다시 가입해야 한다.

해설
① 개업공인중개사의 손해배상책임을 보장하기 위한 보증보험 또는 공제 가입, 공탁은 '업무개시 전'에 해야 한다.
② 다른 법률의 규정에 따라 중개업을 할 수 있는 법인이 부동산중개업을 하는 경우에도 업무보증 설정을 하여야 한다.
③ 공제에 가입한 개업공인중개사로서 보증기간이 만료되어 다시 보증을 설정하고자 하는 자는 그 보증기간 '만료일'까지 다시 보증을 설정해야 한다.
⑤ 보증보험금으로 손해배상을 한 경우 개업공인중개사는 '15일 이내'에 다시 업무보증을 설정해야 한다.

정답 89 ④

90 공인중개사법령상 '손해배상책임'의 보장에 관한 설명으로 옳은 것을 모두 고른 것은?

제26회 변형

㉠ 지역농업협동조합이 부동산중개업을 하는 때에는 중개업무를 개시하기 전에 보장금액 2천만원 이상의 보증을 보증기관에 설정하고 그 증명서류를 갖추어 등록관청에 신고해야 한다.
㉡ 개업공인중개사는 자기의 중개사무소를 다른 사람의 중개행위의 장소로 제공함으로써 거래당사자에게 재산상의 손해를 발생하게 한 때에는 그 손해를 배상할 책임이 없다.
㉢ 개업공인중개사는 보증보험금으로 손해배상을 한 때에는 10일 이내에 보증보험에 다시 가입하여야 한다.

① ㉠   ② ㉡   ③ ㉠, ㉢
④ ㉡, ㉢   ⑤ ㉠, ㉡, ㉢

해설 ㉡ 개업공인중개사는 자기의 중개사무소를 다른 사람의 중개행위의 장소로 제공함으로써 거래당사자에게 재산상의 손해를 발생하게 한 때에는 그 손해를 배상할 책임이 있다(법 제30조 제2항).
㉢ 개업공인중개사는 보증보험금·공제금 또는 공탁금으로 손해배상을 한 때에는 '15일 이내'에 보증보험 또는 공제에 다시 '가입'하거나 공탁금 중 부족하게 된 금액을 '보전'하여야 한다(영 제26조 제2항).

91 공인중개사법령상 개업공인중개사의 '손해배상책임'의 보장에 관한 설명으로 틀린 것은? (다툼이 있으면 판례에 따름)

제29회

① 개업공인중개사 등이 아닌 제3자의 중개행위로 거래당사자에게 재산상 손해가 발생한 경우 그 제3자는 이 법에 따른 손해배상책임을 진다.
② 부동산 매매계약을 중개하고 계약금 및 중도금 지급에도 관여한 개업공인중개사가 잔금 중 일부를 횡령한 경우 이 법에 따른 손해배상책임이 있다.
③ 개업공인중개사는 업무를 개시하기 전에 손해배상책임을 보장하기 위하여 법령이 정한 조치를 하여야 한다.
④ 개업공인중개사가 자기의 중개사무소를 다른 사람의 중개행위 장소로 제공함으로써 거래당사자에게 재산상 손해가 발생한 경우 그 손해를 배상할 책임이 있다.
⑤ 손해배상책임의 보장을 위한 공탁금은 개업공인중개사가 폐업 또는 사망한 날부터 3년 이내에는 회수할 수 없다.

해설 ① 개업공인중개사 등이 아닌 제3자(일반인)의 중개행위로 거래당사자에게 재산상 손해가 발생한 경우에는 「공인중개사법」 제30조가 적용되는 것이 아니라, 일반법인 「민법」 제750조의 일반불법행위규정에 의하여 손해배상책임을 지게 된다.

정답 90 ① 91 ①

92 공인중개사법령상 개업공인중개사 甲의 '손해배상책임'의 보장에 관한 설명으로 틀린 것은?

제31회

① 甲은 업무를 개시하기 전에 손해배상책임을 보장하기 위하여 보증보험 또는 공제에 가입하거나 공탁을 해야 한다.
② 甲이 설정한 보증을 다른 보증으로 변경하려는 경우 이미 설정한 보증의 효력이 있는 기간 중에 다른 보증을 설정하여야 한다.
③ 甲이 보증보험 또는 공제에 가입한 경우 보증기간의 만료로 다시 보증을 설정하려면, 그 보증기간 만료일까지 다시 보증을 설정하여야 한다.
④ 甲이 손해배상책임을 보장하기 위한 조치를 이행하지 아니하고 업무를 개시한 경우 등록관청은 개설등록을 취소할 수 있다.
⑤ 甲이 공제금으로 손해배상을 한 때에는 30일 이내에 공제에 다시 가입하여야 한다.

해설 ⑤ 甲이 공제금으로 손해배상을 한 때에는 '15일 이내'에 공제에 다시 가입하여야 한다.

93 공인중개사법령상 '손해배상책임'의 보장에 관한 설명으로 틀린 것은?

제32회 변형

① 개업공인중개사는 중개가 완성된 때에는 거래당사자에게 손해배상책임의 보장기간을 설명해야 한다.
② 개업공인중개사는 고의로 거래당사자에게 손해를 입힌 경우에는 재산상의 손해뿐만 아니라 비재산적 손해에 대해서도 공인중개사법령상 손해배상책임보장규정에 의해 배상할 책임이 있다.
③ 개업공인중개사가 자기의 중개사무소를 다른 사람의 중개행위의 장소로 제공하여 거래당사자에게 재산상의 손해를 발생하게 한 때에는 그 손해를 배상할 책임이 있다.
④ 법인인 개업공인중개사가 분사무소를 두는 경우 분사무소마다 추가로 2억원 이상의 손해배상책임의 보증설정을 하여야 한다.
⑤ 지역농업협동조합이 「농업협동조합법」에 의해 부동산중개업을 하는 경우 보증기관에 설정하는 손해배상책임보증의 최저보장금액은 개업공인중개사의 최저보장금액과 다르다.

해설 ② 개업공인중개사는 자신의 고의나 과실로 발생된 중개사고에 대한 손해배상책임을 부담하여야 하나, 「공인중개사법」에서는 '재산상' 손해에 대하여만 규정을 하고 있다. 그러므로 '비재산적' 손해(정신적 손해, 이른바 위자료 등)에 대하여는 「공인중개사법」의 일반법인 「민법」의 규정(제750조 일반불법행위책임)에 따라 배상책임을 지게 된다.

> 법 제30조 【손해배상책임의 보장】 ① '개업공인중개사'는 '중개행위'를 하는 경우 고의 또는 과실로 인하여 거래당사자에게 '재산상'의 손해를 발생하게 한 때에는 그 손해를 배상할 책임이 있다.

정답 92 ⑤ 93 ②

94 공인중개사법령상 개업공인중개사의 '보증설정' 등에 관한 설명으로 옳은 것은? 제32회

① 개업공인중개사가 보증설정신고를 할 때 등록관청에 제출해야 할 증명서류는 전자문서로 제출할 수 없다.
② 보증기관이 보증사실을 등록관청에 직접 통보한 경우라도 개업공인중개사는 등록관청에 보증설정신고를 해야 한다.
③ 보증을 다른 보증으로 변경하려면 이미 설정된 보증의 효력이 있는 기간이 지난 후에 다른 보증을 설정해야 한다.
④ 보증변경신고를 할 때 손해배상책임보증 변경신고서 서식의 '보증'란에 '변경 후 보증내용'을 기재한다.
⑤ 개업공인중개사가 보증보험금으로 손해배상을 한 때에는 그 보증보험의 금액을 보전해야 하며 다른 공제에 가입할 수 없다.

해설 ④ 보증변경신고를 할 때 손해배상책임보증 변경신고서 서식의 '보증'란에 '변경 후 보증내용'을 기재하도록 되어 있다(규칙 별지 제25호 서식 참조).
① 개업공인중개사가 보증설정신고를 할 때 등록관청에 제출해야 할 증명서류는 전자문서로 제출할 수 있다(규칙 제18조).
② 보증기관이 보증사실을 등록관청에 직접 통보한 경우에는 개업공인중개사는 등록관청에 보증설정신고를 생략할 수 있다(영 제24조 제2항).
③ 업무보증은 중개업을 하는 동안은 계속 유지가 되어야 한다. 그러므로 보증을 다른 보증으로 변경하려면 이미 설정된 보증의 효력이 있는 '기간 중'에 다른 보증을 설정해야 한다(영 제25조 제1항).
⑤ 개업공인중개사는 보증보험금·공제금 또는 공탁금으로 손해배상을 한 때에는 15일 이내에 보증보험 또는 공제에 다시 가입하거나 공탁금 중 부족하게 된 금액을 보전하여야 한다(영 제26조 제2항).

정답 94 ④

95 공인중개사법령상 중개보수 등에 관한 설명으로 옳은 것은? 제33회

① 개업공인중개사의 과실로 인하여 중개의뢰인 간의 거래행위가 취소된 경우에도 개업공인중개사는 중개업무에 관하여 중개의뢰인으로부터 소정의 보수를 받는다.
② 개업공인중개사는 권리를 이전하고자 하는 중개의뢰인으로부터 중개대상물의 권리관계 등의 확인에 소요되는 실비를 받을 수 없다.
③ 개업공인중개사는 권리를 취득하고자 하는 중개의뢰인으로부터 계약금 등의 반환채무이행 보장에 소요되는 실비를 받을 수 없다.
④ 개업공인중개사의 중개보수 지급시기는 개업공인중개사와 중개의뢰인 간의 약정에 따르되, 약정이 없을 때에는 중개대상물의 거래대금 지급이 완료된 날로 한다.
⑤ 주택 외의 중개대상물의 중개에 대한 보수는 시·도의 조례로 정한다.

해설 ④ 영 제27조의2
① 개업공인중개사의 고의 또는 과실로 인하여 중개의뢰인 간의 거래행위가 무효·취소 또는 해제된 경우에는 중개보수를 받을 수 없다(법 제32조 제1항 단서).
② 개업공인중개사는 권리를 이전하고자 하는 중개의뢰인으로부터 중개대상물의 권리관계 등의 확인에 소요되는 실비를 받을 수 있다(법 제32조 제2항).
③ 개업공인중개사는 권리를 취득하고자 하는 중개의뢰인으로부터 계약금 등의 반환채무이행 보장에 소요되는 실비를 받을 수 있다(법 제32조 제2항).
⑤ 주택 '외'의 중개대상물의 중개에 대한 보수는 '국토교통부령'으로 정한다(법 제32조 제4항).

정답 95 ④

96 공인중개사법령상 일방으로부터 받을 수 있는 '중개보수'의 한도 및 거래금액의 계산 등에 관한 설명으로 틀린 것은? (다툼이 있으면 판례에 따름) 제29회 변형

① 주택의 임대차에 대한 중개보수는 국토교통부령의 범위 내에서 시·도조례로 정한다.
② 아파트 분양권의 매매를 중개한 경우 당사자가 거래 당시 수수하게 되는 총 대금(통상적으로 계약금, 기 납부한 중도금, 프리미엄을 합한 금액)을 거래가액으로 보아야 한다.
③ 교환계약의 경우 거래금액은 교환대상 중개대상물 중 거래금액이 큰 중개대상물의 가액으로 한다.
④ 중개대상물인 건축물 중 주택의 면적이 2분의 1 이상인 건축물은 주택의 중개보수규정을 적용한다.
⑤ 전용면적이 85m² 이하이고, 상·하수도 시설이 갖추어진 전용입식 부엌, 전용수세식 화장실 및 목욕시설을 갖춘 오피스텔의 임대차에 대한 중개보수의 상한요율은 거래금액의 1천분의 5이다.

해설 ⑤ 전용면적이 85m² 이하이고, 상·하수도 시설이 갖추어진 전용입식 부엌, 전용수세식 화장실 및 목욕시설을 갖춘 오피스텔의 '임대차'에 대한 중개보수의 상한요율은 거래금액의 1천분의 5가 아니라, '1천분의 4'이다. '매매'에 대한 중개보수가 1천분의 5이다. 이를 구별하여야 한다.

정답 96 ⑤

97 공인중개사법령상 '중개보수의 제한'에 관한 설명으로 옳은 것을 모두 고른 것은? (다툼이 있으면 판례에 따름)

제33회

> ㉠ 공인중개사법령상 중개보수 제한 규정들은 공매대상 부동산취득의 알선에 대해서는 적용되지 않는다.
> ㉡ 공인중개사법령에서 정한 한도를 초과하는 부동산 중개보수 약정은 한도를 초과하는 범위 내에서 무효이다.
> ㉢ 개업공인중개사는 중개대상물에 대한 거래계약이 완료되지 않을 경우에도 중개의뢰인과 중개행위에 상응하는 보수를 지급하기로 약정할 수 있고, 이 경우 공인중개사법령상 중개보수 제한 규정들이 적용된다.

① ㉠
② ㉢
③ ㉠, ㉡
④ ㉡, ㉢
⑤ ㉠, ㉡, ㉢

해설 ㉡㉢ 대판 2017다243723.
㉠ 부동산 중개보수 제한에 관한「공인중개사법」제32조 제4항과 같은 법 시행규칙 제20조 제1항·제4항의 규정들(이하 '보수 제한 규정'이라 한다)은 공매대상 부동산취득의 알선에 대해서도 적용된다고 봄이 타당하다(대판 2017다243723).

98 甲은 개업공인중개사 丙에게 중개를 의뢰하여 乙 소유의 전용면적 70m² '오피스텔'을 보증금 2천만원, 월차임 25만원에 '임대차'계약을 체결하였다. 이 경우 丙이 甲으로부터 받을 수 있는 중개보수의 최고한도액은? (임차한 오피스텔은 건축법령상 업무시설로 상·하수도 시설이 갖추어진 전용입식 부엌, 전용수세식 화장실 및 목욕시설을 갖춤)

제26회

① 150,000원
② 180,000원
③ 187,500원
④ 225,000원
⑤ 337,500원

해설 ① 전용입식 부엌과 화장실 및 목욕시설을 갖춘 전용면적 85m² 이하의 주거용 오피스텔이므로, 임대차는 '0.4%' 범위 내에서 협의하여 받아야 한다.
- 거래대금은 {보증금 2,000만원 + (월차임 25만원 × 100)} = 4,500만원
- 4,500만원은 5천만원 미만에 해당하므로, {보증금 2,000만원 + (월차임 25만원 × 70)}으로 변경하여야 한다. 그러므로 거래대금은 3,750만원으로 보아야 한다.
- 따라서 거래대금 3,750만원 × 0.4% = 15만원이 된다.

정답 97 ④ 98 ①

99 개업공인중개사 甲이 乙의 일반주택을 6천만원에 '매매'를 중개한 경우와 甲이 위 '주택'을 보증금 1천 5백만원, 월차임 30만원, 계약기간 2년으로 '임대차'를 중개한 경우를 비교했을 때, 甲이 乙에게 받을 수 있는 '중개보수' 최고한도액의 '차이'는? 제27회

〈중개보수 상한요율〉
- 매매: 거래금액 5천만원 이상 2억원 미만은 0.5%
- 임대차: 거래금액 5천만원 미만은 0.5%
  5천만원 이상 1억원 미만은 0.4%

① 0원
② 75,000원
③ 120,000원
④ 180,000원
⑤ 225,000원

해설 ③
- 매매에 대한 중개보수: 6천만원 × 0.5% = 30만원
- 임대차에 대한 중개보수: 보증금 + (월세 × 100) = {1,500만원 + (30만원 × 100)} = 4,500만원, 이는 5천만원 미만에 해당하므로, 보증금 + (월세 × 70) = {1,500만원 + (30만원 × 70)} = 3,600만원이 되고, 여기에 0.5%를 곱하면 18만원이 된다.
- 따라서 중개보수 최고한도액의 차이는 30만원 − 18만원 = 12만원이 된다.

100 A시에 중개사무소를 둔 개업공인중개사 甲은 B시에 소재하는 乙소유의 건축물(그중 주택의 면적은 3분의 1임)에 대하여 乙과 丙 사이의 매매계약과 동시에 乙을 임차인으로 하는 임대차 계약을 중개하였다. 이 경우 甲이 받을 수 있는 중개보수에 관한 설명으로 옳은 것을 모두 고른 것은? 제31회

㉠ 甲은 乙과 丙으로부터 각각 중개보수를 받을 수 있다.
㉡ 甲은 B시가 속한 시·도의 조례에서 정한 기준에 따라 중개보수를 받아야 한다.
㉢ 중개보수를 정하기 위한 거래금액의 계산은 매매계약에 관한 거래금액만을 적용한다.
㉣ 주택의 중개에 대한 보수규정을 적용한다.

① ㉢
② ㉠, ㉢
③ ㉡, ㉣
④ ㉠, ㉡, ㉢
⑤ ㉠, ㉡, ㉣

정답 99 ③ 100 ②

해설 ㉠㉢ 복합용도의 건물에서 주택의 면적이 2분의 1 이상이 되지 아니하므로, 주택 '이외'의 대상물로 중개보수를 받아야 한다. 또한 동일인 사이에 매매와 임대차가 동시에 이루어진 경우이므로, 매매에 대한 중개보수만을 받을 수 있다.
㉡ 주택 '이외'의 물건이므로, 조례가 아니라, 국토교통부령으로 정한다.
㉣ 주택이 아니라, 주택 '이외'의 물건으로 중개보수를 받아야 한다.

101 공인중개사법령상 '부동산거래정보망'에 관한 설명으로 옳은 것은?   제24회

① 거래정보사업자로 지정받기 위하여 신청서를 제출하는 경우, 공인중개사 자격증 원본을 첨부해야 한다.
② 국토교통부장관은 거래정보사업자 지정신청을 받은 날로부터 14일 이내에 이를 검토하여 그 지정 여부를 결정해야 한다.
③ 전속중개계약을 체결한 개업공인중개사가 부동산거래정보망에 임대 중인 중개대상물 정보를 공개하는 경우, 임차인의 성명을 공개해야 한다.
④ 거래정보사업자로 지정받은 법인이 해산하여 부동산거래정보망사업의 계속적인 운영이 불가능한 경우, 국토교통부장관은 청문을 거치지 않고 사업자 지정을 취소할 수 있다.
⑤ 거래정보사업자는 개업공인중개사로부터 의뢰받은 중개대상물의 정보뿐만 아니라 의뢰인의 이익을 위해 직접 조사한 중개대상물의 정보도 부동산거래정보망에 공개할 수 있다.

해설 ① 거래정보사업자로 지정받기 위하여 신청서를 제출하는 경우, 공인중개사 자격증 사본을 첨부해야 한다.
② 국토교통부장관은 거래정보사업자 지정신청을 받은 날부터 30일 이내에 이를 검토하여 그 지정 여부를 결정해야 한다.
③ 전속중개계약을 체결한 개업공인중개사가 부동산거래정보망에 임대 중인 중개대상물 정보를 공개하는 경우, 의뢰인의 성명 등 인적사항은 공개하여서는 아니 된다.
⑤ 거래정보사업자는 개업공인중개사로부터 의뢰받은 중개대상물의 정보에 한하여 거래정보망에 공개할 수 있다.

정답 101 ④

102 공인중개사법령상 '부동산거래정보망'을 설치·운영할 자로 지정받기 위한 요건의 일부이다. (   )에 들어갈 내용으로 옳은 것은?
제31회

- 부동산거래정보망의 가입·이용신청을 한 (㉠)의 수가 500명 이상이고 (㉡)개 이상의 특별시·광역시·도 및 특별자치도에서 각각 (㉢)인 이상의 (㉠)가 가입·이용신청을 하였을 것
- 정보처리기사 1명 이상을 확보할 것
- 공인중개사 (㉣)명 이상을 확보할 것

	㉠	㉡	㉢	㉣
①	공인중개사	2	20	1
②	공인중개사	3	20	3
③	개업공인중개사	2	20	3
④	개업공인중개사	2	30	1
⑤	개업공인중개사	3	30	1

해설 ④ ㉠ '개업공인중개사'만이 거래정보망의 회원가입이 가능하다. ㉡ 2개 이상의 시·도에서 각각 ㉢ 30명 이상의 회원이 골고루 가입하여야 한다. ㉣ 공인중개사 1명 이상을 직원으로 고용확보를 하여야 한다.

103 공인중개사법령상 '부동산거래정보망'에 관한 설명으로 틀린 것은?
제26회

① 거래정보사업자는 의뢰받은 내용과 다르게 정보를 공개해서는 아니 된다.
② 거래정보사업자는 개업공인중개사로부터 공개를 의뢰받은 중개대상물의 정보에 한하여 이를 부동산거래정보망에 공개해야 한다.
③ 거래정보사업자가 정당한 사유 없이 지정받은 날부터 1년 이내에 부동산거래정보망을 설치·운영하지 아니한 경우에는 그 지정을 취소해야 한다.
④ 거래정보사업자는 지정받은 날부터 3개월 이내에 부동산거래정보망의 이용 및 정보제공방법 등에 관한 운영규정을 정하여 국토교통부장관의 승인을 얻어야 한다.
⑤ 개업공인중개사는 해당 중개대상물의 거래가 완성된 때에는 지체 없이 이를 해당 거래정보사업자에게 통보해야 한다.

해설 ③ 국토교통부장관은 그 거래정보사업자 지정을 '취소할 수' 있다. 지정취소는 재량행위에 해당하므로 지정을 '취소해야 한다'라고 하면 틀린 지문이 된다.

정답 102 ④ 103 ③

104 공인중개사법령상 부동산거래정보망의 지정 및 이용에 관한 설명으로 틀린 것은? 제30회

① 국토교통부장관은 부동산거래정보망을 설치·운영할 자를 지정할 수 있다.
② 부동산거래정보망을 설치·운영할 자로 지정을 받을 수 있는 자는 「전기통신사업법」의 규정에 의한 부가통신사업자로서 국토교통부령으로 정하는 요건을 갖춘 자이다.
③ 거래정보사업자는 지정받은 날부터 3개월 이내에 부동산거래정보망의 이용 및 정보제공방법 등에 관한 운영규정을 정하여 국토교통부장관의 승인을 얻어야 한다.
④ 거래정보사업자가 부동산거래정보망의 이용 및 정보제공방법 등에 관한 운영규정을 변경하고자 하는 경우 국토교통부장관의 승인을 얻어야 한다.
⑤ 거래정보사업자는 개업공인중개사로부터 공개를 의뢰받은 중개대상물의 정보를 개업공인중개사에 따라 차별적으로 공개할 수 있다.

> 해설 ⑤ 거래정보사업자는 개업공인중개사로부터 공개를 의뢰받은 중개대상물의 정보에 한정하여 이를 부동산거래정보망에 공개하여야 하며, 의뢰받은 내용과 다르게 정보를 공개하거나 어떠한 방법으로든지 개업공인중개사에 따라 정보가 차별적으로 공개되도록 하여서는 아니 된다(법 제24조 제4항).

105 공인중개사법령상 거래정보사업자의 '지정취소'사유에 해당하는 것을 모두 고른 것은? 제31회

> ㉠ 부동산거래정보망의 이용 및 정보제공방법 등에 관한 운영규정을 변경하고도 국토교통부장관의 승인을 받지 않고 부동산거래정보망을 운영한 경우
> ㉡ 개업공인중개사로부터 공개를 의뢰받지 아니한 중개대상물 정보를 부동산거래정보망에 공개한 경우
> ㉢ 정당한 사유 없이 지정받은 날부터 6개월 이내에 부동산거래정보망을 설치하지 아니한 경우
> ㉣ 개인인 거래정보사업자가 사망한 경우
> ㉤ 부동산거래정보망의 이용 및 정보제공방법 등에 관한 운영규정을 위반하여 부동산거래정보망을 운영한 경우

① ㉠, ㉡ ② ㉢, ㉣ ③ ㉠, ㉡, ㉤
④ ㉠, ㉡, ㉣, ㉤ ⑤ ㉠, ㉡, ㉢, ㉣, ㉤

> 해설 ㉢ 정당한 사유 없이 지정받은 날부터 '1년' 이내에 부동산거래정보망을 설치하지 아니한 경우에 지정취소사유에 해당한다.

정답 104 ⑤ 105 ④

106 공인중개사법령상 '거래정보사업자지정대장' 서식에 기재되는 사항이 아닌 것은? 제32회 변형

① 지정 번호 및 지정 연월일
② 상호 또는 명칭 및 대표자의 성명
③ 주된(주요) 컴퓨터설비의 내역
④ 전문자격자의 보유에 관한 사항
⑤ 「전기통신사업법」에 따른 부가통신사업자번호

해설 ⑤ 「전기통신사업법」에 따른 부가통신사업자번호는 거래정보사업자지정대장에 기재해야 할 사항은 아니다(규칙 별지 제18호 서식 참조).

> **규칙 제15조【거래정보사업자의 지정 등】** ③ 국토교통부장관은 제1항의 규정에 따라 지정신청을 받은 때에는 지정신청을 받은 날부터 30일 이내에 이를 검토하여 지정기준에 적합하다고 인정되는 경우에는 거래정보사업자로 지정하고, 다음 각 호의 사항을 별지 제18호 서식의 거래정보사업자지정대장에 기재한 후에 별지 제19호 서식의 거래정보사업자지정서를 교부하여야 한다.
> 1. 지정 번호 및 지정 연월일
> 2. 상호 또는 명칭 및 대표자의 성명
> 3. 사무소의 소재지
> 4. 주된 컴퓨터설비의 내역
> 5. 전문자격자의 보유에 관한 사항

107 「공인중개사법 시행령」 제30조(협회의 설립)의 내용이다. ( )에 들어갈 숫자를 올바르게 나열한 것은? 제30회

> • 공인중개사협회를 설립하고자 하는 때에는 발기인이 작성하여 서명·날인한 정관에 대하여 회원 (㉠)인 이상이 출석한 창립총회에서 출석한 회원 과반수의 동의를 얻어 국토교통부장관의 설립인가를 받아야 한다.
> • 창립총회에는 서울특별시에서는 (㉡)인 이상, 광역시·도 및 특별자치도에서는 각각 (㉢)인 이상의 회원이 참여하여야 한다.

	㉠	㉡	㉢		㉠	㉡	㉢
①	300	50	20	②	300	100	50
③	600	50	20	④	600	100	20
⑤	800	50	50				

해설 ④ 창립총회는 ㉠ 600인 이상이 출석하여야 하며, 서울특별시에서 ㉡ 100인 이상, 광역시·도 및 특별자치도에서 각각 ㉢ 20인 이상이 참여하여야 한다.

정답 106 ⑤ 107 ④

108 공인중개사법령상 '공인중개사협회'(이하 '협회'라 함)에 관한 설명으로 옳은 것은? 제30회

① 협회는 영리사업으로서 회원 간의 상호부조를 목적으로 공제사업을 할 수 있다.
② 협회는 총회의 의결내용을 지체 없이 등록관청에게 보고하고 등기하여야 한다.
③ 협회가 그 지부 또는 지회를 설치한 때에는 그 지부는 시·도지사에게, 지회는 등록관청에 신고하여야 한다.
④ 협회는 개업공인중개사에 대한 행정제재처분의 부과와 집행의 업무를 할 수 있다.
⑤ 협회는 부동산 정보제공에 관한 업무를 직접 수행할 수 없다.

해설 ① 공제사업은 '비영리사업'에 해당한다(영 제31조 제6호).
② 총회의 의결내용을 지체 없이 '국토교통부장관'에게 보고하여야 한다(영 제32조 제1항).
④ 개업공인중개사에 대한 등록취소나 업무정지처분은 등록관청에 그 권한이 있다. 협회의 권한이 아니다.
⑤ 부동산 정보제공은 협회의 고유업무에 해당되어 당연히 수행할 수 있다(영 제31조 제5호).

109 공인중개사법령상 공제사업에 관한 설명으로 틀린 것은? 제30회

① 공인중개사협회는 공제사업을 하고자 하는 때에는 공제규정을 제정하여 국토교통부장관의 승인을 얻어야 한다.
② 금융감독원의 원장은 국토교통부장관의 요청이 있는 경우에는 공제사업에 관하여 조사 또는 검사를 할 수 있다.
③ 공인중개사협회는 책임준비금을 다른 용도로 사용하고자 하는 경우에는 국토교통부장관의 승인을 얻어야 한다.
④ 책임준비금의 적립비율은 공제사고 발생률 및 공제금 지급액 등을 종합적으로 고려하여 정하되, 공제료 수입액의 100분의 10 이상으로 정한다.
⑤ 공인중개사협회는 회계연도 종료 후 6개월 이내에 매년도의 공제사업 운영실적을 일간신문·협회보 등을 통하여 공제계약자에게 공시하여야 한다.

해설 ⑤ 공인중개사협회는 회계연도 종료 후 '3개월' 이내에 매년도의 공제사업 운영실적을 일간신문·협회보 등을 통하여 공제계약자에게 공시하여야 한다.

정답 108 ③　109 ⑤

110 공인중개사법령상 '공인중개사협회'(이하 '협회'라 함)에 관한 설명으로 틀린 것은? 제32회

① 협회는 시·도지사로부터 위탁을 받아 실무교육에 관한 업무를 할 수 있다.
② 협회는 공제사업을 하는 경우 책임준비금을 다른 용도로 사용하려면 국토교통부장관의 승인을 얻어야 한다.
③ 협회는 「공인중개사법」에 따른 협회의 설립목적을 달성하기 위한 경우에도 부동산 정보제공에 관한 업무를 수행할 수 없다.
④ 협회에 관하여 「공인중개사법」에 규정된 것 외에는 「민법」 중 사단법인에 관한 규정을 적용한다.
⑤ 협회는 공제사업을 다른 회계와 구분하여 별도의 회계로 관리해야 한다.

해설 ③ 협회는 부동산 정보제공에 관한 업무를 고유업무로 수행할 수 있다.

> 영 제31조 【협회의 업무】 협회는 법 제41조 제1항의 규정에 따른 목적을 달성하기 위하여 다음 각 호의 업무를 수행할 수 있다.
> 1. 회원의 품위유지를 위한 업무
> 2. 부동산중개제도의 연구·개선에 관한 업무
> 3. 회원의 자질향상을 위한 지도 및 교육·연수에 관한 업무
> 4. 회원의 윤리헌장 제정 및 그 실천에 관한 업무
> 5. '부동산 정보제공'에 관한 업무
> 6. 법 제42조의 규정에 따른 공제사업. 이 경우 공제사업은 비영리사업으로서 회원 간의 상호부조를 목적으로 한다.
> 7. 그 밖에 협회의 설립목적 달성을 위하여 필요한 업무

111 공인중개사법령상 '포상금'에 관한 설명으로 틀린 것은? 제26회

① 등록관청은 거짓으로 중개사무소의 개설등록을 한 자를 수사기관에 신고한 자에게 포상금을 지급할 수 있다.
② 포상금의 지급에 소요되는 그 전부 또는 일부를 국고에서 보조할 수 있다.
③ 포상금은 1건당 50만원으로 한다.
④ 포상금지급신청서를 제출받은 등록관청은 포상금의 지급을 결정한 날부터 1개월 이내에 포상금을 지급해야 한다.
⑤ 하나의 사건에 대하여 포상금 지급요건을 갖춘 2건의 신고가 접수된 경우, 등록관청은 최초로 신고한 자에게 포상금을 지급한다.

정답 110 ③ 111 ②

| 해설 | ② 포상금은 건당 50만원으로 하며, 포상금의 지급에 소요되는 비용은 대통령령으로 정하는 바에 따라 그 '일부'를 국고에서 보조할 수 있다. 국고에서 보조할 수 있는 비율은 '100분의 50 이내'로 한다(영 제36조의2).

112 공인중개사법령상 '포상금'을 지급받을 수 있는 신고 또는 고발의 대상을 모두 고른 것은?

제33회

> ㉠ 중개대상물의 매매를 업으로 하는 행위를 한 자
> ㉡ 공인중개사 자격증을 다른 사람으로부터 대여받은 자
> ㉢ 해당 중개대상물의 거래상의 중요사항에 관하여 거짓된 언행으로 중개의뢰인의 판단을 그르치게 하는 행위를 한 자

① ㉠
② ㉡
③ ㉠, ㉢
④ ㉡, ㉢
⑤ ㉠, ㉡, ㉢

| 해설 | ㉡ 공인중개사 자격증을 다른 사람으로부터 대여받은 자를 신고·고발한 자는 포상금 지급대상이 된다.

> **법 제46조 【포상금】** ① 등록관청은 다음 각 호의 어느 하나에 해당하는 자를 등록관청, 수사기관이나 제47조의2에 따른 부동산거래질서 교란행위 신고센터에 신고 또는 고발한 자에 대하여 대통령령으로 정하는 바에 따라 포상금을 지급할 수 있다.
> 1. 제9조에 따른 중개사무소의 개설등록을 하지 아니하고 중개업을 한 자
> 2. 거짓이나 그 밖의 부정한 방법으로 중개사무소의 개설등록을 한 자
> 3. 중개사무소 등록증 또는 공인중개사 자격증을 다른 사람에게 양도·대여하거나 다른 사람으로부터 양수·대여받은 자
> 4. 제18조의2 제3항(주: 개업공인중개사가 '아닌 자'는 중개대상물에 대한 표시·광고를 하여서는 아니 된다)을 위반하여 표시·광고를 한 자
> 5. 제33조 제1항 제8호(주: 개공 등의 시세조작) 또는 제9호(주: 개공 등의 단체결성 카르텔담합)에 따른 행위를 한 자
> 6. 제33조 제2항(주: 누구든지 거래질서 교란행위금지)을 위반하여 개업공인중개사 등의 업무를 방해한 자

정답 112 ②

113 공인중개사법령상 등록관청에 신고한 甲과 乙이 받을 수 있는 '포상금' 최대 금액은?

제24회

> ㉠ 甲은 중개사무소를 부정한 방법으로 개설등록한 A와 B를 각각 신고하였다.
> ㉡ 중개사무소의 개설등록을 하지 아니하고 중개업을 하고 있는 C를 甲과 乙이 공동으로 신고하였다.
> ㉢ 乙이 중개사무소 등록증을 다른 사람에게 양도한 D를 신고한 이후에, 甲도 D를 신고하였다.
> ㉣ E가 부정한 방법으로 중개사무소를 개설등록한 사실이 등록관청에 의해 발각된 이후, 甲과 乙은 E를 공동으로 신고하였다.
> ㉤ 담당 검사는 A와 E에 대하여 공소제기, C와 D에 대하여 기소유예결정, B에 대하여 무혐의처분을 하였다.
> ㉥ 甲과 乙 사이에 포상금 분배약정은 없었다.

	甲	乙
①	75만원	75만원
②	100만원	100만원
③	125만원	75만원
④	125만원	100만원
⑤	150만원	50만원

해설 ① 사례는 모두 신고대상에 해당한다. 또한 등록관청에 의해 발각되기 전에 신고하여야 하며, 검사가 공소제기하거나 기소유예를 한 경우에 한하여 지급한다.

신고대상	甲	乙	비고
㉠ 부정 등록한 A와 B	일단, 100만원	×	1건당 50만원
㉡ 무등록 개업공인중개사 C	25만원	25만원	공동신고 (배분방법의 합의는 없음)
㉢ 등록증을 양도한 D	×	50만원	최초 신고한 乙만 지급
㉣ 부정 등록을 한 E	×	×	발각된 후 신고
㉤ A와 E에 대하여 공소제기, C와 D에 대하여 기소유예결정, B에 대하여 무혐의처분	㉠의 B가 무혐의처분되었으므로, 100만원 – 50만원(B)	–	–
최종 합계	75만원	75만원	–

정답 113 ①

114 공인중개사법령상 甲과 乙이 받을 수 있는 '포상금'의 최대 금액은?   제27회

- 甲은 중개사무소를 부정한 방법으로 개설등록한 A와 B를 각각 고발하였으며, 검사는 A를 공소제기하였고, B를 무혐의처분하였다.
- 乙은 중개사무소를 부정한 방법으로 개설등록한 C를 신고하였으며, C는 형사재판에서 무죄판결을 받았다.
- 甲과 乙은 포상금배분에 관한 합의 없이 중개사무소 등록증을 대여한 D를 공동으로 고발하여 D는 기소유예의 처분을 받았다.
- 중개사무소의 개설등록을 하지 않고 중개업을 하는 E를 乙이 신고한 이후에 甲도 E를 신고하였고, E는 형사재판에서 유죄판결을 받았다.
- A, B, C, D, E는 甲 또는 乙의 위 신고·고발 전에 행정기관에 의해 발각되지 않았다.

	甲	乙
①	75만원	50만원
②	75만원	75만원
③	75만원	125만원
④	125만원	75만원
⑤	125만원	125만원

해설 ③

신고대상	甲	乙	비고
부정 등록한 A와 B	50만원	-	A는 공소제기되었으므로, 포상금이 지급되나, B는 무혐의처분되었으므로 포상금이 지급되지 아니한다.
부정 등록자 C	-	50만원	형사재판에서 무죄판결을 받았다 하더라도, 검사가 공소제기를 한 경우이므로 포상금은 지급된다(공판절차상, 공소제기 없이는 무죄판결이 있을 수 없음).
등록증을 양도·대여한 D	25만원	25만원	배분방법의 합의가 없으므로, 균등하게 배분된다.
무등록 중개업 E	-	50만원	최초로 신고·고발한 자에게만 지급한다. 유죄판결을 받았다는 의미는 검사가 당연히 공소제기를 하였다는 의미이다.
최종 합계	75만원	125만원	-

정답 114 ③

115 공인중개사법령상 '수수료납부 대상자'에 해당하는 것은 모두 몇 개인가? 제27회

> - 분사무소 설치의 신고를 하는 자
> - 중개사무소의 개설등록을 신청하는 자
> - 중개사무소의 휴업을 신고하는 자
> - 중개사무소 등록증의 재교부를 신청하는 자
> - 공인중개사 자격시험에 합격하여 공인중개사 자격증을 처음으로 교부받는 자

① 1개 ② 2개
③ 3개 ④ 4개
⑤ 5개

해설 ③ 분사무소 설치를 신고하는 자, 중개사무소 개설등록을 신청하는 자, 등록증의 재교부를 신청하는 자는 수수료를 납부하여야 한다. 그러나 휴업신고를 하는 자나, 자격증을 처음으로 교부받는 자는 수수료 납부의무가 없다. 따라서 수수료납부 대상자에 해당하는 것은 3개이다.

116 공인중개사법령상 '조례'가 정하는 바에 따라 수수료를 납부해야 하는 경우를 모두 고른 것은? 제30회 변형

> ㉠ 분사무소설치신고확인서의 재교부 신청
> ㉡ 국토교통부장관이 시행하는 공인중개사 자격시험 응시
> ㉢ 중개사무소의 개설등록 신청
> ㉣ 분사무소 설치의 신고

① ㉠, ㉡ ② ㉠, ㉡, ㉣
③ ㉠, ㉢, ㉣ ④ ㉡, ㉢, ㉣
⑤ ㉠, ㉡, ㉢, ㉣

해설 ㉠㉣ (주된 사무소 소재지) 시·군·자치구 조례
㉢ 시·군·자치구 조례
㉡ 국토교통부장관이 정하는 수수료 납부

정답 115 ③ 116 ③

117 공인중개사법령상 공인중개사의 자격취소에 관한 설명으로 틀린 것은? 제33회

① 시·도지사는 공인중개사가 이 법을 위반하여 300만원 이상 벌금형의 선고를 받은 경우에는 그 자격을 취소해야 한다.
② 공인중개사의 자격이 취소된 자는 공인중개사 자격증을 교부한 시·도지사에게 반납해야 한다.
③ 시·도지사는 공인중개사의 자격취소처분을 한 때에는 5일 이내에 이를 국토교통부장관과 다른 시·도지사에게 통보해야 한다.
④ 시·도지사는 공인중개사의 자격을 취소하고자 하는 경우에는 청문을 실시해야 한다.
⑤ 시·도지사는 공인중개사가 부정한 방법으로 공인중개사의 자격을 취득한 경우에는 그 자격을 취소해야 한다.

해설 ① 개업공인중개사가 이 법을 위반하여 300만원 이상 벌금형의 선고를 받은 경우에는 법 제10조의 결격사유에 해당되어, 등록이 취소된다. 그러므로 등록관청은 등록을 취소하여야 한다. 따라서 공인중개사 자격취소와는 상관없는 사유이다.

118 공인중개사법령상 공인중개사의 자격취소에 관한 설명으로 옳은 것은? 제30회

① 공인중개사의 자격취소처분은 공인중개사의 현 주소지를 관할하는 시장·군수·구청장이 행한다.
② 시·도지사는 공인중개사의 자격취소처분을 한 때에는 5일 이내에 이를 국토교통부장관과 다른 시·도지사에게 통보하여야 한다.
③ 자격취소사유가 발생한 경우에는 청문을 실시하지 않아도 해당 공인중개사의 자격을 취소할 수 있다.
④ 공인중개사의 자격이 취소된 자는 공인중개사 자격증을 7일 이내에 한국산업인력공단에 반납하여야 한다.
⑤ 공인중개사 자격이 취소되었으나 공인중개사 자격증을 분실 등의 사유로 반납할 수 없는 자는 신규발급절차를 거쳐 발급된 공인중개사 자격증을 반납하여야 한다.

해설 ① 공인중개사의 자격취소처분은 자격증을 교부한 시·도지사가 이를 행한다.
③ 자격취소처분을 하기 전에 청문의 절차를 거쳐야 함이 원칙이다.
④ 자격증은 자격증을 교부한 시·도지사에게 반납하여야 한다.
⑤ 사유서를 제출하여야 한다.

정답 117 ① 118 ②

119 공인중개사법령상 공인중개사 '자격의 취소'사유에 해당하는 것을 모두 고른 것은? 제32회

> ㉠ 부정한 방법으로 공인중개사의 자격을 취득한 경우
> ㉡ 다른 사람에게 자기의 공인중개사 자격증을 대여한 경우
> ㉢ 「공인중개사법」에 따라 공인중개사 자격정지처분을 받고 그 자격정지기간 중에 중개업무를 행한 경우

① ㉠
② ㉢
③ ㉠, ㉡
④ ㉡, ㉢
⑤ ㉠, ㉡, ㉢

해설 ㉠㉡㉢ 모두 자격취소사유에 해당된다.

> **공인중개사 자격취소사유**
> - 부정한 방법으로 자격을 취득한 경우
> - 자격증을 양도 또는 대여한 경우(1년 이하 – 1천 이하)
> - 자격정지처분을 받고 그 자격정지기간 중에 중개업무를 행한 경우(자격정지 중 이중소속도 포함)
> - 「공인중개사법」 또는 공인중개사의 직무와 관련하여 「형법」상 범죄단체조직, 사문서위조·변조, 위조사문서행사, 사기죄, 횡령·배임, 업무상 횡령과 배임으로 금고 이상의 형(집행유예 포함)을 선고받은 경우

120 공인중개사법령상 소속공인중개사로서 업무를 수행하는 기간 동안 발생한 사유 중 '자격정지'사유로 규정되어 있지 않은 것은? 제32회

① 둘 이상의 중개사무소에 소속된 경우
② 성실·정확하게 중개대상물의 확인·설명을 하지 않은 경우
③ 등록관청에 등록하지 않은 인장을 사용하여 중개행위를 한 경우
④ 「공인중개사법」을 위반하여 징역형의 선고를 받은 경우
⑤ 중개대상물의 매매를 업으로 하는 행위를 한 경우

정답 119 ⑤ 120 ④

해설 ④ 「공인중개사법」을 위반하여 징역형의 선고를 받은 경우에는 자격'정지'사유가 아니라, 자격'취소'사유에 해당된다.

> **소속공인중개사에 대한 자격정지사유**
> - (법 제33조 소정의) 금지행위를 한 경우
> - 이중소속을 한 경우
> - 이중(거짓)계약서를 작성한 경우
> - 업무를 담당한 소속공인중개사가 거래계약서에 서명 및 날인을 하지 아니한 경우
> - 업무를 담당한 소속공인중개사가 확인·설명서에 서명 및 날인을 하지 아니한 경우
> - 중개대상물의 확인·설명을 성실·정확하게 하지 아니하거나, 설명의 근거자료 제시하지 아니한 경우(확인·설명 위반)
> - 인장등록을 하지 아니하거나 등록하지 아니한 인장을 사용한 경우

121 공인중개사법령상 중개업무를 수행하는 소속공인중개사의 '자격정지'사유에 해당하지 않는 것은?

제29회

① 하나의 거래에 대하여 서로 다른 둘 이상의 거래계약서를 작성한 경우
② 국토교통부령으로 정하는 전속중개계약서에 의하지 않고 전속중개계약을 체결한 경우
③ 성실·정확하게 중개대상물의 확인·설명을 하지 않은 경우
④ 거래계약서에 거래금액 등 거래내용을 거짓으로 기재한 경우
⑤ 둘 이상의 중개사무소에 소속공인중개사로 소속된 경우

해설 ② 전속중개계약서는 소속공인중개사에게 작성의무가 있는 것이 아니라, 개업공인중개사에게 작성의무가 있다. 그러므로 소속공인중개사의 자격정지처분사유에는 해당되지 아니하며, 개업공인중개사의 업무정지처분사유에 해당된다.

정답 121 ②

122 공인중개사법령상 중개업무를 수행하는 소속공인중개사의 자격정지사유에 해당하지 <u>않는</u> 것은?

제30회

① 고객을 위하여 거래내용에 부합하는 동일한 거래계약서를 4부 작성한 경우
② 둘 이상의 중개사무소에 소속된 경우
③ 고객의 요청에 의해 거래계약서에 거래금액을 거짓으로 기재한 경우
④ 권리를 취득하고자 하는 중개의뢰인에게 중개가 완성되기 전까지 등기사항증명서 등 확인·설명의 근거자료를 제시하지 않은 경우
⑤ 법인의 분사무소의 책임자가 서명 및 날인하였기에 해당 중개행위를 한 소속공인중개사가 확인·설명서에 서명 및 날인을 하지 않은 경우

> **해설** ① 동일한 거래계약서를 여러 부 작성하는 것은 위법이 아니다. 서로 다른 둘 이상의 거래계약서(거짓계약서) 작성이 위법하여 처벌된다. 이를 구별하여야 한다.
> ②③④⑤ 자격정지사유에 해당된다.

123 공인중개사법령상 공인중개사의 '자격취소'사유와 소속공인중개사의 '자격정지'사유에 관한 구분으로 옳은 것을 모두 고른 것은?

제31회

> ㉠ 다른 사람에게 자기의 성명을 사용하여 중개업무를 하게 한 경우 – 취소사유
> ㉡ 「공인중개사법」을 위반하여 징역형의 집행유예를 받은 경우 – 취소사유
> ㉢ 거래계약서를 작성할 때 거래금액 등 거래 내용을 거짓으로 기재한 경우 – 정지사유
> ㉣ 중개대상물의 매매를 업으로 하는 경우 – 정지사유

① ㉠
② ㉠, ㉣
③ ㉢, ㉣
④ ㉠, ㉡, ㉢
⑤ ㉠, ㉡, ㉢, ㉣

> **해설** ㉠㉡㉢㉣ 모두 옳은 지문이다.

정답 122 ① 123 ⑤

124 공인중개사법령상 등록관청이 인지하였다면 공인중개사인 개업공인중개사 甲의 중개사무소 개설등록을 취소하여야 하는 경우에 해당하지 않는 것은?   제29회

① 甲이 2018년 9월 12일에 사망한 경우
② 공인중개사법령을 위반한 甲에게 2018년 9월 12일에 400만원 벌금형이 선고되어 확정된 경우
③ 甲이 2018년 9월 12일에 배임죄로 징역 1년, 집행유예 1년 6개월이 선고되어 확정된 경우
④ 甲이 최근 1년 이내에 공인중개사법령을 위반하여 1회 업무정지처분, 2회 과태료처분을 받고 다시 업무정지처분에 해당하는 행위를 한 경우
⑤ 甲이 2018년 9월 12일에 다른 사람에게 자기의 성명을 사용하여 중개업무를 하게 한 경우

> **해설** ④ 최근 1년 이내에 3회 이상의 업무정지 또는 과태료처분을 받고, 다시 업무정지 또는 과태료사유가 발생된 경우에는 상대적(임의적) 등록취소사유에 해당된다. 그러므로 이 지문의 경우, 1회 업무정지처분, 2회 과태료처분을 받고 다시 업무정지처분에 해당하는 행위를 한 경우이므로, 이는 절대적(필요적) 등록취소사유가 아니라, 상대적(임의적) 등록취소사유에 해당한다.
> ① 사망은 절대적 등록취소사유에 해당한다.
> ②③ 결격사유로서 절대적 등록취소사유에 해당한다.
> ⑤ 등록증 양도·대여로서 절대적 등록취소사유에 해당한다.

125 공인중개사법령상 등록관청이 중개사무소의 개설등록을 취소하여야 하는 사유로 명시되지 않은 것은?   제33회

① 개업공인중개사가 업무정지기간 중에 중개업무를 한 경우
② 개인인 개업공인중개사가 사망한 경우
③ 개업공인중개사가 이중으로 중개사무소의 개설등록을 한 경우
④ 개업공인중개사가 천막 그 밖에 이동이 용이한 임시 중개시설물을 설치한 경우
⑤ 개업공인중개사가 최근 1년 이내에 이 법에 의하여 2회 이상 업무정지처분을 받고 다시 업무정지처분에 해당하는 행위를 한 경우

> **해설** ④ 개업공인중개사가 천막 그 밖에 이동이 용이한 임시 중개시설물을 설치한 경우는 상대적 등록취소사유에 해당된다.
> ①②③⑤ 절대적 등록취소사유에 해당된다.

정답 124 ④   125 ④

126. 공인중개사법령상 중개사무소 '개설등록을 취소하여야' 하는 사유에 해당하는 것을 모두 고른 것은?

제32회

> ㉠ 개업공인중개사인 법인이 해산한 경우
> ㉡ 개업공인중개사가 거짓으로 중개사무소 개설등록을 한 경우
> ㉢ 개업공인중개사가 이중으로 중개사무소 개설등록을 한 경우
> ㉣ 개업공인중개사가 개설등록 후 금고 이상의 형의 집행유예를 받고 그 유예기간 중에 있게 된 경우

① ㉠, ㉡, ㉢
② ㉠, ㉡, ㉣
③ ㉠, ㉢, ㉣
④ ㉡, ㉢, ㉣
⑤ ㉠, ㉡, ㉢, ㉣

해설 ㉠㉡㉢㉣ 모두 절대적 등록취소사유에 해당되어서 등록관청은 등록을 취소하여야 한다. ㉣은 결격사유에 해당되어 등록이 취소되어야 한다.

> **개업공인중개사에 대한 절대적 등록취소사유**
> - 등록의 결격사유 중 절대적 등록취소사유에 해당하는 경우
> - 개인인 개업공인중개사가 사망하거나 개업공인중개사인 법인이 해산한 경우
> - 거짓이나 그 밖의 부정한 방법으로 중개사무소의 개설등록을 한 경우(3년 이하의 징역 또는 3천만원 이하의 벌금형)
> - 이중으로 중개사무소의 개설등록을 한 경우(1년 이하의 징역 또는 1천만원 이하의 벌금형)
> - 개업공인중개사가 고용할 수 있는 중개보조원의 수인 개업공인중개사와 소속공인중개사를 합한 수의 5배를 초과하여 중개보조원을 고용한 경우(1년 이하의 징역 또는 1천만원 이하의 벌금형)
> - 최근 1년 이내에 이 법에 의하여 2회 이상 업무정지처분을 받고 다시 업무정지처분에 해당하는 행위를 한 경우
> - 다른 사람에게 자기의 성명 또는 상호를 사용하여 중개업무를 하게 하거나 중개사무소등록증을 양도 또는 대여한 경우(1년 이하의 징역 또는 1천만원 이하의 벌금형)
> - 업무정지기간 중에 중개업무를 하거나 자격정지처분을 받은 소속공인중개사로 하여금 자격정지기간 중에 중개업무를 하게 한 경우
> - 개업공인중개사가 다른 개업공인중개사의 소속공인중개사, 중개보조원 또는 개업공인중개사인 법인의 사원·임원이 된 경우(1년 이하의 징역 또는 1천만원 이하의 벌금형)

정답 126 ⑤

127 「공인중개사법」의 내용으로 ( )에 들어갈 숫자를 바르게 나열한 것은? 제32회

- 등록관청은 개업공인중개사가 최근 (㉠)년 이내에 이 법에 의하여 (㉡)회 이상 업무정지처분을 받고 다시 업무정지처분에 해당하는 행위를 한 경우에는 중개사무소의 개설등록을 취소하여야 한다.
- 금고 이상의 실형의 선고를 받고 그 집행이 종료(집행이 종료된 것으로 보는 경우를 포함한다)되거나 집행이 면제된 날부터 (㉢)년이 지나지 아니한 자는 중개사무소의 개설등록을 할 수 없다.
- 중개행위와 관련된 손해배상책임을 보장하기 위하여 이 법에 따라 공탁한 공탁금은 개업공인중개사가 폐업한 날부터 (㉣)년 이내에는 회수할 수 없다.

	㉠	㉡	㉢	㉣
①	1	2	1	3
②	1	2	3	3
③	1	3	3	1
④	2	3	1	1
⑤	2	3	3	3

해설 ②
- 등록관청은 개업공인중개사가 최근 (㉠: 1)년 이내에 이 법에 의하여 (㉡: 2)회 이상 업무정지처분을 받고 다시 업무정지처분에 해당하는 행위를 한 경우에는 중개사무소의 개설등록을 취소하여야 한다.
- 금고 이상의 실형의 선고를 받고 그 집행이 종료(집행이 종료된 것으로 보는 경우를 포함한다)되거나 집행이 면제된 날부터 (㉢: 3)년이 지나지 아니한 자는 중개사무소의 개설등록을 할 수 없다.
- 중개행위와 관련된 손해배상책임을 보장하기 위하여 이 법에 따라 공탁한 공탁금은 개업공인중개사가 폐업한 날부터 (㉣: 3)년 이내에는 회수할 수 없다.

정답 127 ②

128 공인중개사법령상 개업공인중개사에 대한 '업무정지처분'을 할 수 있는 사유에 해당하는 것을 모두 고른 것은? 제32회

> ㉠ 부동산거래정보망에 중개대상물에 관한 정보를 거짓으로 공개한 경우
> ㉡ 거래당사자에게 교부해야 하는 중개대상물 확인·설명서를 교부하지 않은 경우
> ㉢ 거래당사자에게 교부해야 하는 거래계약서를 적정하게 작성·교부하지 않은 경우
> ㉣ 해당 중개대상물의 거래상의 중요사항에 관하여 거짓된 언행으로 중개의뢰인의 판단을 그르치게 하는 행위를 한 경우

① ㉠, ㉢   ② ㉡, ㉣   ③ ㉠, ㉡, ㉢
④ ㉡, ㉢, ㉣   ⑤ ㉠, ㉡, ㉢, ㉣

해설 ㉠㉡㉢㉣ 모두 업무정지처분사유에 해당된다. ㉣은 법 제33조 금지행위 위반으로서, 상대적 등록취소사유이면서 업무정지사유에도 해당된다.

> **개업공인중개사에 대한 업무정지처분사유**
> - 개업공인중개사가 결격사유(법 제10조)에 해당하는 자를 고용인으로 고용한 경우(고용 위반)
> - 개업공인중개사가 고용신고나 종료(해고)신고를 하지 아니한 경우
> - 전속중개계약을 체결한 개업공인중개사가 전속중개계약서를 작성하지 않거나, 이를 보존(3년)하지 아니한 경우
> - 개업공인중개사가 확인·설명서를 작성·교부하지 아니하거나 보존(3년)하지 아니한 경우(공인전자문서센터 보관시 제외)
> - 확인·설명서에 서명 및 날인하지 아니한 경우
> - 개업공인중개사가 거래계약서를 작성·교부하지 아니하거나 이를 보존(5년)하지 아니한 경우(공인전자문서센터 보관시 제외)
> - 거래계약서에 서명 및 날인하지 아니한 경우
> - 개업공인중개사가 최근 1년 이내에 「공인중개사법」에 의하여 2회 이상 업무정지 또는 과태료의 처분을 받고 다시 과태료처분사유에 해당하는 행위를 한 경우
> - 개업공인중개사가 거래정보망에 정보를 거짓으로 공개하거나, 거래정보사업자에게 거래가 완성된 사실을 통보하지 아니한 경우
> - 중개인(부칙상 개업공인중개사)이 지역적 업무 범위(중개사무소 소재지 관할 특별시·광역시·도)를 벗어나서 이를 위반한 경우
> - 개업공인중개사가 인장등록을 하지 아니하거나, 등록하지 아니한 인장을 사용한 경우
> - (임의적) 상대적 등록취소사유의 어느 하나에 해당하는 경우 또한 모두 업무정지사유에도 해당함
> - 개업공인중개사가 지도·감독상의 명령 등을 위반한 경우
> - 그 밖에 「공인중개사법」 또는 「공인중개사법」에 의한 명령을 위반한 경우
> - 개업공인중개사가 「독점규제 및 공정거래에 관한 법률」 위반(담합 등의 부정경쟁행위)으로 공정거래위원회로부터 시정조치나 과징금을 받은 경우

정답 128 ⑤

129 공인중개사법령상 개업공인중개사의 '업무정지'사유이면서 중개행위를 한 소속공인중개사의 '자격정지'사유에 해당하는 것을 모두 고른 것은? 제29회

> ㉠ 인장등록을 하지 아니한 경우
> ㉡ 중개대상물 확인·설명서에 서명 및 날인을 하지 아니한 경우
> ㉢ 거래계약서에 서명 및 날인을 하지 아니한 경우
> ㉣ 중개대상물 확인·설명서를 교부하지 않은 경우

① ㉠, ㉡
② ㉢, ㉣
③ ㉠, ㉡, ㉢
④ ㉡, ㉢, ㉣
⑤ ㉠, ㉡, ㉢, ㉣

해설 ㉣ 중개대상물 확인·설명서를 교부하지 않은 경우에는 개업공인중개사의 업무정지처분사유에만 해당되며, 소속공인중개사의 자격정지처분사유에는 해당하지 않는다. 확인·설명서의 작성·교부의 의무는 개업공인중개사의 의무이지, 소속공인중개사의 의무는 아니다.

정답 129 ③

130 공인중개사법령상 '행정제재처분효과의 승계' 등에 관한 설명으로 옳은 것은? 제29회

① 폐업기간이 13개월인 재등록 개업공인중개사에게 폐업신고 전의 업무정지사유에 해당하는 위반행위에 대하여 업무정지처분을 할 수 있다.
② 폐업신고 전에 개업공인중개사에게 한 업무정지처분의 효과는 그 처분일부터 3년간 재등록 개업공인중개사에게 승계된다.
③ 폐업기간이 3년 6개월인 재등록 개업공인중개사에게 폐업신고 전의 중개사무소 개설등록취소사유에 해당하는 위반행위를 이유로 개설등록취소처분을 할 수 있다.
④ 폐업신고 전에 개업공인중개사에게 한 과태료부과처분의 효과는 그 처분일부터 9개월이 된 때에 재등록을 한 개업공인중개사에게 승계된다.
⑤ 재등록 개업공인중개사에 대하여 폐업신고 전의 개설등록취소에 해당하는 위반행위를 이유로 행정처분을 할 때 폐업의 사유는 고려하지 않는다.

해설 ④ 폐업신고 전에 개업공인중개사에게 한 과태료부과처분의 효과는 그 처분일부터 1년간 승계되는데, 9개월이 된 때이므로, 재등록을 한 개업공인중개사에게 승계된다. 따라서 맞는 지문이다.
① 폐업기간이 13개월이므로, 1년을 초과한 경우에 해당되어, 폐업신고 전의 업무정지사유에 해당하는 위반행위에 대하여 업무정지처분을 할 수 '없다.'
② 폐업신고 전에 개업공인중개사에게 한 업무정지처분의 효과는 그 처분일부터 3년이 아니라, '1년간' 재등록 개업공인중개사에게 승계된다.
③ 폐업기간이 3년 6개월이므로, 3년을 초과한 경우에 해당되어, 폐업신고 전의 중개사무소 개설등록취소사유에 해당하는 위반행위를 이유로 개설등록취소처분을 할 수 '없다.'
⑤ 재등록 개업공인중개사에 대하여 폐업신고 전의 개설등록취소에 해당하는 위반행위를 이유로 행정처분을 할 때에는 폐업기간이나 폐업의 사유 등을 '고려하여야 한다.'

정답 130 ④

131 공인중개사법령상 '행정제재처분효과의 승계' 등에 관한 설명으로 옳은 것을 모두 고른 것은?
제33회

> ㉠ 폐업신고 전에 개업공인중개사에게 한 업무정지처분의 효과는 그 처분일부터 2년간 재등록 개업공인중개사에게 승계된다.
> ㉡ 폐업기간이 2년을 초과한 재등록 개업공인중개사에 대해 폐업신고 전의 중개사무소 업무정지사유에 해당하는 위반행위를 이유로 행정처분을 할 수 없다.
> ㉢ 폐업신고 전에 개업공인중개사에게 한 과태료부과처분의 효과는 그 처분일부터 10개월된 때에 재등록을 한 개업공인중개사에게 승계된다.
> ㉣ 폐업기간이 3년 6개월이 지난 재등록 개업공인중개사에게 폐업신고 전의 중개사무소 개설등록취소사유에 해당하는 위반행위를 이유로 개설등록취소처분을 할 수 없다.

① ㉠
② ㉠, ㉣
③ ㉡, ㉢
④ ㉡, ㉢, ㉣
⑤ ㉠, ㉡, ㉢, ㉣

해설 ㉠ 폐업신고 전에 개업공인중개사에게 한 업무정지처분의 효과는 그 처분일부터 '1년'간 재등록 개업공인중개사에게 승계된다.

정답 131 ④

132 개업공인중개사 甲, 乙, 丙에 대한 「공인중개사법」 제40조(행정제재처분효과의 승계 등)의 적용에 관한 설명으로 옳은 것을 모두 고른 것은? 제32회

> ㉠ 甲이 2020.11.16. 「공인중개사법」에 따른 과태료부과처분을 받았으나 2020.12.16. 폐업신고를 하였다가 2021.10.15. 다시 중개사무소의 개설등록을 하였다면, 위 과태료부과처분의 효과는 승계된다.
> ㉡ 乙이 2020.8.1. 국토교통부령으로 정하는 전속중개계약서에 의하지 않고 전속중개계약을 체결한 후, 2020.9.1. 폐업신고를 하였다가 2021.10.1. 다시 중개사무소의 개설등록을 하였다면, 등록관청은 업무정지처분을 할 수 있다.
> ㉢ 丙이 2018.8.5. 다른 사람에게 자기의 상호를 사용하여 중개업무를 하게 한 후, 2018.9.5. 폐업신고를 하였다가 2021.10.5. 다시 중개사무소의 개설등록을 하였다면, 등록관청은 개설등록을 취소해야 한다.

① ㉠
② ㉠, ㉡
③ ㉠, ㉢
④ ㉡, ㉢
⑤ ㉠, ㉡, ㉢

해설 ㉠ 폐업 전에 부과된 과태료처분의 효과는 처분일로부터 1년간 재등록 개업공인중개사에게 승계된다.
㉡ 폐업기간이 1년을 경과한 경우이므로, 폐업 전의 사유로서는 업무정지처분을 할 수 '없다'.
㉢ 폐업기간이 3년을 경과한 경우이므로, 폐업 전의 사유로서는 등록을 취소할 수 '없다'.

133 공인중개사법령상 과태료 부과대상자와 부과기관의 연결이 틀린 것은? 제29회

① 공제사업 운용실적을 공시하지 아니한 자 – 국토교통부장관
② 공인중개사협회의 임원에 대한 징계·해임의 요구를 이행하지 아니한 자 – 국토교통부장관
③ 연수교육을 정당한 사유 없이 받지 아니한 자 – 등록관청
④ 휴업기간의 변경신고를 하지 아니한 자 – 등록관청
⑤ 성실·정확하게 중개대상물의 확인·설명을 하지 아니한 자 – 등록관청

해설 ③ 연수교육을 정당한 사유 없이 받지 아니한 자에 대하여는 등록관청이 아니라, '시·도지사'가 500만원 이하의 과태료를 부과하게 된다.

정답 132 ① 133 ③

134 공인중개사법령상 '과태료'의 부과대상자와 부과기관이 바르게 연결된 것을 모두 고른 것은?

제31회

> ㉠ 부동산거래정보망의 이용 및 정보제공방법 등에 관한 운영규정의 내용을 위반하여 부동산거래정보망을 운영한 거래정보사업자 – 국토교통부장관
> ㉡ 공인중개사법령에 따른 보고하여 보고를 하지 아니한 거래정보사업자 – 국토교통부장관
> ㉢ 중개사무소 등록증을 게시하지 아니한 개업공인중개사 – 등록관청
> ㉣ 공인중개사 자격이 취소된 자로 공인중개사 자격증을 반납하지 아니한 자 – 등록관청
> ㉤ 중개사무소 개설등록이 취소된 자로 중개사무소 등록증을 반납하지 아니한 자 – 시·도지사

① ㉠, ㉢
② ㉠, ㉡, ㉢
③ ㉡, ㉣, ㉤
④ ㉠, ㉡, ㉢, ㉣
⑤ ㉠, ㉡, ㉢, ㉣, ㉤

해설 ㉣ 공인중개사 자격이 취소된 자로 공인중개사 자격증을 반납하지 아니한 자에 대하여는 등록관청이 아니라, '시·도지사'가 과태료를 부과할 수 있다.
㉤ 중개사무소 개설등록이 취소된 자로 중개사무소 등록증을 반납하지 아니한 자에 대해서는 시·도지사가 아니라 '등록관청'이 과태료를 부과할 수 있다.

135 다음 중 공인중개사법령상 과태료를 부과할 경우 과태료의 부과기준에서 정하는 과태료 금액이 가장 큰 경우는?

제30회

① 공제업무의 개선명령을 이행하지 않은 경우
② 휴업한 중개업의 재개신고를 하지 않은 경우
③ 중개사무소의 이전신고를 하지 않은 경우
④ 중개사무소 등록증을 게시하지 않은 경우
⑤ 휴업기간의 변경신고를 하지 않은 경우

해설 ① 공제업무 개선명령 위반은 500만원 이하의 과태료처분사유이다.
②③④⑤ 모두 100만원 이하의 과태료처분사유이다.

정답 134 ② 135 ①

136 공인중개사법령상 개업공인중개사의 행위 중 '과태료' 부과대상이 <u>아닌</u> 것은? 제32회

① 중개대상물의 거래상의 중요사항에 관해 거짓된 언행으로 중개의뢰인의 판단을 그르치게 한 경우
② 휴업신고에 따라 휴업한 중개업을 재개하면서 등록관청에 그 사실을 신고하지 않은 경우
③ 중개대상물에 관한 권리를 취득하려는 중개의뢰인에게 해당 중개대상물의 권리관계를 성실·정확하게 확인·설명하지 않은 경우
④ 인터넷을 이용하여 중개대상물에 대한 표시·광고를 하면서 중개대상물의 종류별로 가격 및 거래형태를 명시하지 않은 경우
⑤ 연수교육을 정당한 사유 없이 받지 않은 경우

해설 ① 중개대상물의 거래상의 중요사항에 관해 거짓된 언행으로 중개의뢰인의 판단을 그르치게 한 경우는 법 제33조 제1항의 금지행위를 위반한 것이다. 이는 개업공인중개사에 대한 상대적 등록취소사유(또는 업무정지)에 해당된다. 따라서 과태료처분사유가 아니다.
②④ 100만원 이하의 과태료처분사유이다.
③⑤ 500만원 이하의 과태료처분사유이다.

137 공인중개사법령상 법정형이 '1년 이하의 징역 또는 1천만원 이하의 벌금'에 해당하는 자를 모두 고른 것은? 제28회

> ㉠ 공인중개사가 아닌 자로서 공인중개사 명칭을 사용한 자
> ㉡ 이중으로 중개사무소의 개설등록을 하여 중개업을 한 개업공인중개사
> ㉢ 개업공인중개사로부터 공개를 의뢰받지 아니한 중개대상물의 정보를 부동산거래정보망에 공개한 거래정보사업자
> ㉣ 중개의뢰인과 직접 거래를 한 개업공인중개사

① ㉠, ㉣ ② ㉡, ㉢
③ ㉠, ㉡, ㉢ ④ ㉡, ㉢, ㉣
⑤ ㉠, ㉡, ㉢, ㉣

해설 ㉠㉡㉢ 1년 이하의 징역 또는 1천만원 이하의 벌금형의 대상이 된다.
㉣ 금지행위로서 상대적 등록취소사유이면서, 3년 이하의 징역 또는 3천만원 이하의 벌금형의 대상이 된다.

정답 136 ①   137 ③

138 공인중개사법령상 1년 이하의 징역 또는 1천만원 이하의 벌금에 해당하지 <u>않는</u> 자는?

제29회

① 공인중개사가 아닌 자로서 공인중개사 또는 이와 유사한 명칭을 사용한 자
② 개업공인중개사가 아닌 자로서 중개업을 하기 위하여 중개대상물에 대한 표시·광고를 한 자
③ 개업공인중개사가 아닌 자로서 '공인중개사 사무소', '부동산중개' 또는 이와 유사한 명칭을 사용한 자
④ 관계 법령에서 양도·알선 등이 금지된 부동산의 분양·임대 등과 관련 있는 증서 등의 매매·교환 등을 중개한 개업공인중개사
⑤ 다른 사람에게 자기의 상호를 사용하여 중개업무를 하게 한 개업공인중개사

해설 ④ 법 제33조 소정의 금지행위에 해당되며, 3년 이하의 징역 또는 3천만원 이하의 벌금형의 대상이 된다.

---

139 공인중개사법령상 '벌금' 부과기준에 해당하는 자를 모두 고른 것은?

제31회

㉠ 중개사무소 개설등록을 하지 아니하고 중개업을 한 공인중개사
㉡ 거짓으로 중개사무소의 개설등록을 한 자
㉢ 등록관청의 관할구역 안에 두 개의 중개사무소를 개설등록한 개업공인중개사
㉣ 임시 중개시설물을 설치한 개업공인중개사
㉤ 중개대상물이 존재하지 않아서 거래할 수 없는 중개대상물을 광고한 개업공인중개사

① ㉠
② ㉠, ㉡
③ ㉡, ㉢, ㉤
④ ㉠, ㉡, ㉢, ㉣
⑤ ㉠, ㉡, ㉢, ㉣, ㉤

해설 ㉠ 무등록 중개업자로서 3년 이하의 징역 또는 3천만원 이하의 '벌금형'의 대상이다.
㉡ 거짓·부정등록으로서, 절대적 등록취소사유이면서 3년 이하의 징역 또는 3천만원 이하의 '벌금형'의 대상이다.
㉢ 이중등록으로서, 절대적 등록취소사유이면서 1년 이하의 징역 또는 1천만원 이하의 '벌금형'의 대상이 된다.
㉣ 이중사무소·임시 중개시설물을 설치한 경우로서, 상대적 등록취소사유이면서, 1년 이하의 징역 또는 1천만원 이하의 '벌금형'의 대상이 된다.
㉤ 허위광고는 500만원 이하의 과태료사유에 해당한다.

정답 138 ④ 139 ④

140 공인중개사법령상 3년 이하의 징역 또는 3천만원 이하의 벌금에 처해지는 개업공인중개사 등의 행위가 아닌 것은?

제33회

① 관계 법령에서 양도가 금지된 부동산의 분양과 관련 있는 증서의 매매를 중개하는 행위
② 법정 중개보수를 초과하여 수수하는 행위
③ 중개의뢰인과 직접 거래를 하는 행위
④ 거래당사자 쌍방을 대리하는 행위
⑤ 단체를 구성하여 특정 중개대상물에 대하여 중개를 제한하는 행위

해설 ② 법정 중개보수를 초과하여 수수하는 행위는 1년 이하의 징역 또는 1천만원 이하의 벌금형의 대상이 된다.
①③④⑤ 3년 이하의 징역 또는 3천만원 이하의 벌금형의 대상이 된다.

2 부동산 거래신고 등에 관한 법령

141 부동산 거래신고 등에 관한 법령상 부동산거래신고의 대상이 되는 계약이 아닌 것은?

제30회

① 「주택법」에 따라 공급된 주택의 매매계약
② 「택지개발촉진법」에 따라 공급된 토지의 임대차계약
③ 「도시개발법」에 따른 부동산에 대한 공급계약
④ 「체육시설의 설치·이용에 관한 법률」에 따라 등록된 시설이 있는 건물의 매매계약
⑤ 「도시 및 주거환경정비법」에 따른 관리처분계약의 인가로 취득한 입주자로 선정된 지위의 매매계약

해설 ② 토지의 임대차계약은 부동산거래신고의 대상이 아니다.

정답 140 ② 141 ②

142 부동산 거래신고 등에 관한 법령상 신고대상인 '부동산거래계약의 신고'에 관한 설명으로 틀린 것은? 제28회

① 사인(私人) 간의 거래를 중개한 개업공인중개사가 거래계약서를 작성·교부한 경우, 해당 개업공인중개사가 거래신고를 해야 한다.
② 부동산의 매수인은 신고인이 부동산거래계약 신고필증을 발급받은 때에 「부동산등기 특별조치법」에 따른 검인을 받은 것으로 본다.
③ 개업공인중개사의 위임을 받은 소속공인중개사가 부동산거래계약 신고서의 제출을 대행하는 경우, 소속공인중개사는 신분증명서를 신고관청에 보여주어야 한다.
④ 거래당사자 중 일방이 국가인 경우, 국가가 부동산거래계약의 신고를 해야 한다.
⑤ 신고관청은 거래대금 지급을 증명할 수 있는 자료를 제출하지 아니한 사실을 자진 신고한 자에 대하여 과태료를 감경 또는 면제할 수 있다.

해설 ⑤ 부동산거래신고에 대한 거짓신고, 미신고 등은 법 위반자가 자진 신고시에 과태료 감면제도(리니언시 제도)가 적용되나, 자료 제출과 관련해서는 적용되지 아니한다.

143 부동산 거래신고 등에 관한 법령상 '부동산거래신고'에 관한 설명으로 틀린 것은? 제29회

① 지방자치단체가 개업공인중개사의 중개 없이 토지를 매수하는 경우 부동산거래계약 신고서에 단독으로 서명 또는 날인하여 신고관청에 제출해야 한다.
② 개업공인중개사가 공동으로 토지의 매매를 중개하여 거래계약서를 작성·교부한 경우 해당 개업공인중개사가 공동으로 신고해야 한다.
③ 매수인은 신고인이 거래신고를 하고 신고필증을 발급받은 때에 「부동산등기 특별조치법」에 따른 검인을 받은 것으로 본다.
④ 「공공주택 특별법」에 따른 공급계약에 의해 부동산을 공급받는 자로 선정된 지위를 매매하는 계약은 부동산거래신고의 대상이 아니다.
⑤ 매매계약에 조건이나 기한이 있는 경우 그 조건 또는 기한도 신고해야 한다.

해설 ④ 「공공주택 특별법」에 따른 공급계약에 의해 부동산을 공급받는 자로 선정된 지위(이른바 분양권)를 매매하는 계약은 부동산거래신고의 대상에 해당한다.

정답 142 ⑤   143 ④

144 부동산 거래신고 등에 관한 법령상 부동산거래신고에 관한 설명으로 옳은 것은? (다툼이 있으면 판례에 따름) *제30회 변형*

① 개업공인중개사가 거래계약서를 작성·교부한 경우 거래당사자는 60일 이내에 부동산거래신고를 하여야 한다.
② 소속공인중개사 및 중개보조원은 부동산거래신고를 할 수 있다.
③ 「지방공기업법」에 따른 지방공사와 개인이 매매계약을 체결한 경우 양 당사자는 공동으로 신고하여야 한다.
④ 거래대상 부동산의 공법상 거래규제 및 이용제한에 관한 사항은 부동산거래계약 신고서의 기재사항이다.
⑤ 매매대상 토지 중 공장부지로 편입되지 아니할 부분의 토지를 매도인에게 원가로 반환한다는 조건을 당사자가 약정한 경우 그 사항은 신고사항이다.

해설 ⑤ 조건이나 기한은 부동산거래신고사항에 해당된다.
① 개업공인중개사가 30일 이내에 신고하여야 한다.
② 중개보조원은 부동산거래신고를 직접하거나 대행할 수 없다.
③ 지방공사가 신고하여야 한다.
④ 공법상 거래규제 및 이용제한은 부동산거래신고사항이 아니다. 확인·설명사항이며, 확인·설명서에 기재할 사항이다. 이를 구별하여야 한다.

145 부동산 거래신고 등에 관한 법령상 부동산거래신고에 관한 설명으로 옳은 것은? *제31회*

① 부동산 매매계약을 체결한 경우 거래당사자는 거래계약의 체결일부터 3개월 이내에 신고관청에 단독 또는 공동으로 신고하여야 한다.
② 「주택법」에 따라 지정된 조정대상지역에 소재하는 주택으로서 실제 거래가격이 5억원이고, 매수인이 국가인 경우 국가는 매도인과 공동으로 실제 거래가격 등을 신고하여야 한다.
③ 권리대상인 부동산 소재지를 관할하는 특별자치도 행정시의 시장은 부동산거래신고의 신고관청이 된다.
④ 개업공인중개사가 거래계약서를 작성·교부한 경우에는 거래당사자 또는 해당 개업공인중개사가 신고할 수 있다.
⑤ 부동산거래계약을 신고하려는 개업공인중개사는 부동산거래계약 신고서에 서명 또는 날인하여 관할 등록관청에 제출하여야 한다.

정답 144 ⑤   145 ③

> 해설 ① 거래당사자는 30일 이내에 공동신고를 하여야 한다.
> ② 매수인이 국가인 경우 국가가 단독으로 신고를 하여야 한다.
> ④ 개업공인중개사가 거래계약서를 작성·교부한 경우에는 개업공인중개사가 단독으로 신고를 하여야 한다.
> ⑤ 관할 신고관청(부동산이 소재하는 시·군·구청장)에 제출하여야 한다. 등록관청(중개사무소가 소재하는 시·군·구청장)이 아니다.

146 부동산 거래신고 등에 관한 법령상 부동산거래신고에 관한 설명으로 틀린 것은? 제35회

① 거래당사자 또는 개업공인중개사는 부동산거래계약 신고내용 중 거래 지분 비율이 잘못 기재된 경우 신고관청에 신고내용의 정정을 신청할 수 있다.

② 자연인 甲이 단독으로 「주택법」상 투기과열지구 외에 소재하는 주택을 실제 거래가격 6억원으로 매수한 경우 입주 예정 시기 등 그 주택의 이용계획은 신고사항이다.

③ 법인이 주택의 매수자로서 거래계약을 체결한 경우 임대 등 그 주택의 이용계획은 신고사항이다.

④ 부동산의 매수인은 신고인이 부동산거래계약 신고필증을 발급받은 때에 「부동산등기 특별조치법」에 따른 검인을 받은 것으로 본다.

⑤ 개업공인중개사가 신고한 후 해당 거래계약이 해제된 경우 그 계약을 해제한 거래당사자는 해제가 확정된 날부터 30일 이내에 해당 신고관청에 단독으로 신고하여야 한다.

> 해설 ⑤ 거래당사자는 해제가 확정된 날부터 30일 이내에 해당 신고관청에 '공동'으로 신고하여야 한다. 공동신고가 원칙이다.

정답 146 ⑤

147 부동산 거래신고 등에 관한 법령상 부동산거래계약의 변경신고사항이 아닌 것은? 제35회

① 거래가격
② 공동매수의 경우 매수인의 추가
③ 거래 지분 비율
④ 거래대상 부동산의 면적
⑤ 거래 지분

해설 ② 공동매수인의 교체나 추가는 변경신고사항이 아니다.

> **규칙 제3조【부동산거래계약 신고내용의 정정 및 변경】** ③ 거래당사자 또는 개업공인중개사는 부동산거래계약 신고내용 중 다음 각 호의 어느 하나에 해당하는 사항이 변경된 경우에는 「부동산등기법」에 따른 부동산에 관한 등기신청 전에 신고관청에 신고내용의 변경을 신고할 수 있다.
> 1. 거래 지분 비율
> 2. 거래 지분
> 3. 거래대상 부동산 등의 면적
> 4. 계약의 조건 또는 기한
> 5. 거래가격
> 6. 중도금·잔금 및 지급일
> 7. 공동매수의 경우 일부 매수인의 변경(매수인 중 일부가 제외되는 경우만 해당한다)
> 8. 거래대상 부동산 등이 다수인 경우 일부 부동산 등의 변경(거래대상 부동산 등 중 일부가 제외되는 경우만 해당한다)
> 9. 위탁관리인의 성명, 주민등록번호, 주소 및 전화번호(휴대전화번호를 포함한다)

148 부동산 거래신고 등에 관한 법령상 부동산거래계약 신고서 작성에 관한 설명으로 틀린 것은? 제33회

① 거래당사자가 외국인인 경우 거래당사자의 국적을 반드시 적어야 한다.
② '계약대상 면적'란에는 실제 거래면적을 계산하여 적되, 건축물 면적은 집합건축물의 경우 전용면적을 적는다.
③ '종전 부동산'란은 입주권 매매의 경우에만 작성한다.
④ '계약의 조건 및 참고사항'란은 부동산거래계약 내용에 계약조건이나 기한을 붙인 경우, 거래와 관련한 참고내용이 있을 경우에 적는다.
⑤ 거래대상의 종류가 공급계약(분양)인 경우 물건별 거래가격 및 총 실제 거래가격에 부가가치세를 제외한 금액을 적는다.

해설 ⑤ 거래대상의 종류가 공급계약(분양)인 경우 물건별 거래가격 및 총 실제 거래가격에 부가가치세를 '포함'한 금액을 적는다.

정답 147 ② 148 ⑤

149 부동산 거래신고 등에 관한 법령상 부동산 매매계약에 관한 '신고사항' 및 '신고서'의 작성에 관한 설명으로 옳은 것은?

제31회 변형

① 「국토의 계획 및 이용에 관한 법률」에 따른 개발제한사항은 신고사항에 포함되지 않는다.
② 「주택법」에 따라 지정된 투기과열지구에 소재하는 주택으로서 주택의 거래계약을 체결한 경우 신고서를 제출할 때 매수인과 매도인이 공동으로 서명 및 날인한 자금조달·입주계획서를 함께 제출하여야 한다.
③ 부동산거래계약 신고서의 물건별 거래가격란에 발코니 확장 등 선택비용에 대한 기재란은 없다.
④ 부동산거래계약 신고서를 작성할 때 건축물의 면적은 집합건축물의 경우 연면적을 적고, 그 밖의 건축물의 경우 전용면적을 적는다.
⑤ 개업공인중개사가 거짓으로 부동산거래계약 신고서를 작성하여 신고한 경우에는 벌금형 부과사유가 된다.

> **해설** ① 공법상 이용제한 및 거래규제는 부동산거래신고사항이 아니다. 따라서 옳은 지문이다.
> ② 매수인이 단독으로 서명 또는 날인한 자금조달·입주계획서를 함께 제출하여야 한다.
> ③ 발코니 확장 등 선택비용에 대한 기재란이 있다.
> ④ '집합건축물의 경우 '전용'면적을 적고, 그 밖의 건축물의 경우 '연면적'을 적는다.
> ⑤ 거짓신고는 취득가액의 10% 이하의 과태료처분사유가 된다.

150 부동산 거래신고 등에 관한 법령상 '부동산거래계약 신고서' 작성방법으로 틀린 것은?

제29회 변형

① 거래당사자가 외국인인 경우 거래당사자의 국적을 반드시 기재해야 한다.
② 거래당사자 간 직접 거래의 경우 공동으로 신고서에 서명 또는 날인을 하여 공동으로 신고서를 제출해야 한다.
③ 종전부동산란은 입주권 매매의 경우에만 작성하고, 거래금액란에는 추가지급액 등 및 권리가격, 합계금액, 계약금, 중도금, 잔금을 기재한다.
④ '임대주택 분양전환'은 법인인 임대주택사업자가 임대기한이 완료되어 분양전환하는 주택인 경우에 ✓표시를 한다.
⑤ 계약대상 면적에는 실제 거래면적을 계산하여 적되, 건축물 면적은 집합건축물의 경우 전용면적을 적는다.

> **해설** ② 부동산거래계약 신고서의 제출은 거래당사자 중의 '1인'이 제출하면 된다. 공동으로 제출할 필요는 없다.

정답 149 ① 150 ②

151 부동산 거래신고 등에 관한 법령상 '부동산거래계약 신고서' 작성에 관한 설명으로 틀린 것은?

제28회 변형

① 거래신고 부동산의 공법상 거래규제 및 이용제한에 관한 사항은 신고서 기재사항이다.
② 부동산거래계약 신고서를 제출한 후 해당 부동산거래계약이 해제된 경우, 거래당사자 또는 개업공인중개사는 부동산거래계약 해제 등 신고서에 서명 또는 날인하여 신고관청에 제출하여야 한다.
③ 개업공인중개사가 거래계약서를 작성·교부한 경우, 개업공인중개사의 인적사항과 개설등록한 중개사무소의 상호·전화번호 및 소재지도 신고사항에 포함된다.
④ 거래대상의 종류가 공급계약(분양)인 경우, 물건별 거래가격 및 총 실제 거래가격에 부가가치세를 포함한 금액을 적는다.
⑤ 계약대상 면적에는 실제 거래면적을 계산하여 적되, 건축물 면적은 집합건축물의 경우 전용면적을 적고, 그 밖의 건축물의 경우 연면적을 적는다.

해설 ① 공법상 이용제한·거래규제는 부동산거래신고사항이 아니라, 확인·설명사항이고, 확인·설명서에 기재하여야 한다.

152 개업공인중개사 甲이 A도 B시 소재의 X주택에 관한 乙과 丙 간의 임대차계약 체결을 중개하면서 「부동산 거래신고 등에 관한 법률」에 따른 '주택임대차계약'의 '신고'에 관하여 설명한 내용의 일부이다. ( )에 들어갈 숫자를 바르게 나열한 것은? (X주택은 「주택임대차보호법」의 적용대상이며, 乙과 丙은 자연인임)

제32회

> 보증금이 (㉠)천만원을 초과하거나 월 차임이 (㉡)만원을 초과하는 주택임대차계약을 신규로 체결한 계약당사자는 그 보증금 또는 차임 등을 임대차계약의 체결일부터 (㉢)일 이내에 주택 소재지를 관할하는 신고관청에 공동으로 신고해야 한다.

	㉠	㉡	㉢		㉠	㉡	㉢
①	3	30	60	②	3	50	30
③	6	30	30	④	6	30	60
⑤	6	50	60				

해설 ③ 보증금이 (㉠: 6)천만원을 초과하거나 월 차임이 (㉡: 30)만원을 초과하는 주택임대차계약을 신규로 체결한 계약당사자는 그 보증금 또는 차임 등을 임대차계약의 체결일부터 (㉢: 30)일 이내에 주택 소재지를 관할하는 신고관청에 공동으로 신고해야 한다.

정답 151 ① 152 ③

153 甲이 서울특별시에 있는 자기소유의 주택에 대해 임차인 乙과 보증금 3억원의 임대차계약을 체결하는 경우, 「부동산 거래신고 등에 관한 법률」에 따른 신고에 관한 설명으로 옳은 것을 모두 고른 것은? (단, 甲과 乙은 자연인임)   제34회

> ⊙ 보증금이 증액되면 乙이 단독으로 신고해야 한다.
> ⓒ 乙이 「주민등록법」에 따라 전입신고를 하는 경우 주택임대차계약의 신고를 한 것으로 본다.
> ⓒ 임대차계약서를 제출하면서 신고를 하고 접수가 완료되면 「주택임대차보호법」에 따른 확정일자가 부여된 것으로 본다.

① ⊙   ② ⓒ
③ ⊙, ⓒ   ④ ⓒ, ⓒ
⑤ ⊙, ⓒ, ⓒ

해설
ⓒ 주택임차인이 「주민등록법」에 따라 전입신고를 하는 경우 주택임대차계약의 신고를 한 것으로 본다(법 제6조의5 제1항).
ⓒ 주택임대차계약신고의 접수를 완료한 때에는 「주택임대차보호법」에 따른 확정일자를 부여한 것으로 본다(임대차계약서가 제출된 경우로 한정)(법 제6조의5 제3항).
⊙ 임대차계약당사자는 주택임대차계약신고를 한 후 해당 주택임대차계약의 보증금, 차임 등 임대차 가격이 변경되거나 임대차계약이 해제된 때에는 변경 또는 해제가 확정된 날부터 30일 이내에 해당 신고관청에 공동으로 신고하여야 한다(임대차계약당사자 중 일방이 신고를 거부하는 경우에는 단독으로 신고할 수 있음). 다만, 임대차계약당사자 중 일방이 국가 등인 경우에는 국가 등이 신고하여야 한다.

정답 153 ④

154 부동산 거래신고 등에 관한 법령상 주택임대차계약의 신고에 관한 설명으로 옳은 것은? (단, 다른 법률에 따른 신고의 의제는 고려하지 않음) 제35회

① A특별자치시 소재 주택으로서 보증금이 6천만원이고 월 차임이 30만원으로 임대차계약을 신규 체결한 경우 신고대상이다.
② B시 소재 주택으로서 보증금이 5천만원이고 월 차임이 40만원으로 임대차계약을 신규 체결한 경우 신고대상이 아니다.
③ 자연인 甲과 「지방공기업법」에 따른 지방공사 乙이 신고대상인 주택임대차계약을 체결한 경우 甲과 乙은 관할 신고관청에 공동으로 신고하여야 한다.
④ C광역시 D군 소재 주택으로서 보증금이 1억원이고 월 차임이 100만원으로 신고된 임대차계약에서 보증금 및 차임의 증감 없이 임대차기간만 연장하는 갱신계약은 신고대상이 아니다.
⑤ 개업공인중개사가 신고대상인 주택임대차계약을 중개한 경우 해당 개업공인중개사가 신고하여야 한다.

해설 ④ 보증금 및 차임의 증감 없이 임대차기간만 연장하는 갱신계약은 신고대상이 아니다.
① 보증금이 6천만원을 '초과'하거나, 월 차임이 30만원을 '초과'할 때에만 주택임대차계약신고를 한다.
② 월 차임이 30만원을 '초과'한 경우이므로 주택임대차계약신고 대상이다.
③ 지방공사 乙이 단독으로 신고하여야 한다.
⑤ 개업공인중개사에게는 주택임대차계약신고의무가 없다. 따라서 임대인과 임차인이 공동으로 신고하여야 한다.

정답 154 ④

155 부동산 거래신고 등에 관한 법령상 '허가구역 내 토지거래에 대한 허가'의 규정이 적용되지 않는 경우를 모두 고른 것은?

제35회

> ㉠ 「부동산 거래신고 등에 관한 법률」에 따라 외국인이 토지취득의 허가를 받은 경우
> ㉡ 「공익사업을 위한 토지 등의 취득 및 보상에 관한 법률」에 따라 토지를 환매하는 경우
> ㉢ 「한국농어촌공사 및 농지관리기금법」에 따라 한국농어촌공사가 농지의 매매를 하는 경우

① ㉠ ② ㉡ ③ ㉠, ㉢
④ ㉡, ㉢ ⑤ ㉠, ㉡, ㉢

해설 토지거래허가구역에서 일정한 기준면적을 초과하는 토지에 대하여 소유권이나 지상권의 설정 및 이전에 대한 유상의 계약 및 예약을 하기 전에 시·군·구청장의 허가를 받아야 한다.
㉠ 「부동산 거래신고 등에 관한 법률」에 따라 외국인이 토지취득의 허가를 받은 경우에는 토지거래허가를 받은 것으로 본다.
㉡ 「공익사업을 위한 토지 등의 취득 및 보상에 관한 법률」에 따라 토지를 환매하는 경우는 법률의 규정에 따라 권리변동이 되는것이므로, 허가를 받지 아니한다.
㉢ 「한국농어촌공사 및 농지관리기금법」에 따라 한국농어촌공사가 농지의 매매를 하는 경우에는 허가를 받을 필요가 없다.

> **법 제14조【국가 등의 토지거래계약에 관한 특례 등】** ① 제11조 제1항을 적용할 때에 그 당사자의 한쪽 또는 양쪽이 국가, 지방자치단체, 「한국토지주택공사법」에 따른 한국토지주택공사(이하 '한국토지주택공사'라 한다), 그 밖에 대통령령으로 정하는 공공기관 또는 공공단체인 경우에는 그 기관의 장이 시장·군수 또는 구청장과 협의할 수 있고, 그 협의가 성립된 때에는 그 토지거래계약에 관한 허가를 받은 것으로 본다.
> ② 다음 각 호의 경우에는 제11조를 적용하지 아니한다.
> 1. 「공익사업을 위한 토지 등의 취득 및 보상에 관한 법률」에 따른 토지의 수용
> 2. 「민사집행법」에 따른 경매
> 3. 그 밖에 대통령령으로 정하는 경우
>
> **영 제11조【국가 등의 토지거래계약에 관한 특례】** ③ 법 제14조 제2항 제3호에서 '대통령령으로 정하는 경우'란 다음 각 호의 어느 하나에 해당하는 경우를 말한다.
> 1. 「공익사업을 위한 토지 등의 취득 및 보상에 관한 법률」에 따라 토지를 협의취득·사용하거나 환매하는 경우
> 2. 「국유재산법」 제9조에 따른 국유재산종합계획에 따라 국유재산을 일반경쟁입찰로 처분하는 경우
> 3. 「공유재산 및 물품 관리법」 제10조에 따른 공유재산의 관리계획에 따라 공유재산을 일반경쟁입찰로 처분하는 경우 (중간생략)
> 14. 「한국농어촌공사 및 농지관리기금법」에 따라 한국농어촌공사가 농지의 매매·교환 및 분할을 하는 경우
> 15. 법 제9조에 따라 외국인 등이 토지취득의 허가를 받은 경우 (이하 생략)

정답 155 ⑤

156 토지거래계약 허가구역의 지정에 관한 설명으로 틀린 것은? 　제25회 부동산공법

① 허가구역이 둘 이상의 (특·광)시·도의 관할구역에 걸쳐 있는 경우, 국토교통부장관이 지정한다.
② 시·도지사는 지정기간이 끝나는 허가구역을 계속하여 다시 허가구역으로 지정하려면, 시·도 도시계획위원회의 심의 전에 미리 시장·군수 또는 구청장의 의견을 들어야 한다.
③ 허가구역 지정·공고 내용의 통지를 받은 시장·군수 또는 구청장은 지체 없이 그 공고내용을 그 허가구역을 관할하는 등기소의 장에게 통지하여야 한다.
④ 허가구역의 지정은 허가구역의 지정을 공고한 날부터 5일 후에 그 효력이 발생한다.
⑤ 국토교통부장관은 허가구역의 지정 사유가 없어졌다고 인정되면 중앙도시계획위원회의 심의를 거치지 않고, 허가구역의 지정을 해제할 수 있다.

해설 ⑤ 토지거래허가구역의 지정의 해제는 지정 절차가 준용된다. 그러므로 당연히 도시계획위원회의 심의를 거쳐야 한다.

157 '부동산 거래신고 등에 관한 법령'상 '토지거래허가구역'(이하 '허가구역'이라 함)에 관한 설명으로 옳은 것은? 　제32회

① 시·도지사는 법령의 개정으로 인해 토지이용에 대한 행위제한이 강화되는 지역을 허가구역으로 지정할 수 있다.
② 토지의 투기적인 거래 성행으로 지가가 급격히 상승하는 등의 특별한 사유가 있으면 5년을 넘는 기간으로 허가구역을 지정할 수 있다.
③ 허가구역 지정의 공고에는 허가구역에 대한 축척 5만분의 1 또는 2만 5천분의 1의 지형도가 포함되어야 한다.
④ 허가구역을 지정한 시·도지사는 지체 없이 허가구역 지정에 관한 공고내용을 관할 등기소의 장에게 통지해야 한다.
⑤ 허가구역 지정에 이의가 있는 자는 그 지정이 공고된 날부터 1개월 내에 시장·군수·구청장에게 이의를 신청할 수 있다.

정답　156 ⑤　157 ③

해설 ③ 영 제7조 제3항

> **법 제10조【토지거래허가구역의 지정】** ③ 국토교통부장관 또는 시·도지사는 제1항에 따라 허가구역으로 지정한 때에는 '지체 없이' 허가대상자, 허가대상 용도와 지목 등 대통령령으로 정하는 사항을 '공고'하고, 그 공고내용을 국토교통부장관은 시·도지사를 거쳐 시장·군수 또는 구청장에게 통지하고, 시·도지사는 국토교통부장관, 시장·군수 또는 구청장에게 통지하여야 한다.
>
> **영 제7조【허가구역의 지정】** ③ 법 제10조 제3항에서 '허가대상자, 허가대상 용도와 지목 등 대통령령으로 정하는 사항'이란 다음 각 호의 사항을 말한다.
> 1. 법 제10조 제1항에 따른 토지거래계약에 관한 허가구역(이하 '허가구역'이라 한다)의 지정기간 1의2. 허가대상자, 허가대상 용도와 지목
> 2. 허가구역 내 토지의 소재지·지번·지목·면적 및 용도지역(「국토의 계획 및 이용에 관한 법률」 제36조에 따른 용도지역을 말한다. 이하 같다)
> 3. 허가구역에 대한 축척 5만분의 1 또는 2만 5천분의 1의 '지형도'
> 4. 제9조 제1항에 따른 허가 면제대상 토지면적

① 시·도지사는 법령의 개정으로 인해 토지이용에 대한 행위제한이 '완화'되거나 '해제'되는 지역을 허가구역으로 지정할 수 있다(영 제7조 제1항).

> **영 제7조【허가구역의 지정】** ① 법 제10조 제1항 각 호 외의 부분 전단에서 '대통령령으로 정하는 지역'이란 다음 각 호의 어느 하나에 해당하는 지역을 말한다.
> 1. 「국토의 계획 및 이용에 관한 법률」에 따른 광역도시계획, 도시·군기본계획, 도시·군관리계획 등 토지이용계획이 '새로' 수립되거나 '변경'되는 지역
> 2. 법령의 제정·개정 또는 폐지나 그에 따른 고시·공고로 인하여 토지이용에 대한 행위제한이 '완화'되거나 '해제'되는 지역
> 3. 법령에 따른 '개발사업'이 진행 중이거나 예정되어 있는 지역과 그 '인근지역'
> 4. 그 밖에 국토교통부장관 또는 특별시장·광역시장·특별자치시장·도지사·특별자치도지사(이하 '시·도지사'라 한다)가 '투기우려가 있다고 인정하는 지역 또는 관계 행정기관의 장이 특별히 투기가 성행할 우려가 있다고 인정하여 국토교통부장관 또는 시·도지사에게 요청하는 지역

② 토지의 투기적인 거래 성행으로 지가가 급격히 상승하는 등의 특별한 사유가 있더라도, 5년을 초과하여 허가구역을 지정할 수는 없다(법 제10조 제1항).

> **법 제10조【토지거래허가구역의 지정】** ① '국토교통부장관' 또는 '시·도지사'는 국토의 이용 및 관리에 관한 계획의 원활한 수립과 집행, 합리적인 토지 이용 등을 위하여 토지의 투기적인 거래가 성행하거나 지가(地價)가 급격히 상승하는 지역과 그러한 우려가 있는 지역으로서, '대통령령으로 정하는 지역'에 대해서는 다음 각 호의 구분에 따라 '5년' 이내의 기간을 정하여 제11조 제1항에 따른 토지거래계약에 관한 허가구역(이하 '허가구역'이라 한다)으로 '지정할 수' 있다.

④ 허가구역을 지정한 시·도지사가 아니라, 이를 통지받은 시장·군수 또는 구청장이 지체 없이 관할 등기소의 장에게 통지해야 한다(법 제10조 제4항).

> **법 제10조【토지거래허가구역의 지정】** ④ 제3항에 따라 통지를 받은 '시장·군수 또는 구청장'은 '지체 없이' 그 공고내용을 그 허가구역을 관할하는 '등기소의 장'에게 통지하여야 하며, 지체 없이 그 사실을 '7일' 이상 공고하고, 그 공고내용을 '15일'간 일반이 열람할 수 있도록 하여야 한다.

⑤ 토지거래 허가구역 지정에 대한 이의절차는 부동산 거래신고 등에 관한 법령에 규정되어 있지 아니하다. 다만, 허가처분이나 불허가처분에 대하여는 1개월 내에 시장·군수·구청장에게 이의를 제기할 수 있다(법 제13조 제1항).

> **법 제13조【이의신청】** ① 제11조에 따른 처분(주: 허가·불허가처분)에 이의가 있는 자는 그 처분을 받은 날부터 '1개월' 이내에 시장·군수 또는 구청장에게 이의를 신청할 수 있다.

158 부동산 거래신고 등에 관한 법령상 '토지거래허가구역'에 관한 설명으로 옳은 것은? 제31회

① 국토교통부장관은 토지의 투기적인 거래가 성행하는 지역에 대해서는 7년의 기간을 정하여 토지거래계약에 관한 허가구역을 지정할 수 있다.
② 시·도지사가 토지거래허가구역을 지정하려면 시·도 도시계획위원회의 심의를 거쳐 인접 시·도지사의 의견을 들어야 한다.
③ 시·도지사가 토지거래허가구역을 지정한 때에는 이를 공고하고 그 공고내용을 국토교통부장관, 시장·군수 또는 구청장에게 통지하여야 한다.
④ 허가구역의 지정은 허가구역의 지정을 공고한 날부터 3일 후에 효력이 발생한다.
⑤ 「국토의 계획 및 이용에 관한 법률」에 따른 도시지역 중 주거지역의 경우 $600m^2$ 이하의 토지에 대해서는 토지거래계약허가가 면제된다.

> **해설** ① '5년'의 기간을 정하여 토지거래계약에 관한 허가구역을 지정할 수 있다.
> ② 인접 시·도지사의 의견을 들을 필요는 없다.
> ④ 허가구역의 지정을 공고한 날부터 '5일' 후에 효력이 발생한다.
> ⑤ 주거지역의 경우 '$60m^2$' 이하의 토지에 대해서는 토지거래계약허가가 면제된다.

159 부동산 거래신고 등에 관한 법령에 대한 설명이다. (　)에 들어갈 숫자는? (단, 국토교통부장관 또는 시·도지사가 따로 정하여 공고한 경우와 종전 규정에 따라 공고된 면제대상 토지면적 기준은 고려하지 않음) 제33회

> 경제 및 지가의 동향과 거래단위면적 등을 종합적으로 고려하여 「국토의 계획 및 이용에 관한 법률」에 따른 도시지역 중 아래의 세부 용도지역별 면적 이하의 토지에 대한 토지거래계약허가는 필요하지 아니하다.
> • 주거지역: (㉠)m^2 　• 상업지역: (㉡)m^2
> • 공업지역: (㉢)m^2 　• 녹지지역: (㉣)m^2

	㉠	㉡	㉢	㉣
①	60	100	100	200
②	60	150	150	200
③	180	180	660	500
④	180	200	660	200
⑤	180	250	500	1천

정답　158 ③　159 ②

해설 ② ㉠: 60, ㉡: 150, ㉢: 150, ㉣: 200

> **영 제9조 【토지거래계약허가 면제 대상 토지면적 등】** ① 법 제11조 제2항 제1호에서 '대통령령으로 정하는 용도별 면적'이란 다음 각 호의 구분에 따른 면적을 말한다. 다만, 국토교통부장관 또는 시·도지사가 허가구역을 지정할 당시 해당 지역에서의 거래실태 등을 고려하여 다음 각 호의 면적으로 하는 것이 타당하지 않다고 인정하여 해당 기준면적의 10퍼센트 이상 300퍼센트 이하의 범위에서 따로 정하여 공고한 경우에는 그에 따른다.
> 1. 「국토의 계획 및 이용에 관한 법률」 제36조 제1항 제1호에 따른 도시지역(이하 '도시지역'이라 한다): 다음 각 목의 세부 용도지역별 구분에 따른 면적
>   가. 주거지역: 60m²
>   나. 상업지역: 150m²
>   다. 공업지역: 150m²
>   라. 녹지지역: 200m²
>   마. 가목부터 라목까지의 구분에 따른 용도지역의 지정이 없는 구역: 60m²
> 2. 도시지역 외의 지역: 250m². 다만, 농지(「농지법」 제2조 제1호에 따른 농지를 말한다. 이하 같다)의 경우에는 500m²로 하고, 임야의 경우에는 1천m²로 한다.

160 토지거래계약의 허가 등에 관한 설명으로 틀린 것은?   제23회 부동산공법

① 토지거래계약의 허가를 받으려는 자는 그 허가신청서에 계약내용과 그 토지의 이용계획, 취득자금 조달계획 등을 적어 시장·군수 또는 구청장에게 제출하여야 한다.

② 「민원 처리에 관한 법률」에 따른 처리기간에 허가증의 발급 또는 불허가처분 사유의 통지가 없거나, 선매 협의 사실의 통지가 없는 경우에는 그 기간이 끝난 날의 다음 날에 토지거래계약의 허가가 있는 것으로 본다.

③ 토지거래계약의 불허가처분에 이의가 있는 자는 그 처분을 받은 날부터 1개월 이내에 시장·군수 또는 구청장에게 이의를 신청할 수 있다.

④ 토지거래계약의 허가신청이 된 토지에 대하여 시장·군수 또는 구청장이 선매자를 지정하는 경우, 선매자가 토지를 매수할 때의 가격은 토지소유자의 매입가격으로 한다.

⑤ 시장·군수 또는 구청장은 허가받은 목적대로 토지를 이용하지 아니한 자에 대하여 최초의 이행명령이 있었던 날을 기준으로 하여, 1년에 한 번씩 그 이행명령이 이행될 때까지 반복하여 이행강제금을 부과·징수할 수 있다.

해설 ④ 공익사업용 토지 등에 대한 선매는 '감정가를 기준'으로 하여, 신청서에 기재된 가격과 비교하여 더 낮은 가격으로 선매할 수 있다.

정답 160 ④

161 부동산 거래신고 등에 관한 법령상 '토지거래허가구역' 등에 관한 설명으로 옳은 것을 모두 고른 것은?

제28회

> ㉠ 허가구역의 지정은 그 지정을 공고한 날부터 5일 후에 그 효력이 발생한다.
> ㉡ 「민사집행법」에 따른 경매의 경우에는 허가구역 내 토지거래에 대한 허가의 규정은 적용하지 아니한다.
> ㉢ 자기의 거주용 주택용지로 이용할 목적으로 토지거래계약을 허가받은 자는 대통령령으로 정하는 사유가 있는 경우 외에는 토지취득일부터 2년간 그 토지를 허가받은 목적대로 이용해야 한다.
> ㉣ 토지의 이용의무를 이행하지 않아 이행명령을 받은 자가 그 명령을 이행하는 경우에는 새로운 이행강제금의 부과를 즉시 중지하고, 명령을 이행하기 전에는 이미 부과된 이행강제금을 징수해서는 안 된다.

① ㉠, ㉡
② ㉡, ㉢
③ ㉠, ㉡, ㉢
④ ㉠, ㉢, ㉣
⑤ ㉠, ㉡, ㉢, ㉣

해설 ㉣ 이미 부과된 이행강제금은 징수하여야 한다. 나머지 지문은 모두 옳은 지문이다(「부동산 거래신고 등에 관한 법률」 제18조 제5항; 시장·군수 또는 구청장은 이행명령을 받은 자가 그 명령을 이행하는 경우에는 새로운 이행강제금의 부과를 즉시 중지하되, 명령을 이행하기 전에 이미 부과된 이행강제금은 징수하여야 함).

정답 161 ③

162 '부동산 거래신고 등에 관한 법령'상 '토지거래계약허가'를 받아 취득한 토지를 허가받은 목적대로 이용하고 있지 않은 경우 시장·군수·구청장이 취할 수 있는 조치가 아닌 것은?

제32회

① 과태료를 부과할 수 있다.
② 토지거래계약허가를 취소할 수 있다.
③ 3개월 이내의 기간을 정하여 토지의 이용의무를 이행하도록 문서로 명할 수 있다.
④ 해당 토지에 관한 토지거래계약 허가신청이 있을 때 국가, 지방자치단체, 한국토지주택공사가 그 토지의 매수를 원하면 이들 중에서 매수할 자를 지정하여 협의 매수하게 할 수 있다.
⑤ 해당 토지를 직접 이용하지 않고 임대하고 있다는 이유로 이행명령을 했음에도 정해진 기간에 이행되지 않은 경우, 토지 취득가액의 100분의 7에 상당하는 금액의 이행강제금을 부과한다.

해설 ① 토지거래허가구역에서 허가받은 목적대로 일정기간 이용하지 아니한다는 이유로 과태료처분을 할 수 있다는 법 규정은 없다. 토지거래허가구역에서 허가받은 목적대로 일정기간 이상을 이용하지 아니한 경우에는 ③ 3개월 이내의 기간을 정하여 토지의 이용의무를 이행하도록 문서로 명할 수 있다(영 제16조 제1항). 그럼에도 불구하고 계속 토지이용을 하지 아니한 경우에는 이행강제금을 부과할 수 있다(영 제16조 제2항). ⑤ 해당 토지를 직접 이용하지 않고 임대하고 있다는 이유로 이행명령을 했음에도 정해진 기간에 이행되지 않은 경우, 토지 취득가액의 100분의 7에 상당하는 금액의 이행강제금을 부과한다(영 제16조 제3항 제2호). 그럼에도 불구하고 계속 토지이용을 하지 아니하는 경우에는 결국 ② 토지거래계약허가를 취소할 수 있다. 또한 허가받은 목적대로 이용하지 아니한 토지에 대하여, ④ 해당 토지에 관한 토지거래계약 허가신청이 있을 때 국가, 지방자치단체, 한국토지주택공사가 그 토지의 매수를 원하면 이들 중에서 매수할 자를 지정하여 협의 매수하게 할 수 있다. 즉, 선매의 대상이 된다.

> **법 제15조【선매】**① 시장·군수 또는 구청장은 제11조 제1항에 따른 토지거래계약에 관한 허가신청이 있는 경우 다음 각 호의 어느 하나에 해당하는 토지에 대하여 국가, 지방자치단체, 한국토지주택공사, 그 밖에 대통령령으로 정하는 공공기관 또는 공공단체가 그 매수를 원하는 경우에는 이들 중에서 해당 토지를 매수할 재[이하 '선매자(先買者)'라 한다]를 지정하여 그 토지를 협의 매수하게 할 수 있다.
> 1. 공익사업용 토지
> 2. 제11조 제1항에 따른 토지거래계약허가를 받아 취득한 토지를 그 이용목적대로 '이용'하고 있지 '아니한' 토지

정답 162 ①

163 부동산 거래신고 등에 관한 법령상 '이행강제금'에 대하여 개업공인중개사가 중개의뢰인에게 설명한 내용으로 옳은 것은?

제30회

① 군수는 최초의 의무이행 위반이 있었던 날을 기준으로 1년에 한 번씩 그 이행명령이 이행될 때까지 반복하여 이행강제금을 부과·징수할 수 있다.

② 시장은 토지의 이용 의무기간이 지난 후에도 이행명령 위반에 대해서는 이행강제금을 반복하여 부과할 수 있다.

③ 시장·군수 또는 구청장은 이행명령을 받은 자가 그 명령을 이행하는 경우라도 명령을 이행하기 전에 이미 부과된 이행강제금은 징수하여야 한다.

④ 토지거래계약허가를 받아 토지를 취득한 자가 직접 이용하지 아니하고 임대한 경우에는 토지 취득가액의 100분의 20에 상당하는 금액을 이행강제금으로 부과한다.

⑤ 이행강제금 부과처분을 받은 자가 국토교통부장관에게 이의를 제기하려는 경우에는 부과처분을 고지받은 날부터 14일 이내에 하여야 한다.

해설 ③ 법 제18조 제5항 참조
① 시장·군수 또는 구청장은 최초의 '이행명령'이 있었던 날을 기준으로 1년에 한 번씩 그 이행명령이 이행될 때까지 반복하여 이행강제금을 부과·징수할 수 있다(법 제18조 제3항).
② 시장·군수 또는 구청장은 제17조 제1항에 따른 이용 의무기간이 지난 후에는 이행강제금을 부과할 수 없다(법 제18조 제4항).
④ 토지거래계약허가를 받아 토지를 취득한 자가 직접 이용하지 아니하고 임대한 경우에는 토지 취득가액의 '100분의 7'에 상당하는 금액을 이행강제금으로 부과한다(영 제16조 제3항 제2호).
⑤ 이행강제금 부과처분을 받은 자는 법 제18조 제6항에 따라 이의를 제기하려는 경우에는 부과처분을 고지받은 날부터 '30일' 이내에 하여야 한다(영 제16조 제7항).

정답 163 ③

164 부동산 거래신고 등에 관한 법령상 '이행강제금'에 관한 설명으로 옳은 것은? 제31회

① 이행명령은 구두 또는 문서로 하며 이행기간은 3개월 이내로 정하여야 한다.
② 토지거래계약허가를 받아 토지를 취득한 자가 당초의 목적대로 이용하지 아니하고 방치하여 이행명령을 받고도 정하여진 기간에 이를 이행하지 아니한 경우, 시장·군수 또는 구청장은 토지 취득가액의 100분의 10에 상당하는 금액의 이행강제금을 부과한다.
③ 이행강제금 부과처분에 불복하는 경우 이의를 제기할 수 있으나, 그에 관한 명문의 규정을 두고 있지 않다.
④ 이행명령을 받은 자가 그 명령을 이행하는 경우 새로운 이행강제금의 부과를 즉시 중지하며, 명령을 이행하기 전에 부과된 이행강제금도 징수할 수 없다.
⑤ 최초의 이행명령이 있었던 날을 기준으로 1년에 두 번씩 그 이행명령이 이행될 때까지 반복하여 이행강제금을 부과·징수할 수 있다.

> **해설** ① 이행명령은 '문서'로 하여야 한다. 구두로는 할 수 없다.
> ③ 명문의 규정을 두고 있다.
> ④ 명령을 이행하기 전에 이미 부과된 이행강제금은 징수하여야 한다.
> ⑤ 1년에 '한 번씩' 그 이행명령이 이행될 때까지 반복하여 이행강제금을 부과·징수할 수 있다.

165 부동산 거래신고 등에 관한 법령상 '이행강제금'에 관한 설명이다. ( )에 들어갈 숫자로 옳은 것은? 제33회

> 시장·군수는 토지거래계약허가를 받아 토지를 취득한 자가 당초의 목적대로 이용하지 아니하고 방치한 경우 그에 대하여 상당한 기간을 정하여 토지의 이용의무를 이행하도록 명할 수 있다. 그 의무의 이행기간은 (㉠)개월 이내로 정하여야 하며, 그 정해진 기간 내에 이행되지 않은 경우, 토지 취득가액의 100분의 (㉡)에 상당하는 금액의 이행강제금을 부과한다.

① ㉠: 3, ㉡: 7
② ㉠: 3, ㉡: 10
③ ㉠: 6, ㉡: 7
④ ㉠: 6, ㉡: 10
⑤ ㉠: 12, ㉡: 15

> **해설** ② 시장·군수는 토지거래계약허가를 받아 토지를 취득한 자가 당초의 목적대로 이용하지 아니하고 '방치한 경우 그에 대하여 상당한 기간을 정하여 토지의 이용의무를 이행하도록 명할 수 있다. 그 의무의 이행기간은 (㉠: 3)개월 이내로 정하여야 하며, 그 정해진 기간 내에 이행되지 않은 경우, 토지 취득가액의 100분의 (㉡: 10)에 상당하는 금액의 이행강제금을 부과한다.

정답 164 ② 165 ②

166 부동산 거래신고 등에 관한 법령상 토지거래계약을 허가받은 자가 그 토지를 허가받은 목적대로 이용하지 않을 수 있는 예외사유가 아닌 것은? (단, 그 밖의 사유로 시·군·구 도시계획위원회가 인정한 경우는 고려하지 않음) 제34회

① 「건축법 시행령」에 따른 제1종 근린생활시설인 건축물을 취득하여 실제로 이용하는 자가 해당 건축물의 일부를 임대하는 경우
② 「건축법 시행령」에 따른 단독주택 중 다중주택인 건축물을 취득하여 실제로 이용하는 자가 해당 건축물의 일부를 임대하는 경우
③ 「산업집적활성화 및 공장설립에 관한 법률」에 따른 공장을 취득하여 실제로 이용하는 자가 해당 공장의 일부를 임대하는 경우
④ 「건축법 시행령」에 따른 제2종 근린생활시설인 건축물을 취득하여 실제로 이용하는 자가 해당 건축물의 일부를 임대하는 경우
⑤ 「건축법 시행령」에 따른 공동주택 중 다세대주택인 건축물을 취득하여 실제로 이용하는 자가 해당 건축물의 일부를 임대하는 경우

해설 ② 「건축법 시행령」에 따른 단독주택[다중주택 및 공관(公館)은 제외]을 취득하여 실제로 이용하는 자가 해당 건축물의 일부를 임대하는 경우에는 이용의무가 면제될 수 있다.

> **이용의무 면제사유**
> 1. 관청의 승인 등
>   - 토지이용을 위한 허가·인가 등을 국가 또는 지방자치단체가 제한
>   - 허가관청의 이용목적 변경승인
>   - 이용목적 변경에 관해 허가관청과 협의한 경우
> 2. 이용 불가
>   - 해외이주, 병역복무, 자연재해로 이용불가한 경우, 공익사업의 시행 등
>   - 토지이용계획의 변경에 따른 행위제한
>   - 이용 불가를 시·군·구 도시계획위원회에서 인정한 경우
> 3. 일부 임대
>   단독주택(다중주택 및 공관 제외), 공동주택(기숙사 제외), 근린생활시설, 공장건축물을 취득하여 실제로 이용하는 자가 해당 건축물의 일부를 임대하는 경우
> 4. 분양목적의 신탁계약
>   토지거래계약허가를 받은 자가 주택(주상복합 포함) 또는 준주택을 건축·분양하기 위해 신탁업자와 신탁계약을 체결하고, 토지를 이용하는 경우

정답 166 ②

167 부동산 거래신고 등에 관한 법령상 포상금의 지급에 관한 설명으로 **틀린** 것을 모두 고른 것은?
제34회

> ㉠ 가명으로 신고하여 신고인을 확인할 수 없는 경우에는 포상금을 지급하지 아니할 수 있다.
> ㉡ 신고관청에 포상금지급신청서가 접수된 날부터 1개월 이내에 포상금을 지급하여야 한다.
> ㉢ 신고관청은 하나의 위반행위에 대하여 2명 이상이 각각 신고한 경우에는 포상금을 균등하게 배분하여 지급한다.

① ㉠
② ㉠, ㉡
③ ㉠, ㉢
④ ㉡, ㉢
⑤ ㉠, ㉡, ㉢

해설 ㉡ 신고관청에 포상금지급신청서가 접수된 날부터 2개월 이내에 포상금을 지급하여야 한다.
㉢ 신고관청 또는 허가관청은 하나의 위반행위에 대하여 2명 이상이 각각 신고 또는 고발한 경우에는 최초로 신고 또는 고발한 사람에게 포상금을 지급한다.
㉠ 익명이나 가명으로 신고 또는 고발하여 신고인 또는 고발인를 확인할 수 없는 경우에는 포상금을 지급하지 아니할 수 있다.

정답 167 ④

168 '부동산 거래신고 등에 관한 법령'상 '신고포상금' 지급대상에 해당하는 위반행위를 모두 고른 것은?

제32회

> ㉠ 부동산 매매계약의 거래당사자가 부동산의 실제 거래가격을 거짓으로 신고하는 행위
> ㉡ 부동산 매매계약에 관하여 개업공인중개사에게 신고를 하지 않도록 요구하는 행위
> ㉢ 토지거래계약허가를 받아 취득한 토지를 허가받은 목적대로 이용하지 않는 행위
> ㉣ 부동산 매매계약에 관하여 부동산의 실제 거래가격을 거짓으로 신고하도록 조장하는 행위

① ㉠, ㉢
② ㉠, ㉣
③ ㉡, ㉣
④ ㉠, ㉡, ㉢
⑤ ㉡, ㉢, ㉣

해설 ㉠㉢ 포상금을 지급할 수 있는 신고·고발의 대상이 된다.

> **법 제25조의2 【신고포상금의 지급】** ① '시장·군수 또는 구청장'은 다음 각 호의 어느 하나에 해당하는 자를 관계 행정기관이나 수사기관에 신고하거나 고발한 자에게 '예산의 범위'에서 포상금을 '지급할 수' 있다.
> 1. 제3조 제1항부터 제4항까지 또는 제4조 제2호를 위반하여 부동산 등의 '실제 거래가격을 거짓으로 신고한 자(주: 부동산거래신고의 가격 등을 거짓신고)
> 1의2. 제4조 제4호를 위반하여 거짓으로 제3조에 따른 신고를 한 자(주: 허위신고)
> 1의3. 제4조 제5호를 위반하여 거짓으로 제3조의2에 따른 신고를 한 자(주: 허위해제신고)
> 1의4. 제6조의2 또는 제6조의3을 위반하여 주택임대차계약의 '보증금·차임 등 계약금액'을 거짓으로 신고한 자(주: 주택임대차신고의 임차보증금 등을 거짓신고)
> 2. 제11조 제1항에 따른 허가 또는 변경허가를 받지 아니하고 토지거래계약을 체결한 자 또는 거짓이나 그 밖의 부정한 방법으로 토지거래계약허가를 받은 자(주: 토지거래허가에 대한 무허가계약, 부정허가)
> 3. 토지거래계약허가를 받아 취득한 토지에 대하여 제17조 제1항을 위반하여 허가받은 목적대로 이용하지 아니한 자(주: 허가받은 대로 사용하지 아니한 경우)

정답 168 ①

169 부동산 거래신고 등에 관한 법령상 '신고포상금'에 관한 설명으로 옳은 것은? 제30회

① 포상금의 지급에 드는 비용은 국고로 충당한다.
② 해당 위반행위에 관여한 자가 신고한 경우라도 신고포상금은 지급하여야 한다.
③ 익명으로 고발하여 고발인을 확인할 수 없는 경우에는 해당 신고포상금은 국고로 환수한다.
④ 부동산 등의 거래가격을 신고하지 않은 자를 수사기관이 적발하기 전에 수사기관에 1건 고발한 경우 1천 5백만원의 신고포상금을 받을 수 있다.
⑤ 신고관청 또는 허가관청으로부터 포상금 지급 결정을 통보받은 신고인은 포상금을 받으려면 국토교통부령으로 정하는 포상금 지급신청서를 작성하여 신고관청 또는 허가관청에 제출하여야 한다.

해설 ① 국고보조규정은 없고, 시·군·구의 재원으로 충당한다(법 제25조의2 제2항).
② 해당 위반행위에 관여한 자는 포상금 지급을 하지 아니할 수 있다(영 제19조의2 제2항 제2호).
③ 익명으로 고발하여 고발인을 확인할 수 없는 경우에는 해당 신고포상금을 지급하지 아니할 수 있다(영 제19조의2 제2항 제3호).
④ 부동산 등의 거래가격을 신고하지 않은 자를 신고·고발한 경우는 포상금 지급대상이 아니다. 이와 달리, 거짓으로 신고를 한 자를 신고·고발한 경우에는 포상금 지급의 대상이 되나, 그 한도는 1천만원 이하이다(법 제25조의2 제1항 제1호, 영 제19조의2 제3항 제1호).

정답 169 ⑤

170 부동산 거래신고 등에 관한 법령상 '외국인 등의 국내 부동산의 취득·보유' 등에 관한 설명으로 **틀린** 것은? (단, 헌법과 법률에 따라 체결된 조약의 이행에 필요한 경우는 고려하지 않음)

제29회

① 대한민국 국적을 보유하고 있지 아니한 자가 토지를 증여받은 경우 계약체결일부터 60일 이내에 취득신고를 해야 한다.

② 외국의 법령에 의하여 설립된 법인이 합병을 통하여 부동산을 취득한 경우에는 취득한 날부터 6개월 이내에 취득신고를 해야 한다.

③ 부동산을 소유한 대한민국 국민이 대한민국 국적을 상실한 경우 부동산을 계속보유하려면 국적을 상실한 때부터 6개월 이내에 계속보유신고를 해야 한다.

④ 외국정부가 「군사기지 및 군사시설 보호법」에 따른 군사시설 보호지역 내 토지를 취득하려는 경우 계약체결 전에 국토교통부장관에게 취득허가를 받아야 한다.

⑤ 국제연합의 산하기구가 허가 없이 「자연환경보전법」상 생태·경관보전지역의 토지를 취득하는 계약을 체결한 경우 그 효력은 발생하지 않는다.

해설 ④ 군사시설 보호구역은 허가구역에는 해당하나, 허가는 국토교통부장관이 아니라, '시·군·구청장'의 허가를 받아야 한다.

정답 170 ④

171 부동산 거래신고 등에 관한 법령상 외국인 등에 '해당'되는 것을 모두 고른 것은? 제33회

㉠ 국제연합의 전문기구
㉡ 대한민국의 국적을 보유하고 있지 아니한 개인
㉢ 외국의 법령에 따라 설립된 법인
㉣ 비정부 간 국제기구
㉤ 외국 정부

① ㉠, ㉡
② ㉡, ㉢, ㉤
③ ㉠, ㉡, ㉢, ㉤
④ ㉠, ㉢, ㉣, ㉤
⑤ ㉠, ㉡, ㉢, ㉣, ㉤

해설 ㉠㉡㉢㉣㉤ 모두 외국인 등에 해당된다.

> **법 제2조【정의】** 이 법에서 사용하는 용어의 뜻은 다음과 같다.
> 4. "외국인 등"이란 다음 각 목의 어느 하나에 해당하는 개인·법인 또는 단체를 말한다.
>   가. 대한민국의 국적을 보유하고 있지 아니한 개인
>   나. 외국의 법령에 따라 설립된 법인 또는 단체
>   다. 사원 또는 구성원의 2분의 1 이상이 가목에 해당하는 자인 법인 또는 단체
>   라. 업무를 집행하는 사원이나 이사 등 임원의 2분의 1 이상이 가목에 해당하는 자인 법인 또는 단체
>   마. 가목에 해당하는 사람이나 나목에 해당하는 법인 또는 단체가 자본금의 2분의 1 이상이나 의결권의 2분의 1 이상을 가지고 있는 법인 또는 단체
>   바. 외국 정부
>   사. 대통령령으로 정하는 국제기구
>
> **영 제2조【외국인 등에 해당하는 국제기구】**「부동산 거래신고 등에 관한 법률」(이하 '법'이라 한다) 제2조 제4호 사목에서 '대통령령으로 정하는 국제기구'란 다음 각 호의 어느 하나에 해당하는 기구를 말한다.
> 1. 국제연합과 그 산하기구·전문기구
> 2. 정부 간 기구
> 3. 준정부 간 기구
> 4. 비정부 간 국제기구

정답 171 ⑤

172 부동산 거래신고 등에 관한 법령상 외국인의 부동산취득 등에 관한 설명으로 옳은 것은? (단, 상호주의에 따른 제한은 고려하지 않음)   제33회

① 「자연환경보전법」에 따른 생태·경관보전지역에서 외국인이 토지취득의 허가를 받지 아니하고 체결한 토지취득계약은 유효하다.
② 외국인이 건축물의 신축을 원인으로 대한민국 안의 부동산을 취득한 때에는 신고관청으로부터 부동산취득의 허가를 받아야 한다.
③ 외국인이 취득하려는 토지가 토지거래허가구역과 「문화유산의 보존 및 활용에 관한 법률」에 따른 지정문화유산 보호구역에 있으면 토지거래계약허가와 토지취득허가를 모두 받아야 한다.
④ 대한민국 안의 부동산을 가지고 있는 대한민국 국민이 외국인으로 변경된 경우 그 외국인이 해당 부동산을 계속보유하려는 경우에는 부동산 보유의 허가를 받아야 한다.
⑤ 외국인으로부터 토지취득의 허가신청서를 받은 신고관청은 신청서를 받은 날부터 15일(단, 군사시설보호구역은 30일) 이내에 허가 또는 불허가처분을 해야 한다.

해설 ⑤ 외국인으로부터 토지취득의 허가신청서를 받은 신고관청은 신청서를 받은 날부터 15일(단, 군사시설보호구역은 30일, 1회 연장 가능) 이내에 허가 또는 불허가처분을 해야 한다.
① 「자연환경보전법」에 따른 생태·경관보전지역에서 외국인이 토지취득의 허가를 받지 아니하고 체결한 토지취득계약은 '무효'이며, 2년 이하의 징역 또는 2천만원 이하의 벌금형의 대상도 된다.
② 외국인이 건축물의 신축을 원인으로 대한민국 안의 부동산을 취득한 때에는 6개월 이내에 신고관청에 '신고'를 하여야 한다. 허가사항은 아니다.
③ 외국인이 취득하려는 토지가 토지거래허가구역과 지정문화유산 보호구역에 있으면 토지거래계약허가를 받은 경우에는 토지취득허가는 받은 것으로 본다.
④ 대한민국 안의 부동산을 가지고 있는 대한민국 국민이 외국인으로 변경된 경우 그 외국인이 해당 부동산을 계속보유하려는 경우에는 부동산 보유의 '신고'를 하여야 하며, 위반시 100만원 이하의 과태료사유에 해당한다. 허가사항은 아니다.

정답 172 ⑤

173 부동산 거래신고 등에 관한 법령상 '외국인 등의 부동산 취득'에 관한 설명으로 옳은 것을 모두 고른 것은? (단, 법 제7조에 따른 상호주의는 고려하지 않음) *제32회*

> ㉠ 대한민국의 국적을 보유하고 있지 않은 개인이 이사 등 임원의 2분의 1 이상인 법인은 외국인 등에 해당한다.
> ㉡ 외국인 등이 건축물의 개축을 원인으로 대한민국 안의 부동산을 취득한 때에도 부동산 취득신고를 해야 한다.
> ㉢ 「군사기지 및 군사시설 보호법」에 따른 군사기지 및 군사시설 보호구역 안의 토지는 외국인 등이 취득할 수 없다.
> ㉣ 외국인 등이 허가 없이 「자연환경보전법」에 따른 생태·경관보전지역 안의 토지를 취득하는 계약을 체결한 경우 그 계약은 효력이 발생하지 않는다.

① ㉠, ㉢
② ㉠, ㉣
③ ㉠, ㉡, ㉣
④ ㉡, ㉢, ㉣
⑤ ㉠, ㉡, ㉢, ㉣

해설 ㉢ 「군사기지 및 군사시설 보호법」에 따른 군사기지 및 군사시설 보호구역 안의 토지는 외국인 등이 시장·군수 또는 구청장의 '허가'를 받으면 소유권을 취득할 수 '있다'.

3 중개실무

174 개업공인중개사가 중개대상물에 대하여 확인·설명하여야 하는 내용에 관한 조사방법 중 틀린 것은? *제18회 변형*

① 중개대상물의 종류·면적·용도 등 중개대상물에 관한 기본적인 사항은 토지대장등본 및 건축물대장등본 등을 통하여 조사한다.
② 소유권·저당권 등 권리관계에 관한 사항은 등기부등본을 통하여 조사한다.
③ 건폐율 상한 및 용적률 상한은 토지이용계획확인서를 통하여 조사한다.
④ 근저당이 설정된 부동산은 채권최고액을 조사한다.
⑤ 주요한 공법상 이용제한 및 거래규제에 관한 사항은 토지이용계획확인서를 통하여 조사한다.

해설 ③ 건폐율 상한 및 용적률의 상한은 '시·군 조례'로 파악한다.

정답 173 ③ 174 ③

175 개업공인중개사가 중개의뢰인에게 중개대상물에 '기본적인 사항'과 '권리관계' 대하여 설명한 내용으로 옳은 것을 모두 고른 것은? (다툼이 있으면 판례에 따름) 제27회

> ⊙ 토지의 소재지, 지목, 지형 및 경계는 토지대장을 통해 확인할 수 있다.
> ⓒ 분묘기지권은 등기사항증명서를 통해 확인할 수 없다.
> ⓒ 지적도상의 경계와 실제경계가 일치하지 않는 경우 특별한 사정이 없는 한 실제경계를 기준으로 한다.
> ② 동일한 건물에 대하여 등기부상의 면적과 건축물대장의 면적이 다른 경우 건축물대장을 기준으로 한다.

① ⊙, ⓒ
② ⓒ, ②
③ ⊙, ⓒ, ⓒ
④ ⊙, ⓒ, ②
⑤ ⓒ, ⓒ, ②

해설 ⊙ 토지의 지형 및 경계는 토지대장이 아니라, 지적도(임야도)를 통해 확인할 수 있다.
ⓒ 지적도상의 경계와 실제경계가 일치하지 않는 경우 특별한 사정이 없는 한 지적도상의 경계를 기준으로 한다.

> 「지적법」에 의하여 어떤 토지가 지적공부에 1필지의 토지로 등록되면 그 토지의 소재, 지번, 지목, 지적 및 경계는 다른 특별한 사정이 없는 한 이 등록으로써 특정되고 소유권의 범위는 현실의 경계와 관계없이 공부상의 경계에 의하여 확정되는 것이다(대판 92다52887).

정답 175 ②

176 개업공인중개사가 중개의뢰인에게 중개대상물에 관한 법률관계를 설명한 내용으로 **틀린** 것은? (다툼이 있으면 판례에 따름)   제25회

① 건물 없는 토지에 저당권이 설정된 후, 저당권설정자가 건물을 신축하고 저당권의 실행으로 인하여 그 토지와 지상건물이 소유자를 달리하게 된 경우에 법정지상권이 성립한다.
② 대지와 건물이 동일소유자에게 속한 경우, 건물에 전세권을 설정한 때에는 그 대지소유권의 특별승계인은 전세권설정자에 대하여 지상권을 설정한 것으로 본다.
③ 지상권자가 약정된 지료를 2년 이상 지급하지 않은 경우, 지상권설정자는 지상권의 소멸을 청구할 수 있다.
④ 지상권자가 지상물의 소유자인 경우, 지상권자는 지상권을 유보한 채, 지상물 소유권만을 양도할 수 있다.
⑤ 지상권의 존속기간은 당사자가 설정행위에서 자유롭게 정할 수 있으나, 다만 최단기간의 제한이 있다.

해설 ① 건물 없는 토지(주: 나대지)에 저당권이 설정된 후, 저당권설정자가 그 위에 건물을 건축하였다가 담보권의 실행을 위한 경매절차에서 경매로 인하여 그 토지와 지상건물이 소유자를 달리하였을 경우에는, 「민법」 제366조의 법정지상권이 인정되지 아니할 뿐만 아니라 관습상의 법정지상권도 인정되지 아니한다(대결 95마1262).

177 개업공인중개사가 토지를 중개하면서 '분묘기지권'에 대해 설명한 내용으로 **틀린** 것을 모두 고른 것은? (다툼이 있으면 판례에 따름)   제25회

㉠ 장래의 묘소(가묘)는 분묘에 해당하지 않는다.
㉡ 분묘의 특성상, 타인의 승낙 없이 분묘를 설치한 경우에도 즉시 분묘기지권을 취득한다.
㉢ 평장되어 있어 객관적으로 인식할 수 있는 외형을 갖추고 있지 아니한 경우, 분묘기지권이 인정되지 아니한다.
㉣ 분묘기지권의 효력이 미치는 범위는 분묘의 기지 자체에 한정된다.

① ㉠, ㉢   ② ㉡, ㉣   ③ ㉢, ㉣
④ ㉠, ㉡, ㉢   ⑤ ㉠, ㉡, ㉣

해설 ㉡ 타인의 승낙 없이 분묘를 설치한 경우에는 20년이 경과하여야 시효로서 취득할 수 있다(시효취득).
㉣ 분묘기지권은 분묘의 기지 자체(봉분의 기저 부분)뿐만 아니라, 그 분묘의 설치 목적인 분묘의 수호 및 제사에 필요한 범위 내에서 분묘의 기지 주의의 공지를 포함한 지역에까지 미치는 것이고, 그 확실한 범위는 각 구체적인 경우에 개별적으로 정하여야 한다(대판 2006다84423).

정답 176 ①   177 ②

178 '분묘'가 있는 토지에 관하여 개업공인중개사가 중개의뢰인에게 설명한 내용으로 틀린 것은? (다툼이 있으면 판례에 따름) 제32회

① 분묘기지권은 등기사항증명서를 통해 확인할 수 없다.
② 분묘기지권은 분묘의 설치 목적인 분묘의 수호와 제사에 필요한 범위 내에서 분묘기지 주위의 공지를 포함한 지역에까지 미친다.
③ 분묘기지권이 인정되는 경우 분묘가 멸실되었더라도 유골이 존재하여 분묘의 원상회복이 가능하고 일시적인 멸실에 불과하다면 분묘기지권은 소멸하지 않는다.
④ 분묘기지권에는 그 효력이 미치는 범위 안에서 새로운 분묘를 설치할 권능은 포함되지 않는다.
⑤ 甲이 자기소유 토지에 분묘를 설치한 후 그 토지를 乙에게 양도하면서 분묘를 이장하겠다는 특약을 하지 않음으로써 甲이 분묘기지권을 취득한 경우, 특별한 사정이 없는 한 甲은 분묘의 기지에 대한 토지사용의 대가로서 지료를 지급할 의무가 없다.

> 해설 ⑤ 분묘기지권자는 토지소유자가 분묘기지에 관한 지료를 청구하면 그 '청구한 날부터의 지료를 지급할 의무가 '있다'고 보아야 한다(대판 전합 2017다228007).

179 개업공인중개사가 사설 묘지 또는 '분묘'와 관련 있는 토지에 관하여 중개의뢰인에게 설명한 내용으로 틀린 것은? (다툼이 있으면 판례에 따름) 제20회 변형

① 개인묘지를 설치하고자 하는 자는 시장·군수·구청장의 허가를 받아야 한다.
② 개인묘지를 설치할 경우 $30m^2$를 초과해서는 아니 된다.
③ 「장사 등에 관한 법률」 시행 후 토지소유자의 승낙을 얻어 분묘를 설치한 경우 그 분묘의 설치기간은 제한을 받는다.
④ 분묘소유자가 분묘기지권을 시효취득하는 경우 지료배제의 특약 등이 없는 한 지료를 지급할 의무가 있다.
⑤ 유골이 없는 가묘, 봉분이 없는 평장이나 암장의 경우에는 분묘기지권이 인정되지 아니한다.

> 해설 ① 개인묘지는 먼저 설치를 하고 그 후 30일 이내에 시·군·구청장에게 설치신고를 하면 된다. 사전허가가 아니다.

정답 178 ⑤ 179 ①

180 개업공인중개사가 분묘가 있는 토지를 매수하려는 의뢰인에게 분묘기지권에 관해 설명한 것으로 옳은 것은? (다툼이 있으면 판례에 따름) 제33회

① 분묘기지권의 존속기간은 지상권의 존속기간에 대한 규정이 유추적용되어 30년으로 인정된다.
② 「장사 등에 관한 법률」이 시행되기 전에 설치된 분묘의 경우 그 법의 시행 후에는 분묘기지권의 시효취득이 인정되지 않는다.
③ 자기소유 토지에 분묘를 설치한 사람이 분묘이장의 특약 없이 토지를 양도함으로써 분묘기지권을 취득한 경우, 특별한 사정이 없는 한 분묘기지권이 성립한 때부터 지료지급의무가 있다.
④ 분묘기지권을 시효로 취득한 사람은 토지소유자의 지료지급청구가 있어도 지료지급의무가 없다.
⑤ 분묘가 멸실된 경우 유골이 존재하여 분묘의 원상회복이 가능한 일시적인 멸실에 불과하여도 분묘기지권은 소멸한다.

해설 ③ 분묘기지권도 지료지급의무는 발생된다(대판 2015다206850).
① 분묘기지권의 존속기간은 지상권의 존속기간에 대한 규정이 적용되지 아니한다(대판 81다1220; 2005다44114).
② 「장사 등에 관한 법률」이 시행되기 전에 설치된 분묘의 경우에는 분묘기지권의 내용이 적용되어, 시효취득이 인정된다.
④ 토지소유자의 지료지급청구가 있으면, 시효취득한 분묘기지권자에게는 지료지급의무가 있다(대판 전합 2017다228007).
⑤ 분묘가 멸실된 경우라도 유골이 존재하여 분묘의 원상회복이 가능한 일시적인 멸실에 불과한 경우에는 분묘기지권은 소멸되지 아니한다(대판 2005다44114).

정답 180 ③

181 개업공인중개사가 묘지를 설치하고자 토지를 매수하려는 중개의뢰인에게 장사 등에 관한 법령에 관하여 설명한 내용으로 **틀린** 것은?
제34회

① 가족묘지는 가족당 1개소로 제한하되, 그 면적은 100m² 이하여야 한다.
② 개인묘지란 1기의 분묘 또는 해당 분묘에 매장된 자와 배우자 관계였던 자의 분묘를 같은 구역 안에 설치하는 묘지를 말한다.
③ 법인묘지에는 폭 4m 이상의 도로와 그 도로로부터 각 분묘로 통하는 충분한 진출입로를 설치하여야 한다.
④ 화장한 유골을 매장하는 경우 매장 깊이는 지면으로부터 30cm 이상이어야 한다.
⑤ 「민법」에 따라 설립된 사단법인은 법인묘지의 설치허가를 받을 수 없다.

> **해설** ③ 법인묘지에는 폭 '5m' 이상의 도로와 그 도로로부터 각 분묘로 통하는 충분한 진출입로를 설치하고, 주차장을 마련하여야 한다(「장사 등에 관한 법률 시행령」[별표 2] 참고).
> ⑤ 「민법」에 따라 설립된 사단법인은 법인묘지의 설치허가를 받을 수 없고, 재단법인이 다른 허가요건을 갖춘 경우 법인묘지의 설치허가를 받을 수 있다.

182 개업공인중개사가 '농지'를 취득하려는 중개의뢰인에게 설명한 내용으로 **틀린** 것은?
제27회

① 주말·체험영농을 위해 농업진흥지역 외의 농지를 소유하는 경우 한 세대의 부부가 각각 1천m² 미만으로 소유할 수 있다.
② 농업경영을 하려는 자에게 농지를 임대하는 임대차계약은 서면계약을 원칙으로 한다.
③ 농업법인의 합병으로 농지를 취득하는 경우 농지취득자격증명을 발급받지 않고 농지를 취득할 수 있다.
④ 징집으로 인하여 농지를 임대하면서 임대차기간을 정하지 않은 경우 3년으로 약정된 것으로 본다.
⑤ 농지전용허가를 받아 농지를 소유하는 자가 취득한 날부터 2년 이내에 그 목적사업에 착수하지 않으면 해당 농지를 처분할 의무가 있다.

> **해설** ① 비농업인인 도시민이 주말·체험영농을 위해 농업진흥지역 외의 농지를 소유하는 경우, 같은 세대원 소유 '총면적'이 1천m² 미만이어야 한다. '각각'이 아니다.

정답 181 ③ 182 ①

183 개업공인중개사「농지법」에 대하여 중개의뢰인에게 설명한 내용으로 <u>틀린</u> 것은? (다툼이 있으면 판례에 따름)

제29회

① 경매로 농지를 매수하려면 매수신청시에 농지자격취득증명서를 제출해야 한다.
② 개인이 소유하는 임대 농지의 양수인은「농지법」에 따른 임대인의 지위를 승계한 것으로 본다.
③ 농지전용 협의를 마친 농지를 취득하려는 자는 농지취득자격증명을 발급받을 필요가 없다.
④ 농지를 취득하려는 자가 농지에 대한 매매계약을 체결하는 등으로 농지에 관한 소유권이전등기청구권을 취득하였다면, 농지취득자격증명 발급신청권을 보유하게 된다.
⑤ 주말·체험영농을 목적으로 농업진흥지역 외의 농지를 소유하려면 세대원 전부가 소유하는 총면적이 1천m^2 미만이어야 한다.

해설 ① 법원경매로 농지를 매수하려면 '매수신청시'가 아니라, 매각기일로부터 1주일 이내로 하는 '매각허가결정기일'까지 농지자격취득증명서를 제출하면 된다. 그때까지도 제출하지 못하면 불허가처분결정을 받게 되어 농지를 취득할 수 없게 된다.

184 부동산 전자계약에 관한 설명으로 옳은 것은?

제30회

① 시·도지사는 부동산거래의 계약·신고·허가·관리 등의 업무와 관련된 정보체계를 구축·운영하여야 한다.
② 부동산거래계약의 신고를 하는 경우 전자인증의 방법으로 신분을 증명할 수 없다.
③ 정보처리시스템을 이용하여 주택임대차계약을 체결하였더라도 해당 주택의 임차인은 정보처리시스템을 통하여 전세계약증서에 확정일자 부여를 신청할 수 없다.
④ 개업공인중개사가 부동산거래계약 시스템을 통하여 부동산거래계약을 체결한 경우 부동산거래계약이 체결된 때에 부동산거래계약 신고서를 제출한 것으로 본다.
⑤ 거래계약서 작성시 확인·설명사항이「전자문서 및 전자거래기본법」에 따른 공인전자문서센터에 보관된 경우라도 개업공인중개사는 확인·설명사항을 서면으로 작성하여 보존하여야 한다.

해설 ① 국토교통부장관이 구축·운영하여야 한다.
② 전자인증의 방법으로 신분을 증명할 수 있다.
③ 자동으로 확정일자가 부여된다.
⑤ 공인전자문서센터에 자동 보관된 경우에는 서면을 별도로 보존할 필요가 없다.

정답 183 ①   184 ④

185 甲이 乙로부터 乙소유의 X주택을 2020.1. 매수하면서 그 소유권이전등기는 자신의 친구인 丙에게로 해 줄 것을 요구하였다(이에 대한 丙의 동의가 있었음). 乙로부터 X주택의 소유권이전등기를 받은 丙은 甲의 허락을 얻지 않고 X주택을 丁에게 임대하였고, 丁은 X주택을 인도받은 후 주민등록을 이전하였다. 그런데 丁은 임대차계약 체결 당시에 甲의 허락이 없었음을 알고 있었다. 이에 대하여 개업공인중개사가 丁에게 설명한 내용으로 <u>틀린</u> 것은? (다툼이 있으면 판례에 따름) 제35회

① 丙은 X주택의 소유권을 취득할 수 없다.
② 乙은 丙을 상대로 진정명의 회복을 위한 소유권이전등기를 청구할 수 있다.
③ 甲은 乙과의 매매계약을 기초로 乙에게 X주택의 소유권이전등기를 청구할 수 있다.
④ 丁은 甲 또는 乙에 대하여 임차권을 주장할 수 있다.
⑤ 丙은 丁을 상대로 임대차계약의 무효를 주장할 수 없지만, 甲은 그 계약의 무효를 주장할 수 있다.

해설 ⑤ 3자 간의 등기명의신탁에 대한 내용이다. 명의신탁자 甲과 명의수탁자 丙 사이의 명의신탁약정은 무효가 되고, 수탁자 명의 등기도 무효가 되어 물권변동이 일어나지 아니한다. 그러므로 여전히 소유권은 매도인 乙에게 있게 된다. 명의신탁자 甲은 丙 명의의 무효등기말소를 대위한 후, 소유권이전등기를 받을 수 있다. 다만, 명의신탁 무효는 제3자에게는 대항할 수 없다. 그러므로 명의신탁자 甲은 제3자 丁의 임대차계약의 무효를 주장할 수 '없다'.

186 개업공인중개사가 중개의뢰인에게 「부동산 실권리자 명의등기에 관한 법률」의 내용에 관하여 설명한 것으로 옳은 것을 모두 고른 것은? (다툼이 있으면 판례에 따름) 제33회

㉠ 부동산의 위치와 면적을 특정하여 2인 이상이 구분소유하기로 하는 약정을 하고 그 구분소유자의 공유로 등기한 경우, 그 등기는 「부동산 실권리자명의 등기에 관한 법률」 위반으로 무효이다.
㉡ 배우자 명의로 부동산에 관한 물권을 등기한 경우 조세 포탈, 강제집행의 면탈 또는 법령상 제한의 회피를 목적으로 하지 아니하는 경우 그 등기는 유효하다.
㉢ 명의신탁자가 계약의 당사자가 되는 3자 간 등기명의신탁이 무효인 경우 명의신탁자는 매도인을 대위하여 명의수탁자 명의의 등기의 말소를 청구할 수 있다.

① ㉠　　　　　　　　　　② ㉡
③ ㉠, ㉢　　　　　　　　④ ㉡, ㉢
⑤ ㉠, ㉡, ㉢

정답 185 ⑤　186 ④

해설 ⓒ 법률혼 배우자 명의로 한 명의신탁은 불법 등의 목적이 아닌 한, 유효하다(법 제8조).
ⓒ 대판 2001다61654
㉠ 부동산의 위치와 면적을 특정하여 2인 이상이 구분소유하기로 하는 약정을 하고 그 구분소유자의 공유로 등기한 경우, 그 등기는 '유효'하다. 이른바 구분소유자의 공유등기를 말하며 이 등기는 유효하며 명의신탁에 해당되지 아니한다.

> 법 제2조【정의】이 법에서 사용하는 용어의 뜻은 다음과 같다.
> 1. '명의신탁약정(名義信託約定)'이란 부동산에 관한 소유권이나 그 밖의 물권(이하 '부동산에 관한 물권'이라 한다)을 보유한 자 또는 사실상 취득하거나 취득하려고 하는 자[이하 '실권리자(實權利者)'라 한다]가 타인과의 사이에서 대내적으로는 실권리자가 부동산에 관한 물권을 보유하거나 보유하기로 하고 그에 관한 등기(가등기를 포함한다. 이하 같다)는 그 타인의 명의로 하기로 하는 약정[위임·위탁매매의 형식에 의하거나 추인(追認)에 의한 경우를 포함한다]을 말한다. 다만, 다음 각 목의 경우는 제외한다.
>   가. 채무의 변제를 담보하기 위하여 채권자가 부동산에 관한 물권을 이전(移轉)받거나 가등기하는 경우
>   나. 부동산의 위치와 면적을 특정하여 2인 이상이 구분소유하기로 하는 약정을 하고 그 구분소유자의 공유로 등기하는 경우
>   다. 「신탁법」 또는 「자본시장과 금융투자업에 관한 법률」에 따른 신탁재산인 사실을 등기한 경우

187 甲은 乙과 乙소유의 X부동산의 매매계약을 체결하고, 친구 丙과의 명의신탁약정에 따라 乙로부터 바로 丙 명의로 소유권이전등기를 하였다. 이와 관련하여 개업공인중개사가 甲과 丙에게 설명한 내용으로 옳은 것을 모두 고른 것은? (다툼이 있으면 판례에 따름) 제30회

> ㉠ 甲과 丙 간의 약정이 조세포탈, 강제집행의 면탈 또는 법령상 제한의 회피를 목적으로 하지 않은 경우 명의신탁약정 및 그 등기는 유효하다.
> ㉡ 丙이 X부동산을 제3자에게 처분한 경우 丙은 甲과의 관계에서 횡령죄가 성립하지 않는다.
> ㉢ 甲과 乙 사이의 매매계약은 유효하므로 甲은 乙을 상대로 소유권이전등기를 청구할 수 있다.
> ㉣ 丙이 소유권을 취득하고 甲은 丙에게 대금 상당의 부당이득반환청구권을 행사할 수 있다.

① ㉠, ㉢ ② ㉠, ㉣ ③ ㉡, ㉢
④ ㉠, ㉡, ㉣ ⑤ ㉡, ㉢, ㉣

해설 ㉡㉢ 사례는 3자 간의 등기명의신탁에 대한 내용이다(ㄴ 대판 전합 2014도6992 참조).
㉠ 甲과 丙 간의 명의신탁약정 및 그 등기는 '무효'이다.
㉣ 丙의 등기가 무효이므로, 소유권은 여전히 매도인 乙에게 귀속된다.

정답 187 ③

188 2020.10.1. 甲과 乙은 甲소유의 X토지에 관해 매매계약을 체결하였다. 乙과 丙은 「농지법」상 농지소유제한을 회피할 목적으로 '명의신탁약정'을 하였다. 그 후 甲은 乙의 요구에 따라 丙 명의로 소유권이전등기를 마쳐주었다. 그 사정을 아는 개업공인중개사가 X토지의 매수의뢰인에게 설명한 내용으로 옳은 것을 모두 고른 것은? (다툼이 있으면 판례에 따름)

제32회

> ㉠ 甲이 丙 명의로 마쳐준 소유권이전등기는 유효하다.
> ㉡ 乙은 丙을 상대로 매매대금 상당의 부당이득반환청구권을 행사할 수 있다.
> ㉢ 乙은 甲을 대위하여 丙 명의의 소유권이전등기의 말소를 청구할 수 있다.

① ㉠   ② ㉡   ③ ㉢
④ ㉠, ㉡   ⑤ ㉡, ㉢

해설 ㉢ 사례는 3자 간의 등기명의신탁에 대한 내용이다. 乙은 甲을 대위하여 丙 명의의 소유권이전등기의 말소를 청구할 수 있다.
㉠ 丙 명의의 소유권이전등기는 '무효'이다.
㉡ 이는 계약명의신탁에서 나오는 표현이다. 문제의 사례는 3자 간의 등기명의신탁에 대한 내용이다.

189 A주식회사는 공장부지를 확보하기 위하여 그 직원 甲과 '명의신탁약정'을 맺고, 甲은 2020.6.19. 개업공인중개사 乙의 중개로 丙소유 X토지를 매수하여 2020.8.20. 甲 명의로 등기하였다. 이에 관한 설명으로 틀린 것은? (다툼이 있으면 판례에 따름)

제31회

① A와 甲 사이의 명의신탁약정은 丙의 선의, 악의를 묻지 아니하고 무효이다.
② 丙이 甲에게 소유권이전등기를 할 때 비로소 A와 甲 사이의 명의신탁약정 사실을 알게 된 경우 X토지의 소유자는 丙이다.
③ A는 甲에게 X토지의 소유권이전등기를 청구할 수 없다.
④ 甲이 X토지를 丁에게 처분하고 소유권이전등기를 한 경우 丁에게 처분하고 소유권이전등기를 한 경우 丁은 유효하게 소유권을 취득한다.
⑤ A와 甲의 명의신탁약정을 丙이 알지 못한 경우, 甲은 X토지의 소유권을 취득한다.

해설 ② 매도인의 선의·악의의 판단시점은 '법률행위시'를 기준으로 한다(판례). 소유권이전등기를 할 때에 비로소 알게 되었다는 것은 법률행위(매매계약) 당시에는 선의이므로 매수인 甲이 X토지의 소유권을 취득하게 된다.

정답 188 ③   189 ②

190 개업공인중개사 甲의 중개로 乙과 丙은 丙소유의 '주택에 관하여 임대차'계약(이하 '계약'이라 함)을 체결하려 한다. 「주택임대차보호법」의 적용에 관한 甲의 설명으로 틀린 것은? (임차인 乙은 자연인임)   제32회

① 乙과 丙이 임대차기간을 2년 미만으로 정한다면 乙은 그 임대차기간이 유효함을 주장할 수 없다.
② 계약이 묵시적으로 갱신되면 임대차의 존속기간은 2년으로 본다.
③ 계약이 묵시적으로 갱신되면 乙은 언제든지 丙에게 계약해지를 통지할 수 있고, 丙이 그 통지를 받은 날부터 3개월이 지나면 해지의 효력이 발생한다.
④ 乙이 丙에게 계약갱신요구권을 행사하여 계약이 갱신되면, 갱신되는 임대차의 존속기간은 2년으로 본다.
⑤ 乙이 丙에게 계약갱신요구권을 행사하여 계약이 갱신된 경우 乙은 언제든지 丙에게 계약해지를 통지할 수 있다.

해설 ① 임차인 乙과 임대인 丙이 임대차기간을 2년 미만으로 정한다면 임차인 乙은 그 임대차기간이 유효함을 주장할 수 '있다'. 다만, 임대인 丙은 2년 미만을 주장할 수 없다.

정답 190 ①

191 개업공인중개사가 주택을 임차하려는 의뢰인에게 「주택임대차보호법」 관련 내용을 설명한 것으로 옳은 것은 모두 몇 개인가? (다툼이 있으면 판례에 따름) _{제20회 변형}

> ㉠ 이행지체에 빠진 임대인의 보증금반환의무는 임차권등기명령에 의하여 등기된 임차권등기의 말소의무보다 먼저 이행되어야 한다. 그러므로 임대인은 보증금을 먼저 반환을 하여야 임차권등기의 말소를 청구할 수 있다.
> ㉡ 대항력을 유지하기 위한 요건으로서의 주민등록은 임차인 본인뿐만 아니라 그 자녀의 주민등록으로도 유효하다.
> ㉢ 계약기간을 1년으로 정한 경우 임대인이 2년을 주장하더라도 임차인은 1년으로 항변할 수 있다.
> ㉣ 임차인은 선순위의 저당권자에 의하여 경매가 이루어진 경우 보증금을 모두 변제받을 때까지 임차권의 존속을 주장할 수 있다.
> ㉤ 임차인이 상속권자 없이 사망한 경우 그 주택에서 가정공동생활을 하던 사실상의 혼인관계에 있는 자는 임차인이 사망한 후 1월 이내에 임대인에 대하여 반대의사를 표시하지 않는 한 임차인의 권리와 의무를 승계한다.

① 1개　　　　　　　　② 2개
③ 3개　　　　　　　　④ 4개
⑤ 5개

해설　옳은 것은 ㉠㉡㉢㉤ 4개이다.
　　㉣ 임차인이 저당권보다 후순위인 경우에는 소제되고, 낙찰자(경락인)에게 자신의 임차권을 주장할 수 없다. 즉, 말소기준권리보다 후순위이므로 경락인에게 대항력을 주장할 수 없다.

정답　191 ④

192 개업공인중개사가 중개의뢰인에게 「주택임대차보호법」의 내용에 관하여 설명한 것으로 틀린 것은? (단, 임차인은 자연인임) 제33회

① 「주택임대차보호법」은 주거용 건물의 임대차에 적용되며, 그 임차주택의 일부가 주거 외의 목적으로 사용되는 경우에도 적용된다.
② 임차인의 계약갱신요구권의 행사를 통해 갱신되는 임대차의 존속기간은 2년으로 본다.
③ 임차인은 임차주택에 대한 경매신청의 등기 전에 대항요건을 갖추지 않은 경우에도 보증금 중 일정액에 대해서는 다른 담보물권자보다 우선하여 변제받을 권리가 있다.
④ 임차인이 대항력을 갖춘 경우 임차주택의 양수인은 임대인의 지위를 승계한 것으로 본다.
⑤ 임차권등기명령의 집행에 따른 임차권등기를 마친 임차인은 이후 대항요건을 상실하더라도 이미 취득한 대항력 또는 우선변제권을 상실하지 아니한다.

해설 ③ 임차인은 임차주택에 대한 경매신청의 등기 전에 대항요건을 갖추지 않은 경우에는 소액보증금에 해당하더라도, 최우선변제권을 주장할 수 '없다'.

193 개업공인중개사가 중개의뢰인에게 「주택임대차보호법」을 설명한 내용으로 틀린 것은? 제29회

① 임차인이 임차주택에 대하여 보증금반환청구소송의 확정판결에 따라 경매를 신청하는 경우 반대의무의 이행이나 이행의 제공을 집행개시의 요건으로 하지 아니한다.
② 임차권등기명령의 집행에 따른 임차권등기가 끝난 주택을 그 이후에 임차한 임차인은 보증금 중 일정액을 다른 담보물권자보다 우선하여 변제받을 권리가 없다.
③ 임대차계약을 체결하려는 자는 임차인의 동의를 받아 확정일자 부여기관에 해당 주택의 확정일자 부여일 정보의 제공을 요청할 수 있다.
④ 임차인이 상속인 없이 사망한 경우 그 주택에서 가정공동생활을 하던 사실상의 혼인관계에 있는 자가 임차인의 권리와 의무를 승계한다.
⑤ 주택의 등기를 하지 아니한 전세계약에 관하여는 「주택임대차보호법」을 준용한다.

해설 ③ 임대차계약을 체결하려는 자는 '임차인'의 동의가 아니라, '임대인'의 동의를 받아 확정일자 부여기관에 해당 주택의 확정일자 부여일 정보의 제공을 요청할 수 있다(「주택임대차보호법」 제3조의6 제4항).
① 동법 제3조의2(보증금의 회수) 제1항 참조
② 동법 제3조의3(임차권등기명령) 제6항 참조
④ 동법 제9조(주택 임차권의 승계) 제1항 참조
⑤ 동법 제12조(미등기 전세에의 준용) 참조

정답 192 ③ 193 ③

194 개업공인중개사 甲의 중개로 丙은 2018.10.17. 乙소유의 용인시 소재 X주택에 대하여 보증금 5,000만원에 2년 기간으로 乙과 임대차계약을 체결하고, 계약 당일 주택의 인도와 주민등록 이전, 임대차계약증서상의 확정일자를 받았다. 丙이 '임차권등기명령'을 신청하는 경우 '주택임대차보호법'의 적용에 관한 甲의 설명으로 옳은 것은? 제31회

① 丙은 임차권등기명령 신청서에 신청의 취지와 이유를 적어야 하지만, 임차권등기의 원인이 된 사실을 소명할 필요는 없다.
② 丙이 임차권등기와 관련하여 든 비용은 乙에게 청구할 수 있으나, 임차권등기명령 신청과 관련하여 든 비용은 乙에게 청구할 수 없다.
③ 임차권등기명령의 집행에 따른 임차권등기를 마치면 丙은 대항력을 유지하지만 우선변제권은 유지하지 못한다.
④ 임차권등기명령의 집행에 따른 임차권등기 후에 丙이 주민등록을 서울특별시로 이전한 경우 대항력을 상실한다.
⑤ 임차권등기명령의 집행에 따라 임차권등기가 끝난 X주택을 임차한 임차인 丁은 소액보증금에 관한 최우선변제를 받을 권리가 없다.

해설
① 임차권등기명령 신청서에는 신청의 취지와 이유를 기재하고, 임차권등기의 원인이 된 사실을 소명하여야 한다.
② 임차권등기명령 신청과 관련하여 든 비용까지도 임대인 乙에게 청구할 수 있다.
③ 임차권등기명령의 집행에 따른 임차권등기를 마치면 임차인 丙은 대항력과 우선변제권을 모두 유지하게 된다.
④ 임차권등기명령의 집행에 따른 임차권등기 후에는 임차인 丙이 주민등록을 다른 곳으로 이전하더라도 기존의 대항력은 등기의 효력으로서 그대로 유지된다.

정답 194 ⑤

195 개업공인중개사가 소유자 甲으로부터 X주택을 임차한 「주택임대차보호법」상 임차인 乙에게 임차권등기명령과 그에 따른 임차권등기에 대하여 설명한 내용으로 옳은 것을 모두 고른 것은? (다툼이 있으면 판례에 따름) 제35회

> ㉠ 법원의 임차권등기명령이 甲에게 송달되어야 임차권등기명령을 집행할 수 있다.
> ㉡ 乙이 임차권등기를 한 이후에 甲으로부터 X주택을 임차한 임차인은 최우선변제권을 가지지 못한다.
> ㉢ 乙이 임차권등기를 한 이후 대항요건을 상실하더라도, 乙은 이미 취득한 대항력이나 우선변제권을 잃지 않는다.
> ㉣ 乙이 임차권등기를 한 이후에는 이행지체에 빠진 甲의 보증금반환의무가 乙의 임차권등기 말소의무보다 먼저 이행되어야 한다.

① ㉡, ㉢
② ㉠, ㉡, ㉣
③ ㉠, ㉢, ㉣
④ ㉡, ㉢, ㉣
⑤ ㉠, ㉡, ㉢, ㉣

해설 ㉡ 임차권등기명령집행에 따라 임차권등기를 한 이후에 임차한 임차인은 최우선변제권이 인정되지 아니한다(「주택임대차보호법」 제3조의3 제6항).
㉢ 동법 제3조의3 제5항
㉣ 임대인의 임대차보증금의 반환의무가 임차인의 임차권등기 말소의무보다 먼저 이행되어야 할 의무이다(대판 2005다4529).
㉠ 법원의 임차권등기명령이 소유자에게 송달되기 전에도 임차권등기명령을 집행할 수 있다.

정답 195 ④

196 개업공인중개사 甲이 '상가건물 임대차보호법령'의 적용을 받는 乙소유 건물의 임대차계약을 중개하면서 임대인 乙과 임차인 丙에게 설명한 내용으로 **틀린** 것은 모두 몇 개인가?

제21회

> ⊙ 乙과 丙이 1년 미만으로 임대차기간을 정한 경우 丙은 그 기간이 유효함을 주장할 수 있다.
> ⓒ 丙이 2기의 차임액에 해당하는 금액에 이르도록 차임을 연체한 경우 丙은 乙에게 계약의 갱신을 요구하지 못한다.
> ⓒ 丙은 임차권등기명령의 신청 및 그에 따른 임차권등기와 관련하여 지출한 비용을 乙에게 청구할 수 있다.
> ⓔ 임대차계약 종료 전 丙이 계약의 갱신을 요구한 경우 乙은 건물의 대부분을 철거함을 이유로 계약의 갱신을 거절할 수 있다.

① 없음 ② 1개 ③ 2개
④ 3개 ⑤ 4개

해설 틀린 것은 ⓒ 1개이다.
ⓒ 2기가 아니라, 3기이다.

197 개업공인중개사 甲의 중개로 乙은 丙소유의 서울특별시 소재 X상가건물에 대하여 '보증금 10억원에 1년 기간으로 丙과 임대차계약을 체결하였다. 乙은 X건물을 인도받아 2020.3.10. 사업자등록을 신청하였으며 2020.3.13. 임대차계약서상의 확정일자를 받았다. 이 사례에서 '상가건물 임대차보호법령'의 적용에 관한 甲의 설명으로 **틀린** 것은?

제31회

① 乙은 2020.3.11. 대항력을 취득한다.
② 乙은 2020.3.13. 보증금에 대한 우선변제권을 취득한다.
③ 丙은 乙이 임대차기간 만료되기 6개월 전부터 1개월 전까지 사이에 계약갱신을 요구할 경우, 정당한 사유 없이 거절하지 못한다.
④ 乙의 계약갱신요구권은 최초의 임대차기간을 포함한 전체 임대차기간이 10년을 초과하지 아니하는 범위에서만 행사할 수 있다.
⑤ 乙의 계약갱신요구권에 의하여 갱신되는 임대차는 전 임대차와 동일한 조건으로 다시 계약된 것으로 본다.

해설 ② 서울특별시에서 환산보증금이 9억원을 초과하므로, 확정일자를 받은 경우라 하더라도 우선변제권은 인정되지 아니한다.

정답 196 ② 197 ②

198 甲과 乙은 2017.1.25. 서울특별시 소재 甲소유 X상가건물에 대하여 '보증금 5억원, 월차임 500만원'으로 하는 임대차계약을 체결한 후, 乙은 X건물을 인도받고 사업자등록을 신청하였다. 이 사안에서 개업공인중개사가 「상가건물 임대차보호법」의 적용과 관련하여 설명한 내용으로 **틀린** 것을 모두 고른 것은? (일시사용을 위한 임대차 계약은 고려하지 않음)

제28회

㉠ 甲과 乙이 계약기간을 정하지 않은 경우 그 기간을 1년으로 본다.
㉡ 甲으로부터 X건물을 양수한 丙은 甲의 지위를 승계한 것으로 본다.
㉢ 乙의 차임연체액이 2기의 차임액에 달하는 경우 甲은 임대차계약을 해지할 수 있다.
㉣ 乙은 사업자등록 신청 후 X건물에 대하여 저당권을 취득한 丁보다 경매절차에서 우선하여 보증금을 변제받을 권리가 있다.

① ㉢
② ㉠, ㉣
③ ㉡, ㉢
④ ㉠, ㉢, ㉣
⑤ ㉡, ㉢, ㉣

해설 보증금 5억원에 월차임 500만원이면, 환산보증금이 10억원이 되고, 이는 서울특별시에서 9억원을 초과하는 경우이다. 9억원을 초과하는 상가임대차의 경우에는 「상가건물 임대차보호법」의 보호를 받을 수 없음이 원칙이나, 예외적으로 대항력, 권리금 보호, 보증금 증액 제한(주변시세를 고려), 계약갱신요구권, 3기 연체시 임대차 해지, 표준임대차계약서의 권장제도는 적용된다.
㉠ 최단존속기간은 환산보증금이 9억원을 초과하는 상가임대차에는 적용되지 아니한다.
㉢ 2기가 아니라, 3기가 연체되어야 임대인이 해지할 수 있다.
㉣ 우선변제권을 의미하는데, 우선변제권은 환산보증금 9억원을 초과하는 상가건물에는 적용되지 아니한다.
㉡ 대항력은 인정된다. 그러므로 ㉡의 대항력을 제외한 나머지 지문들은 적용되지 아니한다.

정답 198 ④

199 개업공인중개사가 중개의뢰인에게 「상가건물 임대차보호법」의 내용에 관하여 설명한 것으로 옳은 것을 모두 고른 것은?
제33회

> ㉠ 대통령령으로 정하는 보증금액을 초과하는 임대차인 경우에도 「상가건물 임대차보호법」상 권리금에 관한 규정이 적용된다.
> ㉡ 임차인이 2기의 차임액에 해당하는 금액에 이르도록 차임을 연체한 사실이 있는 경우, 임대인은 임차인의 계약갱신요구를 거절할 수 있다.
> ㉢ 임대인의 동의를 받고 전대차계약을 체결한 전차인은 임차인의 계약갱신요구권 행사기간 이내에 임차인을 대위하여 임대인에게 계약갱신요구권을 행사할 수 있다.

① ㉠
② ㉡
③ ㉠, ㉢
④ ㉡, ㉢
⑤ ㉠, ㉡, ㉢

해설 ㉡ 임차인이 '3기'의 차임액에 해당하는 금액에 이르도록 차임을 연체한 사실이 있는 경우, 임대인은 임차인의 계약갱신요구를 거절할 수 있다.

200 개업공인중개사가 중개의뢰인에게 「민사집행법」에 따른 부동산의 '경매'에 관하여 설명한 내용으로 틀린 것은?
제28회

① 부동산의 매각은 호가경매(呼價競賣), 기일입찰 또는 기간입찰의 세 가지 방법 중 집행법원이 정한 방법에 따른다.
② 강제경매신청을 기각하거나 각하하는 재판에 대하여는 즉시항고를 할 수 있다.
③ 경매개시결정을 한 부동산에 대하여 다른 강제경매의 신청이 있는 때에는 법원은 뒤의 경매신청을 각하해야 한다.
④ 경매신청이 취하되면 압류의 효력은 소멸된다.
⑤ 매각허가결정에 대하여 항고를 하고자 하는 사람은 보증으로 매각대금의 10분의 1에 해당하는 금전 또는 법원이 인정한 유가증권을 공탁해야 한다.

해설 ③ 「민사집행법」에서는 압류의 경합을 인정하므로, 뒤의 경매신청을 각하하지 아니한다.

정답 199 ③ 200 ③

201 개업공인중개사가 「민사집행법」에 따른 경매에 대해 의뢰인에게 설명한 내용으로 옳은 것은?
제26회

① 기일입찰에서 매수신청인은 보증으로 매수가격의 10분의 1에 해당하는 금액을 집행관에게 제공해야 한다.
② 매각허가결정이 확정되면 법원은 대금지급기일을 정하여 매수인에게 통지해야 하고 매수인은 그 대금지급기일에 매각대금을 지급해야 한다.
③ 「민법」·「상법」, 그 밖의 법률에 의하여 우선변제청구권이 있는 채권자는 매각결정기일까지 배당요구를 할 수 있다.
④ 매수인은 매각부동산 위의 유치권자에게 그 유치권으로 담보하는 채권을 변제할 책임이 없다.
⑤ 매각부동산 위의 전세권은 저당권에 대항할 수 있는 경우라도 전세권자가 배당요구를 하면 매각으로 소멸된다.

해설 ⑤ 말소기준권리보다 선순위의 전세권은 매수인(낙찰자)에게 인수되나, 전세권자가 배당요구를 하면 매각으로 소멸된다(법 제91조).
① '매수가격'이 아니라, '최저매각대금'의 10분의 1에 해당하는 금액을 제공해야 한다(법 제113조).
② 대금지급'기일'이 아니라, 대금지급'기한'을 정하여 매수인에게 통지해야 하고 매수인은 그 대금지급기한까지 매각대금을 지급해야 한다(법 제142조 제1항 및 제2항).
③ 채권자는 '매각결정기일'이 아니라, '배당요구종기'까지 배당요구를 할 수 있다.
④ 매수인은 유치권자(留置權者)에게 그 유치권(留置權)으로 담보하는 채권을 변제할 책임이 있다(법 제91조 제5항).

202 매수신청대리인으로 등록한 개업공인중개사가 매수신청대리 위임인에게 「민사집행법」의 내용에 관하여 설명한 것으로 틀린 것은? (다툼이 있으면 판례에 따름)
제33회

① 후순위 저당권자가 경매신청을 하면 매각부동산 위의 모든 저당권은 매각으로 소멸된다.
② 전세권 및 등기된 임차권은 저당권·압류채권·가압류채권에 대항할 수 없는 경우에는 매각으로 소멸된다.
③ 유치권자는 유치권이 성립된 목적물을 경매로 매수한 자에 대하여 그 피담보채권의 변제를 청구할 수 있다.
④ 최선순위 전세권은 그 전세권자가 배당요구를 하면 매각으로 소멸된다.
⑤ 매수인은 매각대금을 다 낸 때에 매각의 목적인 권리를 취득한다.

해설 ③ 유치권자는 유치권이 성립된 목적물을 경매로 매수한 자에 대하여 그 피담보채권의 변제를 청구할 수는 없고, 인도를 거절할 수 있을 뿐이다(대판 95다8713).

정답 201 ⑤   202 ③

203 매수신청대리인으로 등록한 개업공인중개사가 X부동산에 대한 「민사집행법」상 경매절차에서 매수신청대리의 위임인에게 설명한 내용으로 틀린 것은? (다툼이 있으면 판례에 따름)

제34회

① 최선순위의 전세권자는 배당요구 없이도 우선변제를 받을 수 있으며, 이때 전세권은 매각으로 소멸한다.
② X부동산에 대한 경매개시결정의 기입등기 전에 유치권을 취득한 자는 경매절차의 매수인에게 자기의 유치권으로 대항할 수 있다.
③ 최선순위의 지상권은 경매절차의 매수인이 인수한다.
④ 후순위 저당권자의 신청에 의한 경매라 하여도 선순위 저당권자의 저당권은 매각으로 소멸한다.
⑤ 집행법원은 배당요구의 종기를 첫 매각기일 이전으로 정한다.

해설
① 최선순위의 전세권자는 매수인(낙찰자)에게 인수가 된다. 그러나 전세권자가 경매법원에 배당요구한 경우에는 매각대금에서 전세금을 우선변제받고 그 전세권은 소멸하게 된다.
② X부동산에 대한 경매개시결정의 기입등기 전에 유치권을 취득한 자는 경매절차의 매수인에게 자기의 유치권으로 대항할 수 있다(대판 2008다70763).
③ 최선순위의 지상권은 말소기준권리보다 선순위이므로 경매절차의 매수인이 인수한다.
④ 후순위 저당권자의 신청에 의한 경매라 하여도 선순위 저당권자의 저당권은 매각으로 소멸한다. 저당권은 말소기준권리에 해당하며 경매절차에서 언제나 소멸하는 권리이다.
⑤ 집행법원은 배당요구의 종기를 첫 매각기일 이전으로 정하여, 권리관계를 확정짓고 경매절차를 진행한다.

204 개업공인중개사가 「민사집행법」에 따른 강제경매에 관하여 중개의뢰인에게 설명한 내용으로 틀린 것은?

제35회

① 법원이 경매절차를 개시하는 결정을 할 때에는 동시에 그 부동산의 압류를 명하여야 한다.
② 압류는 부동산에 대한 채무자의 관리·이용에 영향을 미치지 아니한다.
③ 제3자는 권리를 취득할 때에 경매신청 또는 압류가 있다는 것을 알았을 경우에도 압류에 대항할 수 있다.
④ 경매개시결정이 등기된 뒤에 가압류를 한 채권자는 배당요구를 할 수 있다.
⑤ 이해관계인은 매각대금이 모두 지급될 때까지 법원에 경매개시결정에 대한 이의신청을 할 수 있다.

정답 203 ① 204 ③

해설 ③ 제3자는 권리를 취득할 때에 경매신청 또는 압류가 있다는 것을 알았을 경우에는 압류에 대항할 수 '없다'. 즉, 경매개시결정등기가 되어 압류의 효력이 발생된 이후에 그 물건을 매수한 자는 경매매각에 대항할 수 없다(「민사집행법」 제92조).
① 동법 제83조 제1항
② 동법 제83조 제2항
④ 가압류를 한 채권자는 배당요구를 할 수 있다. 경매개시결정이 등기 이전에 가압류 등기가 된 경우에는 당연배당자에 해당되나, 경매개시결정 등기 이후의 가압류 채권자는 배당요구를 하여 배당받을 수 있다(동법 제88조 제1항).
⑤ 동법 제86조 제1항

205

개업공인중개사 甲은 「공인중개사의 매수신청대리인 등록 등에 관한 규칙」에 따라 매수신청대리인으로 등록한 후 乙과 매수신청대리에 관한 위임계약을 체결하였다. 이에 관한 설명으로 옳은 것은?

제35회

① 甲이 법인이고 분사무소를 1개 둔 경우 매수신청대리에 따른 손해배상책임을 보장하기 위하여 설정해야 하는 보증의 금액은 6억원 이상이다.
② 甲은 매수신청대리 사건카드에 乙에게서 위임받은 사건에 관한 사항을 기재하고 서명날인한 후 이를 3년간 보존해야 한다.
③ 甲은 매수신청대리 대상물에 대한 확인·설명 사항을 서면으로 작성하여 사건카드에 철하여 3년간 보존해야 하며 乙에게 교부할 필요는 없다.
④ 등기사항증명서는 甲이 乙에게 제시할 수 있는 매수신청대리 대상물에 대한 설명의 근거자료에 해당하지 않는다.
⑤ 甲이 중개사무소를 이전한 경우 14일 이내에 乙에게 통지하고 지방법원장에게 그 사실을 신고해야 한다.

해설 ① 분사무소는 2억원 이상을 추가설정하여야 하고, 주된 사무소는 4억원 이상을 설정해야 하므로, 결국 총 설정해야 하는 보증의 금액은 6억원 이상이다.
② 매수신청대리 사건카드는 '5년'간 보존해야 한다.
③ 매수신청대리 대상물에 대한 확인·설명서는 사건카드에 철하여 '5년'간 보존해야 한다.
④ 권리관계에 대한 설명은 등기사항증명서 등을 근거자료로 '제시하여야' 한다.
⑤ 甲이 중개사무소를 이전한 경우 '10일' 이내에 지방법원장에게 그 사실을 신고해야 한다. 乙에게 통지하여야 하는 의무규정은 없다.

정답 205 ①

206 甲은 매수신청대리인으로 등록한 개업공인중개사 乙에게 「민사집행법」에 의한 경매대상 부동산에 대한 '매수신청대리'의 위임을 하였다. 이에 관한 설명으로 **틀린** 것은? 제28회

① 보수의 지급시기에 관하여 甲과 乙의 약정이 없을 때에는 매각대금의 지급기한일로 한다.
② 乙은 「민사집행법」에 따른 차순위매수신고를 할 수 있다.
③ 乙은 매수신청대리인 등록증을 자신의 중개사무소 안의 보기 쉬운 곳에 게시해야 한다.
④ 乙이 중개업을 휴업한 경우 관할 지방법원장은 乙의 매수신청대리인 등록을 취소해야 한다.
⑤ 乙은 매수신청대리 사건카드에 중개행위에 사용하기 위해 등록한 인장을 사용하여 서명 날인해야 한다.

해설 ④ 중개업의 휴업은 경매매수신청대리업의 절대적 업무정지사유에 해당된다. 중개업을 수행하면서, 경매대리업도 수행할 수 있으며, 중개업의 휴업이나 중개업의 업무정지는 경매매수신청대리업의 절대적 업무정지사유에 해당된다. 따라서 등록취소사유는 아니다.

207 「공인중개사의 매수신청대리인 등록 등에 관한 규칙」에 따라 매수신청대리인으로 등록한 甲에 관한 설명으로 **틀린** 것은? 제29회

① 甲은 공인중개사인 개업공인중개사이거나 법인인 개업공인중개사이다.
② 매수신청대리의 위임을 받은 甲은 「민사집행법」에 따른 공유자의 우선매수신고를 할 수 있다.
③ 폐업신고를 하여 매수신청대리인 등록이 취소된 후 3년이 지나지 않은 甲은 매수신청대리인 등록을 할 수 없다.
④ 甲의 공인중개사 자격이 취소된 경우 지방법원장은 매수신청대리인 등록을 취소해야 한다.
⑤ 甲은 매수신청대리권의 범위에 해당하는 대리행위를 할 때 매각장소 또는 집행법원에 직접 출석해야 한다.

해설 ③ 중개업 폐업으로 인하여 매수신청대리업의 등록이 취소된 경우에는 3년의 결격기간이 적용되지 아니한다(「공인중개사의 매수신청대리인 등록 등에 관한 규칙」 제6조 제1호).

정답 206 ④ 207 ③

208 「공인중개사의 매수신청대리인 등록 등에 관한 규칙」에 따라 甲은 매수신청대리인으로 등록하였다. 이에 관한 설명으로 <u>틀린</u> 것은? 제31회

① 甲이 매수신청대리의 위임을 받은 경우 「민사집행법」의 규정에 따라 차순위매수신고를 할 수 있다.
② 甲은 매수신청대리권의 범위에 해당하는 대리행위를 할 때 매각장소 또는 집행법원에 직접 출석해야 한다.
③ 매수신청대리 보수의 지급시기는 甲과 매수신청인의 약정이 없을 때에는 매각대금의 지급기한일로 한다.
④ 甲이 중개사무소를 이전한 경우 그날부터 10일 이내에 관할 지방법원장에게 그 사실을 신고하여야 한다.
⑤ 甲이 매수신청대리 업무의 정지처분을 받을 수 있는 기간은 1개월 이상 6개월 이하이다.

해설 ⑤ 매수신청대리업의 업무정지기간은 1개월 이상 '2년' 이하이다.

209 '매수신청대리인'으로 등록한 개업공인중개사 甲이 매수신청대리 위임인 乙에게 「공인중개사의 매수신청대리인 등록 등에 관한 규칙」에 관하여 설명한 내용으로 <u>틀린</u> 것은? (단, 위임에 관하여 특별한 정함이 없음) 제32회

① 甲의 매수신고액이 차순위이고 최고가매수신고액에서 그 보증액을 뺀 금액을 넘는 때에만 甲은 차순위매수신고를 할 수 있다.
② 甲은 乙을 대리하여 입찰표를 작성·제출할 수 있다.
③ 甲의 입찰로 乙이 최고가매수신고인이나 차순위매수신고인이 되지 않은 경우, 甲은 「민사집행법」에 따라 매수신청의 보증을 돌려 줄 것을 신청할 수 있다.
④ 乙의 甲에 대한 보수의 지급시기는 당사자 간 약정이 없으면 매각허가결정일로 한다.
⑤ 甲은 기일입찰의 방법에 의한 매각기일에 매수신청대리 행위를 할 때 집행법원이 정한 매각장소 또는 집행법원에 직접 출석해야 한다.

해설 ④ 乙의 甲에 대한 보수의 지급시기는 당사자 간 약정이 없으면 '매각대금지급기한일'로 한다.

> **규칙 제17조【보수, 영수증】** ⑤ 보수의 지급시기는 매수신청인과 매수신청대리인의 약정에 따르며, 약정이 없을 때에는 '매각대금의 지급기한일'로 한다.

정답 208 ⑤ 209 ④

210

개업공인중개사 甲은 「공인중개사의 매수신청대리인 등록 등에 관한 규칙」에 따라 매수신청대리인으로 등록하였다. 이에 관한 설명으로 옳은 것을 모두 고른 것은? 　제33회

> ㉠ 甲은 「공장 및 광업재단 저당법」에 따른 광업재단에 대한 매수신청대리를 할 수 있다.
> ㉡ 甲의 중개사무소 개설등록이 취소된 경우 시·도지사는 매수신청대리인 등록을 취소해야 한다.
> ㉢ 중개사무소 폐업신고로 甲의 매수신청대리인 등록이 취소된 경우 3년이 지나지 아니하면 甲은 다시 매수신청대리인 등록을 할 수 없다.

① ㉠   ② ㉡
③ ㉠, ㉢   ④ ㉡, ㉢
⑤ ㉠, ㉡, ㉢

해설 ㉡ 甲의 중개사무소 개설등록이 취소된 경우 '지방법원장'은 매수신청대리인 등록을 취소해야 한다.
㉢ 중개사무소 폐업신고로 매수신청대리인 등록이 취소된 경우 3년의 결격기간이 적용되지 아니한다. 그러므로 중개업 등록을 한 후, 언제라도 다시 매수신청대리인 등록을 할 수 있다.

정답 210 ①

2025 메가랜드 공인중개사
바쁜 수험생을 위한 빠른 합격서

2차 공인중개사법령 및 중개실무

발행일 2024년 12월 15일 초판 1쇄
편　저 메가랜드 부동산교육연구소
발행인 윤용국
발행처 메가랜드(주)
등　록 제2018-000177호(2018.9.7.)
주　소 (06657) 서울특별시 서초구 반포대로 81
전　화 1833 - 3329
팩　스 02 - 6918 - 3792

정　가 34,000원
ISBN 979-11-6601-516-8
　　　　 979-11-6601-515-1(2차 세트)

잘못 만들어진 책은 구입하신 서점에서 교환해 드립니다.
본 책의 내용은 사전고지 없이 변경될 수 있습니다.

Copyright ⓒ 2025 메가랜드(주)

메가랜드(주)는 초·중·고, 성인 입시 1등 교육 전문 브랜드 메가스터디가 설립한 부동산 교육 전문 기관입니다.
이 책은 저작권법에 따라 보호받는 저작물이므로 무단전재와 무단복제를 금지하며 책 내용의 전부 또는 일부를 이용하려면 반드시 메가랜드(주)의 서면동의를 받아야 합니다.

이제 메가랜드 공인중개사 교재를 E-Book(전자책)으로도 만나보세요.

E-Book 구매방법

메가랜드 공인중개사
▼
온라인서점
▼
E-Book 구매하기

메가랜드 공인중개사 정오표를 꼭 확인하세요.

메가랜드 공인중개사 온라인 서점 정오표/개정추록

교재 출간 후 개정되는 법령의 내용과 교재 수정사항은
메가랜드 홈페이지(http://www.megaland.co.kr)에서 확인하실 수 있습니다.